中国旅游协会旅游教育分会
推荐教材

全国旅游管理专业应用型本科规划教材

旅行社经营管理

OPERATION & MANAGEMENT OF TRAVEL SERVICE

赵阳 主编
刁志波 汤姿 刘琳 副主编

北京·旅游教育出版社

出版说明

改革开放三十多年来,我国旅游高等教育已经建立了较为完善的教育体系,旅游院校数量也相当可观,旅游教育实现了从精英化教育阶段向大众化教育阶段的转变。伴随着旅游教育的理念、模式及层次类型多样化的发展趋势,旅游管理专业"应用型"本科教育应运而生。

为适应全国旅游管理专业应用型本科教育的教学需要,在中国旅游协会旅游教育分会的主持下,我们邀请国内旅游高等院校的专家学者编写了这套"全国旅游管理专业应用型本科规划教材"。

在培养规格上,应用本科教育是培养适应旅游行业生产、管理、服务第一线需要的高等技术应用型人才;在培养模式上,应用本科教育以适应社会需要为目标,以培养技术应用能力为主线设计学生的知识、能力、素质结构和培养方案,以"应用"为主旨和特征构建课程和教学内容体系,重视学生的技术应用能力的培养。因此,在教材编写过程中,我们在坚持教材应有的学术规范性的基础上,特别强调两个加强:一是加强理论内容的概括和提炼,以理论知识的适度、够用为原则来进行理论知识部分的编写;二是加强实践环节在教材中的渗透和体现,以应用性为导向。

作为国内唯一一家旅游教育专业出版社,我们始终与中国旅游教育事业共同成长。我们希望能够始终站在学科研究与行业发展的前沿,随时反映旅游教育最新发展动态,引领与服务旅游教育实践。我们期待着教材使用者的意见和建议,更期待着潜在作者的新思路、新理念,以不断提升教材的专业品质,更好地为行业发展服务。

前　言

　　旅游业是朝阳产业，为世界经济发展做出了重要贡献。旅游业也是中国经济发展的支柱性产业之一。我国旅游业经过半个多世纪的发展，已经在GDP增长与吸纳劳动力就业方面发挥了巨大作用。作为旅游产业三大支柱之一的旅行社是旅游活动的组织者，在行业中占据龙头地位，承担市场导向作用。但目前，我国的旅行社行业无论从数量上还是质量上都远未达到其作为产业龙头的要求。面对经济全球化、网络普及化、交通现代化、需求个性化的市场环境，旅行社企业提升自身经营管理能力与经济效益已经成为行业发展的关键。

　　造成我国的旅行社行业起步早、发展慢的原因很多，其中，缺乏理论与实践相结合的人才是我国旅行社行业发展相对落后的重要原因之一。旅行社的发展离不开人才，人才需要教育与培训，因此，"旅行社经营管理"历来被当作高等院校旅游管理专业本科阶段的主干课程和专业核心课。其主要任务是通过讲授旅行社企业经营管理的基础理论和基本知识，培养学生从事旅行社企业经营管理工作必备的观念与意识，了解旅行社企业日常经营的基本流程、方法和模式，提高把握行业发展最新动向的能力。针对旅游管理专业实践性强的特点，本教材在编写过程中，以新世纪旅游市场的特点和旅行社企业规范化、国际化发展战略为出发点，力求对旅行社企业经营管理理论进行全面阐述，对旅行社企业日常业务做全面系统的介绍；突出旅行社经营管理的基础知识和基本方法，强调理论应用和实践性教学，遵循理论性、实用性和操作性相结合的原则，注重对目前旅行社经营管理理论和方法的总结，充分体现学科性与职业性、一般原理与典型案例相结合的特色。

　　本教材具有以下特点：第一，完备的知识体系。本书基本涵盖了旅行社企业经营管理工作的主要环节和工作流程。第二，大量的图表示例。本书通过运用图表辅助说明相关理论，力图使知识体系立体化、形象化。第三，丰富的阅读案例。本书在相关知识体系中插入案例阅读，通过行业企业的真实事例向学生介绍旅行社行业的经营管理现状与所面临的问题。

　　本教材由哈尔滨商业大学旅游烹饪学院副教授赵阳任主编，哈尔滨商业大学旅游烹饪学院副教授习志波、副教授汤姿、讲师刘琳任副主编。编写者都是拥有丰富的行业实践经验，并多年活跃在旅游高等教育第一线的教师，他们在教学实践和研究中从不同角度积累了一定的经验，并力求在这部教材中得到反映。本教材共分为九章,具体编写分工如下:第一章、第三章由汤姿编写;第四章、第七章和第九章由刁志波编写;第二章、第五章由刘琳编写;第六章、第八章由赵阳编写。

本书在编写过程中参阅了大量的文献资料,在此向相关作者表示衷心的感谢。

由于时间和编者水平所限,书中难免存在错漏之处,敬请同行、专家和读者指正,以期日臻完善。

编 者

目 录

第一章 导论 ·· 1
  第一节 旅行社业的发展历程 ·· 1
    一、国外旅行社的产生与发展 ··· 1
    二、中国旅行社的产生与发展 ··· 7
  第二节 旅行社的性质与分类 ·· 18
    一、旅行社的定义 ·· 18
    二、旅行社的性质 ·· 20
    三、旅行社的分类 ·· 20
  第三节 旅行社的业务与职能 ·· 25
    一、旅行社的业务 ·· 25
    二、旅行社的职能 ·· 28
  第四节 旅行社的行业特征与行业管理 ·································· 30
    一、旅行社的行业特征 ··· 30
    二、旅行社的行业管理 ··· 31

第二章 旅行社的设立 ··· 37
  第一节 旅行社设立的条件与程序 ··· 37
    一、旅行社设立的条件 ··· 37
    二、旅行社设立的程序 ··· 38
  第二节 旅行社的现代企业制度 ··· 43
    一、现代企业制度的内涵 ·· 43
    二、现代企业制度的内容与特点 ·· 43
    三、旅行社建立现代企业制度的意义 ································· 46
  第三节 旅行社企业形式与组织结构 ····································· 47
    一、旅行社的企业形式 ··· 47

二、旅行社的组织结构 ·· 51
　第四节　旅行社经营战略 ·· 55
　　一、旅行社经营战略的定义 ·· 55
　　二、旅行社经营战略的类型 ·· 56
　　三、旅行社经营战略的特点 ·· 56
　　四、旅行社经营战略的作用 ·· 57
　　五、旅行社经营战略的选择 ·· 57

第三章　旅行社产品管理 ·· 64
　第一节　旅行社产品概述 ·· 64
　　一、旅行社产品的内涵 ·· 64
　　二、旅行社产品的特征 ·· 65
　　三、旅行社产品的分类 ·· 68
　第二节　影响旅行社产品开发的因素 ·· 71
　　一、影响旅行社产品开发的外部因素 ······································ 71
　　二、影响旅行社产品开发的内部因素 ······································ 73
　第三节　旅行社产品开发原则与程序 ·· 75
　　一、旅行社产品开发原则 ·· 75
　　二、旅行社产品开发的程序 ·· 79
　第四节　旅行社国内游产品设计与操作 ······································ 91
　　一、国内旅游产品设计的基本原则 ·· 91
　　二、国内旅游产品的要素分析 ·· 92
　　三、国内常规旅游产品范例 ·· 95
　第五节　旅行社出境游产品设计与操作 ······································ 98
　　一、出境游产品设计的现状与发展趋势 ···································· 98
　　二、出境观光旅游产品推荐模板 ··· 101
　第六节　旅行社产品品牌化管理 ··· 104
　　一、旅行社产品品牌概述 ··· 104
　　二、旅行社产品品牌的建设步骤 ··· 106
　　三、旅行社产品品牌化管理 ··· 107

第四章　旅行社市场营销管理 ··· 111
　第一节　旅行社市场细分与市场定位 ······································· 111
　　一、旅行社市场细分 ··· 111

二、旅行社目标市场的选择 …………………………………… 117
三、旅行社市场定位 …………………………………………… 122
第二节 旅行社价格管理 …………………………………………… 125
一、旅行社产品价格的构成和类型 …………………………… 125
二、旅行社产品价格的影响因素 ……………………………… 126
三、旅行社定价目标 …………………………………………… 129
四、旅行社定价方法 …………………………………………… 129
五、旅行社定价策略 …………………………………………… 132
六、旅行社收益管理 …………………………………………… 134
第三节 旅行社销售渠道管理 ……………………………………… 136
一、旅行社销售渠道的类型 …………………………………… 136
二、旅行社销售渠道的策略 …………………………………… 137
三、旅游中间商的类型 ………………………………………… 138
四、旅游中间商的选择标准 …………………………………… 139
五、旅游中间商的管理 ………………………………………… 140
第四节 旅行社促销管理 …………………………………………… 141
一、旅行社促销的含义 ………………………………………… 141
二、旅行社促销的目标 ………………………………………… 142
三、旅行社的促销策略 ………………………………………… 143

第五章 旅行社接待业务管理 ……………………………………… 151
第一节 旅行社接待业务的性质与作用 …………………………… 151
一、旅行社接待业务的性质 …………………………………… 151
二、旅行社接待业务的作用 …………………………………… 152
第二节 旅行社服务采购管理 ……………………………………… 153
一、旅行社服务采购的内涵 …………………………………… 153
二、旅行社服务采购的原则 …………………………………… 153
三、旅行社服务采购的方式 …………………………………… 154
四、旅行社服务采购的类别与方法 …………………………… 155
五、旅行社服务采购的管理 …………………………………… 160
第三节 旅行社计调业务管理 ……………………………………… 162
一、计调业务的特点与性质 …………………………………… 163
二、计调业务的工作流程 ……………………………………… 163
三、旅行社票务及行李业务管理 ……………………………… 165

— 3 —

第四节　旅行社接待过程管理 ·· 168
　　一、旅行社团队的分类 ·· 168
　　二、旅行社不同接待阶段的管理 ·· 169
第五节　旅行社接待服务质量管理 ·· 174
　　一、旅行社接待服务质量的重要性 ·· 174
　　二、旅行社接待服务质量的实现 ·· 175
　　三、旅行社接待服务质量的评价标准 ·· 176
　　四、旅行社接待服务质量管理的实施 ·· 176
　　五、旅游投诉的处理 ·· 177

第六章　旅行社人力资源开发与管理 ·· 181
第一节　旅行社人力资源开发与管理概述 ······································ 181
　　一、人力资源的含义和特点 ·· 181
　　二、人力资源开发与管理的基本内容 ·· 182
　　三、人力资源开发与管理的意义 ·· 184
第二节　旅行社人力资源开发与管理实务 ······································ 185
　　一、旅行社人力资源配置 ·· 185
　　二、旅行社人力资源管理 ·· 188
　　三、旅行社的薪酬管理 ·· 197
第三节　旅行社企业文化建设 ·· 201
　　一、旅行社企业文化的内涵 ·· 201
　　二、旅行社企业文化的构成要素 ·· 202
　　三、旅行社企业文化建设的重要性 ·· 203
　　四、旅行社构建企业文化的途径 ·· 204

第七章　旅行社信息技术管理 ·· 205
第一节　旅行社信息技术概述 ·· 205
　　一、从信息的角度解读旅游业 ·· 205
　　二、信息和信息技术 ·· 206
　　三、旅行社管理信息系统 ·· 208
　　四、旅行社信息技术管理的内涵 ·· 208
　　五、旅行社信息化的背景 ·· 209
第二节　旅行社信息技术的应用 ·· 210
　　一、旅行社管理信息系统（MIS） ··· 210

二、目的地营销系统(DMS) ……………………………………… 213
　　三、全球分销系统(GDS) ………………………………………… 215
　　四、主要的旅行社管理软件供应商 ……………………………… 215
第三节　旅行社电子商务 ……………………………………………… 217
　　一、电子商务的含义 ……………………………………………… 218
　　二、旅行社电子商务的含义 ……………………………………… 218
第四节　旅行社信息技术的发展与影响 ……………………………… 227
　　一、发达国家旅行社信息技术的发展历程 ……………………… 227
　　二、中国旅行社信息技术的发展历程 …………………………… 228
　　三、中国旅行社信息化存在的问题 ……………………………… 229
　　四、信息技术的影响 ……………………………………………… 231

第八章　旅行社财务管理 …………………………………………… 233
第一节　旅行社财务管理概述 ………………………………………… 233
　　一、旅行社财务管理的目标与任务 ……………………………… 234
　　二、旅行社财务管理的方法 ……………………………………… 235
第二节　旅行社资产管理 ……………………………………………… 235
　　一、旅行社流动资产管理 ………………………………………… 236
　　二、旅行社固定资产管理 ………………………………………… 240
第三节　旅行社成本费用管理 ………………………………………… 241
　　一、旅行社成本费用构成与核算 ………………………………… 241
　　二、旅行社成本费用管理 ………………………………………… 242
第四节　旅行社营业收入与利润管理 ………………………………… 244
　　一、旅行社营业收入的管理 ……………………………………… 244
　　二、旅行社利润管理 ……………………………………………… 246
第五节　旅行社核算管理 ……………………………………………… 247
　　一、正常情况下的结算业务 ……………………………………… 247
　　二、特殊情况下的结算业务 ……………………………………… 249
第六节　旅行社财务分析 ……………………………………………… 250
　　一、旅行社财务报表 ……………………………………………… 250
　　二、旅行社财务分析 ……………………………………………… 254

第九章　旅行社业发展趋势 ………………………………………… 259
第一节　中外旅行社业的发展现状 …………………………………… 259

一、中国旅行社业的概况 ················· 259
二、中国旅行社业的特征 ················· 265
三、发达国家旅行社业的概况 ·············· 266
第二节 旅行社未来发展的主要影响因素 ············ 269
一、旅游需求方面的影响因素 ·············· 269
二、市场竞争方面的影响因素 ·············· 270
三、对外开放与国际交流 ················ 272
四、旅游产业政策 ··················· 273
第三节 中国旅行社业发展趋势与战略选择 ··········· 279
一、中国旅行社业的发展趋势 ·············· 279
二、中国旅行社业的战略选择 ·············· 282

附录A 旅行社条例 ····················· 287
附录B 旅行社质量保证金暂行规定 ·············· 296
附录C 旅行社投保旅行社责任保险规定 ············ 298
附录D 导游人员管理条例 ·················· 301

参考文献 ························· 304

第一章 导论

本章导读

本章首先介绍了旅行社的产生与发展历程,阐述了旅行社的性质与分类,分析了旅行社的业务与职能,以及旅行社的行业特点与行业管理等内容。通过本章的学习,能建立对旅行社企业的基本了解和认知。

第一节 旅行社业的发展历程

一、国外旅行社的产生与发展

旅游活动的产生与兴盛是旅行社业态萌芽与成长的前提与基础。产业革命和市场经济对旅游活动产生了深远影响,从根本上改变了人类的出行方式,由此开启了大规模、远距离、团体型、有组织的近现代旅游时代。

(一)国外旅行社产生的历史背景

18世纪60年代发生在英国的产业革命,不仅使整个世界的社会经济产生了根本性变化,也给全球范围内的旅行活动的发展带来了深远影响。旅行社产生的历史背景如图1-1所示。

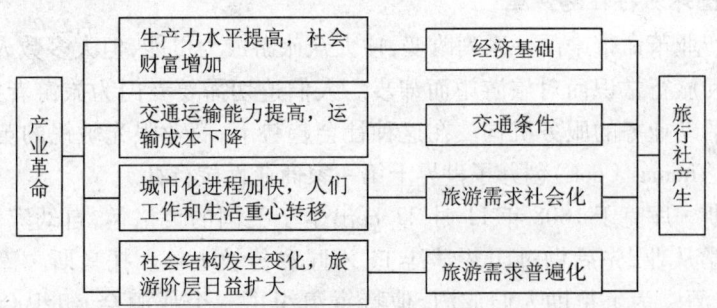

图1-1 旅行社产生的历史背景

资料来源:李幼龙.旅行社业务与管理.北京:中国纺织出版社,2009.

1. 产业革命促进了生产力水平的提高，为旅游活动的产生奠定了经济基础

产业革命导致了社会生产力的快速发展，促使社会财富急剧增加，为旅游活动的产生奠定了必要的经济基础。产业革命使劳动生产率大幅度提高，而生产率的大幅度提高和巨大的海外投资所带来的利润，推动了整个社会经济的发展，提高了城市居民的生活水平，人均收入不断增加。收入水平的普遍提高使人们具备了外出旅游的支付能力。

2. 产业革命提高了交通运输的能力，使大规模的人员流动成为可能

产业革命推动了科学技术的进步，特别是促进了交通运输能力的提高和运输成本的下降，使大规模、远距离的人员流动成为可能。与传统的人力和畜力运输相比，蒸汽机车、蒸汽轮船等新型交通工具的出现，为旅行提供了快速省时、低价方便、载客量大的交通工具，为人们在国内及欧洲、美洲之间旅行创造了良好的条件，使人们集体出行成为可能。

3. 产业革命加速了城市化进程，使旅游需求不断增加

产业革命加速了城市化进程，紧张的城市生活和嘈杂的环境，使人们产生了回归自然的愿望，促进了旅游需求的社会化。资产阶级的"圈地运动"使广大的农民丧失了生产资料，大量涌入到城市或工业区。节奏紧张单调的城市生活和压抑拥挤嘈杂的社会环境，使人们感到疲惫不堪。他们希望远离这种压抑的生活，外出旅行逐渐成为人们经常性的休闲活动。

4. 产业革命使社会结构发生根本变化，使旅游阶层日益扩大

产业革命使西方国家的社会结构发生了根本变化，有产阶级规模扩大，无产阶级队伍壮大，使旅游阶层日益扩大，促进了旅游需求的普遍化。新兴资产阶级积累了大量财富，度假旅游成为其日常生活中的重要内容。工人阶级也争取到更多的权利，余暇时间和工薪报酬的增多，为大众旅游的产生奠定了基础。同时，商业贸易的繁荣，推动了商务旅行的产生。

（二）国外旅行社的产生

尽管产业革命带来的一系列改变，使大众旅游成为可能，但大多数人由于缺少外出经验和旅行常识而对旅游望而却步。人们迫切需要专门为旅游者提供组织、安排旅游活动业务的服务机构。在这种社会趋势下，商业眼光敏锐的英国人托马斯·库克（Thomas Cook）创办了世界上第一家商业性旅行社。

托马斯·库克于1808年11月22日出生于英国的英格兰，自幼家境贫寒，10岁时便辍学从业，先后做过园艺学徒工、木匠和传教士等。托马斯·库克虔信宗教，力劝戒酒。为了帮助人们戒酒，他特意组织了一个戒酒会，组织会员们出外旅行。1841年，托马斯·库克包租了一列火车，组织570多人从莱斯特前往拉夫伯勒参加禁酒大会，全程11英里，每人收费1先令。这次活动被后人公认为是首次商业性质的团体旅行，也标志着近代旅游业的开端。随后，库克又多次组织了类似的旅行，并从中认识到公众对专职旅行代理商的强烈需求以及其中蕴含的巨大商机。

1845年，托马斯·库克在莱斯特正式成立了世界上第一家商业旅行社——托马斯·库克旅行社，专门从事旅行代理业务，从而也成为世界上第一位专职的旅行代理商。同年夏天，他组织350人从莱斯特到利物浦进行了为期一周的团体观光旅游，还为此整理出版了《利物浦之行指南》，并专设了旅游向导，这是第一次以营利为目的的商业旅行。这次旅行成为近代旅行社业务正式发端的标志，确立了团体旅游业务的基本模式。

此后，托马斯·库克的业务范围不断扩大。1855年，托马斯·库克以包价旅游的形式组织游客从英国莱斯特赴法国巴黎旅游，参观第二次世界博览会，从翻译、兑换外币到办理护照签证，为客人提供一切所需服务，这次旅行开辟了组织出国包价旅游的先河，是现代出境旅游业务的初次尝试。1865年，托马斯·库克与儿子约翰·梅森·库克(John Mason Cook)联合创办了托马斯·库克父子公司(Tomas Cook & Son Ltd.，又名通济隆旅行社)，并将营业地点迁至伦敦。之后，他们又相继在美洲、非洲和亚洲设立了分公司。1872年托马斯·库克亲任导游，成功地组织了有9名游客、历时222天、历经10多个国家、行程4万余公里的人类历史上的第一次环球旅游，从而使托马斯·库克父子公司在世界上声名显赫，在欧美地区几乎家喻户晓。

到19世纪末期，托马斯·库克父子公司已经发展成为一个多元化经营、国际化的大型旅游公司，与世界各地的铁路、航运、旅馆、金融等建立了庞大的协作网络，形成了现代旅行社业务的世界格局。1929年，托马斯·库克父子公司与欧洲大陆上经营卧车旅行业务的怀根—里特公司合并。1939年，托马斯·库克父子公司在世界各地设立了50余家分社。

托马斯·库克被誉为"旅行社之父"和"近代旅游业的鼻祖"，他对旅游业发展的贡献，不仅在于开创了规模化组团出行、随团陪同照顾、提供导游服务、编印旅游手册、设立各地分社、包价旅游等旅行社经营模式，而且他在开展旅行社业务过程中薄利多销、面向大众的做法，也为推动旅游业的社会化发展做出了积极贡献。

(三) 国外旅行社的发展

从1845年世界上第一家旅行社成立至今，世界旅行社行业经历了160多年的发展历程，大致可以分为近代、现代、当代三个时期，每个时期中的旅游市场特征和旅行社供给均有所不同(见表1-1)。

表1-1 世界旅行社行业发展历程

阶段	近代旅游时期	现代旅游时期	当代旅游时期
时间	1841—1949年	1950—1989年	1990年—至今
市场特征	市场容量小，市场发育不成熟，绝大多数人没有旅行经验。	社会经济环境不断优化，使旅游市场迅速扩大，市场特征表现为"大规模、无差别"。	市场需求呈现差异化、复杂化、个性化和多样化的特征，对标准化旅游产品需求减弱。
供给特征	1845年托马斯·库克创办第一家旅行社，企业规模小，经营范围有限。	旅行社行业规模迅速扩大，一些旅行社开始大规模跨越国界设立自己的分支机构，形成了跨国旅游企业集团。	旅行社通过细分市场特征，进行弹性生产和产品创新，提供多样化产品，网络经营成为潮流。

资料来源：张道顺.现代旅行社管理手册.北京：旅游教育出版社，2006.

1. 近代旅游时期

在托马斯·库克旅行社的影响和带动下，欧美和世界其他国家也开始大量建立类似的旅游组织和代理机构。19世纪下半叶，欧洲成立了许多类似的旅游组织。1850年，英国的托马斯·尔内特成立了专门向游客提供旅游日程安排、车辆、食品及相关用品的"旅游者组织"。同年，威尔斯和法戈创办了美国运通公司，兼营旅行代理业务；而后发行本公司的旅行支票，并于1895年和1896年分别在巴黎和伦敦开设了旅游办事处。1857年，英国成立了登山俱乐部，1865年成立了帐篷俱乐部。1890年，法国、德国成立了观光俱乐部。1893年，日本设立了专门接待外国游客的"喜宾会"，开始专门从事招徕外国游客和代办旅行服务，1926年正式定名为"日本交通公社"。意大利和前苏联也分别于1927年、1929年成立了自己的旅行社。到了20世纪初期，美国的运通公司、英国的托马斯·库克父子公司和比利时等国的铁路卧车公司成为当时世界旅行社行业的三大巨头。到第二次世界大战前，已有50多个国家开展了旅行社业务，设立了专门的旅游管理机构和旅游公司。

在近代旅游时期，旅行社的数量有了较大的增加，规模也得以扩大，所经营旅游产品的内容不断丰富和更新。交通工具在以轮船、火车为主的基础上，又增加了大型汽车运输。随着交通工具的改善，旅行团出行的范围得到了扩大，由经营国内旅行和短途国外旅行发展到远程旅行。

2. 现代旅游时期

第二次世界大战以后，特别是20世纪60年代以后，旅游业发展所依赖的社会经济环境发生了巨大变化。战后世界各国都致力于经济的恢复与建设，经济的快速发展和新技术的广泛应用促进了社会生产力的迅速提高。人们的可自由支配收入大幅增加,出外旅游的支付能力显著提高,为大众旅游的发展和普及奠定了经济基础。社会生产率的提高使人们获得了越来越多的闲暇时间,带薪假期在西方社会的普遍实施,使人们有时间从事旅游活动。喷气式飞机在民航领域的应用和私家车的普及,极大地缩短了旅途时间,为人们的旅游活动提供了更为便利的交通条件。世界各国城市化进程普遍加速,城市生活的紧张压力使人们渴望放松和缓解身心压力;各国教育事业深度发展,人们的文化素质和求知欲不断提高,旅游度假成为经济发达国家大多数城市居民的休闲选择。据统计,"二战"后国际旅游人数从1950年的0.25亿人次,发展到1990年的4.15亿人次(见表1-2)。经济收入的增加、闲暇时间的增多、交通条件的改善和旅游需求的普遍化,为旅游业的发展创造了条件,并使得旅游活动不断向规模化、大众化方向发展。

表1-2 全世界主要年份国际旅游情况(1950—2013年)

	旅游人数(亿人次)	增长率(%)	旅游收入(亿美元)	增长率(%)
1950	0.25	—	21	—
1960	0.73	192	68	224
1970	1.59	117	179	163
1980	2.8	76	949	430
1990	4.15	48	2300	142
2000	6.98	68	4760	107
2010	9.35	34	9190	93
2013	10.87	—	14000	—

资料来源:蒋长春. 现代旅行社管理. 北京:中国林业出版社;北京大学出版社,2009.
世界旅游组织网站 http://www2.unwto.org/

随着世界范围内旅游业的繁荣与发展,强大的旅游需求促使各国旅行社进入高速发展时期,无论是数量还是营业收入都得到了大幅度增加。从"二战"后到20世纪80年代末,世界旅行社处于数量上的快速增长阶段。根据美国《旅游代理人必备旅游饭店名录》记载,1979年全球共有约31 391家旅行社。西方国家旅行社的行业规模和企业规模与前一时期相比都有了一个飞跃,以有组织的团体包价旅游为代表的规范化旅游运作模式日益普及。为了主动适应国际旅游业大发展的市场态势,许多旅行社开始跨越国界设立自己的分支机构,并在此基础上形成了许多跨国旅游企业集团。如美国运通、日本交通公社等大型旅游企业,纷纷到世界各地设立分支机构,形成了庞大的全球旅游服务网络。随着旅行社数量的急剧增加和行业规模的不断扩大,还产生了许多国际性和地区性的旅行社组织,如世界旅行社协会(World Association of Travel Agencies,WATA)和世界旅行社协会联合会(United Federation of Travel Agents Associations,UFTAA)。

3. 当代旅游时期

20世纪90年代以来,以欧美地区旅游发达国家为代表的世界旅行社业主要呈现出以下特征:

在地域分布上,全世界旅行社主要集中在旅游业发达的欧美国家和地区。据不完全统计,目前全世界旅行社总数在70 000家左右,其中80%以上的旅行社分布在经济最为发达的北美和欧洲地区。这些旅行社逐渐形成了一个庞大的旅游销售网络,为世界各地的旅游者提供各种相关服务。

在行业规模上,超大型旅行社和数量庞大的中、小型旅行社共同构成了世界旅行社行业的主体。欧美发达国家的大型旅行社企业通过全球范围内的并购行为,形成了一批有重要影响的旅行社行业巨头,专门从事旅游经营批发业务,占据了较大的市场份额。而大量中、小规模的旅行社企业从事零售业务,所占市场份额较小。

在增长方式上,旅行社企业已从数量增长阶段进入质量增长阶段。随着旅行社市场渗透度的加大和市场竞争的日趋激烈,旅游发达国家的旅行社数量保持稳定,旅行社业的发展已经从粗放型的数量增长阶段进入了集约型的质量增长阶段。在旅游发达国家,一般每1万人就拥有一家旅行社,已能够满足旅游者的需求,保证对市场的充分和有效渗透。

在营销策略上,旅游需求促进旅行社产品向个性化发展。随着社会经济条件的改善、人们文化素质的提高以及旅游经历的不断丰富,旅游者的信息渠道和消费意识发生了深刻变化,对标准化产品的需求日益弱化,旅游需求的个性化、差异化、复杂化和多样化日益凸显。这就要求旅行社在包价旅游产品之外,为不同细分市场的旅游者安排个性化产品。

在经营方式上,网络化经营成为旅行社经营的主流方向。飞速发展的信息技术广泛地应用于旅行社企业的预订机票、饭店客房、交通工具、内部管理等业务,使原本信息量庞大而且复杂的业务在最短时间内得到高效处理。基于互联网技术的虚拟旅行分销商正在逐渐取代传统旅行社,电子商务和网络化经营将成为旅行社发展的必然趋势。

纵观西方旅游发达国家的旅行社业发展历程,可以清晰地看到它是一个由国际社会经济环境推动、由旅游者消费需求及旅游经济创新活动引导、受企业组织制度变迁和产业政策影响的西方旅行社业发展进程,如图1-2所示。

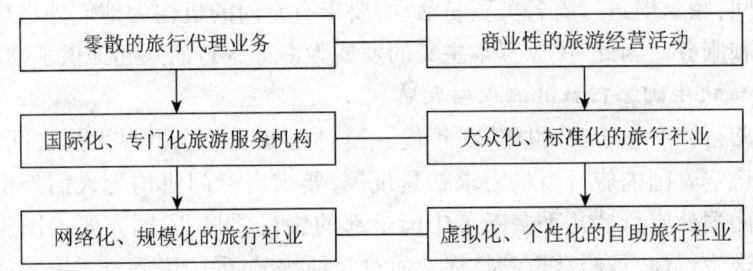

图1-2 西方旅行社业发展进程

资料来源:戴斌,杜江,乔花芳.旅行社管理.北京:高等教育出版社,2010.

二、中国旅行社的产生与发展

(一)中国旅行社产生的历史背景

中国是世界上旅行和游览活动兴起最早的国家之一,关于旅游活动最早的文字记载可以追溯到2000多年前的《山海经》。而"观光"一词最早出现于《易经》和《左传》中:"观国之光,利用于宾王"(《易经》),"观光上国"(《左传》)。在《诗经》中也有关于出游的描述:"游于北园,四马既闲"。古代社会的旅行游览活动主要表现为帝王巡游、官吏宦游、买卖商游、文人漫游、宗教云游和佳节庆游等。出现过不少著名的旅行家,如李白、玄奘、徐霞客等,并且留下了许多珍贵的诗篇、游记等文字资料。但是,由于古代的旅行游览人数少、范围小,且表现为自给自足的旅行方式,并没有出现专门的旅游服务机构。

1840年鸦片战争后,中国沦为半殖民地半封建社会,帝国主义列强在中国开辟了通商口岸,办工厂、建铁路、修码头。一些西方的商人、传教士、冒险家和学者纷纷来到中国,足迹遍及全国各地。随之而来也产生了对提供相应的旅行帮助的要求,一些外国旅行社开始在中国主要口岸设立旅行分支机构,如英国的托马斯·库克父子公司、美国的运通公司和日本的国际观光局等,基本上垄断了中国的旅游业务,同时也将旅行代理业务和管理经验引入中国。这些外国旅行代理商的驻华分支机构为我国旅行社成立提供了经验借鉴。

20世纪初,火车、轮船等交通工具在中国实现了从无到有的突破,为旅游者的出行提供了便利。随着交通运输业的发展,西式旅馆、中西式旅馆等一批不同于传统客栈的现代旅馆也相继开业。1901年开业的北京饭店成为中国最早的新式旅馆。交通运输和旅馆等旅游设施的发展为旅行社的产生提供了必要条件。

20世纪20年代,西方主要资本主义国家在"一战"中受到较大打击,暂时放松了对中国市场的经济侵略和商品倾销,加之对各种战略物资需求的增加,为中国民族资本主义的发展提供了契机。中国的民族资产阶级为发展实业,经常往来于各个地区之间,频繁地进行着各类贸易活动,要求有专门的机构为他们外出旅行活动提供便利和服务。因此,民族资本主义的发展为商务旅行的兴起提供了物质保障。

(二)近代中国旅行社的诞生与发展

我国旅行社产生于20世纪20年代。当时正处于两次世界大战之间,国内外政局相对稳定。国内旅行市场需求初具规模,要求有专门机构为人们外出旅行提供服务。而国外旅行社几乎垄断了中国全部的旅行项目,中国人要出国旅行不得不依赖外国旅行社,且经常遭到歧视。面对此种状况,爱国民族资本家陈光甫决心开办中国人自己的旅行社。

陈光甫,名辉德,江苏镇江人。生于1881年,幼年曾在上海报关行做过学徒,后考入海关邮局。1907年获特准津贴赴美留学,取得宾州大学商学学士学位。回国后于1915年创办了上海商业储蓄银行(简称"上海银行"),注重引进西方银行管理科学和开拓新的银行业务。除了考虑到扩大上海银行的影响和服务社会以外,陈光甫先生力图通过创办旅行社与国外旅行社抗衡,挽回中国同胞的利益。同时,还希望通过旅行社这一桥梁,帮助世人游览中国更多的名胜古迹,以弘扬中华文明。

1923年8月,陈光甫先生在上海商业储蓄银行下创设了旅行部,成为中国第一家由国人经营的旅游服务企业,其经营宗旨是"导客以应办之事,助人以必需之便"。最初,旅行部仅代售沪宁、沪杭两路火车客票。经过几年的努力经营,业务范围逐渐拓宽,开始为旅游者提供代购车船票、预订旅馆、派遣导游、代管行李、发行旅行支票等业务。1924年,该部组织了首批国内旅行团从上海赴杭州游览。1925年,该部第一次成功地组织了赴日本旅游的"观樱旅行团"。1927年出版了中国第一本旅游类杂志《旅行杂志》。并先后在北平、天津、汉口等铁路沿线和长江主要港口城市设立了11个办事处。

1927年6月,旅行部独立,更名为中国旅行社,标志着中国近代旅游业的开端,将中国旅游经济活动推向了一个新的历史时期。旅行社以"发扬国光,阐扬明胜,改进食宿,致力货运,推进文化"为经营宗旨,下设七部一处,即运输、车务、航务、出版、会计、出纳、稽核部和文书处。其经营业务以客运为主,代售车船机票,代办国内外货物运输、报关、存仓、保险、外贸货物及进出口运输等业务。后来,又下设招待所,兴办游览事业,还出版旅行杂志与书籍,培养专业导游等,其经营范围对外发展到欧美、前苏联、日本、新加坡、菲律宾等地。至1937年,旅行社的分支机构和招待所数量达到87个,拥有近千名员工,从而形成一个遍布全国、辐射境外的旅行服务网络。抗日战争期间,该旅行社迁到重庆,鉴于形势所迫,不得不缩减业务。解放战争时期,旅行社的业务范围仅限于沿海一带。上海解放后,中国旅行社迁移至香港,即香港中国旅行社股份有限公司前身。

中国旅行社成立之后,近代中国还出现过不少类似的旅行社及相似的旅游组织,如铁路游历经理处、公路旅游服务社。还有一些由社会团体创办的旅游组织,如中国汽车旅行社、国际旅游协会、友声旅行团、萍踪旅行团、精武体育会旅行部、现代旅行社等。它们基本上针对特定对象开展旅游业务,承担着中国旅游者旅游活动的组织工作。虽然大多数旅行社在后来的竞争中自然解体,规模和影响也不如中国旅行社,但对促进我国旅游业的发展同样功不可没。

(三)中国现代旅行社的产生与发展

中华人民共和国成立后,随着我国国际地位的提高和社会经济的发展,旅游业有了长足的发展。在此背景下,我国旅行社行业也取得了快速发展,大体经历了三个阶段。

1.行政事业导向时期(1949—1977年)

新中国成立以后,为方便侨胞回国探亲访友和旅行游览,1949年11月9日,以接待海外华侨为主旨的厦门华侨服务社成立,这是新中国创办的第一家旅行社。此后,泉州、福州、天津、沈阳、长春、哈尔滨、抚顺、汉口、南京、苏州、上海、杭州、昆明等地都建立了华侨服务社。1957年4月22日,在各地华侨服务社的基础上组建的中国华侨旅行服务总社在北京正式成立。1974年,更名为中国旅行社(简称中旅,CTS),由中央政府和各地的侨务办公室负责,统一领导和协调华侨及港澳同胞的探亲旅游接待服务。

随着我国国际地位的不断提高,我国与其他国家的国际交往愈加频繁。为加强国际交流与合作,搞好外国友人的接待工作,1954年4月15日,中国国际旅行社总社(简称国旅,CITS)在北京成立。同时,分别在上海、杭州、广州、西安、桂林等12个城市建立了分(支)社。主要由中央政府及地方外事办公室领导,主要负责接待自费的外国旅游者。

这一时期,中国国际旅行社和中国旅行社独占市场,垄断了中国的旅行社行业。从规模上看,尽管其业务都有所发展,但接待量一直不大。在业务上,两者都是由总社负责,从国外招徕客源,分社负责当地接待业务。在体制上,都是直属政府的行政或事业单位,其对外接待工作以政治目的为主,不具备企业性质。

2.向企业化转型时期(1978—1988年)

改革开放以来,特别是随着旅游业被纳入国民经济发展计划以后,旅行社逐步转变为以经营服务为主的经济性产业。

1978年开始实行改革开放,我国旅游业也随之发展起来。当年来华旅游的入境人数达180.92万人次,旅游外汇收入2.63亿美元。此后10年中,我国入境旅游人数和旅游外汇收入都保持着较快的增长速度,年平均增长率分别约为36%和25%(见表1-3)。

表1-3 1978—1988年我国旅游入境人数与旅游收入

年份	旅游入境人数（万人次）	年增长率(%)	旅游收入(亿美元)	年增长率(%)
1978	180.9	—	2.63	—
1979	420.2	132.39	4.49	70.9
1980	570.3	35.66	6.17	37.3
1981	776.7	36.19	7.85	27.3
1982	792.4	2.0	8.43	7.4
1983	947.7	19.6	9.41	11.6
1984	1285.2	35.6	11.31	20.2
1985	1783.3	38.8	12.5	10.5
1986	2281.9	28.0	15.31	22.5
1987	2690.2	17.9	18.61	21.6
1988	3169.5	17.8	22.47	20.7

资料来源：国家统计局国民经济综合统计司.新中国六十年统计资料汇编.北京：中国统计出版社,2010.

1979年9月,全国旅游会议召开,进一步明确了新时期旅游工作的方针、政策与任务。以上形势给中国旅行社业的发展带来了巨大机遇,推动中国旅行社业进入到大发展阶段。

1980年6月27日,中国青年旅行社总社(简称青旅,CYTS)在北京正式成立,隶属于中国共产主义青年团中央委员会。1981年12月国务院批准青旅为企业单位,经济上独立核算、自负盈亏。它的成立标志着中国旅行社业三足鼎立局面的形成,即全国只有国旅、中旅、青旅三家总社拥有旅游外联的权利,分别负责接待外国来华的旅游者、港澳同胞及来华旅游的海外华人、来华旅游的青年旅游者。

1984年,为了适应旅游业发展的新形势,国家旅游局将旅游外联权下放,允许更多的企业经营国际旅游业务,并授予其业务经营所必需的签证通知权。这一举措对我国旅行社的发展起到了积极的促进作用,旅行社在全国范围内迅速发展起来。到1988年底,我国的旅行社增至1573家,彻底打破了我国旅行社行政垄断的局面。国旅、中旅和青旅接待人数占全国有组织接待人数的比例由1980年的79.6%下降为1988年的40.9%(见表1-4)。

1985年5月11日,为了加强对旅行社行业的规范和管理,国务院颁布了中国旅行社行业的第一部管理法规——《旅行社管理暂行条例》,标志着我国旅行社业行业管理制度的产生。《暂行条例》将我国旅行社的性质确定为"企业",同时还按业务范围将我国的旅行社划分为三类:一类社负责对外招徕并接待;二类社负责接待但不对外招徕;三类社经营国内旅游业务。其中三类社的出现和发展,是我国国内旅游迅速发展的结果。1988年,我国的国内旅游已超过3亿人次,旅游支出达187亿元人民币。我国的国内旅游市场初具规模,并呈现出良好的发展势头。我国旅行社的业务也由发展初期单一的国际入境旅游业务,发展为国际入境旅游业务与国内旅游业务并举。

这一时期,我国旅行社业的发展特点表现在以下四个方面:第一,整个产业的需求基础是建立在入境旅游市场上的,入境旅游人数和旅游外汇收入的持续增长和旅游外联权的下放,分别从市场规模和制度环境两个方面推动了旅行社产业供给规模的扩大。第二,旅行社的业务由发展初期单一的入境旅游业务发展成为入境旅游业务与国内旅游业务并举,然而产业规模的增长仍主要表现在二类旅行社的数量增长。第三,在入境旅游主导的行业格局影响下,旅行社产品结构以自然和文化观光为主,产品运作也以"团进团出"的批量方式为主。第四,政府开始将旅行社作为相对独立的经济行业实施有效的管理,旅行社作为旅游业重要组成部分的地位开始为人们所认识。

表1-4　1980—1988年主要旅行社旅游接待人数占有组织接待人数的比例(单位:%)

	国旅	中旅	青旅	合计
1980	18.8	59.9	0.9	79.6
1981	17.2	56.1	1.8	75.1
1982	16.6	47.4	1.3	65.3
1983	16.0	45.3	1.4	62.7
1984	16.0	33.0	1.9	50.9
1985	15.6	25.7	1.7	43.0
1986	14.0	18.3	2.4	34.7
1987	13.3	22.4	3.3	39.0
1988	12.1	25.4	3.4	40.9

资料来源:根据《中国旅游统计资料汇编(1978—1985年)》《中国旅游统计年鉴(1986—1988)》整理。

3. 产业化发展时期(1989年至今)

1989年的政治风波使我国初步发展的旅游业受到了较大影响和冲击。当年的国际旅游入境人数和旅游外汇收入同时大幅度减少,这是我国旅游业自1978年以来第一次出现负增长(见表1-5)。我国旅行社的经营者第一次强烈地意识到旅游业的脆弱性、旅游产品的易受影响性和经营旅行社的风险性,我国旅行社业开始进入了一个相对理性发展的阶段,旅行社的数量由1989年的1617家减少为1991年的1561家。但恰在此时,来自我国台湾和前苏联的旅游者急剧增加,使我国旅游业在短短两年内就得到了迅速恢复。1991年,国际旅游入境人数和旅游外汇收入均超过历史最高水平的1988年。1992年,旅游业被列为加快发展的第三产业的重点之一,并首次明确了在国民经济中的产业地位。同年,国家旅游局和国家民航总局联合举办的"中国友好观光年"活动对我国旅游业的发展起到了积极的作用。

表1-5　1989—1994年我国旅游入境人数与旅游收入

	旅游入境人数（万人次）	年增长率(%)	旅游收入(亿美元)	年增长率(%)
1989	2450	-22.7	18.6	-17.2
1990	2746	12.01	22.18	19.2
1991	3335	21.44	28.45	28.3
1992	3811.5	14.29	39.47	38.7
1993	4152.7	8.95	46.83	18.7
1994	4368.5	5.2	73.23	—

注:1995年国际旅游外汇收入的统计采取了与国际接轨的方法,故与往年不能简单对比。
资料来源:《中国旅游统计年鉴(1990—1995)》。

在此期间,我国政府开始允许中国公民出国探亲和旅游,这是我国旅游业发展过程中的又一次重大突破,不仅意味着我国具有更广阔的旅游客源市场,更重要的是提高了我国旅行社在国际旅游合作中的地位和影响力,由以往单纯的旅游接待增加了输送客源的业务。根据国家旅游局统计资料,1994年中国公民出境人数达373.36万人次。

在我国入境旅游得到恢复、出境旅游迅速崛起的同时,国内旅游也保持了持续增长的态势。根据国家旅游局的数据,1994年,我国国内旅游人数达5.23亿人次,国内旅游收入达1023.51亿元人民币。旅游业的兴旺发展有力地促进了旅行社业的进一步发展,旅行社的行业规模在此期间快速增长。截至1994年底,中国旅行社总数达到4382家,比1990年增加了近两倍(见表1-6),我国旅行社业逐步进入了产业化大发展阶段。

表1-6　1990—1994年我国旅行社产业规模的变化

单位:家

	一类社	二类社	三类社	合计
1990	68	834	701	1603
1991	73	738	750	1561
1992	136	701	1755	2592
1993	164	703	2371	3238
1994	267	716	3399	4382
1995	360	665	2801	3826
1996	359	618	3275	4252

资料来源:根据《中国旅游年鉴(1991—1997)》整理.

随着旅行社数量的急剧上升,在实现销售额快速增长的同时,旅行社同行之间由于恶性竞争也引发了旅游市场秩序的混乱局面。为提升中国旅行社的企业素质和声誉,同时有效保护旅游消费者的合法权益,国家旅游局于1995年1月1日颁布并实施了《旅行社质量保证金暂行规定》《暂行规定实施细则》《赔偿暂行办法》《赔偿试行标准》等一系列法规。旅行社质量保证金制度的建立,不仅改善了旅行社行业的市场秩序,而且还调整了旅行社业的产业结构,使那些规模小、效益低、经营乱、服务差的旅行社被淘汰出局。当年,我国的旅行社就由1994年的4382家减少为3826家,其中三类社减少598家,二类社减少51家,一类社增加93家,充分体现了调整期的转变(见表1-6)。

为进一步规范我国旅行社业的市场秩序并促进该行业的结构性调整,国务院于1996年10月颁布了《旅行社管理条例》,对旅行社的管理进行了重大调整,按照经营业务范围将原有的三大类旅行社改为国际旅行社和国内旅行社两种类型。同年,国家旅游局还发布了《旅行社管理条例实施细则》,对于我国旅行社业的结构性调整起到了积极的促进作用。1997年5月8日国家旅游局发布的《旅行社经理资格认证管理规定》和1999年5月14日国务院发布的《导游员管理条例》,对提高旅行社的素质、质量和信誉等起到了促进作用。1999年1月由国家旅游局和对外贸易经济合作部联合发布了《中外合资旅行社试点暂行办法》,开始了我国旅行社市场开放的进程。2001年,国家旅游局颁布了《旅行社投保旅行社责任保险规定》。这些管理条例和规定的颁布和实施,引导旅行社行业发展由单纯追求行业规模向追求企业素质转变,使我国旅行社行业的宏观管理更趋严谨和合理,为我国旅行社行业的进一步发展提供了有利条件,起到了积极的促进作用。

2001年年底,我国加入世界贸易组织,我国的旅行社业逐步进入全面开放阶段。为了进一步扩大对外开放、促进旅行社发展,2003年6月13日,国家旅游局和商务部联合发布了《设立外商控股、外商独资旅行社暂行规定》,外资控股旅行社或外商独资旅行社在中国有了发展的空间。同年12月,由德国旅游集团TUI与中国旅行社总社合资的中国首家外资控股旅行社——中旅途易旅游有限公司和首家外商独资旅行社——日航国际旅行社中国有限公司在北京开业。外资旅行社进入中国,对国际客源市场的扩大、新的旅行社运行机制的引进、中国旅行社行业整体水平的提高有着明显的积极意义,但带来的竞争也是完全的。2005年,全国1.7万家旅行社营业收入总共1100亿元人民币,而美国运通全年就达到290亿美元,日本交通公社(JTB)达到218亿美元。2007年7月1日,我国取消对外商投资旅行社设立分支机构的限制,并对外资旅行社的注册资本实行国民待遇。目前,世界上最大的旅行社或旅游公司多数已经开始进驻中国。

为了与国际旅行社巨头相抗衡,我国旅行社集团相继成立,中旅、国旅、青旅、康辉、招商旅行社及上海春秋、华运铁路旅游集团的集团化进程都有了实质性进展。目前我国旅行社的集团化主要有两种形式:一是主要由旅行社组成的企业集团;二是跨行业的综合性旅游集团。

随着旅游业的快速发展,新情况、新问题不断出现,旅行社在经营体制、经营模式、经营行为上都发生了很大变化。为更好地保障旅游者和旅行社的合法权益、维护旅游市场秩序,国务院于2009年2月颁布了《旅行社条例》,自同年5月1日起实施,同时废止了1996年颁布的《旅行社管理条例》。该条例在旅行社的定义及分类、分社的设立、注册资金和质量保证金的缴纳等多方面进行了调整,并明确了行政管理部门的职责。

这一阶段我国旅行社的发展特点主要表现为:第一,从行业规模看,伴随着旅游市场需求持续增长,我国旅行社的总量不断增加,行业规模不断扩大。根据中国旅游统计年鉴的相关数据,截至2012年年末,全国旅行社的总数为24 944家,同比增长了5.3%(见表1-7)。第二,从发展潜力看,我国旅行社的总量还有增长的空间。如果单纯从人均拥有旅行社数量来看,欧美发达国家每1万人就拥有一家旅行社,我国截至2012年年底,每5.43万人才拥有一家旅行社。从这个角度看,我国旅行社的行业规模发展潜力巨大。第三,从经营效益看,在旅行社行业规模不断扩大的同时,利润起伏明显,尤其受2003年"非典"及2008年全球金融危机的影响,全行业的利润率总体呈下降趋势,表明旅行社业是受环境影响变化比较大的一个行业。第四,从投资主体看,我国旅行社业吸引了更多的投资主体。随着产业投资管制的放松和加入世界贸易组织,一些民间投资机构开始进入旅行社业;同时,外国外资控股旅行社或外商独资旅行社在中国也有了发展的空间。第五,从产品种类看,旅游产品和旅行服务种类逐渐增多。从早期单一提供观光旅游产品,发展到现在针对学生、家庭、老年人、商务、会展和奖励等细分市场的旅游产品，推出了修学团、景区夏令营团、滑雪团、自驾车团、中医保健团等多种类型产品，取得了良好的市场反馈。第六，从行业形态看，随着信息技术的发展，新兴旅行社业态不断涌现，旅游电子商务成为旅行社业务拓展的重要领域。例如，最早出现的在线旅行服务提供商携程旅行网和艺龙、打造旅游供应商交流平台的同程网、向价格敏感型消费者提供垂直旅游搜索引擎服务的"去哪儿"等，它们借助信息、技术为旅行社提供个性化、多样化的服务，并在现实中与传统旅行社相互促进。

表1-7 1996—2012年我国旅行社的行业规模变化

	国际旅行社总数(家)	国内旅行社总数(家)	旅行社总数(家)	营业收入(亿元)	利润(亿元)	税金(亿元)
1996	977	3275	4252	200.4	5.46	2.04
1997	991	3995	4986	234	5.14	2.14
1998	1312	4910	6222	250	3.34	2.43
1999	1256	6070	7326	324	6.23	2.67
2000	1268	7725	8993	470	10.44	8.00
2001	1310	9222	10 532	589	12.28	7.63
2002	1349	10 203	11 552	711	11.93	7.97
2003	1364	11 997	13 361	652	-0.2	6.66
2004	1460	13 467	14 927	1018	3.02	6.95
2005	1556	14 689	16 245	1117	1.27	8.12
2006	1654	16 303	17 957	1411	5.79	9.90
2007	1797	17 146	18 943	1639	10.81	10.97
2008	1970	18 140	20 110	1666	8.53	11.29
2009	—	—	20 399	1807	11.48	12.59
2010	—	—	22 784	2649	33.89	12.77
2011	—	—	23 690	2872	22.11	13.06
2012	—	—	24 944	3375	31.16	14.71

资料来源：根据《中国旅游统计年鉴(1997—2013)》整理。

【阅读】

国家旅游局关于2013年度全国旅行社统计调查情况的公报

依据《统计法》、《旅行社条例》《旅行社条例实施细则》《旅游统计调查制度》和《旅行社统计调查办法》，国家旅游局组织开展了2013年度全国旅行社统计调查

旅行社经营管理

工作,现将有关情况公报如下:

一、填报情况

2013年度全国旅行社季度组织接待和年度财务数据填报率分别为96.98%、97.94%、97.85%、97.82%和96.50%,年度平均填报率为97.42%,同比提高0.17个百分点。31个省份年度平均填报率超过90%;其中内蒙古、宁夏、黑龙江、兵团4省份年度平均填报率为100%。

二、行业规模

截至2013年年底,全国旅行社总数为26 054家(按填报2013年第四季度组织接待数据的旅行社数量计算),同比增长4.45%。宁夏、兵团、贵州、山西和河南5个省份旅行社数量减少,减幅最大的宁夏为5.94%;其余27个省份旅行社数量都有不同程度的增长,增幅最大的重庆为15.86%,内蒙古、海南、北京和天津4个省市增长超过10%。有11个省份旅行社数量超过1000家,数量最多的江苏为2073家;有9个省份旅行社数量少于500家,数量最少的兵团为92家。

全国旅行社资产合计为1039.77亿元,同比增长23.85%,其中,负债697.16亿元,同比增长28.01%;所有者权益342.61亿元,同比增长16.16%。全国旅行社直接从业人员339 993人,同比增长6.84%,其中大专以上学历238 311人,同比增长6.98%。

三、经营情况

2013年度全国旅行社营业收入3599.14亿元,同比增长6.65%;营业成本3434.29亿元,同比增长9.32%;营业利润25.43亿元,同比增长3.47%;利润总额32.72亿元,同比增长5.01%;营业税金及附加14.92亿元,同比增长1.42%;所得税7.45亿元,同比增长3.93%;旅游业务营业收入3189.45亿元,同比增长2.99%;旅游业务利润162.28亿元,同比增长9.44%。

2013年度全国旅行社国内旅游营业收入1762.11亿元,同比减少6.19%,占全国旅行社旅游业务营业收入总量的55.25%;国内旅游业务利润88.02亿元,同比增长1.15%,占全国旅行社旅游业务利润总量的54.24%。

2013年度全国旅行社出境旅游营业收入1157.19亿元,同比增长23.62%,占全国旅行社旅游业务营业收入总量的36.28%;出境旅游业务利润为59.46亿元,同比增长33.11%,占全国旅行社旅游业务利润总量的36.64%。

2013年度全国旅行社入境旅游营业收入270.15亿元,同比减少4.32%,占全国旅行社旅游业务营业收入总量的8.47%;入境旅游业务利润为14.80亿元,同比减少10.8%,占全国旅行社旅游业务利润总量的9.12%。

四、组接情况

(一)国内旅游

2013年度全国旅行社国内旅游组织12 855.72万人次、40 842.95万人天,接待14 519.50万人次、33 829.29万人天,分别同比减少10.53%、5.94%、10.94%和11.92%。

2013年度旅行社国内旅游组织人次排名前十位的省市依次为广东、浙江、江苏、上海、山东、重庆、福建、湖北、湖南、北京。

2013年度旅行社国内旅游接待人次排名前十位的省市依次为江苏、广东、浙江、云南、福建、湖北、山东、上海、重庆、湖南。

(二)出境旅游

2013年度全国旅行社出境旅游组织3355.71万人次、16 763.62万人天,分别同比增长18.55%、28.74%。

2013年度旅行社出境旅游组织人次排名前十位的目的地国家和地区依次为香港、泰国、韩国、澳门、台湾、新加坡、马来西亚、日本、越南、法国。

(三)入境旅游

2013年度全国旅行社入境旅游外联1447.52万人次、6063.22万人天,接待2047.15万人次、6667.75万人天,分别同比减少11.93%、11.91%、13.50%、14.21%。

2013年度旅行社入境旅游外联人次排名前十位的客源地国家和地区依次为香港、韩国、台湾、澳门、俄罗斯、新加坡、美国、马来西亚、泰国、日本。

2013年度旅行社入境旅游接待人次排名前十位的客源地国家和地区依次为香港、台湾、韩国、澳门、美国、俄罗斯、泰国、马来西亚、新加坡、日本。

(四)三大旅游市场比较

1. 三大旅游市场人次数比较

以国内旅游组织人次、出境旅游组织人次、入境旅游外联人次三项指标数据进行比较,2013年度全国旅行社国内旅游、出境旅游、入境旅游所占份额分别为73%、19%、8%,分别同比减少3个百分点、增长4个百分点、减少1个百分点。

2. 三大旅游市场人天数比较

以国内组织人天、出境组织人天、入境外联人天三项指标数据进行比较,2013年度全国旅行社国内旅游、出境旅游、入境旅游所占份额分别为64%、26%、10%,分别同比减少5个百分点、增长6个百分点、减少1个百分点。

五、总体结构情况

(一)数量分布

2013年度旅行社数量排名前十位的省市依次为江苏(2073)、山东(2001)、浙江(1988)、广东(1656)、河北(1271)、辽宁(1165)、北京(1145)、上海(1139)、河南(1133)、湖北(1058),上述省市旅行社数量占全国旅行社总量的56.15%。

(二)各地经营状况

2013年度全国旅行社组接指标排名前十位的省市依次为广东、山东、浙江、江苏、北京、福建、上海、湖南、辽宁、湖北。

2013年度全国旅行社主要经济指标(旅游业务营业收入、旅游业务利润、实缴税金三项综合)排名前十位的省市依次为北京、广东、上海、浙江、江苏、山东、福建、湖南、湖北、辽宁。

(三)类别情况

2013年度全国出境旅游组团社旅游业务营业收入2216.63亿元,同比增长11.71%,占全国旅行社总量的65.68%;旅游业务利润112.70亿元,同比增长16.73%,占全国旅行社总量的76%;实缴税金14.80亿元,同比增长10.45%,占全国旅行社总量的67.67%。

2013年度全国外商投资旅行社旅游业务营业收入28.51亿元,同比减少12.55%,占全国旅行社总量的0.79%;旅游业务利润2.09亿元,同比减少23.72%,占全国旅行社总量的1.29%,实缴税金0.31亿元,同比减少13.89%,占全国旅行社总量的1.39%。

特此公报。

2014年7月16日

(资料来源:中国旅游报.2014-07-21.)

第二节 旅行社的性质与分类

旅行社是为人们旅行提供相关服务的专门机构,是商品经济、科学技术和社会分工发展的直接结果。

一、旅行社的定义

(一)国外旅行社的定义

旅行社是为人们旅行提供服务的专门机构。不同国家和地区对旅行社的定义也不尽相同,比较有代表性的定义有以下几种。

1. 欧洲对旅行社的定义

欧洲是现代意义旅行社的发源地,认为旅行社是一个以持久盈利为目标,为游客提供有关旅行及居留服务的企业。这些服务主要包括:出售或发放运输票证;租用公共车辆;办理行李托运和车辆托运;提供旅馆服务,预订房间;组织参观游览,提供导游、翻译和陪同服务;租用剧场、影剧院服务;出售体育盛会、商业集会、艺术表演等活动的入场券;提供旅客在旅行逗留期间的保险服务;代表其他驻国外旅行社或旅游组织者提供服务等。这一定义是有关旅行社最为完整的、有法律依据的定义之一,在西方有关向旅行社和旅游组织商发放许可证的许多法律文件中都可以找到依据(杜江,2006)。

2. 美国对旅行社的定义

美国旅行业协会(ASTA)按照业务范围把旅行社分为两类,即旅行代理商(Travel Agent)和旅游经营商(Tour Operator)。旅行代理商是位于委托人(如航空公司、轮船公司、酒店等)与第三者(旅客)之间,代理委托人从事旅行销售及提供相关服务,并向其收取佣金的个人或商社。旅游经营商是指为旅游者个人或团体设计包含各种费用的旅行产品的公司或个人。

3. 日本对旅行社的定义

旅行社在日本称"旅行业",根据《日本旅行业法》第二条规定:"旅行业系指收取报酬经营下列事业之一者(专门提供运输服务,即对旅客提供运输服务而代理签约者除外):为旅客提供运输或住宿服务,代理签约、媒介或介绍之行为;代理提供运输或住宿之服务业与旅客签约提供服务或从事媒介之行为;利用他人经营之运输机构或住宿设备,为旅客提供运输或住宿服务;附随于前三款行为,为旅客提供运输及住宿以外之旅行有关服务,代理签约、媒介或介绍之行为;附随于第一款至第三款之行为,代理提供运输及住宿以外有关服务业,为旅客提供服务而代理签约或媒介之行为;附随于第一款至第三款之行为,引导旅客,代办申领护照及其他手续,以及其他为旅客提供服务之行为;有关旅行一切之咨询行为;对于第一款至第六款所列之行为代理签约之行为。"

4. 国际官方旅游组织联盟对旅行社的定义

国际官方旅游组织联盟(IUOTO)(UNWTO的前身)在其《现在和潜在销售渠道的研究》报告中指出:"旅游经营商(社)是一种销售企业,它们在消费者提出要求之前事先准备好旅游活动和度假地,组织旅行交流,预订旅游目的地的各类客房,安排各种游览、娱乐活动,提供整套服务(包价旅游),并实现确定价格及出发和回归日期,即准备好旅游产品,由自己属下的销售处,或由旅行代理商将旅游产品销售给团体或个体消费者。"

5. 世界旅游组织对旅行社的定义

世界旅游组织(UNWTO)的定义:"零售代理机构向公众提供关于可能的旅行、居住和相关服务,包括服务酬金和条件的信息。旅行组织者或制作商或批发商在旅游需求提出前,以组织交通运输,预订不同方式的住宿并提供其他服务为旅行和旅居做准备。"

(二)我国旅行社的定义

我国旅行社的官方定义出自国家对旅行社的管理规定,国务院曾于1985年、1996年和2009年三次发布旅行社管理条例。其中,国务院颁布的自2009年5月1

日起实施的《旅行社条例》规定：旅行社是指从事招徕、组织、接待旅游者等活动，为旅游者提供相关旅游服务，开展国内旅游业务、入境旅游业务或者出境旅游业务的企业法人。

其中，"相关旅游服务"主要包括：安排交通、住宿、餐饮、观光、游览、休闲、度假、娱乐、导游、领队、咨询、旅游活动设计服务。旅行社还可以接受委托，提供下列旅游服务：接受旅游者的委托，代订交通客票、代订住宿和代办出境、入境、签证手续等；接受机关、事业单位和社会团体的委托，为其差旅、考察、会议、展览等公务活动代办交通、住宿、餐饮、会务等事务；接受企业委托，为其各类商务活动、奖励旅游等代办交通、住宿、餐饮、会务、观光、游览、度假、休闲等事务；其他旅游服务。

综上所述，西方对旅行社的定义要比中国对旅行社的定义范围宽泛，前者将旅行社按照分工不同区分为旅游经营商/旅游批发商和旅游零售商，而我国旅行社的定义涵盖了经营商/批发商和零售商的概念，用英文表示为"Travel Service"。

二、旅行社的性质

（一）营利性

企业的最终目标是追求利润最大化，因此，营利性是所有企业的共性。作为一种企业形态，旅行社具有经营自主权，应自负盈亏、自我约束、自我发展，独立承担民事责任。要实现上述目标，旅行社必须以营利为目的，并根据盈亏状况享有相应的经济权利。如果不能获取利润，旅行社就不能在市场竞争中生存。

（二）中介性

旅行社本身并没有更多的生产资料，它依托景点、交通、住宿、旅游购物等相关旅游供应部门，通过代理、组合各种旅游服务，将各个部门生产的产品有机结合成为系统性的旅游产品，再出售给旅游者。它是旅游者和旅游服务供应商之间、旅游客源地与目的地之间的纽带与桥梁，具有中介性质。

（三）服务性

从行业性质来讲，旅行社属于服务业，其主要业务是为旅游者提供包括食、住、行、游、购、娱六个方面的服务。旅行社可以为旅游者提供单项服务，也可以将各项服务组合成包价旅游产品提供给旅游者。所以在旅行社的发展过程中，其服务性正是经济效益和社会效益的双重体现。

三、旅行社的分类

（一）旅行社的分工体系

分工是专业化生产的基础。旅行社的分工体系是指不同类别的旅行社在旅游活动实现的过程及范围内所扮演的角色及其相互之间的关系。由于世界各国(地区)的社会制度、历史文化、经济体制以及旅游业的发展状况存在差异,各国旅行社所采用的分工体系也有所不同。

1. 垂直分工体系

垂直分工体系是由市场经济体制的内驱力自发演进而成的,其划分依据为旅行社在提供旅游服务流程中所起的不同作用。在市场经济体制的作用下,旅行社根据旅游者的消费流程而自然形成了一种专业化分工,并呈现"相关旅游企业—经营—批发—零售—旅游者"这样一种垂直的状态(见图1-3)。以欧美为代表的西方发达国家的旅行社大多数采用垂直分工体系。

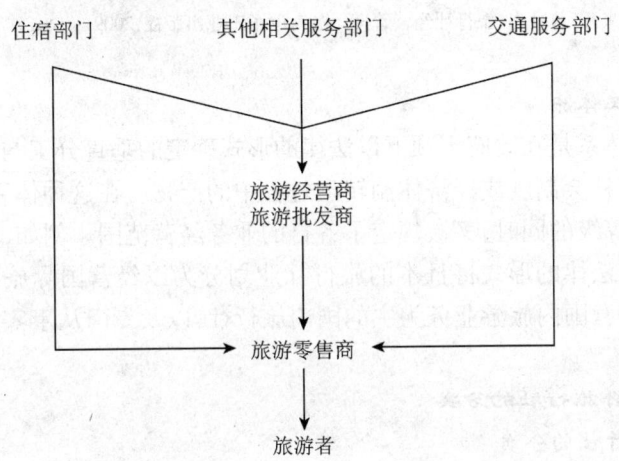

图1-3 垂直分工的旅行社服务体系

资料来源:苗雅杰.旅行社经营管理.北京:电子工业出版社,2009.

2. 水平分工体系

水平分工体系是在政府主导下形成的分工体系。在政府行政管理的干预下,旅行社被人为限定为若干等级或类别,整体旅游市场也被细分为若干子市场,每一等级或类别的旅行社则对应经营相应的子市场(见图1-4)。其主要特点是各旅行社在同一操作层次上,并根据操作的不同特点进行的分类。日本、韩国等国家在旅游业发展初期曾使用这一分工体系,我国目前仍使用该分工体系。

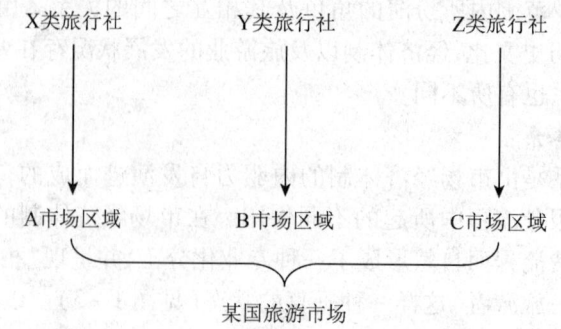

图1-4 水平分工的旅行社服务体系

资料来源:苗雅杰.旅行社经营管理.北京:电子工业出版社,2009.

3. 混合分工体系

混合分工体系是在政府干预下以法律的形式确定的垂直分工与水平分工的混合分工体系,是社会制度或经济体制转型过程中的产物。在这种体系下,旅行社在被划分为不同等级的同时,又被规定了各自的业务经营范围。例如,在1983—1996年期间,政府以法律的形式将日本的旅行社业划分为以经营国际旅游业务为主的一般旅行社、经营国内旅游业务为主的国内旅行社,以及专门从事零售代理业务的旅行业代理店。

(二)国内外旅行社的分类

1. 我国旅行社的分类

我国旅行社的分类属于政府主导下的水平分工体系,是根据其经营范围的不同来进行分类。到目前为止,我国旅行社在分类方式上经历了三次变化。

(1)三分法。1985年5月,国务院颁布了我国旅游行业的第一部管理法规——《旅行社管理暂行条例》,按业务范围将我国旅行社划分为三大类:一类旅行社、二类旅行社和三类旅行社。其中,一类旅行社经营对外招徕并接待外国人、华侨、港澳同胞、台湾同胞来中国、归国或回内地旅游业务;二类旅行社不对外招徕,只经营接待一类旅行社或其他涉外部门组织的外国人、华侨、港澳同胞、台湾同胞来中国、归国或回内地旅游业务;三类旅行社经营中国公民的国内旅游业务。

(2)二分法。1996年10月,国务院颁布了正式的《旅行社管理条例》,依照经营业务范围的不同,我国旅行社被划分为两大类:国际旅行社和国内旅行社。国际旅行社是经营入境旅游业务、出境旅游业务和国内旅游业务的旅行社;国内旅行社的经营范围仅限于国内旅游业务。与1985年的《旅行社管理暂行条例》相比,1996年颁布的《旅行社管理条例》尽管在旅行社的设立和分类等方面有了改进,但依然沿用了政府主导下的旅行社水平分工体系。

(3)无分类法。2009年5月1日实施的《旅行社条例》,取消了旅行社分类,规定旅行社取得业务经营许可后,即拥有国内旅游业务和入境旅游业务的经营权;旅行社取得经营许可满两年,且未因侵害旅游者合法权益受到行政机关罚款以上处罚的,可以申请经营出境旅游业务。虽然新条例对旅行社没有进行明确分类,但是按照旅行社的业务经营范围,可以划分为国内旅游业务、入境旅游业务、出境旅游业务三种。国家旅游局2009年颁布的《旅行社条例实施细则》对这三种业务的规定如下。

国内旅游业务,是指旅行社招徕、组织和接待中国内地居民在境内旅游的业务。

入境旅游业务,是指旅行社接受境外旅行社或者其他企业、组织、个人的委托,接待外国旅游者来我国旅游,接待香港特别行政区、澳门特别行政区旅游者来内地和接待台湾地区居民来大陆旅游,以及招徕、组织、接待在中国内地的外国人,在内地的香港特别行政区、澳门特别行政区居民和在大陆的台湾地区居民在境内旅游的业务。

出境旅游业务,是指旅行社招徕、组织、接待中国内地居民出国旅游,赴香港特别行政区、澳门特别行政区和台湾地区旅游,以及招徕、组织、接待在中国内地的外国人,在内地的香港特别行政区、澳门特别行政区居民和在大陆的台湾地区居民出境旅游的业务。

外商投资旅行社,不得经营中国内地居民出国旅游业务及赴香港特别行政区、澳门特别行政区和台湾地区旅游的业务。但国务院规定或者我国签署的自由贸易协定和内地与香港、澳门关于建立更紧密经贸关系的安排另有规定的除外。

2. 欧美国家旅行社的分类

欧美国家旅行社的分类主要采用垂直分工体系,普遍的有"二分法"和"三分法"两种。"二分法"是指将旅行社划分为旅游批发经营商和旅游零售商两种类型,"三分法"则是将旅行社划分为旅游批发商、旅游经营商和旅游零售商三大类,即强调旅游批发商和旅游经营商的差别。

(1)旅游批发商。是指从事旅游产品的生产、组织、宣传和推销业务的旅行社组织。它不直接向公众出售旅游产品,而只接受其他旅游中介组织的预订。它根据旅游者的需求和相关部门的实际情况设计旅游产品,然后大批量订购相关旅游企业的产品和服务,再加工组合成为不同的包价旅游产品交给旅游中介组织去推销。

(2)旅游经营商。是指以编排、组合旅游产品为主,也兼营一部分零售业务的旅行社。它们的大部分旅游产品由零售商出售,有时也代理其他旅游经营商的产品。在西方国家旅游业界,旅游批发商与旅游经营商经常作为同义词混用。二者的共同点在于,它们都要与饭店、交通部门、旅游景点和其他相关部门签订购买协议,根据游客需求设计各具特色的包价旅游产品。两者之间的不同点在于:旅游批发商一般不从事零售和实地接待业务,其包价旅游产品需要通过旅游零售商在旅游市场上销售;而旅游经营商在从事包价旅游产品批发的同时,又通过自己的零售网络直接向旅游者提供包价旅游产品,有些旅游经营商还拥有自己的车队、饭店和其他旅游设施。

(3)旅游零售商。又称旅游代理商,是指直接向个人或社会团体宣传和推销旅游产品,具体招徕旅游者,有的也负责当地接待的旅行社。其业务既包括代售旅游批发商或旅游经营商的包价旅游产品,向旅游者提供各类旅游咨询和接待服务,又包括代替旅游者直接向提供食宿、交通、游览、娱乐等服务的旅游供应商预订零散服务项目。旅游零售商的收入主要来自销售佣金,当销售额较高时,还可能获得奖励佣金或其他形式的奖励。

3. 日本旅行社的分类

日本旅行业的分类一直采用的是混合分工体系。1996年4月1日以前,日本旅行业划分为一般旅行业、国内旅行业和旅行业代理店三大类。一般旅行业,指可以从事国际旅游、国内旅游和出国旅游三种业务的旅行社,主要业务是开展对外旅行。国内旅行业,指可以从事国内旅行(包括部分接待外国人的日本国内旅行)业务的旅行社。旅行业代理店,指主要从事一般旅行业和国内旅行业的代理业务的旅行社。

1996年4月1日起日本实施了新的《旅行业法》,以旅行业是否从事主催旅行业务为主要标准,将日本的旅行业重新划分为三大类:第Ⅰ种旅行业,可以实施海外和国内主催旅行业务;第Ⅱ种旅行业,只能实施国内主催旅行业务;第Ⅲ种旅行业,不实施主催旅行业务。这里的"主催旅行业务"指的是旅行业者实现确定旅游目的地及日程、旅游者能够获得的运送及住宿服务内容、旅游者应对旅行业者支付的代价等有关事项的旅游计划,通过广告或其他方法招徕旅游者而实施的旅行,相当于"包价旅游"。

4. 我国台湾地区旅行社的分类

我国台湾地区总体上采用的是水平分工体系。根据其《发展观光条例》,将旅行社划分为综合旅行业、甲种旅行业和乙种旅行业三大类。

(1)综合旅行业。其主要业务有:接受委托代售岛内外海、陆、空运输事业客票,或代旅客购买岛内外客票、托运行李;接受旅客委托,代办出入境及签证手续;接待岛内外观光旅客并安排旅游、食宿及导游;以包办旅游方式,自行组团,安排旅客岛内外观光旅游、食宿及提供有关服务;委托甲种旅行业代理招揽前款业务;委托乙种旅行业代为招揽第四款岛内团体旅游业;代理外国旅行业办理联络、推广、报价等业务;其他经主管机关核定与岛内外旅游有关事项。

(2)甲种旅行业。其主要业务有:接受委托代售岛内外海、陆、空运输事业之客票,或代旅客购买岛内外客票、托运行李;接受旅客委托,代办出入境及签证手续;接待岛内外观光旅客并安排旅游、食宿及导游;自行组团安排旅客出岛观光旅游、食宿及提供有关服务;代理综合旅行业招揽第五款之业务;其他经主管机关核定与岛内外旅游有关事项。

(3)乙种旅行业。其主要业务有:接受委托代售岛内海、陆、空运输事业之客票,或代旅客购买岛内客票、托运行李;接待本岛观光旅客岛内旅游、食宿及提供有关服务;代理综合旅行业招揽第六款岛内团体旅游业务;其他经主管机关核定与岛内外旅游有关事项。

第三节 旅行社的业务与职能

一、旅行社的业务

在不同国家或地区,不同类型和不同规模的旅行社在经营职能、业务范围以及具体业务等方面存在较大的差异,但旅行社的基本业务却大同小异。作为向旅游者提供旅行游览服务的专门机构,旅行社的基本业务主要概括为:旅游产品开发业务、旅游服务采购业务、旅游产品销售业务、旅游接待业务。旅行社业务的操作流程(见图1-5)。

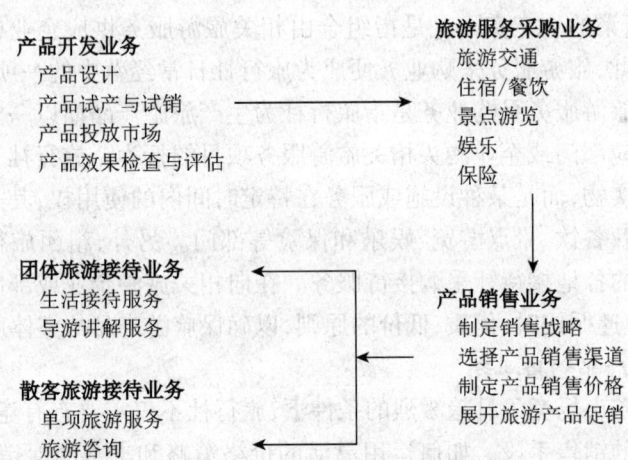

图1-5 旅行社业务的操作流程

资料来源:苗雅杰.旅行社经营管理.北京:电子工业出版社,2009.

(一)旅游产品开发业务

从广义上理解,凡是能向旅游者出售的服务和产品都可以称为旅游产品。从旅行社的角度看,旅游产品主要表现为组合旅游产品,即旅行社根据旅游市场的需求,把多个单项旅游产品组合起来提供给旅游者,以满足其在交通、住宿、饮食、游览、购物、娱乐等多个方面的需要。

旅行社的主要工作是以旅行社产品为媒介,为旅游者提供旅游服务,满足旅游者多种多样的需求。能否向旅游者提供使其满意的旅游产品不仅关系到旅行社的经济效益,更是决定旅行社经营成败的关键。因此,开发出适合旅游者需求的产品是旅行社提供服务的前提,同时也是旅行社赖以生存和发展的基础。

旅行社产品开发业务包括产品设计、产品试产与试销、产品投放市场和产品效果检查评估等内容。旅行社应在充分调查研究的基础上,及时了解旅游者的旅游需求,科学地进行市场预测分析,结合旅行社自身的业务特点、经营实力及相关旅游服务供应的状况,有针对性地设计旅游产品,开发出适销对路、质优价廉的旅游产品。之后,将设计出的旅游产品进行试销,并根据旅游者对产品的反应情况不断改进产品。在产品试销成功后,批量投放市场,扩大销路。最后,定期对产品进行检查、评估,使之不断改进和完善。

(二)旅游服务采购业务

由于旅行社经营的产品要涉及旅游者旅游过程中吃、住、行、游、娱、购等各个环节,而其中绝大多数服务项目并不是旅行社自身能够提供的,这就要求旅行社必须与餐饮、住宿、交通、景点等许多旅游服务供应商保持密切的合作关系。更准确地说,旅行社所谓的生产实际上是指组合由相关旅游服务供应企业或部门提供的服务项目。因此,旅游服务采购业务便成为旅行社日常经营中的一项重要业务。

旅行社的旅游服务采购业务是指旅行社为生产旅游产品而以一定的价格向有关旅游服务供应部门或企业购买相关旅游服务项目的行为。旅行社采购的并不是具体的商品或实物,而是某种设施或服务在特定时间内的使用权,其采购业务主要涉及交通、住宿、餐饮、景点游览、娱乐和保险等部门。另外,组团旅行社还需要向旅游线路涉及的各地接待社采购接待服务。在向相关旅游企业或部门进行服务采购时,旅行社应遵循按时、优质、低价的原则,以确保旅游产品的整体质量。

(三)旅游产品销售业务

在目前旅游市场竞争日趋激烈的条件下,旅行社不仅需要有有竞争力的产品,更需要有有效的销售手段。如何运用灵活的价格策略和丰富的促销手段,通过有效的销售渠道,将旅游产品信息准确而及时地传递给旅游者,激发其购买欲望,促进旅游者的旅游动机尽快转化为消费行为是旅行社的关键性业务。没有产品购买者,旅行社的后续业务便无法开展。旅游产品销售业务的具体内容包括制定销售战略、选择销售渠道、确定产品销售价格、制定促销策略等工作。

旅行社选取目标市场后,应根据目标市场的特点和自身的经营实力选择适当的销售渠道,采取灵活的销售策略把产品推向市场,以获得经济效益。要使旅游消费者知晓、熟悉、认同、购买本企业的产品,旅行社需要开展各种形式的宣传促销活动,来影响旅游者的购买行为。旅行社产品的促销方式主要包括:媒体广告、宣传资料、营销公关、销售推广、现场促销等。同时,在日益激烈的旅游市场竞争中,旅行社也需要通过促销活动来提高产品的知名度,从而使旅行社在市场竞争中赢得更大的主动。

(四) 旅游接待业务

在完成旅行社产品的开发、服务采购和营销之后,最关键的环节就是向旅游者提供导游和旅途照料等相关的旅游接待服务。旅行社其他各项业务的开展都是通过这一环节的实施来获取相应经济效益的。旅游接待既是旅行社依据销售承诺实地接待旅游者的过程,也是旅游者消费旅游产品、实现旅游产品效用和价值的过程。

依据接待人数的规模,旅行社的接待业务可分为团体旅游接待业务和散客旅游接待业务两种。团体旅游接待业务是指旅行社通过向旅游团队提供接待服务,最终实现团体旅游产品生产与销售的活动,主要由生活接待服务和导游讲解服务构成。散客旅游接待业务则是一项以散客旅游者为目标市场的旅游服务业务,它包括旅游咨询、单项旅游服务和选择性旅游服务。

在旅行社的旅游接待业务中,导游所提供的服务直接影响到旅游者对旅游产品的认识与评价。导游素质和能力的高低是决定旅游接待服务质量高低的关键因素。因此,旅行社应重点加强对导游人员素质和技能的培养,不断提高导游人员的服务接待质量。

旅行社的接待业务还包括承接与旅游有关的各种委托代办业务,这是旅行社经营中的另一项基本业务。目前,旅行社主要提供以下代办服务项目:代客办理旅行证件,即护照和签证;代客购买或预订车、船、机票及各类联运票;出售特种有价证券(如信用卡),旅游者持有这种证券便可在各游览地逗留期间得到膳宿等服务;发行和汇总旅行支票、信贷券,组织兑换业务;为旅游者办理旅行期间的各类保险等。

在旅行社接待业务中,旅游咨询也是一个重要环节。虽然,旅游咨询并不必然导致购买和消费行为,也不一定创造效益,但对促成旅游产品的销售仍然具有推动作用。尤其对于散客旅游者而言,旅行社提供翔实和具有吸引力的旅游信息,解答关于旅游产品的各种疑问,对旅游者的旅游决策会起到重要影响。

值得强调的是,旅游者旅游行程的结束并不意味着旅行社接待业务的告终。为不断改进旅行社的产品和服务,加强与旅游者之间的关联,旅行社还要为旅游者提供一系列的售后服务,例如处理投诉、建立客户档案等。售后服务是旅行社接待业务的延伸,通过售后服务可以主动解决遗留问题,建立与旅游者之间的长期联系,对稳定旅行社的客源有促进作用。

以上只是对旅行社基本业务进行的一般概括(见表1-8)。随着旅游业的蓬勃发展和旅游需求的日新月异,旅行社的业务范围将不断扩大,在现代旅游业中的地位也将进一步提高。

表1-8 旅行社的基本业务

基本业务	业务内容
旅游产品开发业务	市场调研、设计和组合产品
旅游市场营销业务	制定产品价格、选择销售渠道、产品促销
旅游服务采购业务	交通、住宿、餐饮、游览、娱乐和保险等
旅游接待业务	旅游咨询、实地接待、售后服务

二、旅行社的职能

旅行社最基本的职能就是满足旅游者在旅行和游览方面的各种需要,同时协助交通、饭店、餐馆、游览场所、娱乐场所和购物商店等旅游服务供应企业将其旅游服务产品销售给旅游者。具体来讲,旅行社的职能一般可以划分为以下五个方面(见表1-9):

表1-9 旅行社的职能

旅行社基本职能	主要表现形式
生产职能	设计和组装各种包价旅游产品
销售职能	销售包价旅游产品;代销其他企业产品
组织协调职能	组织各种旅游活动;协调与各有关部门(企业)的关系
分配职能	分配旅游费用;分配旅游收入
提供信息职能	向有关部门(企业)提供旅游市场信息;向旅游者提供旅游目的地、有关部门(企业)及旅游产品的信息

(一)生产职能

也称为组装职能,是指旅行社设计和组装各种包价旅游产品的功能。为提供旅游者在旅游过程中可能需要的各种服务项目,旅行社通常以批量购买的方式,在低于市场价格的条件下从饭店、交通、游览以及其他相关的旅游供应商那里获得各种服务项目,然后根据旅游市场的需求将这些要素进行加工组合,并融入旅行社自身的服务项目,最终形成具有自身特色的旅行社产品。尤其是对于包价旅游产品而言,其中各项旅游服务都如同零散的部件,只有通过旅行社的设计和组合才能形成一个完整的旅游产品进行出售。因此,从此种意义上而言,旅行社具有生产职能。

(二) 销售职能

旅行社通过各种直接或间接的渠道将旅游产品转移给旅游消费者,并从产品销售中获利。旅行社通过自身的销售系统,或组合或零售,将各个旅游服务部门的产品在市场上卖出,不仅让旅游服务产品更加顺利地进入到旅游消费领域,同时还拓宽了旅游服务产品的销售渠道。旅行社在销售自身包价旅游产品的同时,还帮助各类旅游供应商向旅游者代售各种单项旅游服务产品,如旅行社代旅游者购买车船票、机票以及预订饭店等。为便利旅游者消费,旅行社还广泛存储各种旅游信息,为旅游者提供及时、准确、全面的信息咨询,帮助旅游者更快捷、经济地购买旅游产品。因此,旅行社具有销售职能。

(三) 组织协调职能

旅游活动涉及吃、住、行、游、购、娱等众多方面,旅行社要保障旅游活动的顺利进行,就离不开旅游业各部门和其他相关行业的合作与支持,形成一种相互依存、互惠互利的合作关系。旅游产业提供给旅游消费者的产品涉及餐饮业、旅馆业、旅游景点景区、娱乐部门、交通部门、公安部门、保险公司、海关边防、行政管理部门、商品生产部门等。为了确保旅游活动的顺利进行,旅行社必须在各个行业和各个部门之间进行充分协调和组织,让每个环节之间衔接通畅。另外,旅行社还经常组织各种大型旅游活动或专业旅游活动,这也同样需要大量的组织工作。从这个意义上来说,旅行社具有组织协调职能。

(四) 分配职能

旅游者在旅游活动过程中的消费是多种多样的,要接触众多的经济部门和企业。特别是在包价旅游的情况下,旅游者通过一次性预付全部或部分费用给旅行社,来购买旅游活动中的各种旅游服务项目。这不仅意味着旅行社要根据旅游者的要求,在不同的旅游服务项目之间合理分配旅游者的支出,以最大程度地满足旅游者的需要,而且还要在旅游活动结束后,根据接待过程中的各相关部门提供的服务的数量和质量,按照事先与各相关部门订立的经济合同合理分配旅游收入。同时,旅行社内部各部门之间也要进行合理的分配。所以旅行社必然要承担经济利益分配的职能。

(五) 提供信息职能

作为旅游供应商和旅游者之间的媒介,旅行社与两者之间都保持着密切的联系,这决定了旅行社始终处于旅游市场的最前沿,把握市场动态,预测发展趋势。旅行社提供信息的职能主要表现在两个方面:一方面,旅行社要及时准确地将旅游者的需求信息提供给各相关企业和部门。促进相关部门改善经营,提高服务质量,促进其调整产品结构和改善经营管理。另一方面,旅行社作为旅游业重要的销售渠道,通过向旅游者提供信息咨询或通过各种宣传媒介,将有关信息及时、准确、全面地传递给旅游者，从而帮助旅游者更好地进行旅游购买决策和满足旅游需求。

第四节 旅行社的行业特征与行业管理

一、旅行社的行业特征

由于旅行社企业的特殊性，旅行社行业显示出以下基本特征。

（一）劳动密集性

旅行社是以提供旅游产品为主的服务性企业，其经营所依赖的主要资源是员工，包括产品设计组合、产品销售、旅游服务的采购以及实地接待等，一般表现为人的劳务活动，而无须借助于投资巨额的机器设备来完成。事实上，除了必要的营业场所、办公设施和通信设备外，旅行社经营几乎不需要有更多的固定资产占用。因而，旅行社对资金的需求量较小，而对劳动力的需求量相对较大。所以，旅行社是典型的劳动密集型企业。

（二）智力密集性

旅行社的经营成功与否，在很大程度上取决于员工的知识水平和工作能力。因此，无论是旅行社的管理人员、导游人员，还是产品设计人员和旅游服务采购人员，都要求必须接受过比较系统的专业教育，具有较强的学习能力和运用知识的能力，具有较高水平的旅游专业知识、管理专业知识和文化知识。从事入境旅游和出境旅游业务的员工，还必须能够熟练运用至少一门外语。可以看出，旅行社行业具有明显的智力密集性特点。

（三）关联性

旅行社处于旅游产业链中的下游行业，必须与位于同一产业链中的交通行业、住宿行业、餐饮行业等上游行业及其他行业之间保持着一种相互依存、互利互惠的合作关系。由于旅行社自身能力有限，它无法直接生产产品来满足旅游者的需求，因此，旅行社必须在确保自身利益的前提下，与其他旅游行业及相关行业进行广泛联络，以建立一个完善的旅游服务供给网络，从而获得经营所需的各项服务。

（四）服务性

在旅行社行业中，服务劳动起着主体作用。旅行社通过导游人员、门市接待人员、旅游服务采购人员等的服务劳动向旅游者提供旅游过程中所需的各种旅游服务。旅行社的服务性特点，要求旅行社必须坚持服务规范和标准，制定和执行规范化的服务规程，以保证其服务内容和程序的一贯性，并符合国家及行业的相关质量标准。同时，旅行社还应该在规范化服务的基础上提供个性化的服务，以更好地满足旅游者的个性化需求。

（五）脆弱性

旅行社行业易受多种因素的影响，具有脆弱性。首先，由于旅游目的地自然气候条件和旅游客源地的休假制度，这种旅游需求的季节性使旅行社行业的经营活动呈现出明显的淡季和旺季。其次，国际局势的稳定与动荡、各国经济的繁荣与萧条、物价与汇率的升降以及灾害、恐怖活动等外部环境因素，也会使旅游需求产生明显的变化，给旅行社的经营带来影响。最后，如果旅游上游企业对旅行社的供给状况发生变化，就可能导致旅行社产品的成本、质量和价格产生剧烈的变动，从而影响旅行社的经营效果及在旅游市场上的形象与信誉。

二、旅行社的行业管理

旅行社的行业管理首先体现在行业组织上，即旅行社行业协会。

（一）旅行社的国际性组织

1. 世界旅行社协会（WATA）

世界旅行社协会（World Association of Travel Agencies）1949年在瑞士成立，总部设在日内瓦。它是一个由私人旅行社组织起来的世界性非营利组织，其宗旨主要包括：一是通过某种服务，如专业化情报、简化预订以及委托手续等来促进和保证会员利益；二是通过定期会议，如世界旅游大会及地区性会议，为会员提供相互了解、联系和洽谈生意的机会。现在它有来自100多个国家和地区的300多个会员。世界旅行社协会从1951年开始，每年出版一本综合性的世界旅游指南——《世界旅行社协会万能钥匙》，免费提供给各旅行社。该刊是旨在提供最新信息的综合性刊物，主要刊登会员社提供的各种服务项目的价目表，还刊登各国旅行社提供的国家概况和饭店介绍等。

世界旅行社协会的最高权力机构是其会员大会，每两年举行一次。大会下设执行委员会、管理委员会和总裁委员会。执行委员会负责实施大会的决议；管理委员会主持处理日常工作；总裁委员会由各地选举出来的总裁组成，负责各地会员与日内瓦总部之间的联系，讨论地区问题，协调地区活动。

世界旅行社协会在日内瓦设秘书处，向会员提供各种帮助和服务，如提供旅游情报、文件和统计资料等。秘书处为要在他国寻找代理人或进行贸易联系的会员进行安排和介绍。协会欧洲服务处为旅游团体或个人协调旅行日程，并做出必要的安排。它还代表亚洲、澳大利亚、南北美洲的私人旅行社协会组团到欧洲等地旅行，同时收取最少量的佣金。对于非正式会员，它也提供服务，但是按一般比率收取佣金。

任何一个旅行社，只要财务机构完善、稳定，遵守协会的规定，都有资格成为世界旅行社协会的会员。超过300万人口的城市可由1名旅行社代表参加该组织，400万以上人口的城市可以增派1名。旅行社代表必须同时经营组织和接待业务，如果同一个城市没有同时经营这两项业务的旅行社，协会可以指定一家旅行社专司输出，另一家专搞接待的旅行社为其会员。入会者应先向日内瓦常设秘书处递交申请书，经管理委员会审查后，在会员中传阅，如无反对意见，就能成为其正式会员。协会保证各会员享有一定的优惠权。会员可以持预订交换证，在世界上任何地方为其顾客预订饭店和旅行社的服务项目。

2. 世界旅行社协会联合会(UFTAA)

世界旅行社协会联合会(Universal Federation of Travel Agent's Association)于1966年11月在意大利的罗马成立，它是由1919年在巴黎成立的欧洲旅行社组织(FIAV/IFTA)和1964年在纽约成立的美洲旅行社组织(UOTAA)合并而成的，总部设在比利时首都布鲁塞尔。

世界旅行社协会联合会是世界上最大的民间国际旅游组织之一，是一个具有专业性和技术性的旅游组织。其正式会员是世界各国的全国旅行社协会，每个国家只能有一个全国性的旅行社协会代表该国。

世界旅行社协会联合会的主要宗旨是：团结和加强各国全国性旅行社协会和组织，并协助解决会员间在专业问题上可能发生的纠纷；在国际上代表旅行社行业同旅游及有关的各种组织与企业(运输业、饭店业和官方机构等)建立联系、进行合作(该会与国际航空运输协会、国际饭店协会、国际铁路联合会有合作关系，并就价格、回扣等业务问题达成协议)；确保旅行社业务在经济、法律和社会领域内最大限度地得到充分协调、赢得信誉、受到保护并得到发展；向会员提供所有必要的物质上、技术上、业务上的指导和帮助，使其能在世界旅游业中占有一定的地位。

世界旅行社协会联合会的最高权力机构是每年一度的全体会员大会，大会决定该会的总方针政策；确定年度活动报告、下年度的活动计划和工作总纲；批准财务预决算；罢免和选举理事会成员等。世界旅行社协会联合会理事会负责管理联合会的业务并行使其一切权利，财务上每年度至少召开两次理事会议。理事会由全体大会选出的18名理事组成，理事任期2年，可以连任三届。世界旅行社协会联合会执行委员会负责的日常工作包括：办理理事会委托的事务；根据主席的提议，处理那些不能拖延到下次理事会议讨论解决的问题。

世界旅行社协会联合会每年召开一次世界旅行代理人大会，以交流经验，互通情报，讨论改善旅游企业的经营管理，研究旅游业同航空、铁路、饭店的关系与合作等问题，以促进旅游业的发展。大会期间还举办旅游商品交易会，开展旅游宣传推销工作。并出版月刊《世界旅行社协会联合会信使报》。

(二) 中国旅行社的行业协会(CATS)

中国旅行社协会(China Association of Travel Services, CATS)成立于1997年10

月,是由中国境内的旅行社、各地区性旅行社协会或其他同类协会等单位,按照平等自愿的原则结成的全国旅行社行业的专业性协会,经中华人民共和国民政部正式登记注册的全国性社团组织,具有独立的社团法人资格。协会接受国家旅游局的领导、民政部的监督管理和中国旅游协会的业务指导。协会会址设在北京。《旅行社之友》为协会会刊,每月一期,免费为会员单位送阅。

中国旅行社行业协会的宗旨是:沟通会员与政府部门间的联系,协调会员与其他方面的关系,加强会员间的联系,规范会员的行为,维护会员的合法权益,为会员服务。

该协会的主要任务是:①宣传贯彻国家旅游业的发展方针和旅行社行业的政策法规。②总结交流旅行社的工作经验,开展与旅行社行业相关的调研,为旅行社行业的发展提出积极并切实可行的建议。③向主管单位及有关单位反映会员的愿望和要求,为会员提供法律咨询服务,保护会员的共同利益,维护会员的合法权益。④制定行规行约,发挥行业自律作用。督促会员单位提高经营管理水平和接待服务质量,维护旅游行业的市场经营秩序。⑤加强会员之间的交流与合作,组织开展各项培训、学习、研讨、交流和考察等活动。⑥加强与行业内外的有关组织、社团的联系、协调与合作。⑦开展与海外旅行社协会及相关行业组织之间的交流与合作。⑧编印会刊和信息资料,为会员提供信息服务。

该协会的发起者和组织者希望其成为旅游行政管理部门和旅行社之间的桥梁与纽带,成为推动行业自律的重要组织,成为在市场经济条件下旅行社利益的代表者和保护者。

【阅读】
中青旅控股股份有限公司2013年年度报告

中国青年旅行社总社前身是中华全国青年联合会旅游部。1980年6月27日,成立中国青年旅行社,隶属于共青团中央。1984年12月,更名为中国青年旅行社总社。1997年11月26日,中青旅改制,成为我国旅行社行业首家A股上市公司。2013年,公司贯彻"稳健增长、注重质量"的发展总基调,业务发展与管理提升相互促进,旅游主业和策略性投资并行发展。公司旅行社业务收入稳步增长,乌镇景区业绩再创新高,古北水镇景区开始营业,酒店业务稳健提升。实现主营业务收入93.2亿元,同比下降9.4%,其中旅游主业实现营业收入71.2亿元,同比增长5.5%;公司实现净利润3.2亿元,同比增长8.8%。

从其旅行社业务来看,伴随着旅游时代和信息科技时代的交汇,公司导入互联网思维,确立遨游网的平台化发展方向,探索三大渠道线上线下有效融合的协同模式,打造方便快捷的O2O旅游电商平台,进一步深化旅行社业务的整合与协同。

旅行社经营管理

2013年,在国内经济增速下滑、严控"三公"消费、华东地区禽流感、四川地震等多重不利因素的叠加下,公司旅行社业务收入较2012年保持平稳增长。报告期内,公司荣膺国家质量监督检验检疫总局与国家旅游局联合发起评选的"全国旅游服务质量标杆企业",第14届"首都旅游紫禁杯"七项大奖,公司与中青旅国际会展公司双双被评为"2013年北京市首批5A级旅行社"。公司继续按照观光旅游、休闲度假、会展业务、商旅管理四大商业模式专业化发展。

（一）观光旅游业务

公司观光旅游业务贯彻规模与效益并重的发展战略,继2012年整合出效果的基础上,2013年提出整合出效益,以"稳健发展、注重质量"为原则,以提高人效、提高毛利率、降低毛利费用率为目标,深化整合。持续提升对内管理水平和对外服务水平。面对日趋多元化的市场需求和《旅游法》实施后带来的变革,公司积极研发打造差异化、主题化产品,使观光旅游更舒缓、自主、便捷、高效,邮轮包船、"百团大战"等大项目都取得良好业绩。

（二）度假旅游业务

2013年,公司度假旅游业务独立发展5周年,5年来公司度假旅游业务实现了快速增长,专业、安全、省心、便捷的中青旅"百变自由行"成为中国度假行业的领先品牌。《旅游法》的颁布亦给公司度假旅游业务发展带来积极影响。报告期内,公司度假旅游业务坚持"基于新需求、开拓新市场"的方针,在巩固马尔代夫、长滩、关岛等海岛市场领先地位的基础上,继续开拓新市场、新产品。"2013游韩国""五星品质'惠'聚三亚、"泰国产品网上报名免签证费""超值奢玩"等项目的成功运作,标志着以日韩、港澳台为代表的城市市场已占据优势地位,入台证办理、签证办理等单项业务成功拓展。度假业务在确保规模稳步增长的基础上,通过产品创新、优化销售渠道、提升客户体验、降低产品要素采购成本、降低经营损失等举措提升盈利能力。

（三）会展业务

经过十一年发展,中青旅会展建立起了一整套规范而专业的会展服务体系,提供包括会议管理、活动管理、国际会议组织管理、奖励旅游、公关传播、广告、展览展示、体育营销、博览会运营等在内的整合营销服务。2013年,会展公司由中青旅（北京）国际会议展览服务有限公司更名为中青旅国际会议展览有限公司,完成了北京、上海、天津、成都、广州、深圳、南京等主要会议所在地的全国化网络布局,并保持了稳健增长态势。2013年,从医药行业开始的反商业贿赂调查以及限制"三公"消费的不断升级对会展行业构成压力不断加大的同时,也使得行业秩序不断净化,规范的效应逐步体现。

作为行业内规模最大、服务内容最丰富、规范化程度最高的集团化会展公司,中青旅会展面对会展市场日趋激烈的竞争,抓住行业环境规范化的契机,继续深耕拓展"大会展、大营销"的商业模式,不断创造和提升服务的附加值,向客户提供更系统、更全面,更多样化的高品质服务,近年来持续进行的上下游产业链延伸、区域布局完善、事业部制管理、多元业务整合、按客户行业细分市场等举措效果明显。全国网络化布局实现了高效协同的一体化发展,其中上海公司和广东公司发展迅速。2013年中青旅会展参与一系列国际大会的申办、组织工作,成功承办商务部和北京市人民政府共同主办的第二届中国(北京)国际服务贸易交易会。

（四）商旅业务

公司商旅管理业务经过几年的发展,差旅管家的专业形象深入人心。报告期内,商旅公司继续拓展异地市场,销售及运营模式在异地得到了有效的复制和发展。商旅公司在稳定老客户的基础上、积极拓展新客户,并通过扩大入室服务范围、升级商旅系统,不断提高服务的专业化和精细化。虽受制于市场环境、国家政策及客户对差旅成本控制的影响,报告期内,公司商旅管理业务仍保持着稳健增长。

（五）入境旅游业务

2013年,在国内入境旅游市场仍持续低迷的大环境下,公司入境旅游业务保持了在国内入境旅游竞争格局中的重要位势。在稳定传统业务市场和规模的基础上,入境会奖业务取得突破,接待了国际战略协会中美俄三边研讨会、世界审计组织大会、环中国自行车赛接待服务等项目;创新性的开展海外目的地营销活动,初步打造出线上线下融合的海外目的地营销业务,承接了国家旅游局、北京市旅游委及其他多个地方旅游主管部门的海外营销活动。

（六）遨游网

作为公司互联网业务发展主体的遨游网经过3年的独立运营,目前已发展成为全国度假旅游行业领先品牌,报告期内荣获"2012—2013年中国出境游最佳旅行社电子商务网站"。2013年公司根据对旅游业发展的判断,认为旅游客户散客化、旅游需求要素化、旅游业务在线化是旅游业未来发展的趋势,为顺应旅游业务的转型,确立了遨游网平台化、网络化、移动化的发展思路,打造方便快捷的O2O旅游电商平台,构建中青旅面向未来商业环境与技术环境的长期可持续发展的新业态。报告期内,遨游网实现了网站、遨游天下客户端和手机站三大平台在线查询、预订、支付和客服的全方位服务;不断加大技术开发力度,支持单项产品及多机多酒产品上线,通过界面几次改版,并优化流程,提升用户体验;产品方面,突出重点市场,建立网站差异化的产品体系,并通过韩国2013、民生台湾项目、欧洲百团大战、清明端午微度假、国内9月特惠季、双十一等高曝光度活动,增加遨游网知名度,并取得良好的销售业绩。

（七）设立高端旅游事业部

面对旅游市场进一步细分,高端旅游目标消费者数量不断增加的市场需求,公司成立了高端旅游事业部,正式进军高端旅游市场,并于2014年3月发布中青旅的高端旅游品牌——"耀悦",致力于为消费者创造顾问式、一站式旅游服务解决方案。

（资料来源:摘自《中青旅控股股份有限公司2013年年度报告》）

第二章 旅行社的设立

本章导读

本章主要介绍了旅行社设立的条件、程序以及旅行社的企业形式与组织结构；探讨了旅行社的现代企业制度及经营战略。通过本章的学习，可以初步具备筹备与组建旅行社企业的能力。

第一节 旅行社设立的条件与程序

目前，我国旅行社的设立与经营主要依据的法律法规包括2009年5月1日起实施的《旅行社条例》、2009年5月3日起实施的《旅行社条例实施细则》以及2013年10月1日起施行的《中华人民共和国旅游法》。

一、旅行社设立的条件

（一）设立旅行社的条件

根据《旅行社条例》《旅行社条例实施细则》和《中华人民共和国旅游法》的规定，在我国，设立旅行社需要具备以下条件。

1. 固定的经营场所

一方面，旅行社申请者需要具备拥有产权的营业用房，或者租用的、租期不少于1年的营业用房，以保证经营场所不会频繁变动；另一方面，营业用房应当满足申请者业务经营的需要，有与其业务规模相适应的使用空间和基础设施。

2. 必要的营业设施

旅行社日常经营中的营业设施至少要包括：第一，两部以上的直线固定电话；第二，传真机与复印机；第三，具备与旅游行政管理部门及其他旅游经营者联网条件的计算机。

3. 符合规定的注册资本

注册资本是指旅行社向旅游行政管理部门登记注册时所填报的财产总额。在我国设立旅行社,无论是经营国内和入境旅游业务的旅行社,还是外商投资旅行社,都需交纳不少于30万元的注册资本。

4. 有必要的经营管理人员和导游

"必要的经营管理人员"是指具有旅行社从业经历或者相关专业经历的经理人员和计调人员,"必要的导游"是指有不低于旅行社在职员工总数20%且不少于3名、与旅行社签订固定期限或者无固定期限劳动合同的持有导游证的导游。2013年10月1日前已取得旅行社业务经营许可证的旅行社,在2014年10月1日前,应当具备《中华人民共和国旅游法》规定的相应许可条件。

5. 法律、行政法规规定的其他条件

旅行社通常是企业法人,而我国最主要的企业法人就是公司。因此关于旅行社的设立,也要符合《中华人民共和国公司法》的规定。另外,《旅行社条例》等行政法规也规定了一些具体条件,设立旅行社时,也应符合行政法规的具体规定。

(二) 设立旅行社分社的条件

旅行社分社不具有法人资格,以设立分社的旅行社(简称设立社,下同)的名义从事《旅行社条例》规定的经营活动,其经营活动的责任和后果,由设立社承担。

设立分社需要具备的条件是:第一,固定的经营场所。第二,必要的营业设施。经营场所和营业设施这两方面的具体要求,与设立社相同。第三,合适的分社名称。分社的名称中应当包含设立社名称、分社所在地地名和"分社"或者"分公司"字样。

(三) 设立旅行社服务网点的条件

服务网点是指旅行社设立的、为旅行社招徕旅游者,并以旅行社的名义与旅游者签订旅游合同的门市部等机构。

设立服务网点需要具备的条件是:

第一,恰当的位置。设立社设立服务网点的区域范围,应当在设立社所在地设区、市的行政区划内,不得在规定的区域范围外,设立服务网点。服务网点应当设在方便旅游者认识和出入的公众场所。

第二,合适的名称。服务网点的名称、标牌应当包括设立社名称、服务网点所在地地名等,不得含有使消费者误解为是旅行社或者分社的内容,也不得作易使消费者误解的简称。

二、旅行社设立的程序

(一) 申请材料

无论是申请设立经营国内和入境旅游业务的旅行社,还是申请设立外商投资旅行社,旅行社申请者需要准备并提交的文件及证明材料都是相同的,主要包括以下七个部分。

1. 设立申请书

设立申请书是申请人向有关部门表示其设立旅行社愿望的文件,其主要内容应包括:申请设立的旅行社的中英文名称及英文缩写,设立地址,企业形式、出资人、出资额和出资方式,申请人、受理申请部门的全称、申请书名称和申请的时间。

2. 法定代表人履历表及身份证明

法定代表人是指依法律或法人章程规定代表法人行使职权的负责人。其履历表和身份证明是申请时的必备材料。

3. 企业章程

企业章程是旅行社经营管理的基本制度。企业章程由申请人起草,应阐明旅行社的经营宗旨、运行方式和经济实力,规定旅行社在各方面所应遵循的原则。企业章程可分为普通旅行社章程和股份制旅行社章程。

(1) 普通旅行社章程。主要涵盖七个方面的内容:①旅行社的经营范围、设立方式和经营方式。②旅行社的经济性质、注册资金数额及来源。③旅行社的组织机构及其职权。④法定代表人产生的程序和职权范围。⑤财务管理制度和利润分配形式。⑥劳动用工制度。⑦章程修改程序和终止程序。

(2) 股份制旅行社章程。股份制旅行社的章程除包括普通旅行社章程的七项内容外,还应包括:①旅行社注册资本、股份总数和每股金额。②股东名称、认购股份数、股东权利和义务。③董事会的组成、职权、任期和议事规则。④利润分配办法。⑤旅行社解散事由与清算办法。⑥通知和通告办法。

4. 依法设立的验资机构出具的验资证明

我国法定的验资机构包括经国务院金融主管部门审批设立的各商业银行和该主管部门认定的会计师事务所、审计师事务所。申请人可以选择银行验资,即将货币资金汇入到有关银行的账户上,然后由该银行出具书面的验资证明及资本金入账凭证的复印件。申请人还可以选择其他机构验资,比如选择由会计师事务所或审计师事务所对旅行社的资本金进行验证,然后由其出具书面的验资报告。

5. 经营场所的证明

如果经营场所是申请人的自有资产,申请人应当向旅游行政管理部门出具产权证明或使用证明;如果经营场所是申请人租用他人资产,申请人应向旅游行政管理部门出具不少于一年的租房协议。

6. 营业设施、设备的证明或者说明

营业设施、设备是旅行社开展经营活动的基础,因此必须是旅行社的自有财产。所以凡设立旅行社,申请人应当提交固定电话机、传真机、复印机和电子计算机等经营设施、设备的证明或者说明。包括由投资部门出具的经营设施、设备使用证明和商业部门开具的具有申请人或该旅行社名称的发票、收据。

7. 工商行政管理部门出具的《企业名称预先核准通知书》

申请设立旅行社还需要在工商行政管理部门进行公司名称查询并办理《企业名称预先核准通知书》。如申请设立经营国内和入境旅游业务的旅行社,应提交的材料是:第一,全体投资人签署的《企业名称预先核准申请书》。第二,全体投资人签署的《指定代表或者共同委托代理人的证明》及指定代表或者共同委托代理人的身份证复印件(本人签字)。应标明具体委托事项、被委托人的权限、委托期限。第三,申请名称冠以"中国""中华""国家""全国""国际"字词的,提交国务院的批准文件复印件。第四,特殊的申请名称,名称登记机关可以要求投资人提交相关的说明或者证明材料。如申请设立外商投资旅行社,应提交的材料有:第一,全体投资人签署的《外商投资企业名称预先核准申请书》。第二,全体投资人的资格证明复印件。第三,其他有关文件与证件。

(二)申请程序

1. 申请设立经营国内和入境旅游业务的旅行社

(1)提交申请材料。申请人向所在地省、自治区、直辖市旅游行政管理部门或者其委托的设区的市级旅游行政管理部门提出申请,并提交前述七部分证明文件的申请材料。

(2)接受审核检查。受理申请的旅游行政管理部门可以对申请人的经营场所、营业设施、设备进行现场检查,或者委托下级旅游行政管理部门检查。

(3)等待审核结果。受理申请的旅游行政管理部门应当自受理申请之日起20个工作日内作出许可或者不予许可的决定。予以许可的,向申请人颁发旅行社业务经营许可证;不予许可的,书面通知申请人并说明理由。

(4)办理相关手续。如获得旅行社业务经营许可证,申请人可持此证向工商行政管理部门办理设立登记。

(5)存质量保证金。质量保证金是一种保障旅游者权益的专用款项,用于旅游者权益损害赔偿和垫付旅游者人身安全遇有危险时紧急救助的费用。旅行社应当自取得旅行社业务经营许可证之日起3个工作日内,在国务院旅游行政主管部门指定的银行开设专门的质量保证金账户,存入质量保证金,或者向作出许可的旅游行政管理部门提交依法取得的担保额度不低于相应质量保证金数额的银行担保。经营国内旅游业务和入境旅游业务的旅行社,应当存入质量保证金20万元。

如果经营国内和入境旅游业务的旅行社要申请经营出境旅游业务,则申请程序如下:

(1)提交申请材料。申请人应当向国务院旅游行政主管部门或者其委托的省、自治区、直辖市旅游行政管理部门提出申请,并向国务院旅游行政主管部门提交原许可的旅游行政管理部门出具的,证明其经营旅行社业务满两年且连续两年未因侵害旅游者合法权益受到行政机关罚款以上处罚的文件。

(2)等待审核结果。受理申请的旅游行政管理部门应当自受理申请之日起20个工作日内作出许可或者不予许可的决定。予以许可的,向申请人换发旅行社业务经营许可证;不予许可的,书面通知申请人并说明理由。

(3)办理相关手续。如旅行社取得出境旅游经营业务许可,由国务院旅游行政主管部门换发旅行社业务经营许可证。旅行社持换发的旅行社业务经营许可证到工商行政管理部门办理经营范围变更登记。

(4)存质量保证金。经营出境旅游业务,旅行社应当增存质量保证金120万元,即共需存入140万元质量保证金。

2. 申请设立外商投资旅行社

外商投资旅行社,包括中外合资经营旅行社、中外合作经营旅行社和外资旅行社。《旅行社条例》规定外商投资旅行社不得经营中国内地居民出国旅游业务以及赴香港特别行政区、澳门特别行政区和台湾地区旅游的业务,但是国务院决定或者我国签署的自由贸易协定和内地与香港、澳门关于建立更紧密经贸关系的安排另有规定的除外。未经批准,旅行社不得引进外商投资。

为了进一步加快旅游业的对外开放,加强国际旅游合作,引进国际先进的旅行社经营模式,促进我国旅行社业的转型升级,提高国际竞争能力,根据《旅行社条例》和国务院《关于加快发展旅游业的意见》,我国国家旅游局和商务部于2010年8月通过了《中外合资经营旅行社试点经营出境旅游业务监管暂行办法》。我国将在试点的基础上,逐步对外商投资旅行社开放经营中国内地居民出境旅游业务。

申请设立经营国内和入境旅游业务的外商投资旅行社的程序如下:

(1)提交设立外资旅行社申请。由投资者向国务院旅游行政主管部门提出申请,并提交前述七部分证明文件的申请材料。

(2)接受设立审查。国务院旅游行政主管部门应当自受理申请之日起30个工作日内审查完毕。同意设立的,出具外商投资旅行社业务许可审定意见书;不同意设立的,书面通知申请人并说明理由。

(3)提交设立外资企业申请。如获得外商投资旅行社业务许可审定意见书,申请人持此意见书、章程,合资、合作双方签订的合同向国务院商务主管部门提出设立外商投资企业的申请。

(4)等待审核结果。国务院商务主管部门应当依照有关法律、法规的规定,做出批准或者不予批准的决定。予以批准的,颁发外商投资企业批准证书,并通知申请人向国务院旅游行政主管部门领取旅行社业务经营许可证;不予批准的,书面通知申请人并说明理由。

(5)办理相关手续。如获得旅行社业务经营许可证和外商投资企业批准证书,申请人即可持这两个证书,向工商行政管理部门办理设立登记。

(6)存质量保证金。外商投资旅行社的质量保证金存入额与我国经营国内旅游业务和入境旅游业务的旅行社相同,应当存入20万元。

外商投资旅行社不得经营中国内地居民出国旅游业务以及赴香港、澳门特别行政区和台湾地区旅游的业务。

3. 申请设立旅行社分支机构

(1)申请设立旅行社分社。旅行社分社的设立不受地域限制,但分社的经营范围不得超出设立分社的旅行社的经营范围。

旅行社设立分社,应当持旅行社业务经营许可证副本向分社所在地的工商行政管理部门办理设立登记,并自设立登记之日起3个工作日内向分社所在地、与工商登记同级的旅游行政管理部门备案。没有同级的旅游行政管理部门的,向上一级旅游行政管理部门备案。

备案时应持下列文件:

①设立社的旅行社业务经营许可证副本和企业法人营业执照副本。

②分社的《营业执照》。

③分社经理的履历表和身份证明。

④增存质量保证金的证明文件。每设立一个经营国内旅游业务和入境旅游业务的分社,应当向其质量保证金账户增存5万元;每设立一个经营出境旅游业务的分社,应当向其质量保证金账户增存30万元。

备案后,受理备案的旅游行政管理部门应当向旅行社颁发《旅行社分社备案登记证明》。

(2)申请设立旅行社服务网点。旅行社服务网点应当接受旅行社的统一管理,不得从事招徕、咨询以外的活动。

旅行社设立服务网点应当依法向工商行政管理部门办理设立登记手续,并在3个工作日内向服务网点所在地与工商登记同级的旅游行政管理部门备案。没有同级的旅游行政管理部门的,向上一级旅游行政管理部门备案。

备案时应持下列文件:

①设立社的旅行社业务经营许可证副本和企业法人营业执照副本;

②服务网点的《营业执照》;

③服务网点经理的履历表和身份证明。

备案后,受理备案的旅游行政管理部门应当向旅行社颁发《旅行社服务网点备案登记证明》。

(三)变更程序

旅行社名称、经营场所、出资人、法定代表人等登记事项变更的,应当到工商行政管理部门办理变更登记,并在登记办理完毕之日起10个工作日内,持已变更的《企业法人营业执照》向原许可的旅游行政管理部门备案,换领旅行社业务经营许可证。

旅行社终止经营的,应当到工商行政管理部门办理注销登记。之后在10个工作日内持工商行政管理部门出具的注销文件,向原许可的旅游行政管理部门备案,并交回旅行社业务经营许可证。

第二节 旅行社的现代企业制度

一、现代企业制度的内涵

现代企业制度是相对于传统企业制度而言的,它从传统企业制度发展而来,是商品经济或市场经济及社会化大生产发展到一定阶段的产物。

所谓现代企业制度,是指以完善的法人产权为基础,以有限责任为基本特征,以专家为中心的法人治理结构为保证,以公司企业为主要形态的企业制度。现代企业制度不仅仅指企业组织形式本身,而且是适应现代市场经济体制的企业产权制度、企业组织制度、企业管理制度、企业领导制度、企业财产制度、企业法律制度、政府与企业的关系等的统称。

建立现代企业制度是国有企业改革的方向。国有企业建立现代企业制度,就是要理顺企业模糊的产权关系,建立健全企业法人制度,按照市场经济的要求,解决和规范企业与投资者、企业与政府、企业与市场、企业与社会、企业与企业、企业与职工等一系列基本关系,做到产权清晰、权责明确、政企分开、管理科学,使国有企业真正成为独立的市场主体,增强企业活力和实力,从而提高企业的市场竞争力。

二、现代企业制度的内容与特点

(一)现代企业制度的内容

现代企业制度的内容主要包括现代企业产权制度、现代企业组织制度和现代企业管理制度三个方面。

1. 现代企业产权制度

企业产权制度就是企业的法人财产制度,它是以公司的法人财产为基础,以出资者所有权、公司法人财产权与公司经营权相互分离为特征,以股东会、董事会、执行机构为法人治理结构来确定各自权力、责任和利益的企业财产组织制度。

现代企业产权制度的基本特征是产权归属的明晰化、产权结构的多元化、责任权利的有限性和治理结构的法人性。建立现代企业产权制度是我国的国有企业建立现代企业制度的基础和前提。其功能主要有以下四个方面：

第一，财产约束功能。在合理的产权制度下，明晰的产权关系可以使所有者通过产权有效约束经营者，从而保证资产增值，实现所有者利益。

第二，自主经营和激励机制功能。产权具有排他性和独立性，企业一旦拥有产权，其生产经营权利即可得到法律保护，进而使经营者在激励机制的作用下，可以也可能真正做到自主经营、自负盈亏。

第三，提高资源配置效率功能。由于产权的各项权能是可以分解、转让的，因此，通过以产权转让为基础的企业间的资产联合、兼并等形式，可以促进资产合理流动。

第四，规范市场交易行为功能。产权关系的界定具体规定了人们与物相关的行为规范，每个人在与他人的相互交往中都必须遵守这些规范，或者必须承担不遵守这些规范的成本。这样，保障受益和受损索赔的原则可以有效抑制企业的不正当交易行为，从而使企业行为合理化。

2. 现代企业组织制度

现代企业组织制度要求企业根据自身的实际情况，建立符合本企业特点的组织机构，以更好的现代企业法人治理结构，更明确地落实股东大会、董事会、经理机构和监事会的权利和责任。

（1）股东大会。股东是指持有公司股权的投资者，它可以是自然人，也可以是法人。《中华人民共和国公司法》规定，股份有限公司由股东组成股东大会。股东大会是公司的最高权力机构，依法行使职权。

（2）董事会。《中华人民共和国公司法》规定，股份有限公司设董事会，董事会由股东大会选举产生，并对股东大会负责。董事会要代表全体股东利益，执行股东大会的决议。在公司经营管理方面，董事会是公司的决策机构，对外代表公司。公司法定代表人依照公司章程的规定，由董事长、执行董事或者经理担任。

（3）以经理为首的执行机构。经理主持公司的生产经营管理工作，组织实施董事会决议，对董事会负责。

（4）监事会。监事会是公司的监督机构，负责监督董事会和以经理为首的执行机构。它与董事会并立，直接向股东大会报告，对股东大会负责。

3. 现代企业管理制度

企业管理制度是有关约束和调整企业经营管理活动中各种经营管理行为方式和关系的行为规则。建立现代企业管理制度，就是要求企业适应现代生产力发展的客观规律，按照市场经济发展的要求，积极应用现代科学技术成果，包括现代经营管理的思想、理论和技术，有效地进行管理，创造最佳经济效益。

(二)现代企业制度的特点

1. 产权明晰

产权是指在法律的允许下,资产的所有权以及资产的占有、使用、收益和处置权。所谓产权明晰,主要包括两层含义:一是财产的归属关系,即财产归谁所有,是明晰的;二是在产权的实现过程中,各个不同权利主体的责、权、利是明晰的,从而可以规范不同权利主体之间的行为、关系。

在公司制企业中,出资者所有权与法人财产权是相分离的。出资者所有权是指对企业投入资本金所形成的企业法人财产的投资主体所拥有的财产权利,是产权的基本属性和表现形式。出资者所有权是从财产的归属意义上讲的,是出资者向企业投资的行为产生的一种权利。这种所有权从归属意义上分析,出资者对其财产享有占有、使用、收益和处分的权利。法人财产权是指企业授权经营管理者经营管理其财产,经营管理者在此基础上享有占有、使用和依法处理的权利。

产权明晰明确规定了产权主体的权利、义务和责任,保证企业各方面关系的制度化、规范化,保证了企业各项活动的公平、公正和公开,同时也保证了企业按照市场需求组织生产经营活动的自主权。

2. 权责明确

现代企业制度形成了相互制衡的法人治理结构,这就是用法律来界定投资者、经营者、生产者的相互关系,明确各自的责、权、利,做到利益分配合理,各方权力相互制衡。投资者按照出资比例依法享受股东权益,并以出资额为限承担责任。企业拥有全部法人财产权,独立经营、自负盈亏,并以全部法人财产权为限承担企业债务责任。

3. 政企分开

这主要是针对国有企业而言的。它是指必须把政府行政管理职能和企业经营管理职能分开,取消企业与政府之间的行政隶属关系。在市场经济条件下,企业与政府之间应当是横向的经济关系。政府的主要职责是对国民经济进行宏观调控,通过经济手段、法律手段对企业的经济活动进行引导和有效监督。企业则完全按照市场规则、市场信号自主经营、自负盈亏、自我约束和自我发展。

4. 管理科学

现代企业必须形成一套严格、科学、系统的管理制度。一是科学的组织管理机构,确保企业权力机构、经营机构和监督机构权责明确,相互制衡,各司其职;二是科学的内部管理体制,包括合理的领导体制、科学的决策体制、民主的管理体制、严格的核算体制等管理制度;三是科学的企业规章制度等。

三、旅行社建立现代企业制度的意义

作为社会化大生产发展产物的旅行社,本应是一个自主经营和独立核算的经济实体。可在我国,从20世纪50年代起至70年代末,我国的旅行社都是作为行政和事业单位进行发展的。政府代表国家直接从事旅行社经营活动,主要负责以政治目的为主的对外接待工作。因此,这一阶段的我国旅行社基本上不具备企业的性质,也没有自身的利益。

直到1978年,我国开始实施改革开放政策,旅行社业才开始了向企业化管理转变的步伐。为了适应新的发展环境与形势,政府逐步放权,旅行社开始逐渐形成自身利益。

1985年5月,国务院颁布了《旅行社管理暂行条例》,这是我国旅行社行业的第一部管理法规。绝大多数旅行社都据此进行了"企业化改造",在经营决策、人事、分配等方面尝试着进行了改革。

1993年,党的十四届三中全会召开,明确了国有企业改革方向是建立现代企业制度。这无疑加快了旅行社业改革发展的速度,旅行社业开始了建立现代企业制度的进程。

此后,1998年,党的十五届四中全会则确定法人治理结构是公司制的核心。1999年中央政府决定所有政府机构与所办实体脱钩。2003年党的十六届三中全会明确指出要按照现代企业制度要求,规范公司股东会、董事会、监事会和经理层的权责,形成权力机构、决策机构、监督机构和经营管理者之间的制衡机制。2008年颁布的《企业国有资产法》规定:国家出资企业应当依法建立和完善法人治理结构,建立健全内部监督管理和风险控制制度。这些明确的规定和要求,都更进一步地推动着我国旅行社业的企业化进程。

旅行社建立现代企业制度的意义主要有以下三方面。

第一,有利于增强企业的市场竞争力。旅行社企业建立现代企业制度是为了适应社会化大生产和市场经济发展的需要。随着我国入世承诺的履行及外商投资旅行社数量的增多,日益国际化的竞争愈加激烈。为了适应市场的变化,旅行社就必须要变革原有体制,解决产权不明、政企不分等诸多问题,实现真正拥有经营自主权,从而运用现代经营管理的理念、思想、方法和手段对企业进行管理,增强企业的竞争力,以期在市场竞争中立于不败之地。

第二,有利于提高企业资源配置效率。在计划经济的垄断下,我国旅行社存在着产权不明晰、所有权与经营权相分离等问题,严重制约了经营管理者的积极性和潜能的发挥。而现代企业制度的首要特征就是明晰的产权关系。所以,在市场经济条件下,旅行社要建立现代企业制度,做到产权明晰、权责明确,从而让作为市场

竞争主体的旅行社,能够对价格变化引起的市场供求关系变动做出积极的反应,调节企业经营活动,把旅行社的人力、物力和财力资源投向能获得最大经济利益的活动,实现资源的最优配置和使用的高效率。此外,明晰的产权关系也使得具有转让属性的产权得以让渡,资源能够根据市场需求的变化自由流动,提高资源配置效率。

第三,有利于完善企业治理结构设置。由于计划经济体制下只有国有部门才能开办旅行社,致使中国的旅行社大都与国有资产有关系,甚至本身就是行政部门的下属企业。这使得我国旅行社难以适应开放、变化的市场形势。因此,必须要加快旅行社的体制改革,建立现代企业制度。而现代企业制度的典型企业组织形式是公司制,公司制的核心就是法人治理结构。因此,建立现代企业制度,完善公司法人治理结构,是保障企业长期稳定发展的制度基石。

第三节 旅行社企业形式与组织结构

一、旅行社的企业形式

企业形式是指企业财产及其社会化大生产的组织状态,它表明一个企业的财产构成、内部分工协作与外部社会经济联系的方式。从企业形式发展的历史来看,根据所有制形式的不同,企业形式发展经历了从个人独资企业到合伙企业再到公司的过程。

个人独资企业,是指依照《中华人民共和国个人独资企业法》在中国境内设立,由一个自然人投资,财产为投资人个人所有,投资人以其个人财产对企业债务承担无限责任的经营实体。

合伙企业,是指自然人、法人和其他组织依照《中华人民共和国合伙企业法》在中国境内设立的普通合伙企业和有限合伙企业。普通合伙企业是由普通合伙人组成,合伙人对合伙企业债务承担无限连带责任。本法对普通合伙人承担责任的形式有特别规定的,从其规定。有限合伙企业由普通合伙人和有限合伙人组成,普通合伙人对合伙企业债务承担无限连带责任,有限合伙人以其认缴的出资额为限对合伙企业债务承担责任。

公司,是现代企业制度的典型企业组织形式。指依照《中华人民共和国公司法》在中国境内设立的有限责任公司和股份有限公司。公司是企业法人,有独立的法人财产,享有法人财产权。公司以其全部财产对公司的债务承担责任。有限责任公司的股东以其认缴的出资额为限对公司承担责任;股份有限公司的股东以其认购的股份为限对公司承担责任。

在我国,经历了改革开放 30 余年的发展历程,旅行社业现已形成了有限责任公司、一人有限责任公司、国有独资公司、股份有限公司、股份合作制企业、外商投资企业等多种形式并存的格局。据国家旅游局发布的 2009 年度全国旅行社统计调查公报,截至 2009 年年底,全国共有旅行社 21 649 家。其中,国有独资企业占 8.23%,股份制企业占 76.24%,其他类型企业占 15.53%。

(一)国有独资公司

国有独资公司是指国家单独出资、由国务院或者地方人民政府授权本级人民政府国有资产监督管理机构履行出资人职责的有限责任公司。

国有独资公司是有限责任公司的一种,因此它具有有限责任公司的一般特征,即股东以其出资额为限对公司承担责任,公司以其全部法人财产对公司的债务承担责任。

但同时,国有独资公司也是一种特殊的有限责任公司,其特殊性表现为该有限责任公司的股东只有一个,即国家。国有独资公司章程由国有资产监督管理机构制定,或者由董事会制定报国有资产监督管理机构批准。国有独资公司不设股东会,由国有资产监督管理机构行使股东会职权。国有资产监督管理机构可以授权公司董事会行使股东会的部分职权,决定公司的重大事项,但公司的合并、分立、解散、增加或者减少注册资本和发行公司债券,必须由国有资产监督管理机构决定;其中,重要的国有独资公司合并、分立、解散、申请破产的,应当由国有资产监督管理机构审核后,报本级人民政府批准。

我国的旅行社业经过了 30 多年的公司化改革后,国有旅行社的数量已经大幅锐减,现有的国有旅行社也都在进行体制上的深化改革。

(二)有限责任公司

根据 2006 年 1 月 1 日起施行的《中华人民共和国公司法》规定,有限责任公司是指由 50 个以下股东共同投资设立、每个股东以其所认缴的出资额为限对公司承担责任、公司以其全部资产对其债务承担责任的企业法人。

有限责任公司的设立程序简便,只有发起设立,而无募集设立。公司的资本一般不分为等额的股份,股东出资并不以股份为单位计算,而直接以出资额计算。股东权利义务的大小及范围也不以股份数额来计算。资本只能由全体股东认缴,而不能向社会公开募集股份,不能发行股票,所以公司也不用向社会公开其会计账簿。有限责任公司发给股东的书面出资证明被称为"出资证明书",亦称股单。股单只是一种权利证书,不能在证券市场上自由转让。股东如向股东以外的其他人转让股权,必须经其他股东过半数同意;其他股东半数以上不同意转让的,不同意的股东应该购买该转让的股权,不购买的,视为同意转让;经股东同意转让的股权,在同等条件下,其他股东有优先购买权。

有限责任公司的组织机构主要包括股东大会、董事会和监事会。股东大会是公司的最高权力机构和议事机构,由全体股东组成,依照《中华人民共和国公司法》行使职权。董事会是对内执行业务、对外代表公司的常设理事机构,由股东大会选举,向股东大会负责,成员为3~13人,公司可以根据自身情况选择是否设立。监事会的主要职责是对董事会执行的业务活动实行监督。监事会成员不得少于3人,应当包括股东代表和适当比例的公司职工代表,其中职工代表的比例不得低于1/3,具体比例由公司章程规定。股东人数较少或者规模较小的有限责任公司,可以设1名至2名监事,不设监事会。

由于有限责任公司发起设立简单,又无募股设立,程序比较简单,内部组织机构小而精、效能高,因此我国许多中小旅行社比较喜欢选择这种企业形式。

(三) 股份有限公司

股份有限公司是指全部资本分成等额股份,股东以其认购的股份为限对公司承担责任,公司以其全部资产对公司债务承担责任的企业法人。

股份有限公司可以通过发起设立和募集设立的方式组建公司。根据《中华人民共和国公司法》的规定,设立股份有限公司,应当有二人以上二百人以下为发起人,其中须有半数以上的发起人在中国境内有住所。采取这种产权形态的公司可以通过向社会发行股票而筹集资本,人们可以通过认购股票而取得相应的股权,成为股东。股东可以是自然人,也可以是法人,数量不限。代表等额股份财产的股票是一种有价债券,具有可自由认购、自由转让的特征。股东不能要求退股,但可以通过买卖股票而随时让渡股份。股份有限公司必须在每个财务年度终了时公布公司的报告,其中包括董事会的年度报告、公司损益表和资产负债表。股份有限公司创办和歇业的程序比较复杂,不易组建和管理。

股份有限公司的权力机构是公司的股东大会。股东大会选举产生董事,组成董事会,托管股东的法人财产。董事会的成员为5~19人,成员中可以有公司职工代表。监事会的成员不得少于3人,应当包括股东代表和适当比例的公司职工代表,其中公司职工代表比例不得低于1/3,具体比例由公司章程规定。

在我国,选择改制成立股份有限公司的,多为大型的旅行社或者旅行社集团。

股份有限公司和有限责任公司是经济生活中最常见的两种公司形式,但在实际生活中,两者的概念常常被混淆。两者之间的主要区别在于:第一,设立方式不同。有限责任公司仅由几个人或几个单位协议出资就能成立,而股份有限公司则必须经过发起方式和募集方式的严格程序才能设立。第二,注册资本差距悬殊。根据《中华人民共和国公司法》规定,有限责任公司注册资本的最低限额为人民币三万元,而股份有限公司注册资本的最低限额为人民币五百万元。这就是股份有限公司规模往往比有限责任公司大得多的原因。第三,是否发行股票。有限责任公司不能发行股票,股东的股单只是其出资的权利证书,不能买卖与流通。而股份有限公司的股票是一种有价证券,可以在市场上流通与买卖。第四,公司决议的形成。有限责任公司的每个股东不论出资多少,只有一个股份,在决议时不仅需要拥有多数资本的股东的同意,而且要经过多数股东的同意。而股份有限公司实施股东平等原则,股东按照其拥有的股份比例享受权利与承担义务,对重大公司决策本着一股一票的原则进行表决。

(四) 股份合作制企业

股份合作制企业是以合作制为基础,实行劳动合作与资本合作相结合,按劳分配与按股分红相结合,职工共同劳动,共同占有生产资料,利益共享,风险共担,股权平等,民主管理的企业法人组织。股份合作制企业既不是股份制企业,也不是合伙企业,与一般的合作制企业也不同,是在实践中产生并不断发展完善的社会主义市场经济中集体经济的一种新的组织形式。

股份合作制企业全部资产归股权持有者所有。股权持有者一般既是股东又是员工,其收益包括工资和分红两部分。本企业员工均可自愿入股,职工之间的持股数可以有差距,但不能过分悬殊。不吸收本企业以外的个人入股。股东不能退股,离开本企业时其股份不能带走,必须在企业内部转让。公司有股权但无股票,一般也不开股权证明,财产关系由合同规定。企业实行民主管理,职工享有平等权利。职工股东大会是企业的权力机构,职工股东大会选举产生董事会和监事会成员。企业也可不设董事会,由职工股东大会选举产生或聘任总经理。企业的年度预、决算和利润分配方案以及重大投资事项和企业分立、合并、解散等重大决策必须经职工股东大会批准。股份合作制企业必须制定章程,章程经出资人同意、职工股东大会批准,对出资人、职工股东大会、董事会、监事会、总经理等具有约束力。

选择股份合作制的旅行社多为原来的集体所有制旅行社,产权规模一般较小,从业人员也较少。

(五) 外商投资企业

外商投资企业,是指依照中华人民共和国法律的规定,在中国境内设立的,由中国投资者和外国投资者共同投资或者仅由外国投资者投资的企业。包括中外合资经营企业、中外合作经营企业和外商独资企业。

中外合资经营企业,是指中国合营者与外国合营者依照中华人民共和国法律的规定,在中国境内共同投资、共同经营,并按投资比例分享利润、分担风险及亏损的企业。中外合作经营企业,是指中国合作者与外国合作者依照中华人民共和国法律的规定,在中国境内共同举办的,按合作企业合同的约定分配收益或者产品、分担风险和亏损的企业。外资企业,是指依照中华人民共和国法律的规定,在中国境内设立的,全部资本由外国投资者投资的企业。

我国的外商投资旅行社，主要包括中外合资经营旅行社、中外合作经营旅行社和外资旅行社。其中，中外合资经营旅行社与中外合作经营旅行社是股份有限公司和有限责任公司吸收外资入股而形成的，其产权形态及特点与股份有限公司和有限责任公司相同。外资旅行社是指依照中国法律在中国境内设立的全部资本由外国投资者投资的旅行社，不包括外国的旅行社和其他经济组织在中国境内的分支机构。

根据国家旅游局网站发布的数据，截至 2013 年 8 月，获得国家旅游局批准并进行经营的外商投资旅行社共计 75 家。

二、旅行社的组织结构

组织是一种管理机构设置，是企业为一定的目标，按一定的原则和章程建立起来的管理体系。组织结构是表现企业组织各部分排列顺序、空间位置、联系方式以及各要素之间相互关系的一种模式。旅行社要确保企业经营活动目标的实现，就必须要建立合理的组织结构。

（一）旅行社组织结构设计

组织结构设计是旅行社企业经营的基础工作，也是旅行社企业管理的重要职能。组织结构设计就是通过设计任务结构和权力关系来协调各方面人员的行动，从而确保组织目标的实现。影响旅行社组织结构设计的因素主要有以下三点。

1. 分工情况

分工指两个或两个以上的个人或组织将原来一个人或组织生产活动中包含的不同职能的操作分开进行。旅行社在设计企业组织结构时，在企业分工方面，需要注意以下两点。

（1）分工专业化。分工是专业化生产的基础。专业化就是一个人或组织减少其生产活动中不同职能的操作的种类，或者说，将生产活动集中于较少的不同职能的操作上。分工和专业化越发展，一个人或组织的生产活动越集中于更少的、不同职能的操作上。

考虑到旅行社工作的繁杂性和联系的广泛性，在进行生产专业化分工时就需要避免人为地将旅行社的分工过度细化，而造成旅行社部门间不必要的协调障碍，增加旅行社的经营成本。

（2）分工部门化。部门化是指将工作细分为不同职务并将其分派给组织内部的具体单元加以执行，并为任务的执行制定相应的标准。部门化的方法主要包括职能导向部门化、区域导向部门化、产品导向部门化和顾客导向部门化等。

职能导向部门化是根据员工的不同专业领域以及他们的工作所需的资源设计的部门化形式，是一种使用最为广泛的部门化形式。这种部门化形式以每个单位所进行的作业作为设计基础,将某一大项工作中有关联的几大环节予以分解,形成一个清晰的权威和决策等级,如财务部、人事部、外联部、计调部。对于生产单一产品的小型组织来说,职能导向部门化效果最好。

区域导向部门化是指按照业务涉及的地点进行部门划分,如欧美部、日本部、东北市场部。这使得每一部门能对每一地区全面负责,便于活动的组织和区域市场的巩固与发展。这种方式也有利于部门业务的总体策划、部门潜力的发掘、上级的考核与管理等。

产品导向部门化是将企业生产的产品划分成几大类别而独立分部的做法,是将职能归到一个具有相对独立的设计、生产、销售产品和服务能力的单元的部门化形式,如出境部、入境部、国内部。其优点是便于在工艺、组织和销售等方面发挥专业化优势。

顾客导向部门化是以企业服务的顾客类型为基础进行部门划分的,这样便于企业对生产、需求和相应的配套服务实行有针对性的管理,如散客部、团体部、老年市场部。在以服务为导向的经济体制中,这种部门化形式愈来愈普及。

2. 管理跨度与管理层次

管理跨度是指一个管理人员所拥有的直接下属的数量;管理层次是指组织指挥系统分级管理的层次设置。管理跨度指的是组织的横向结构,管理层次指的则是组织的纵向结构。在组织规模一定的条件下,管理跨度和管理层次是成反比的,管理跨度越大,管理者直接领导的下属越多,该组织所需的管理层次就越少。管理跨度越小,工作越容易,但却意味着管理层次的增加及信息沟通的渠道延长,容易影响工作效率。一般来说,管理跨度越大,组织效率越高。因此,合理的组织结构设计必须权衡轻重,既使管理工作易于进行,又有利于专业化分工优势的发挥。

3. 社会适应性

社会适应性指旅行社的组织设计应与当地政治、经济、社会制度保持同步。旅行社作为社会经济大系统的一个组成部分,必然要与外部其他社会经济子系统之间发生各种联系和关系。所以,旅行社的组织结构设计只有与外部环境变化保持动态对应,才有可能成为有效的组织结构。同时为了便于进行业务联系,旅行社的组织结构设计应与其他旅行社具有一定的相似性。

(二) 旅行社组织结构模式

常见的旅行社组织结构模式有以下几种。

1. 直线制

直线制是从最高层到最低层按垂直系统建立的组织形式。一个下属部门只接受一个上级领导的指挥,命令从上而下传达。如图 2-1 所示。

直线制组织结构的结构简单,权力集中,办事效率高。但同时,由于缺乏合理分工而不利于同级协调与联系,总经理亲自处理业务使其工作负担过重,经常处于忙乱状态。

直线制的组织结构形式一般只适用于规模较小、业务较简单的旅行社。

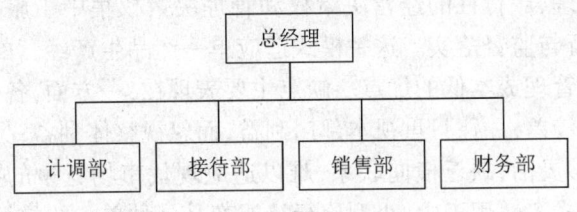

图2-1　旅行社直线制组织结构

2. 直线职能制

直线职能制组织结构形式是我国目前大多数旅行社所采用的形式。这种组织结构形式是在直线制的基础上,考虑到发挥专业人员的才干而发展起来的。这种组织结构设计大都以旅行社内部生产过程为导向。把旅行社的外联部、计调部、接待部等业务部门作为一线部门,按直线制组织。把办公室、财务部、人力资源部等不直接参与旅行社业务活动,而是为一线部门服务的部门作为职能部门,按专业化原则组织,专门从事组织的各项职能管理工作。一线部门在自己的职责范围内有一定的决定权和对所属下级的指挥权,并对自己部门的工作负全部责任。而职能部门一般没有对一线部门及其下属部门进行业务指挥的权力,除非接受了总经理的授权负责某些业务工作。如图2-2所示。

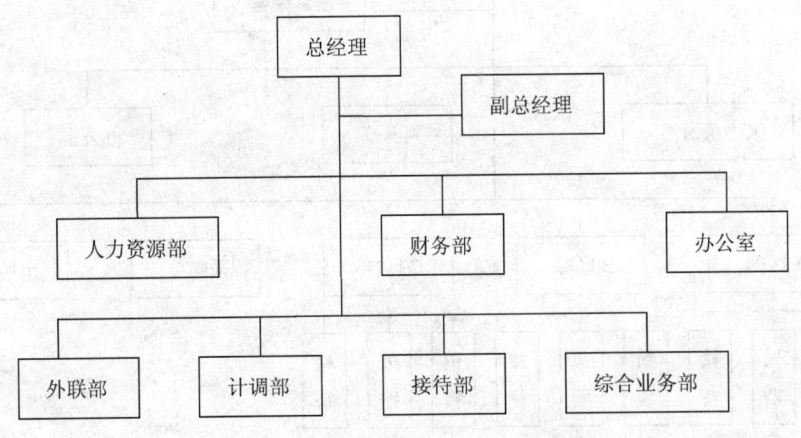

图2-2　旅行社直线职能制组织结构

直线职能制组织结构的优点是:第一,工作效率高。由于每一个部门都有明确的业务分工,每一位员工对自己承担的任务都有明确了解,因而减少了部门内部和部门之间相互推诿扯皮的现象。第二,权力高度集中统一。每一个部门均由企业最高领导直接管理,旅行社的经营决策权和管理决策权集中于旅行社的最高管理层,便于决策执行与监督落实。这一模式适应单一产品生产经营的要求,具有反应灵活、控制有效、管理成本低的优点。缺点主要表现在:一方面,各个职能部门之间的协作和配合性较差,往往只重视本部门利益,而忽视整体利益;另一方面,组织结构缺乏弹性,不够灵活,缺乏横向联系,难以适应现代市场竞争的要求。直线职能制的组织结构形式多适用于中、小型旅行社或产品品种单一的旅行社。

3. 事业部制

事业部制是在直线职能制基础上发展而来的,已成为当今企业组织结构的主要类型。事业部制最早是由美国通用汽车公司总裁斯隆于1924年提出的,故有"斯隆模型"之称,也叫"联邦分权化",是一种分权式的组织结构,即在总公司之下按产品类型、细分市场、地域等标准划分多个事业部或分公司。这些事业部或分公司具有相对独立的自主权,是独立的利润中心。

旅行社事业部制组织结构是指按照地区、语种等标准划分部门的组织结构,它是旅行社内对于具有独立的产品和市场、独立的责任和利益的部门实行分权管理的一种组织形态,如图2-3和图2-4所示。

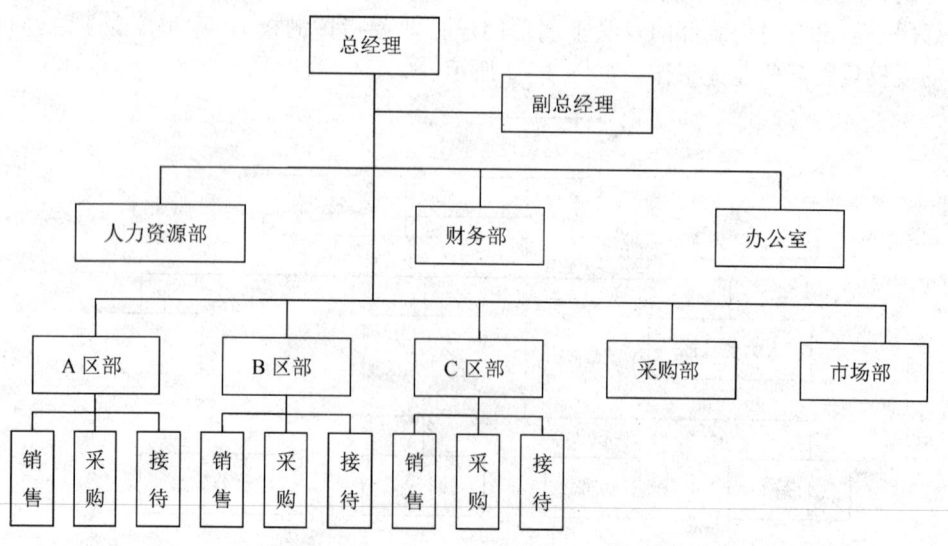

图2-3 按地区划分的旅行社事业部制组织结构(一)

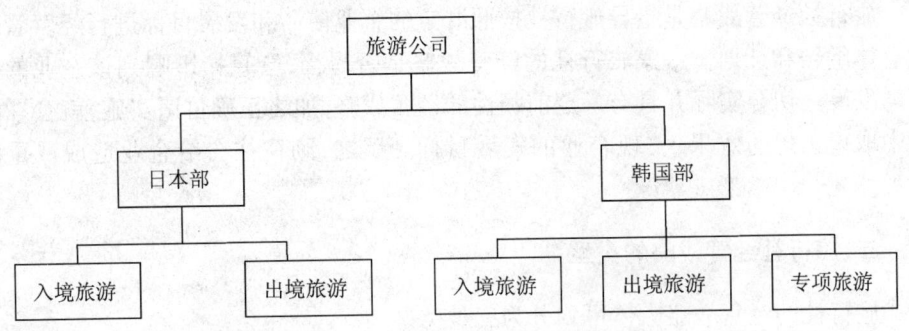

图2-4 按地区划分的旅行社事业部制组织结构(二)

事业部制组织结构的特点是政策制定与行政管理分开,实行政策管制集权化和业务运营分权化。其优点主要体现在:第一,旅行社最高管理层作为最高决策机构,既拥有事业发展、资金分配及人事安排三方面的决策权,又能摆脱日常繁杂事务,把主要精力放在研究制定企业发展总目标、总任务、总计划以及各项重大决策上。第二,旅行社的各个部门具有外联、计调和接待功能,自行处理日常各项业务的经营活动,有利于发挥各部门工作的能动性和人才培养。第三,按照地区、语种等标准划分部门,对内有利于减少内部摩擦与冲突,增强旅行社凝聚力,对外有利于扩大影响,拓展客源市场。事业部制组织结构也存在一些不足:第一,对部门经理素质要求高。每一个部门都相当于一个独立的旅行社,部门经理既要有丰富的管理知识与经验,又必须熟悉业务、了解市场及旅游者需求。一旦用人不当,会给旅行社带来严重损失。第二,管理成本高。由于旅行社的各分部都具有销售、计调、接待等功能,资源重复配置会造成运作成本增加、竞争能力削弱,不利于实现资源共享和规模效益。

第四节 旅行社经营战略

一、旅行社经营战略的定义

经营战略是企业面对激烈变化、挑战严峻的环境,为求得长期生存和不断发展而进行的总体性谋划。它是企业战略思想的集中体现,是企业经营范围的科学规定,同时又是制定规划的基础。更具体地说,经营战略是在符合和保证实现企业使命的条件下,在充分利用环境中存在的各种机会和创造新机会的基础上,确定企业同环境的关系,规定企业从事的事业范围、成长方向和竞争对策,合理地调整企业结构和分配企业的全部资源。

旅行社经营战略是指导旅行社按照既定的企业使命和发展目标进行经营管理的总体纲领和计划。一家旅行社的经营战略是否得当，会直接影响到该企业的生存与发展。切合实际并具有一定前瞻性的经营战略，加之正确付诸实施，就会在经营中取得预想的效果，实现企业的发展目标。反之，则往往会给企业造成严重的损失。

二、旅行社经营战略的类型

旅行社的经营战略大体可划分为三种类型。

第一，进攻型战略。又称为增长型战略或发展型战略，它是一些大型旅行社集团凭借自身的实力和优势促进经营活动快速发展的一种战略。其特点是投入大量资源，扩大产销规模，提高竞争地位，提高现有产品的市场占有率或用新产品开辟新市场。这是一种进攻型的态势，一般适用于实力强、市场形象好、拥有名牌产品的大型旅行社。

第二，防御型战略。也叫维持型战略或稳定型战略。这种战略突出一个"稳"字，强调的是投入少量或中等程度的资源，保持现有的产销规模和市场占有率，稳定和巩固现有的竞争地位。这种战略适用于实力不强、业绩不突出、优势不明显的旅行社，或原来实力较强，因受社会环境和内部条件的影响而暂时处于困难时期的旅行社。

第三，退却型战略。也被称为紧缩型战略、撤退型战略。它是旅行社根据环境的变化，主动进行自我调整以避免更大损失的一种战略，主要表现为在一定时期内缩小经营规模或取消某些服务项目。一般旅行社在国家进行产业结构调整或市场不景气的时期，会采用这种战略。

三、旅行社经营战略的特点

旅行社经营战略的特点主要有：

第一，全局性。旅行社在制定经营战略时要根据企业总体发展的需要，经营战略所规定的应是企业的总体行动，所追求的应是企业发展的总体效果。同时，在经济全球化的时代，制定经营战略时还要综合分析其发展的外界环境以及行业的发展态势。

第二，长远性。企业的经营战略，既是企业谋取长远发展要求的反映，又是企业对未来较长时期内如何生存和发展的筹划。虽然它的制定要以企业当前的外部环境和内部条件为出发点，并且对企业当前的生产经营活动有指导、限制作用，但这也都是为了今后更长远的发展。旅行社经营战略必须着眼于未来，正确把握国内外旅游市场的发展趋势，并从长远的角度处理好旅行社的长远利益与短期利益的关系。

第三,相对稳定性。旅行社的经营战略规定了企业的发展目标,具有长远性,因此只要战略实施的环境未发生重大变化,或者即使有些变化,也是在预料之中的,那么企业经营战略中所确定的战略目标、战略方针、战略重点、战略步骤等就应保持相对稳定,不应该朝令夕改。但在处理具体问题且不影响全局的情况下,也应该具有一定的灵活应变性。

第四,服务性。一方面,旅行社的职能就是为旅游者提供与旅行相关的各项服务,因此,旅行社制定经营战略时自然要围绕服务这一中心。另一方面,服务具有不可感知的特性,旅游者在消费前无法感知其质量,购买决定的做出更多地依据工作人员的介绍及其服务。所以,制定旅行社经营战略时要侧重提升企业员工的素质及服务质量。

四、旅行社经营战略的作用

经营战略在企业管理中处于核心地位,它是企业经营发展的宏伟蓝图,也是企业员工的行动纲领。旅行社经营战略的作用主要有:

第一,有助于旅行社明确经营发展方向。旅行社通过制定经营战略,在对企业外部环境和内部条件调查分析的基础上,可以明确企业在市场竞争中所处的地位,从而对如何在竞争激烈的市场中选定细分市场,明确自身特色,开发满足旅游者需求的适销产品而增强自身经营实力有了明确的方向。

第二,有助于旅行社增强自身竞争实力。旅行社的内部条件是确定旅行社经营战略的基本依据,也是旅行社开展全部经营管理活动的依据。这就要求旅行社的管理者要更新理念,采用科学的方法,运用先进的技术,以期使旅行社的内部条件与其外部环境、经营目标能够保持动态的平衡。

第三,有助于旅行社提高管理队伍水平。旅行社的经营战略,从制定到实施,每一项内容都需要旅行社的管理者们全面、反复、仔细地思考并合理分解与落实。制定与实施过程中遇到的问题,也需要他们想办法妥善地解决。这无疑会推动管理人员管理水平的提高。

第四,有助于旅行社提高员工工作热情。旅行社制定经营战略,就是对企业未来发展进行规划。毕竟,企业的发展与员工的发展是密切相关的。所以,如果员工了解了企业经营战略的内容,知道了经营战略实现后企业会获得的整体效益,就会在工作中更有动力,更有积极性。

五、旅行社经营战略的选择

(一)大型旅行社经营战略的选择

大型旅行社,多指那些企业规模较大,经济实力较强,经营范围较广,管理水平较高,具有一定品牌知名度的,在国内或国际市场上有相当影响的旅行社。比如,那些国家旅游局评选出的"全国百强旅行社"。

大型旅行社一般都建立了技术先进、覆盖面宽的信息网络和销售系统,对环境的分析与判断能力较强,具有人、财、物的绝对优势,市场定位鲜明,有稳定的客源市场。大型旅行社虽然在数量上相对较少,但其利润额却在行业利润中所占比例极高。因此,大型旅行社的发展状况直接影响着旅行社行业的整体发展水平,其经营战略的合理制定也有助于推动市场的有序发展。

大型旅行社可选择的经营战略主要有以下几种。

1. 集团化经营战略

企业集团是由一个或多个大企业为核心,通过持股、控股的方式,控制一批子公司、孙公司、关联公司而形成的庞大联合体。作为集团主体的核心企业必须有强大的资金实力来维系成员企业,这是中小型旅行社所不具备的。因此,集团化经营战略只能适用于大型旅行社。集团化发展是市场发展的必然趋势,是我们与国际市场接轨的必由之路,有助于旅行社行业内部垂直分工体系的形成,也有利于企业竞争优势的提升。

组建旅行社集团的模式主要有:第一,行政组合模式,即在目前我国旅游市场发育不完善而行政管理力量又十分强大的情况下,在政府主导下组建旅行社集团。第二,资本运作模式,即作为核心的大旅行社在资本市场上,通过发行股票、兼并、收购、资产重组等资本经营手段实现规模扩张,建立以资产为纽带的旅行社集团。第三,资产经营模式。是指旅行社通过自身经营积累,在各地建立分支机构,按照统一的经营理念、管理模式等来实现集团化。第四,特许经营模式。这是指某一商标、服务标志、商号或广告符号的所有者与希望在经营中使用这种标志的个人或团体之间的一种法律和商业关系,主要包括品牌或贸易名称特许经营,以及经营模式特许经营两种形式。

旅行社集团选择的发展方向主要有下列几种:第一,横向一体化。是指旅游企业在旅游交易链条的食、住、行、游、购、娱中的某一环节上进行扩张,而不涉及其他要素。对我国旅行社而言,就是旅行社和旅行社之间的一体化。可以是大旅行社或旅行社集团收购、兼并中小旅行社,或者是大型旅行社之间或旅游集团之间的合并。第二,纵向一体化。是把旅游交易链上有前后关系的旅游业务环节结合起来,进行整体经营和管理的一种集团发展方向。具体地说,就是旅行社为了保障供应而将上游服务企业或其职能纳入到集团中来。第三,混合一体化。即横向一体化和纵向一体化同时进行。

我国旅行社集团化的发展,就组建模式而言,应该是将行政组合模式与资本运作模式或资产经营模式相结合的一种模式。这符合目前中国市场发育不完善而行政垄断力量又十分强大的客观现实。在政府主导下组建旅行社集团是最快捷、最有效的方法,可以起到缩短资本积累周期、冲破割据的作用,同时在投资、贷款、引资等方面还可以给予政策优惠与扶持。但当集团形成后,政府的主导行为就应从企业中退出,主要通过经济手段来影响旅行社集团而非采用行政手段,让企业真正成为市场行为的主体。就发展方向而言,混合一体化是目前较为理想的模式。中旅、国旅、春秋等旅行社集团就是采用了这一模式,通过混合一体化扩展了企业的经营触角。

2. 跨国经营战略

随着中国改革开放的深入和经济全球化步伐的加快,旅行社跨国经营已经成为经营战略选择的又一热点。一般情况下,能比较顺利地实现跨国经营的都是那些具有相当经济实力,并在国际旅游市场上有相当知名度的大型旅行社,他们往往凭借自己强大的实力、良好的知名度和声誉,采取资本经营的方式向世界各地扩张。

我国旅行社开展跨国经营有其必然性。旅游产品的特点、跨国公司投资自由化、国际服务贸易自由化等为其跨国经营提供了条件;我国旅游产业的发展和完善对其提出了要求;中国加入世界贸易组织的对外开放的承诺是其跨国经营的助推力;我国出境旅游的迅猛发展为其跨国经营提供了保障;境外旅游企业进入我国市场为其跨国经营施加了压力。与此同时,我国旅行社进行跨国经营也具有可行性。我国良好的宏观政策为其跨国经营的环境提供了支持,国际旅游业的发展为其跨国经营提供了市场保证,改革开放以来中国旅游企业的发展和对跨国经营的探索与实践已初步证明了其跨国经营的能力,与国际著名旅游企业之间的差距为其跨国经营提供了发展空间。

在跨国经营战略选择方面,有两种战略可供我们选择时参考:一种是德国的途易集团实施的一体化战略,另一种是美国运通公司实施的多元化战略。一体化战略,即在旅游业内扩大旅行社经营范围的战略,其内容包括把旅行社的业务范围向客源地方向扩大或向目的地方向扩大。在客源地需求大、利润高的情况下,可以通过一体化战略来扩大收入和利润,还可以摆脱对组团社在客源、价格等方面的依赖;在分销渠道不畅,影响生产能力正常发挥时,向目的地方向发展有利于市场竞争。不过,资本问题是实施一体化战略的最大瓶颈。多元化战略是指企业通过开发新产品、占领新市场,进行多领域、多行业经营的战略。其作用主要在于分散风险和有效利用资源。这种战略通常适合于规模庞大、资金雄厚、市场开拓能力强的大型企业。多元化战略可以采取不相关多元化和相关多元化两种形式:不相关多元化是没有资源共享和经营关联的跨行业多元化;相关多元化是企业虽然经营种类众多,但各种经营在某些方面是相互配合的,它们可能以某些相同的要素为基础,在此基础上进行相关多元化经营。

(二) 中小型旅行社经营战略的选择

中小型旅行社通常是指那些规模较小，经济实力较弱，组织结构较简单，在旅游市场上影响力不大的旅行社。我国旅行社业中绝大多数都是中小型旅行社。

在我国目前的市场条件下，尽管大型旅行社在不断扩张，中小旅行社依然具有一定的竞争优势。因为大型旅行社更多地关注出入境游和特色旅游等高端市场，像国内观光旅游这样重视产品价格及业务能力的低端市场，中小型旅行社可以凭借自身管理成本相对较低、财务费用低、对业务利润的要求低、经营手段灵活等特点，而在价格和产品调整方面有较大的优势。但同时，中小型旅行社在经营管理方面也存在很多不足和问题，比如企业机制落后、管理手段单一、缺少特色产品，竞争层次较低，等等。这些也都给中小型旅行社的生存和发展带来了很多的困难。

所以，中小型旅行社经营战略的选择一定要加强针对性，扬长避短。可供选择的经营战略主要有以下几种：

第一，联盟战略。企业联盟，有时也称为虚拟企业，对客户而言它像一个企业在运作，而实际上是多个企业相互合作，共同完成对客户的服务。企业联盟的主旨在于摒弃过去单纯竞争的经营管理理念，通过联合业务相关的多家企业，形成资源共享、互通有无、互惠合作和共同进退的集团合作组织。企业联盟与企业集团的区别在于前者是基于契约、面向产品的合作，将在产品设计、市场推广、产品销售与客户支持方面进行统一的研发与实施。网络式企业联盟是企业联盟的一种形式，是中小型旅行社构建联盟的最佳选择。这种经营模式的基础是信息技术，能满足多样化、个性化市场的需求，使分散在不同地理位置的企业，通过网络和统一的网络业务平台履行合作义务。在组建企业联盟时，要将其建立为一个紧密的契约型组织，做到以统一的形象面对市场、建立统一的电子商务平台、建立分布式产品设计中心和统一的营销中心、建立公平完善的利益分配机制与运营监督机制、建立严格的准入机制与退出机制，等等。

第二，专业化战略。随着旅游者的不断成熟和旅行社竞争的加剧，市场细分和产品细分的重要性已日益凸显。中小型旅行社应根据自己的实力和对市场的把握深度开发产品，设计打造出属于本旅行社的特色产品参与市场竞争，形成各种各样的专业化旅行社。专业化的经营特色会在旅行社行业内部起到拾遗补缺的作用，增强旅游产品的整体吸引力。同时，由于只针对一个或几个专门的旅游市场，中小型旅行社也会在这个市场上具有一定的竞争优势。所以，中小型旅行社要迎合市场向散客游和个性游转变的趋势，正确运用市场细分化原则，对旅行社现有的旅游产品进行更新，并不断开发新产品。

第三，代理发展战略。随着市场的不断成熟和竞争的日益加剧，目前的旅行社水平分工体系将会被逐渐打破，各旅行社将依据其市场份额的影响以及品牌的影响而分化为批发商和零售商。对众多的中小型旅行社来说，如果自己组团获得的利润低于代理其他社的产品，就不如选择做其他社的零售商，可以省去在新线路、新产品开发设计上花费的大量人力、物力，使业务操作简单，经营风险降低，收益稳定。这样就可以依靠特许经营授权社的品牌和强大的网络重新在市场上找到自己的位置，在与特许经营授权社的合作过程中实现自身的发展。虽然，我国目前旅行社市场的现状，还存在一些实现代理发展战略的障碍，比如没有真正意义上的大型旅行社集团，但经过旅行社业内的市场竞争，必将产生且已经有迹象开始两极分化、正在成长出一批具备实力的大型旅行社集团。

【阅读】

旅行社体制嬗变　欲造旅游发展航母

2009年，《云南省旅游产业发展与改革规划纲要》中指出，把旅游产业作为龙头产业来发展，就是抓落实科学发展观，就是抓改善民生，就是抓对外开放。解决云南面临的深层次问题，迫切要求创新发展思路，在产业选择方面，探索依托特色旅游资源和区位优势，加快旅游体制改革和产业转型升级，带动相关产业发展，拉动就业增长，促进城乡统筹发展、生态文明建设与社会和谐，实现云南经济社会又好又快发展。

2011年是"十二五"开局之年，也是云南省旅游全面推进二次创业之年，副省长刘平在全省旅游工作会议上做出了重要指示：在今后一段时间，我省要扩大旅游消费需求、旅游产业文化内涵，在加快旅游重大项目开发建设的同时，加快旅游企业国际化进程，打造一批带动能力强的旅游业"航空母舰"，并重点培育30家经营规模过亿元的旅游企业，其中规模10亿元的要力争达到10家。刘平表示，未来我省要着力调整优化旅游企业结构，加快组建一批跨地区、跨行业、跨所有制的大型旅游企业集团。

在这样的大背景下，为推进旅行社按照旅游管理部门提出的"统一采购、统一报价、统一宣传、统一结算、统一管理、统一品牌、统一计调"进行"七统一"建设，推进旅游企业结构的优化，云南省旅行社体制改革浮出水面，备受关注。

两大"龙头"企业体制改革

借我省旅行社推进"七统一"的契机，云南世博旅游控股集团旅行社板块进行资源整合重组：5家旅行社采取以云南海外旅游总公司为主体，整合云南世博国际旅行社、云南省国际旅行社、云南招商国际旅行社、云南中青国际旅行社4家旅行社的业务、人员，重组设立云南海外国际旅行社有限公司（简称"海外国际"），并将其作为集团公司对旅行社板块实施全面经营管理的控股公司和实体公司。

昆明康辉旅行社将组建云南康辉旅行社控股集团有限公司，打造全省批零兼营的大型专业化、网络化、品牌化旅行社企业集团。按照《规划纲要》的要求,在2009至2012年间,通过对康辉旅行社内部的各种经营单位实行分级资质授权经营管理,按照现代企业制度要求,对旅行社内部各经营单位实施并购、股份制、品牌使用、协议等多种吸纳方式的网络化整合,打造"人、财、物、责、权、利"一体化的云南康辉旅行社控股集团有限公司,推进规模经营,延伸产业链,提高规模效益;进一步理顺旅行社的产权关系,推进多元投资主体的股份制改革,探索通过资产重组和资源整合,发展成为跨地区、跨行业的旅行社龙头企业集团的新途径;进一步探索旅游散客组团的新模式和符合国际惯例的纵向旅行社体制。

无论是云南海外的"合体"改制,还是昆明康辉的"分身"体制,都给云南旅行社企业的发展模式带来了新思路,备受业内瞩目。

"4321"是康辉旅行社改革根本

昆明康辉旅行社主要负责人周新民告诉记者,体制改革后的云南康辉旅行社控股集团有限公司实体是"1个母公司,17个子公司"。其根本是"4321",即4个体系:以资本为纽带的法人治理结构体系;以客源为核心的批零业务结构体系;标准化管理的防范风险控制体系;规范化操作的诚信业务管理体系;3个基本核心:康辉品牌、投资控股、母子公司、批零结构;标准管理、以块为主、诚信经营、规范操作;年检准入、达标升级、优胜劣汰、强者生存;两大管理功能:投资功能、管理功能;1个发展目标:实现年营业收入20亿元人民币、实现年自组接待120万人次、实现年利税1200万元人民币。

据周新民介绍,昆明康辉旅行社股东与员工之间的权、责、利界限不明确,没有从根本上解决变相承包挂靠、转让经营权的行为。为此,彻底改变现在部门"小而全、散而乱"的现状势在必行。组建后的云南康辉旅行社控股集团有限公司,将按照相关规定,按照七个统一的要求转变管理模式和经营方式,提高公司组织化程度,加快公司集团化发展,网络化、品牌化经营。17个子公司的设立具备独立法人资格。并依据《旅行社条例》和《旅行社条例实施细则》规定,按照申请设立经营入境旅游业务、国内旅游业务的旅行社相关规定,向设立地旅游主管部门提出申请并提交相关材料。他说,昆明康辉旅行社有限公司自2001年至2009年间,连续9年被国家旅游局评定为全国国际旅行社"百强"企业。2009年,昆明康辉旅行社被云南省人民政府列为全省唯一旅行社专项改革试点单位,肩负着《云南省人民政府关于云南省旅游产业发展和改革规划纲要》赋予的历史使命。

旅行社发展模式探索拭目以待

作为如今典型的两大龙头企业,它们的体制改革都在探讨适合云南旅行社业的经营发展模式,乃至探讨解决中国旅行社业存在的共性问题。此两大模式无疑都在预造旅游产业发展航母,推动云南旅游二次创业。

一位资深业者分析道,旅行社业的发展经历了20世纪八九十年代的雨后春笋般的发展期,到成熟期,再到如今的改革期,都在探讨旅行社业如何才能可持续发展。面对"入世"后的国际化竞争,面对旅游市场的不规范,旅行社业要走出一条可持续发展的经营道路,需要各方的努力。海外国际的"合体",昆明康辉的"分身",无疑都把改革的焦点指向了承包挂靠、产品的经营途径以及推进"七统一"的整顿上面,也走出了旅行社业发展模式探讨与摸索的新步伐。

(资料来源:李文女,兰庆枫. 春城晚报,2011-05-11.)

第三章 旅行社产品管理

本章导读

本章介绍了旅行社产品的内涵、特征和分类,分析了影响旅行社产品开发的因素,阐述了旅行社产品的开发原则和程序,分析了国内游及出境游产品的开发和设计,以及旅行社产品品牌化管理等内容。通过本章的学习,能初步具备旅行社产品设计和开发的能力。

第一节 旅行社产品概述

一、旅行社产品的内涵

产品是企业赖以生存和发展的基础,现代营销学家菲利普·科特勒(Philip Kotler)认为,产品是指能够提供给市场以满足某种欲望或需要的任何东西,包括有形的物质商品,以及无形的服务、构思、理念等。旅行社产品同样也是旅行社赖以生存和发展的基础。对于旅行社产品的定义,旅游业界和学术界存在着不同的看法。本书分别从旅游经营者和旅游消费者的角度来理解旅行社产品的概念。

(一) 旅行社产品的概念

从旅游经营者的角度来看,旅行社产品是指旅行社为了满足旅游者在旅游过程中的需要,在购买旅游供应商的产品并进行开发后,提供给旅游者的各种有偿服务。它是由实物和服务综合组成的,是向旅游者销售的旅游项目,具体的表现形式有旅游线路、旅游活动、食宿和单项服务等。

从旅游消费者的角度来看,旅行社产品是指旅游者为满足自身的旅游需求,花费了一定的时间、金钱和精力后所换取的一种旅游经历。这种经历一般是从旅游者离开常住地开始,到旅游结束返回常住地的全过程中,对所接触的事物、事件和所接受的服务的综合感受。旅游者用货币换取的不是具体的商品,而是一种旅游体验。

可以看出,旅行社产品是以旅游者的空间移动为核心,以服务为主要内容,以旅游设施为依托、以旅游供应商的产品为"原材料",经旅行社的设计、组合或营销等开发活动后被销售给旅游者的旅游产品。旅游者在消费后不会拥有实物,而是通过对旅行社产品的消费来获得一次经历,满足旅行中的某些需要。

(二)旅行社产品的构成

1. 旅游吸引物

旅游吸引物是指能够激发旅游者的旅游动机,为旅游业所利用,并吸引旅游者到来的事物和现象的总和。它是旅行社产品的核心内容,其数量、质量和吸引力是旅游者能否选择该旅行社产品的决定因素。能够被旅行社利用的旅游吸引物主要包括自然吸引物和人文吸引物。自然吸引物是指依照自然发展规律天然形成的物质实体或现象,经过开发可供人类旅游享用的自然景观与自然环境,包括地文景观、水域风光、生物景观、大气景观及宇宙景观等。人文吸引物是指在人类历史发展进程中由人类社会行为形成的具有人类社会文化属性的各种人与事物,包括历史遗存、古迹、宗教文化、建筑与园林、文学艺术、民族民俗及各种活动、事件等。在旅行社组合产品中,旅游吸引物主要以游览产品的形式表现出来。

2. 旅游生活服务

旅游生活服务是指旅行社产品中所包含的餐饮、住宿、交通、游览、娱乐、购物及其他专项服务。这些服务项目是旅游者顺利完成旅游活动所不可或缺的。旅游者在选择旅行社产品时,不仅要考虑产品中所包含的旅游吸引物是否能够有助于实现他们的旅游目的,还要衡量旅游过程中的旅游生活服务能否满足他们的需要。旅行社的产品应该至少包含一部分旅游生活服务项目,也有许多产品(如全包价旅游产品)则包括了上面的全部旅游生活服务内容。旅游生活服务的质量对于旅行社产品的整体质量具有重要的影响。

3. 导游服务

导游服务包括旅游地和旅行社为旅游者提供的信息资讯服务和劳务服务,其主体是导游员代表旅游企业接待或陪同旅游者进行旅游活动,并按照旅游合同或协议约定的内容和质量标准向旅游者提供讲解服务、翻译服务和旅行生活服务。从旅行社角度讲,导游服务是旅行社核心竞争力的重要组成部分,旅行社产品最终都是通过导游服务传递给游客的,导游服务的水平和质量体现了旅行社服务的水平和质量。从游客角度讲,导游服务是旅游者完成旅游活动的根本保证,也是旅游活动顺利开展的前提条件。所以,导游服务质量的高低往往成为旅游者评价旅行社产品的关键因素。

二、旅行社产品的特征

旅行社产品是旅行社为满足旅游者需要而提供的各种有偿服务。作为服务范畴的旅行社产品,除具有服务产品的基本属性外,还具有自身的特殊属性。

（一）与服务产品的共性特点

1. 无形性

旅行社产品的无形性体现在旅游者购买产品前无法看到或触摸到该产品,只能借助旅行社接待人员的介绍、描述,或者借助宣传手册和影像资料等对产品进行了解,是无形的产品。在旅行社产品的购买过程中,各种旅游服务产品也是一种无形的内容,无法被看见,也不能触摸,服务质量的好坏只有通过旅游者的体验来判断。又由于每个旅游者的经历和要求不一样,因此对所接受的服务质量的评价也各不相同。旅行社产品购买结束后,不像一般商品那样留下了有形的可供二次使用的产品,旅行社产品所得到的只是从离开居住地到返回居住地的一次完整的经历和一次美好的体验。旅行社产品的无形性加大了旅游者的购买风险,也增加了旅行社与旅游者交易的难度。

2. 生产与消费的同时性

与大多数有形产品的生产和消费不同,旅游服务的生产和消费具有同时性。当旅游者购买了某一旅行社产品后,他无法将产品带回家,只是预约了要消费产品的时间和地点,之后必须要亲自到旅游目的地进行游览。游览的过程既是消费产品的过程也是参与生产的过程。从旅行社角度来看,前期对产品的设计、策划、营销等活动,仅仅是产品生产的部分过程。在旅游者购买产品后,旅行社需要派出导游人员带领游客进行旅游活动,完成产品的生产,旅游活动结束后,生产与消费活动也随之结束。

旅游服务生产和消费的同时性带来了旅行社产品的不可储存性。旅游经营商不可能像有形产品的批发商那样大量储存产品,留待以后销售。在某特定时间内没有售出的服务产品其价值将不复存在。同时,旅游者在大多数情况下亦不能将服务携带回家存放起来,这就使得生产出来的服务如不在当时消费掉,就会造成价值的流失和折旧的发生。由于旅游产品的主体内容是服务,服务是一种行为,因此只有当游客光顾并消费时,服务可创造的使用价值和价值才会实现。也就是说,由于没有一件有形产品去承担旅游产品的价值,因而它具有不可储存性。

3. 异质性和雷同性并存

旅行社产品的异质性体现在:首先,旅行社产品所采购的"原材料"具有很强的独特性。如不同的旅游目的地和景区景点,可以为旅游者提供不同的旅游体验。其次,同样的旅行社产品带给不同旅游者的旅游体验却是不同的。由于每位旅游者对于同一旅行社产品的期望值不同,所获得的经验与感受也不同,就使得旅游者对同一旅行社产品的质量评价也不同。即使同一个旅游者在不同时间购买了同一家旅行社的产品,也会因季节或心情的不同产生不同的旅游体验。

然而，由于旅行社产品可以在短时间内被模仿，因此它同时还具有高度的雷同性。在一般情况下，畅销的旅游线路极易在很短时间内被模仿。尤其是在一个缺乏创新动力的市场中，当多家旅行社面对相同或相近的旅游市场时，每一家旅行社都希望能够"搭便车"。因此，一旦新的畅销产品问世，马上会有众多旅行社推出相似的产品，引起价格的恶性竞争。

（二）旅行社产品的个性特点

1. 综合性

综合性是旅行社产品首要的、最基本的特点。首先是产品内容的综合性。旅行社产品是多个单项旅游服务项目共同构成的产品，由多种旅游吸引物、交通设施、娱乐场地以及多项服务组成，是满足人们在旅游活动中对住、食、行、游、购、娱各方面需要的综合性产品。它既有无形部分，又有有形部分；既是精神产品，又是物质产品；而有形产品的价值总是在无形产品价值实现的过程中表现出来的。

其次是生产的综合性。旅行社产品的各个单项服务内容，都是由不同旅游企业及相关企业和部门所生产的，涉及众多行业。其中有直接向旅游者提供产品和服务的部门和行业，包括饭店、餐饮、旅游交通、旅游景点等；也有更多地间接向旅游者提供产品和服务的部门和行业，包括文化、文物、土地、园林、建设、金融、税务、邮电、教育、卫生、公安、保险等多个行业和部门。

2. 敏感性

由于旅行社产品的综合性特点，旅行社产品的生产、经营要受到来自相关行业和部门的制约，任何相关行业或部门的变动都会给旅行社产品的提供带来直接或间接的影响。同时，由于旅游活动本身，尤其是旅游需求易产生波动的特点，旅行社产品的供给既受旅行社自身经营管理状况的制约，又容易受到诸如国际关系、政府政策、经济发展、战争动乱等经济、社会、政治、文化等外部因素的影响。再加上旅游活动季节性较强，而旅行社的服务不能储存，也使旅行社产品的生产和经营面临较大的波动性。除此以外，旅行社产品还极易受一些客观的、人力不可抗拒事件或因素的影响，诸如天气、交通、自然灾害等。

3. 依托性

不管旅行社是将各旅游供应商的产品组合起来作为整体产品销售给旅游者，还是将供应商的单个产品出售给旅游者，这些产品的最终生产者是旅游供应商，旅行社只是将自己的服务附加在这些产品上，形成了自己的产品，但是最终还是需要供应商将产品提供给消费者，因此旅行社必须要依托供应商的产品才能生产出自己的产品。包价产品更是如此，任何一个供应商的产品出了问题都会影响旅行社产品的最终形成，或者对旅行社产品的质量产生不良影响。因此旅行社应当与供应商建立良好的合作关系,选择声誉与信誉良好的供应商,以保证产品的质量。

三、旅行社产品的分类

旅行社产品按照不同的分类方式,可以分成不同类别。

(一)按照旅游者的组织形式分类

1. 团体旅游产品

团体旅游产品是我国旅行社的传统产品类型。团体旅游的优点主要表现为可以使旅游者获得较低廉的价格,节约旅程安排的时间。通过旅行社的全程安排和导游的全陪服务,还能使旅游者感受到出游的便利,增加旅游者的安全感。但是,由于团体旅游产品具有行程统一、集体活动、灵活性差等特点,使游客的活动自由受到一定的限制,因此,旅游者的个性化需求很难得到充分的满足。旅游计划安排是否得当,导游的个人素质和服务水平差异也会在不同程度上影响游客的旅游感受和满意度。

2. 散客旅游产品

散客是相对于团体而言的,一般是自行结伴的亲友或旅友。散客旅游产品是由旅游者自行安排旅游行程,零星现付各项旅游费用的旅游形式。散客旅游通常只委托旅行社购买单项旅游产品或旅游线路中的部分项目,在付款方式和行程选择等方面比较灵活、可选择性强。但实际上,有些旅游散客也委托旅行社为其专门组织一套综合旅游产品,也采取包价的形式。由于散客旅游在出游的自由度和满足游客个性需要上具有明显的优势,随着各个旅游国家或地区旅游接待水平的提高和互联网技术在旅游预订等领域的应用和发展,散客旅游在国际旅游发展中呈现出迅速增长的态势。

3. 组合旅游产品

组合旅游产品是介于团体旅游和散客旅游之间的一种特殊旅游方式,旅游界俗称散客拼团。是指旅游者从不同的地方自行来到旅游目的地后,在旅游目的地组成旅游团,再参加由当地旅行社组织的团体旅游活动。这种组合旅游团内没有领队,组团时间较短,易于成行,客人办妥手续后,最多一周之内即可成行,没有人数限制,不受传统团体旅游10人不成团这一规定的局限。此外,旅游者的选择比较灵活,既可以参加团体活动,也可以拥有较多的自由时间。旅游活动结束后,旅游团在旅游活动结束的地点解散,各自返回居住地。

(二)按照产品包含的内容分类

根据旅游者日趋个性化的需求,以旅行社产品包含的内容为标准可以将其分为包价旅游产品(见表3-1)和单项旅游产品。

表 3-1 包价旅游产品

产品类型	团费包含项目
全包价旅游产品	住宿、早餐、正餐、交通、景点门票、导游服务、娱乐项目的费用、旅行社责任险
半包价旅游产品	住宿、早餐、交通、景点门票、导游服务、娱乐项目的费用、旅行社责任险
小包价旅游产品	住宿、早餐、交通
零包价旅游产品	交通

1. **包价旅游产品**

全包价旅游产品,是我国旅行社产品中最普遍的一种形式,是指旅游者采取一次性预付全部或部分旅游费用的方式,将食、住、行、游、购、娱等各种相关的旅游服务全部委托给一家旅行社办理的旅游形式。对于旅游者来说,全包价旅游产品的价格较为优惠,而且由于旅行社提供了全部的旅游服务,使旅游者在旅途中不用担心各种烦琐的手续,但是,全包价旅游意味着旅游者要服从旅游行程的统一安排,个性化需求难以得到很好的满足。对旅行社而言,全包价旅游产品的预定周期较长,易于操作,而且大批量购买可以降低经营成本。

半包价旅游产品,是针对全包价旅游的一种产品形态,是指在全包价旅游的基础上,扣除中、晚餐费用的一种包价形式。旅游者在旅游过程中既可以临时要求旅行社为其安排午餐或晚餐,也可以自行选择到当地的餐馆就餐,品尝地方风味。半包价旅游有利于降低旅游产品的直观价格,提高产品的竞争能力,同时,也可以更好地满足旅游者在用餐方面的个性化需求。

小包价旅游产品,又称选择性旅游产品,旅游者可以根据本人需求有选择地购买全包价旅游产品中的几项服务。它由两部分构成:非选择部分,包括接送、住宿和早餐,此部分费用由旅游者提前支付;可选择部分,包括导游服务、正餐、风味餐、游览参观、文艺节目欣赏等,旅游者可根据个人兴趣、经济状况和时间而自由选择,费用既可以预付,也可以现付。小包价旅游产品最早是由香港和海外的旅行商推荐的,由于其具有明码标价、经济实惠、机动灵活、手续简便等优势,逐步在我国得到普及。目前,小包价旅游的旅游者每批一般在 10 人以下。

零包价旅游产品,零包价旅游是一种独特的产品形式,多见于旅游发达国家或地区。参加这种旅游的旅游者必须随团前往和离开旅游目的地,但在旅游目的地期间的旅游活动则由旅游者自行安排。在零包价旅游产品中,旅行社只提供客源地和目的地之间的交通服务和代办签证服务,旅游者可以享受团体折扣的机票价格,并可以随意安排自己在目的地的旅游活动。

2. **单项委托服务**

单项委托服务是指旅行社根据旅游者的具体要求而提供的各种非综合性的有

偿服务。旅行社单项服务的对象主要是零散的旅游者,也包括在包价旅游团中有特殊需求的个别旅游者。其服务的内容相当广泛,包括导游服务、交通集散地的接送服务、代办交通票据和文娱项目票据、代订饭店客房、代客联系参观游览项目、代办旅游签证和旅游保险、旅游咨询服务等。近年来,散客旅游发展迅速,在全球旅游者中所占的比重越来越高。随着旅游者个性需求的不断增长、国际旅游者旅游经验的日益丰富以及互联网等信息技术的推动,对单项服务的需求日趋增加,许多旅游发达国家或地区的旅行社都成立了散客部或综合业务部,专门负责办理委托代办业务。

(三)按照旅游目的分类

按照旅游者的旅游动机、旅游活动内容和性质,可以将旅行社产品划分为观光旅游产品、度假旅游产品和专项旅游产品。

1. 观光旅游产品

观光旅游产品是旅行社产品的基础形式。观光旅游产品是以游览、观赏自然风光、人文景观、社会风情为主要内容的旅游活动。传统的观光旅游产品主要以自然山水、文物古迹、民族风情等为游览对象,但随着旅游者游览经历的丰富和文化素质的提高,对游览对象的文化内涵和特色性提出了更高的要求。近些年来,在对传统观光旅游项目不断挖潜的同时,又不断推出新颖奇特的新型观光旅游产品,如各种形式的主题公园和以工业、农业、军事、科技、教育为题材的观光活动等。宇宙观光、太空旅游等新颖奇特的观光旅游产品也在不断涌现,成为旅行社可以开发的新产品。

2. 度假旅游产品

度假型旅游产品是指旅行社为了满足人们暂时逃避紧张、枯燥、压抑的工作环境和生活节奏,希望到空旷、优美、静谧的环境中去充分放松和休息的心理而开发的旅游产品。相对于观光旅游者而言,度假旅游者有自己的消费特点,主要表现在:更强调休闲和消遣,在某一地区停留的时间相对较长,重返率较高,往往选择家庭出游的方式,消费较高,等等。度假旅游者对度假产品有更高的要求,他们希望自然风光更加优美,住宿设施更加舒适,气候更加宜人(最好四季适宜度假),体育和娱乐设施更加完善,交通和通信条件更加便利。度假旅游产品门类繁多,主要有海滨度假、温泉度假、山地度假、海岛度假、滑雪度假、乡村度假等形式。同时,欣赏异域风情和进行健身娱乐也是度假旅游者的主要需求,是旅行社在设计和组合度假旅游产品时要考虑的重要因素。

3. 专项旅游产品

专项旅游产品又称特种旅游产品,是一种具有广阔发展前景的旅游产品,具有主题繁多、特色鲜明的特点。专项旅游产品主要包括商务旅游、奖励旅游、探亲旅游、会展旅游、农业旅游、工业旅游、体育旅游、探险旅游、美食旅游、修学旅游、康体旅游、科考旅游、自驾车旅游、品茶旅游、文化旅游、宗教旅游、节庆旅游等。专项旅游产品能满足旅游者个性化、多样化的需求,因而广受青睐,是今后旅行社产品的开发趋势。但是,专项旅游产品的开发有很大的难度,操作程序也多,有时还需要旅行社多个部门的协作或参与,而且成本很高,这些在一定程度上影响了旅行社开发该类产品的积极性。

(四)按照产品的档次分类

根据旅游者对食、住、行等方面的档次和费用高低的要求,可将旅行社产品划分为豪华等、标准等和经济等。

1. 豪华等旅游产品

旅游费用较高,旅游者主要追求的是舒适的享受,一般住宿和餐饮安排于四星级、五星级酒店或豪华游轮里(或高水准的客房、舱位);享用中高级导游服务;享用高档豪华型进口车;餐饮以目的地特色餐饮为主;享用高水准的娱乐节目欣赏;一般长途往返使用飞机航线(干线和支线)。

2. 标准等旅游产品

旅游费用适中,旅游者一般住宿和餐饮安排于二星级、三星级酒店或中等水准的宾馆、游轮里的双人标准间;享用空调旅游车;餐饮以标准餐八菜一汤为主;一般长途往返使用飞机航线(只限于干线)或火车卧铺。

3. 经济等旅游产品

旅游费用低廉,旅游者更看重价格,住宿和用餐一般在低水准的招待所和旅社;享用普通汽车;餐饮以游客吃饱为基本标准;一般长途往返以汽车、火车硬座、普通轮船为主。

第二节 影响旅行社产品开发的因素

一、影响旅行社产品开发的外部因素

影响旅行社产品开发的外部因素是指旅行社无法直接控制,但对其产品开发会产生直接或间接影响的因素的总和。这些外部因素共同作用的结果首先是直接影响一个国家或地区旅游业的整体发展水平,进而涉及到旅游业的各个行业和部门。作为旅游业主导行业的旅行社业,在开发旅游产品过程中同样要受到以下外部因素的影响。

(一)资源禀赋

旅游目的地的资源禀赋是指一个国家或地区拥有相关资源的状况。与旅行社产品开发相关的资源因素包括自然资源、人文资源、社会资源和人力资源等。

1. 自然资源

自然资源构成旅游空间,决定着旅游发展的潜力。自然资源对旅行社产品开发的作用,取决于它们的特点和可进入性,否则只能是一种潜在资源,有待开发。只有经过开发并可以进入的资源才能成为经济资源,因为自然资源只有经过开发才能满足旅游者有支付能力的需求。但是,对自然资源的开发不应破坏其自身价值,这是自然资源成为经济资源的条件。

2. 人文资源

人文资源的丰富程度决定一个国家旅游开发的潜力。拥有独一无二的人文资源的国家或地区,旅游业往往处于垄断或近似垄断的地位,旅行社可以因此开发出竞争对手所没有的产品。更多的人文资源则是人们的日常生活、风土民情、传统文化等,这些也能吸引旅游者,它们是对人文旅游资源的深层次开发。

3. 社会资源

当地居民对旅游者的态度是社会资源的重要内容。当地居民对旅游者的态度(容忍程度)主要取决于主客双方的文化差异、旅游地拥挤程度、旅游者的行为是否有损于当地居民的价值观以及旅游者与当地居民的接触程度。旅行社在开发产品时必须充分考虑旅游目的地居民的容忍程度,有针对性地开发产品。

4. 人力资源

人力资源是指某地的社会人口结构、特点、素质、数量等状况。既包括旅游目的地社会的人力资源,也包括组团地的社会人力资源。目的地社会人力资源的人口素质、人口特点和人口数量等是否适合或是否有能力接待组团地旅游者值得考虑;反之,组团地社会的人口偏好和类型也值得研究。

(二)设施配置

设施配置是指与旅游者旅游生活密切相关的服务设施和服务网络的配置状况,是旅游者实现其旅游目的的中间媒介,主要包括旅游基础设施和旅游上层设施两个方面。

1. 旅游基础设施

旅游基础设施的主要使用者是当地居民,但旅游者也必须依赖这些设施。没有基础设施作保障,旅游业很难进一步发展。旅游基础设施一般包括:一般公用设施,如供水、供电、排污、煤气、电信、道路系统等;满足现代社会生活所需要的基本服务设施或条件,如银行、医院、商店、治安管理机构等。

2. 旅游上层设施

旅游上层设施是指虽可以供当地居民使用,但主要供外来旅游者使用的设施,如饭店、指定商店、旅游问讯中心、某些娱乐场所等。

(三) 旅游需求

旅游需求是指旅游者在一定时期内,愿意以一定价格购买的旅游产品的数量。开发旅游产品是为了保证旅游需求得以满足,即旅游需求应是旅游产品开发的客观依据和前提条件。因此,旅行社要开发旅游产品必须围绕旅游者的需求内容和需求层次等,安排具体的旅游活动,使旅行社产品的内容能够真正符合旅游者的实际需要。随着旅游业的迅猛发展,由于旅游需求的波动性和差异性,旅行社产品也要向丰富多样化发展,旅行社经营者在开发旅游产品时,必须对旅游需求的动向、内容、数量、层次等进行分析和预测,建立起一整套适合旅游活动动态发展的产品体系,更好地满足旅游需求。

(四) 旅行社行业竞争

深入了解竞争者对产品开发的市场实现非常重要。旅行社在选择产品开发方向之前必须将自身的各方面条件与最接近的竞争者加以比较,这样才能辨别竞争优势与劣势所在。在选择新产品开发之前,需要了解竞争者的有关信息,如明确旅行社的竞争者、明确竞争者的策略、明确竞争者的优劣势、明确竞争者的反应能力等。随着科技进步以及信息化、网络化的加速,旅行社产品的开发时限日益缩短,要想取得产品开发的成功,必须以比竞争对手更低的售价和更快的开发速度赋予产品更好的质量。开发旅游产品不仅要有新颖的产品构思,更要具备灵敏的市场反应速度,只有行动迅速的企业才能成功完成从产品构思到市场的推广。同时,还要不断进行旅游产品的创新和更新换代,保证旅游产品开发的良性循环和旅行社企业的持续发展。

二、影响旅行社产品开发的内部因素

内部因素是旅行社可以控制的因素,即旅行社的综合竞争能力。内部因素包括旅行社的经济实力、人力资源状况等,其中人力资源状况决定了旅行社的管理素质、市场营销能力、协作网络的广度与稳定度、接待能力、知名度和美誉度等。

(一) 经济实力

旅行社的经济实力很大程度上决定了产品的规模强度,也决定了产品开发和与竞争对手相抗衡的能力。企业的经济实力越雄厚,资金来源越有保证,则旅行社承担市场风险的能力就越强,产品开发市场实现的成功率也就越高。其衡量指标有企业的资金数量、资金结构、资金筹集能力、盈利能力等。对于经济实力不强的旅行社,关键就看企业的资金是否能得到适当的运用。因此,经济实力是影响旅行社产品开发市场实现的一个重要因素。

(二) 人力资源状况

一个旅行社的人力资源的结构合理性、综合素质、工作能力的强弱是企业生存和发展的第二个决定因素,它涉及旅行社管理的方方面面。

1. 旅行社的管理素质

管理素质主要包括经营者素质、组织结构、管理手段、管理方法、管理体制、经营决策能力和企业文化等。其中经营者素质对企业新产品开发市场实现的影响尤为重要。因为新产品开发具有高风险、高收益的特点,它要求经营者必须具备开拓进取、勇担风险的创新素质。建立良好的管理制度,可以为产生新产品构思创造激励机制。

2. 旅行社产品设计人员

旅行社产品设计人员的业务素质直接关系到旅行社产品的质量。一个好的线路设计者,必须具备丰富的旅游基础知识、行业工作技巧、敏锐的商业意识、足够的市场和财会方面的知识。同时,旅行社产品设计者还需要熟悉顾客的需求、了解顾客的心理,以迎合或引导市场。

3. 市场营销能力

市场营销能力主要包括两个方面,即市场调研能力和产品销售能力。旅行社产品的开发需要对市场需求、竞争状况、成本和收益、创新的可接受性及方向等内容进行全面、细致的分析和了解,这就需要运用市场调研能力。产品销售能力主要表现在促销和营销两个方面。首先,应使旅游者了解并愿意接受旅行社的产品,包括广告宣传、信息发布、人员推销、营业推广等。其次,拥有自己的营销网络,使产品有顺畅的流通渠道,旅游者能更快速、更便捷地获取信息。

4. 协作网络的广度与稳定度

这取决于管理层、市场开发人员和销售公关人员的"人脉"。旅行社产品是一个高关联度的产品,需要和各方面的人打交道。同时,旅行社产品影响因素众多,任何环节出错或不可抗力的影响都可能使产品出现重大问题,因此就需要广泛的网络进行协作。

5. 接待能力

接待能力是指旅行社一线员工的服务能力,如咨询预订、导游服务等,是直接面向游客进行服务的人力资源的数量和质量。

6. 知名度和美誉度

旅行社产品的知名度和美誉度取决于三个方面:一是产品项目是否合理和令消费者满意;二是接待人员的服务质量的高低;三是销售人员的宣传效果。而这三个方面分别取决于旅行社的设计人员素质、接待人员素质和市场推广人员的素质,因此最终也决定于旅行社的人力资源状况。

第三节 旅行社产品开发原则与程序

一、旅行社产品开发原则

产品的研发对旅行社的生存与发展至关重要,然而成功地开发新产品并非易事。为了提高旅行社产品开发的成功率,在研制和开发新产品时,应该遵循以下基本原则。

(一)市场导向原则

市场导向原则就是要求旅行社在产品的设计与开发过程中,要以旅游者的需求为导向,对市场进行充分的调查研究,了解并预测市场需求的发展趋势和需求数量,分析旅游者的旅游动机,并根据市场需求的变化不断加工、完善、升级已有产品,以最大限度地满足旅游者的需要,使旅行社产品对旅游者具有长久的吸引力。市场导向原则主要体现在以下三个方面。

1. 根据市场需求变化开发产品

旅游者的需求是千差万别的,同时又是千变万化的,但其中也不乏相对稳定的因素。对于大众旅游者来说,以下需求具有代表性和稳定性:

求名、求新、求异。希望能去著名景区、热点景区、未曾去过的景区或者与日常生活环境差异大的旅游目的地,增长见闻,追求丰富多彩的旅程。

放松、享乐。希望从日常的紧张状态中获得短暂的解脱和放松,舒畅身心、缓解压力。

游有所值。尽量有效地利用时间而又不太劳累;尽量有效地利用预算,购买廉价而又新奇的东西。

旅行社可以根据旅游者这些相对稳定并具有代表性的需求特点,同时结合不同时期的不同风尚和潮流,设计出适合市场需求的旅游产品。

2. 根据旅游者或中间商的要求开发产品

旅行社还可以直接根据旅游者或旅游中间商的意见和要求,设计专门的旅游产品,开拓自己的市场。根据旅游者或中间商的要求设计个性化产品符合现代旅行社产品开发的趋势,但由于旅游者的需求差异较大,旅行社设计个性化产品时必须考虑成本。因此,要充分调查并科学分析旅游者或旅游中间商的个性需求,找出其中的共性并正确预测其发展趋势,使个性化产品在市场上有足够的消费群体,从而保证旅行社的盈利空间。

3. 创造性地引导旅游消费

旅行社应审时度势,预测消费动向,挖掘出旅游者的潜在需求,创造全新产品,引导旅游消费。如云南丽江旅游路线原来在深圳一直不温不火,深圳某旅行社经过周密策划,通过对市场进行细分,推出一系列有特色的"丽江假期"产品:如针对白领、小资阶层的"在丽江发呆"周末偷闲度假团;针对户外旅游发烧友的"徒步虎跳峡""寻源中甸香格里拉""攀越哈巴雪山""版纳雨林历险"等系列探险线路;针对英语爱好者的"English talk in Lijiang!"纯英语情境对话团等。这些极具创意的旅游线路使得云南丽江旅游在深圳火了起来。

(二)突出特色原则

特色原则是指旅行社产品的设计与开发应突出鲜明的特色,具有"新"和"奇"的特点。突出特色是旅行社产品具有吸引力的根本所在。这就要求旅行社要对旅游线路的资源、形式等进行精心选择,力求充分展示旅游的主题,做到特色鲜明,以新、奇、异、美吸引旅游者的注意。旅行社产品的特色性是旅游市场营销中旅游产品以差异竞争替代价格竞争的表现,是旅游产品摆脱低水平竞争的根本所在。突出特色的原则具体体现在以下几个方面。

1. 尽可能保持自然和历史形成的原始风貌

在这个问题上,旅行社必须要以市场的价值观念看待旅游线路的吸引力问题,而不能凭自己的主观臆断。此外,任何过分修饰的做法都是不可取的。

2. 尽量选择利用带有"最"字的旅游资源

例如某旅游资源在一定的地理区域范围内属最高、最大、最古老、最现代、最奇特等,更容易吸引旅游者的兴趣。只有具有独特性,才能提高旅游线路的吸引力和竞争力。

3. 选择具有地方风格和民族特色的旅游资源

蕴含地方特色和民族文化的产品,是使旅游者产生旅游动机的重要因素。如果旅游产品同客源地毫无差别,游客是不太愿意前来游览的,即使来过一次,以后也难以愿意故地重游,除非有新的变化。

(三)经济原则

经济原则是指以同等数量的消耗,获得相对高的效益,或以相对低的消耗,取得同等的效益。一方面,作为以营利为目的的企业,旅行社产品必须能为旅行社带来一定的经济效益。旅行社产品同其他产品一样,也有各种成本支出,如交通费、住宿费和餐饮费等。这就要求旅行社在产品设计过程中,把近期效益与远期效益结合起来,实现经济最优的产品设计和组合,做到物有所值、物超所值。例如,可通过充分发挥协作网络的作用,降低采购价格,这样既可以降低旅行社产品的直观价格,便于产品销售,又能保证旅行社的最大利润。另一方面,旅行社产品的价格应该符合目标市场的消费水平,不能超出旅游者的经济承受能力。旅行社产品中的景点数量不能无限制地增加,饭店等级也不能无限制地提高。旅行社产品的设计应在保证旅游活动顺利进行、旅游体验得到满足的前提下,加强成本控制,降低各种消耗,使旅游者以最低的成本完成旅行。

(四)内容丰富多彩原则

旅行社产品应该围绕一个主题安排丰富多彩的旅游项目,让旅游者通过丰富多彩的旅游项目,从不同的侧面了解旅游目的地的文化和生活,领略美好的景色,满足旅游者休息、娱乐和求知的欲望。在同一线路的旅游活动中,尽量选择不同种类的旅游景点,使整条线路丰富多彩,加深旅游者的印象,达到宣传自己、吸引游客的目的。同时,旅行社应依据产销对路的市场营销原则,针对不同旅游对象的不同需求,组合不同的旅游产品。不同的国籍、职业、身份、年龄、文化背景、宗教信仰、风俗习惯的旅游者,对旅游产品的需求是各不相同的。如香港—广州—福州—杭州—北京,这条线路对同样来自欧美的旅游者来说,欧美裔游客和华裔游客的态度、兴趣截然不同。它会赢得华裔游客的广泛欢迎和喜爱,而很难被大多数欧美裔游客所接受。而西安—北京—上海—桂林的"克林顿之旅"线路曾一度在美国旅游市场上走俏。旅游经营者对诸如日本游客和东南亚游客、老年游客和青少年游客、佛教徒游客和伊斯兰教徒游客等,都应该相应提供不同组合的旅游产品。

(五)时效原则

旅游活动与自然景观、气候条件等目的地的客观环境密切相关。旅游者选择目的地时,一个很重要的心愿就是要看到目的地最美的季节和最动人的景观。因此,旅行社在产品开发和设计时,必须考虑该产品在何种阶段投放市场最为合适。旅游线路应该安排在最能显现目的地特色的时间段,向旅游者展现目的地最动人的景观。

时效原则的另一个意义体现在对社会信息的即时采集、及时推出适应市场需要的产品上。对于旅行社来说,政府所举办的一些重大的政治、经济、文化活动往往孕育着极好的商机,能为旅行社带来很好的经济效益。在迅速把握机会、果断决策、抢占先机方面,要充分体现产品开发的主动性,这样就会赢得良好的市场声誉。把握住时代的脉搏,紧跟时代发展的步伐,把政府举办的这些重大的政治、经济、文化活动融入到旅游产品的设计中来。

(六)布局合理原则

旅游者选择旅行社产品,最基本的出发点是以最少的时间和花费获取最有效的旅游信息和最大的旅游享受。因此,旅行社在设计旅游产品时,应优化点线结构,对各旅游线路和旅游景点进行科学、合理的空间布局。这一原则主要体现在以下几个方面。

1. 尽量避免重复经过同一旅游点

在条件许可的情况下,一条旅游线路应尽量避免重复经过同一旅游点。根据满足效应递减规律,重复会影响一般旅游者的满足程度,造成旅游者时间和金钱上的浪费。如以海口—三亚七日游为例,旅游者从海口去三亚时汽车走东线:海口—琼海—兴隆—陵水猴岛—三亚,返回海口时汽车走西线:三亚—通什—琼中(苗寨)—屯昌—海口,整个旅程的安排是环岛一圈。尽管旅游者乘坐汽车长途跋涉,但因沿途风光各异,会使旅游者忘记旅途的疲劳,使他们感到花一份钱买到两份不同的经历。

2. 各旅游点之间距离适中

同一旅游线路中,各旅游点间的距离不宜太远,以免大量时间和金钱耗费在旅途中,导致旅游成本上升。一般来说,城市间交通线上的时间耗费不能超过全部旅程时间的1/3。为了提高旅游活动的实效,使旅游者在有限的时间内游到较多的景点,合理使用交通工具,减少旅途时间十分必要。因此,要尽量利用现代化的交通工具,能安排飞机的路线尽量使用飞机。如受经济条件制约,也可以采用火车和汽车。乘火车的时间不宜过长,特别是尽量少安排车程超过12小时的火车班次。

3. 择点适量

在时间一定的情况下,如果旅游项目安排过少,空闲时间太多,旅游者就会抱怨旅行社没有尽心尽责地安排旅游活动;而过多地安排旅游点同样是不可取的,不仅使整个产品直观价格偏高,而且旅游节奏太快,在各点停留的时间太短,游客无法充分地欣赏、品味旅游点的文化内涵,容易使旅游者紧张疲劳,达不到休息和娱乐的目的。择点适量,既可以使整个产品的价格控制在旅游者可以接受的水平,在激烈的竞争中获得价格优势,又能够使整个旅游行程有张有弛,紧凑而不忙乱,使旅游者达到放松享受、娱乐身心的目的。一般来说,一条十天左右的旅行路线,旅游城市或旅游点不宜超过五个。以兰州—敦煌这条丝绸之路上河西走廊段黄金旅游线为例,选择武威、张掖、酒泉、嘉峪关和敦煌这五个旅游城市为依托点,而其中又以敦煌为重点,是比较恰当的。这样可使游客既较为充分地领略了丝绸之路以敦煌艺术为代表的历史文化特色,又获得了必要的休整。

4. 顺序科学

旅行社在设计产品时,应在交通安排合理的前提下,充分考虑旅游者的生理和心理特点,使同一线路旅游点的游览顺序由一般的旅游点逐步过渡到吸引力较大的旅游点,这样可以不断提高旅游者的游兴,同时要把握游程节奏,做到有张有弛。把吸引力最大的、消耗体力最多的景点放在游览过程的最后,把主要购物地安排在最末一站,既有利于旅游者大量采购物品,又没有携带不便的困难,这样才能极大地调动旅游者的兴趣,增强其对旅行社产品的满意程度。

【阅读】

南昌某旅行社推出的庐山二日游线路,具体行程安排如下:

第一天:

南昌早(上车地点7:00南昌宾馆,7:15江西宾馆侧门,7:30洪都宾馆)乘空调旅游车赴庐山(约2小时),上午游三宝树、黄龙潭、乌龙潭、黄龙寺、芦林湖、如琴湖等。

中午在庐山牯岭云庐山庄用餐。

下午游览花径、锦绣谷、天桥、仙人洞、险峰、美庐别墅,参观庐山会议会址。

晚餐、住宿都在云庐山庄。

第二天:

宾馆早餐后游览含鄱口、五老峰、三叠泉。

中午在三叠泉景区用餐后下午乘车返南昌(约晚上6:00到南昌)。

在上述行程安排中,旅行社首先选择了庐山最有代表性的景点:三宝树,寺前三株树,一树一菩提;芦林湖,群场环抱,山水相映,桥如虹,水如空;花径,白居易咏桃花之处,"人间四月芳菲尽,山寺桃花始盛开。长恨春归无觅处,不知转入此中来";锦绣谷,全长1452米,庐山最美的峡谷;天桥,神龙巧救朱元璋;仙人洞、险峰,毛泽东曾咏颂"天生一个仙人洞,无限风光在险峰";含鄱口,"春如梦,夏如滴,秋如醉,冬如玉",中国著名的日出观赏点之一;五老峰,中国领袖峰;三叠泉,庐山落差最大的瀑布,"不到三叠泉,不算庐山客";等等。

旅行社充分考虑了游客欣赏自然美景的心理需求和体能分配。第一天上午游览庐山的次热线景点,路途较为平坦。下午则是庐山最热线的景点,但游览路径也较为舒缓,游客不至于过度疲劳。第二天需要登山,游客要消耗较多的体力,旅行社把庐山最壮美但路途也最艰辛、最耗费体力的景点三叠泉放在旅游路径的终端,留给游客美好的回味。

如果旅行社把第二天的行程放在第一天进行,游客在游完三叠泉之后,疲惫不堪,没有心情进行第二天的游览活动。即使勉强游玩之后,观景的感受也会觉得不如第一天好。同样是安排这些景点,最后游客的回味却大相径庭。

二、旅行社产品开发的程序

一个地区在一定的时期内,旅游资源、旅游服务设施和其他客观条件是相对稳定的,关键就在于旅行社如何根据市场需求,经过科学、精密的分析和巧妙的构思,设计出各种吸引旅游者的产品。旅行社产品开发是一个极为复杂的过程,一般要经过市场调查、产品构思、选择阶段、产品研制、产品试销、产品商业化、检查与评价七个阶段。如果新产品在产品开发的整个过程中的某一个阶段出现问题,旅行社就应该对产品进行修改或彻底放弃。

(一) 市场调研

与其他产品相比,旅行社产品更容易受环境因素的影响,而市场调研在很大程度上可以降低这种不确定性。通过市场调研,可以更好地对市场规模、社会和人口统计要素、经济环境以及竞争状况做出判断。通常情况下,市场调研主要包括旅游消费趋势和外部环境趋势两个方面的内容。

1. 旅游消费趋势

旅游消费趋势是旅行社进行产品决策的重要依据。旅游消费趋势调查的主要内容包括旅游者对目的地的偏好、对交通工具与住宿设施的选择、假期的长短以及度假的方式等。对旅游消费趋势的了解主要来自调查问卷、一线员工、产品销售数据以及各类组织提供的信息等。

问卷调查是市场调查中最常用的方法之一,可以极好地调查出旅游者的有关偏好,为旅行社提供大量的信息。

不同部门的员工在不同程度上是各类问题的专家,对旅行社员工所提供的第一手资料进行分析,也是一种常用的调查方法。

还有一种方法就是对旅行社以往的产品销售数据进行分析,并在分析的基础上,对未来产品的生产与销售趋势进行预测。

此外,各种专业杂志、协会刊物、网络、酒店宾馆、交通管理部门以及各类组织提供的信息与评价,也是旅行社进行市场调研的重要方面。

2. 外部环境趋势

影响旅行社产品设计的外部因素包括社会、政治和经济状况等。旅行社对外部环境进行分析与预测的目的是明确现在与未来的发展趋势,找出现有与潜在的问题,以确定未来的发展目标。

旅游客源地和目的地的人口特点、生活方式和风俗习惯等社会因素是旅行社产品开发的大背景,旅行社在开发产品时需要充分尊重当地的习俗,了解在特定社会环境下,顾客真正需要的是什么样的产品。

国内外的政治局势、战争、相关政策和法律规定以及外交关系等政治因素也会影响到旅游者对旅游目的地的选择。国家旅游发展的方针、政策和有关法律,是旅行社新产品设计中必须首先考虑的因素。

经济环境则对旅行社的产品决策有直接影响,如通货膨胀率、汇率和利率的变化会直接影响旅行社产品的价格和产品组合。此外,旅行社也要熟知当地行业的市场竞争状况,根据自身的条件和特点开发新产品,有针对性地搜集资料。

(二)产品构思

1. 寻求创意

根据市场调查分析掌握的情况,提出旅行社产品的设计创意。所谓创意,就是新产品开发的设想。虽然并不是所有的设想或创意都能变成产品,但尽可能多的创意却可为开发新产品提供更多的机会。创意越多,旅行社选择的余地就越大。因此,旅行社都非常重视创意的发掘。旅行社产品只有具备创意,才能具有竞争力。旅行社产品开发人员必须经常收集各种新产品创意,以供新产品的开发和设计使用。旅行社产品创意的来源十分广泛,有在旅游者消费需求调研基础上产生的,有从旅行社内部人员讨论中产生的,也有受竞争对手启发产生的。此外,还可以从期刊、杂志、网络等的相关信息中获得产品创意。

2. 创意评价

创意并不等于方案,创意只有经过专业技术人员的筛选和可行性论证,才能最终确定其价值。筛选就是旅行社专业技术人员根据直观的经验判断,剔除那些与旅行社的发展目标、业务专长和接待能力等明显不符或不具备可行性的创意,缩小有效创意的范围。

更进一步的筛选则应更具科学性,通常可以对初步筛选出的构思进行等级评定,并根据等级系数的高低确定可行性论证的顺序,见表3-2。

$$等级系数 = \frac{得分总和}{评价等级数量} = \frac{3.55}{5} = 0.71$$

表3-2 旅行社产品构思评价表

影响因素	重要性系数	评价等级					得分
		5	4	3	2	1	
销售前景	0.25		√				1
盈利能力	0.25			√			0.75
竞争能力	0.2			√			0.6
开发能力	0.2		√				0.8
资源保障	0.1		√				0.4
总计	1						3.55

资料来源:李宏,杜江.旅行社经营与管理(第2版).天津:南开大学出版社,2011.

3. 可行性论证

旅行社产品创意评价的关键在于对专家的选择,要选择对旅游市场需求变化熟悉、对旅行社竞争对手及旅行社自身资源非常熟悉的专家进行产品创意的可行性论证。也就是说,可行性论证就是收集信息,评价信息和做出判断的过程。旅行社在方案策划拟定的论证过程中,应从以下几方面入手:

(1)发展前途。包括产品市场的大小、打入市场的可能性、需求的持久性、仿制的困难性和此类产品的发展趋势。

(2)销售市场。包括产品需求量和需求时间、该产品的销售范围和目标市场、此类产品的销售数量和市场占有率、潜在旅游者数量及旅游者实际购买能力、旅游者对新产品的要求和希望、季节变动对销售的影响、与旅行社现有产品的关系及产品的销售渠道等。

(3)竞争态势。竞争态势包括生产和销售类似产品的竞争者数量,各竞争对手的销售量、产品系列、产品的特点及差异程度,各竞争对手采用的竞争策略、手段及其变化情况,竞争对手的市场占有率和价格差、潜在的竞争对手以及它们加入该种新产品市场的可能性等。

(4)价格。价格方面包括竞争产品价格的变动情况、旅游者对这类产品价格的意见和要求以及此类产品的价格弹性等。

(5)内部条件。包括旅行社设计新产品所需人、财、物的保证程度,旅行社的信誉与管理水平,所需各种服务设施的供应能力和服务质量等。

(三)选择阶段

方案选择是一个极为复杂的问题,因为每个方案都有其合理的一面。这就要求旅行社在方案选择时采用定性和定量相结合的方法,对各个方案进行综合评价和比较分析,在注重宏观效益的基础上,强调各方案的经济效益。

1. 方案选择的定性标准

从定性的角度来看,旅行社在方案选择过程中应考虑以下标准:有利于当地社会、经济的发展;有利于占有市场,增加销售;有利于提高旅行社的竞争能力;有利于刺激中间商或代理人的销售热情;有利于保证原有产品的正常发展。

2. 方案选择的定量方法

从定量分析的角度来看,方案选择的核心是准确计算各种方案所需成本和将要达到的利润目标。对此,许多现代化分析手段的应用,将有助于方案的科学选择。这些方法包括等概率法、最大的最小值法、最大的最大值法、乐观系数法、最小的最大后悔值法、贝叶斯法、决策树法、马尔柯夫决策法和模拟决策法等。其中几种常见方法的实际应用如下例所示。

例如,某旅行社拟开发某旅游线路,但由于资料所限,该社对该线路的需求量只能大致估计为高、中、低和很低四种情况,而每种情况出现的概率也无法预测。为开发此线路,该旅行社设计出 4 种方案,计划经营 3 年。根据计算,各方案的损益额见表 3-3 所示。

表 3-3 产品方案损益额

单位:(千元)

方案 损益额	1	2	3	4
高	600	800	350	400
中	400	350	220	250
低	0	-100	50	90
很低	-150	-300	0	50

资料来源:李宏,杜江.旅行社经营与管理(第2版).天津:南开大学出版社,2011.

(1)直观判断法。从表3-3中可以看出,在4种市场需求量下,方案3的收益值都小于方案4,故首先舍弃。

(2)等概率法。等概率法即假定每种市场需求状况发生的概率是相同的。由此可得:

方案1预期收益 = 1/4 × (600 + 400 + 0 - 150) = 212.5(千元)

方案2预期收益 = 1/4 × (800 + 350 - 100 - 300) = 187.5(千元)

方案4预期收益 = 1/4 × (400 + 250 + 90 + 50) = 197.5(千元)

通过比较得出,方案1为最优方案。

(3)最大的最小值法。根据最大的最小值法,首先确定各个方案在不同市场需求状况下的最小收益值,然后在最小收益值中选择收益值最大的方案作为最优方案,由此可得:

方案1最小收益 = -150(千元)

方案2最小收益 = -300(千元)

方案4最小收益 = 50(千元)

通过比较得出,方案4为最优方案。

(4)最大的最大值法。即首先确定各个方案在不同市场需求状况下的最大收益值,然后在最大收益值中选择收益值最大的方案作为最优方案。由此可得:

方案1最大收益 = 600(千元)

方案2最大收益 = 800(千元)

方案4最大收益 = 400(千元)

通过比较得出,方案2为最优方案。

(5)乐观系数法。在使用最大的最小值法和最大的最大值法过程中,决策者根据自己对未来的判断进行决策,但缺少程度表示。设乐观系数为$\alpha(0 \leq \alpha \leq 1)$,

则 $1-\alpha$ 为悲观系数。当 $\alpha=0$ 时,决策者完全悲观;当 $\alpha=1$ 时,决策者完全乐观。设 $\alpha=0.2$,则 $1-\alpha=0.8$,由此可得:

方案 1 预期收益 $=0.2\times600+0.8\times(-150)=0$(千元)

方案 2 预期收益 $=0.2\times800+0.8\times(-300)=-80$(千元)

方案 4 预期收益 $=0.2\times400+0.8\times50=120$(千元)

通过比较得出。方案 4 为最优方案。

其他方法因运算比较复杂,在此不再一一介绍。由以上举例可以看出,每种方法都有其特定的适应性,旅行社专业技术人员应有选择地或综合地运用各种方法,力求分析结论的准确性和决策的科学性。

(四)产品研制

完成新产品构思的选择之后,产品开发人员可以把那些既符合旅行社经营目标,可行性又较大的产品构思研制成产品。在研制过程中,对于不同类型的新产品,可采取不同的方法。

1. 全新型产品

旅行社产品开发人员在设计全新型产品时,必须对旅游者偏好、市场发展趋势、经济可行性等加以充分分析和研究,对产品构思加以修改,以便设计出适合旅游市场需要的产品。在全新型产品的设计过程中,设计人员必须注意以下几点:产品必须具有新意,做到人无我有;充分利用各种可以获得的资源;努力降低产品成本,降低产品的直观价格;注意产品的时效性;设计旅游线路时,应设法避免安排重复性路线;保证产品的质量。

2. 改良型产品

在研制改良型产品时,产品开发人员应该首先分析原产品的优点和缺点,以及市场对产品要求的变化趋势,针对旅游者需求的特点及变化,对原有产品进行加工改良,使之适合市场的需要。在研制改良型产品过程中,旅行社产品开发人员应根据市场的变化对原有产品作如下改进。

(1)如果旅游者不再对一条旅游路线中的某个城市感兴趣:在这种情况下,应该重新安排这条旅游线路,将这个城市从旅游线路中撤掉,换上旅游者所喜爱的另一个城市,或者将旅游线路缩短。

(2)如果在同一条旅游线路中,出现两个城市的旅游景点雷同:针对这种情况,产品开发人员应该对旅游景点作必要的调整,如将其中的一个景点换成与之特色不同的景点,或者将其中一个景点从旅游活动行程中撤掉,并减少在该地的停留时间。

(3)如果城市间交通设施发生变化:如高速公路建成、火车提速、民航增加航班等。旅行社产品开发人员可根据路途时间、交通工具价格等具体情况,适当改变旅游者的旅行方式。

3. 仿制型产品

设计仿制型产品时,产品开发人员应该认真研究被仿制产品的特点,去粗取精,使仿制型产品具有某些本旅行社的特点,而不是全盘照搬。

(五)产品试销

产品研制出之后,一般都会先选择一个较小市场做一次甚至一次以上的试销,试销的结果可作为是否全面上市(即商业化)的参考。如果旅行社的最高管理者对某种新产品开发设计结果感到满意,就可以着手用品牌名称、包装和初步市场营销方案把新产品包装起来,向旅游消费者推介新的线路。推介的主要方法有做广告、发宣传单、营销人员直接对潜在旅游者推介或给予低价、赠送项目等让利方式,以便尽快地吸引第一批游客报名参加旅行。在这一阶段,旅行社应当密切关注游客在旅游过程中对活动项目的评价,旅游接待过程中各个环节的衔接状况,以及旅游目的地的接待服务水平等,并且不断地与相关接待部门进行沟通、协商,对旅游中出现的问题加以调整和改进,以提高产品质量。

(六)产品商业化

新产品经过一段时间的试销,如果效果良好,旅行社就应该及时地将该产品全面投放市场,以便获得预期的经营利润。在将产品正式投放市场时,旅行社应运用恰当的销售渠道策略、促销策略和价格策略等市场营销手段,尽量扩大产品在市场上的占有份额,提高产品的销售量和利润率。

(七)检查与评价

产品投入市场并非产品设计过程的终结。旅行社还应对产品进行定期的检查与评价,对产品进行必要的修正和改进,并广泛搜集各种反馈信息,为进一步开发产品提供依据。

1. 收益分析

产品的检查除包括发展趋势、销售市场、竞争态势、价格和内部条件几个方面外,还应着重就产品收益情况进行分析,包括损益平衡分析和价格分析。

损益平衡分析是通过产品销售量、销售收入和成本几个变量的比较分析,明确旅行社的盈亏状况。如图3-1所示。当销售量大于A点时,企业的收入额超过了成本额,企业有盈利;而当销售量小于A点时,企业的收入额小于成本额,企业入不敷出。

价格分析主要是根据产品质量和产品需求的价格弹性等因素,对产品的价格水平进行衡量。如果销售价格偏高,则往往会失去大量客源,使产品滞销;如果价格偏低,则会影响旅行社的盈利水平。

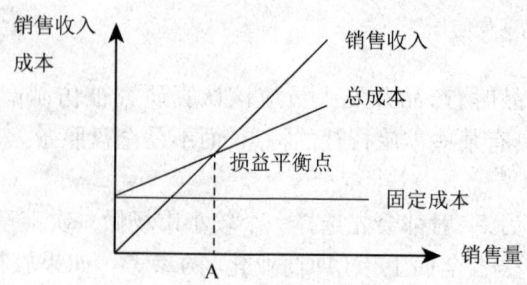

图 3-1 旅行社产品的损益平衡分析

2. 综合分析

综合分析的项目包括产品的竞争能力、销售增长率、市场占有率、获利能力和经营实力等方面,旅行社可将产品的主要检查结果填入表3-4,并找出存在的问题和提出解决措施。

表 3-4 旅行社产品评价表

分析项目		分析结果			问题	措施
		现状	预测	评分		
1.竞争压力	竞争性强弱					
	价格					
	成本					
	质量					
	服务					
	信誉					
2.销售增长率						
3.市场占有率						
4.获利能力						
5.经营实力						
6.综合评价						

资料来源:李宏,杜江.旅行社经营与管理(第2版).天津:南开大学出版社,2011.

其中,竞争性强弱是指该产品有多少与之存在竞争关系的产品,竞争产品种类越多,质量越好,对本产品威胁就越大,本产品的竞争性就越弱。获利能力反映旅行社的经济效益水平,它用利润率表示。经营实力是指旅行社的销售能力和接待能力,旅行社经营实力主要由资金、工作人员数量及素质、设备和营业场所等情况决定。

3. 波士顿集团方格分析

由波士顿咨询集团(Boston Consulting Group)设计的"市场导向型产品检测模型"可以用来帮助旅行社经理人员对本旅行社的所有产品进行总体比较分析,以产品的市场占有率和市场增长率为坐标,绘制产品在四个象限内的分布图,并根据产品比较情况决定企业经营策略,其原理如图3-2所示。

位于象限Ⅰ的产品,市场占有率低,但是市场增长率高,即现实的收益较少,但是有可能在未来有好的发展,被称为"问号产品",可以采取发展战略。问号产品不受欢迎的原因有很多,有的可能因为刚刚投放市场,尚未被旅游者认可;有的则可能因产品本身存在某些缺陷,需要加以改进;还有的产品需要在价格上作适当的调整。因此,问号产品的经营需要冒一定的风险,但也很可能在将来为旅行社带来丰厚的回报。

位于象限Ⅱ的产品,市场占有率和市场增长率都处于较高的水平,被称为"明星产品",这类产品应该重点发展。在明星类产品投放市场一段时间后,旅行社可以适当提高产品的售价,以试探旅游者的反应。如果旅游者在明星类产品提价后,仍然大量购买这种产品,旅行社应该逐步调高产品的价格,直到旅游者对产品价格变得较为敏感为止,并将产品的售价保持在这一水平,使旅行社通过销售明星类产品获得最大的经营利润。明星类产品是旅行社获取长期利润的重要渠道和扩大市场份额的有力手段,旅行社必须严格保证明星类产品的质量,并大力向旅游市场宣传和推销。

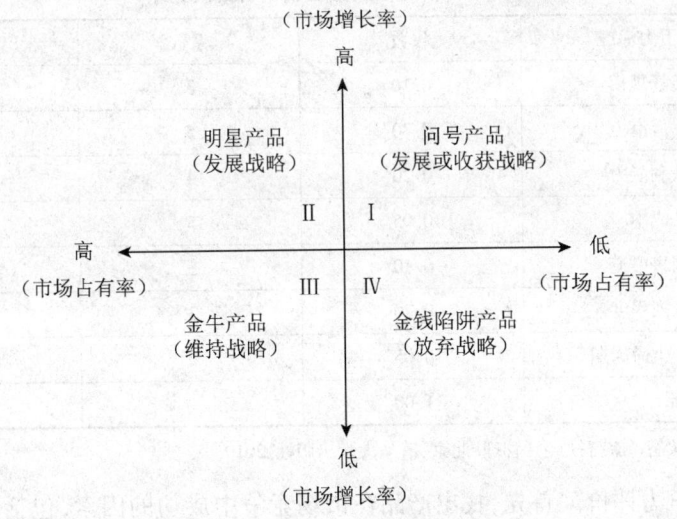

图3-2 市场导向型产品检测模型

位于象限Ⅲ的产品,有较高的市场占有率,但是市场增长率比较低,说明这类产品是比较成熟的产品,具有一定的市场地位,但是不会有更大的市场拓展空间,被称为"金牛产品",是旅行社主要的收入和利润来源,应该采取维持战略,使现有金牛类产品的市场份额和销售收入保持稳定。旅行社通常以"薄利多销"的策略,利用扩大产品的销售量来提高收入。另外,金牛类产品多是旅游市场上的成熟产品,易于模仿,而且多数金牛类产品具有生命周期较短的特点,往往难以长期吸引旅游者,所以,旅行社应该积极开发新产品以逐步取代现有的金牛类产品。

位于象限Ⅳ的产品,市场占有率和市场增长率都比较低,可以判断为是发展现状不良,而且没有发展前途的产品,被称为"金钱陷阱类产品"。旅行社应采取放弃策略,以便把有限的资源用于效益较高的产品的经营,从而为旅行社带来更多的客源和收入。

4. 矩阵评价法

矩阵评价法,是以美国麦肯锡管理咨询公司(Mckinsey & Co.)评价矩阵为基础,结合旅行社产品的特点,以产品的吸引力及其竞争地位为依据评价旅行社产品的方法。矩阵评价法包括三个方面的内容,即吸引力评价、竞争力评价和产品比较。

(1)吸引力评价。产品吸引力评价包括四个步骤:确定产生吸引力的重要因素,包括产品的发展潜力、市场规模、获利能力、竞争激烈程度等;根据每个因素对产品吸引力的重要程度确定权数;评估产品中每一项因素的吸引力;将每一项因素的吸引力的加权数加总,确定产品的整体吸引力(见表3-5)。

表3-5 旅行社产品吸引力:旅游线路Ⅰ

产品吸引力标准	权数	系数	加权数
产品市场规模	0.10	3	0.30
产品发展潜力	0.30	5	1.50
产品获利能力	0.20	4	0.80
产品成本	0.05	5	0.25
产品销售渠道	0.10	5	0.50
竞争激烈程度	0.20	3	0.60
产品所处生命周期	0.05	2	0.10
合计	1.00		4.05

资料来源:梁智. 旅行社经营管理. 北京:清华大学出版社,2010.

(2)竞争力评价。首先,找出产品在市场竞争中成功的因素,包括产品的市场份额、专业知识含量、知名度、接待服务水平、价格的竞争力和产品成本。其次,根据每个因素对于保证产品竞争力的重要程度,分别给每个因素规定权数。再次,计算各项因素的加权数。最后,将各项因素的加权数加总,并计算出产品的竞争能力指数(见表3-6)。

表3-6 旅行社产品竞争力:旅游线路 I

关键性成功因素	权数	系数	加权数
市场份额	0.15	5	0.75
专业知识含量	0.15	2	0.30
产品知名度	0.15	4	0.60
接待服务水平	0.20	5	1.00
价格的竞争性	0.25	5	1.25
经营成本	0.10	3	0.30
合计	1.00		4.20

资料来源:梁智.旅行社经营管理.北京:清华大学出版社,2010.

(3)产品比较。完成上述分析后,可以将旅行社全部产品绘成各种圆圈,标在产品位置图中(见图3-3)。纵向表示产品的吸引力,横向表示产品的竞争力。每个圆圈的位置由该产品在产品吸引力和产品竞争力两个方面所得分数决定,每个圆圈的大小与该产品的销售总额成正比。

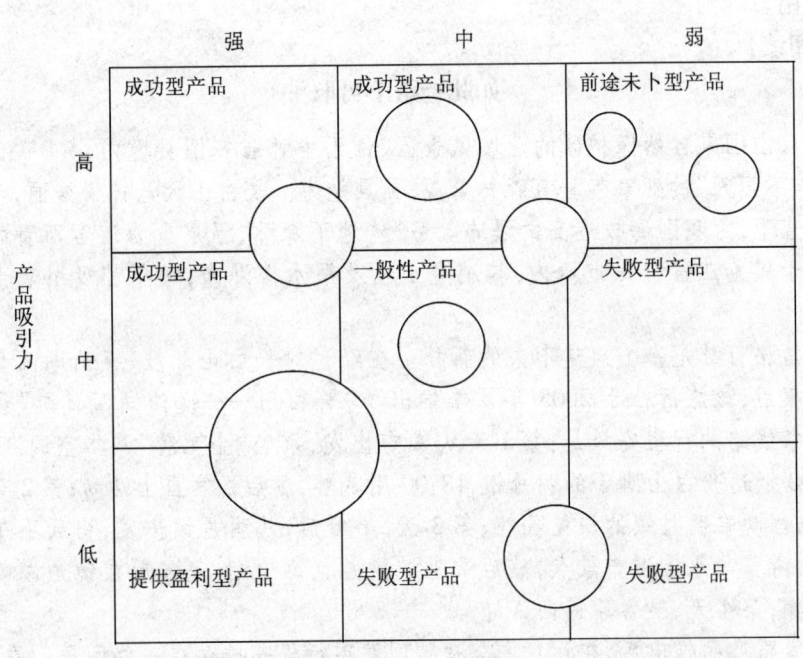

图3-3 旅行社产品分析(矩阵评价法)

产品位置图根据产品吸引力的大小和竞争力的强弱,被分成九个单元,其中三个单元代表成功型产品,三个单元代表失败型产品,另外三个单元分别代表前途未卜型产品、提供盈利型产品和一般性产品。其中,成功型产品相当于四象限评价法里的明星类产品;失败型产品相当于金钱陷阱类产品;前途未卜型产品相当于问号类产品;提供盈利型产品相当于金牛类产品。第五个类型的产品被称为一般性产品,这种产品既没有很大的优势,也没有明显的弱点。

在分析和比较了旅行社的全部产品后,旅行社产品开发人员根据不同产品所处的类型采取不同的对策。对于失败产品,应该设法将它们予以淘汰;对于成功产品,应该大力推销;对于提供盈利产品,由于它们的发展前景暗淡,因此应该充分利用它们赚取利润,并有计划地逐步用新产品替代它们;对于前途未卜产品,应该设法加以改进和宣传,使它们变成成功产品;至于一般性产品,既可以试图经过努力,使它们变成成功产品,也可以逐步加以淘汰,以便将人力和财力资源转移到成功产品的开发上。

矩阵评价法也是旅行社分析和筛选产品的非常有用的工具。这种方法以产品的吸引力和产品的竞争力为依据,客观地分析旅行社的各种产品,为旅行社管理者的产品开发决策提供可靠的参考意见,在旅行社产品开发和经营业务中能够发挥重要作用。

【阅读】

如此绕路不可取

长白山国家自然保护区的北坡风景区,位于吉林省安图县境内,其"一山有四季,四季不同天"的亚寒带垂直森林景观,独具魅力。长白山天池神秘秀丽,天池瀑布飞流直下,为我国海拔最高的瀑布。另外,地下森林、温泉也为游客所青睐。镜泊湖位于黑龙江省宁安市境内,其湖光山色及吊水楼瀑布,每年都吸引着大量的游客。

天马旅行社是一个组建不久的新社。在经过对长白山北坡、镜泊湖两个风景区的考察后,该旅行社于2005年夏季推出了"长白山——镜泊湖四日游"线路产品。这条线路的行程安排是:第1天从A市出发,乘坐"金龙牌"豪华空调汽车,当日16:00抵达长白山脚下的明月镇,18:00用晚餐,餐后游客自由活动;第2天游览长白山,当晚在明月镇的旅馆住宿;第3天,早餐后,从明月镇出发,当天下午抵达镜泊湖,游览吊水楼瀑布景点,然后乘坐游船游览镜泊湖,晚餐后在镜泊湖畔的民俗村下榻;第4天,早餐后返回A市。

该线路产品推出后,在运行中全程陪同发现行程安排存在一些问题。原来,在第3天的行程中,从明月镇出发后,当日抵达镜泊湖时已经是15:00,游客匆匆游览了吊水楼瀑布景点后,已到晚餐时间,游湖的轮船已经停止营运了。游客站在湖边,在暮色中远眺湖光山色,却不能游湖,感到十分遗憾。他们找到全程陪同,请她解释行程安排。并一致商定待返回A市后,要求天马旅行社赔偿损失,否则就到消费者协会投诉旅行社的欺诈行为。

天马旅行社推出该线路产品的本意,并不是存心欺诈旅游者。可是,为什么线路产品运营后,出现了以上的问题呢?该旅行社请教了有关专家,经认真研究考察后,找出了症结所在。原来,在第3天的行程中,从明月镇出发,经牡丹江抵达镜泊湖,是绕道了,因而耽误了时间。实际上,从明月镇出发后,可经敦化走国道抵达镜泊湖,路途仅需4个小时。如果当初这样安排行程,就可以有效地利用时间,从容地安排游湖了。

听取了全程陪同的情况汇报后,天马旅行社决策者认识到:缺乏充分论证考察、没有认认真真地检查线路产品的可行性与合理性,是线路产品设计不合理,给游客造成损失的重要原因。旅行社决定,首先,向每一位游客发出致歉信,诚恳地请求游客的谅解。其次,为补偿游客未能乘船游湖的损失,承诺退还游客1/3的团费。这件事发生后,该旅行社意识到线路产品科学设计开发的重要性,对所有线路产品都进行了实地勘察和重新论证,以避免类似事情再次发生。

(资料来源:梁智,刘春梅,张杰. 旅行社经营管理精选案例解析. 北京:旅游教育出版社,2007.)

第四节　旅行社国内游产品设计与操作

一、国内旅游产品设计的基本原则

一个成功的旅游产品行程中应包含旅游活动的各个要素,涉及地接社、批发商、组团社及旅游要素提供商等一系列企业。旅游服务过程中任何一个服务要素表现不好,都会影响到旅游者的旅游体验。因此,确保旅游产品各服务环节的高水准,是旅游企业在产品设计和履行服务过程中必须遵循的基本原则。

1. 行程中一定要包括旅游目的地的主要旅游吸引物

旅游产品行程的核心,是对旅游者产生吸引力,导致其产生旅游动机的旅游景点。因此,对于核心旅游吸引物(景点)的安排是最重要的。

2. 确保旅游者的期望值和服务的一致性

旅游者一般会对旅游产品的各个要素以及整体做出一个心理评估,以检验服务是否物有所值。因此,旅游者对于行程安排中免费、赠送的项目,会表现出强烈的兴趣。旅游产品中各要素的安排,应达到产品说明书或销售人员描述的标准,达到或超过旅游者对该产品的期望值。对各种意外情况做好充分的思想准备和其他准备,尽量帮助旅游者获得满意的旅游体验。

3. 为顾客提供惊喜服务或额外利益

旅行社为了提高旅游者的旅游体验,加强与组团伙伴的合作关系,在旅游结束时,可以赠送一些地方特产或小礼品,为旅游者提供一些惊喜服务和额外利益,会起到很好的效果。

4. 注重服务细节

一个成功的旅游产品,需要根据客人的需求设计很多关键性的服务细节,为部分有特殊需求的旅游者提供个性化的服务。这些已成为旅行社提高服务质量和顾客满意度的重要手段。

5. 保证经营利润

旅行社设计旅游产品必须遵循旅游市场发展规律,保证企业经营的正常收益。遵照《旅游法》《旅行社条例》等相关法律、法规的相关规定,不得以任何违规或违法方式转移收入渠道。

二、国内旅游产品的要素分析

(一)综合服务费

综合服务费,主要是指导游服务费,这部分费用在旅游产品包价中是旅游企业利润的主要来源之一。目前,影响国内旅游市场的导游服务费的主要因素包括:客源地差异、团队人数差别、旅游界的"16免1"惯例、儿童折扣以及接待服务标准的不同等。

(二)定点餐厅

(1)餐厅包括选定的定点团队餐厅和特色风味餐厅。

(2)团队餐厅一定要标明位置与菜单。

(3)特色餐厅一般是供游客自费品尝或面向高档次客人的,一般为当地的风味餐厅。

(4)团队餐厅的最低数量,应该根据企业接待数量来决定,应保证每个餐厅有一定的接待量,这样可以保证服务质量并获得一定的价格折扣。

(5)根据旅行社客源类型来采购相应的地方风味特色餐厅。餐厅数量可根据旅游企业接待的历史情况和对旅游市场的预测来决定。

(6)餐费标准及风味餐安排的次数,是豪华团和标准团的重要区别之一,也是大型特色旅游产品和普通旅游产品的区别之一。

(7)选定的餐厅位置一定要在附上的旅游图中说明。

(三) 景点门票及价格

(1)旅游目的地的景点必须全部列出,景点价格一定要注明是团队价还是散客价,信息一定要真实全面。

(2)根据合作伙伴的业务量和签订的合作协议,确立不同的门票结算价格,并且对每个景点的门票价格政策做出说明。

(3)及时收集门票价格变动信息,通报各批发商或代理商,以便在第一时间对批发产品价格做出修改。

(四) 定点饭店

(1)旅行社根据企业的目标市场在每个旅游城市选定饭店。如果旅游企业的业务范围涵盖了观光旅游、度假旅游、商务旅游、会议服务市场,选定定点饭店时一定要覆盖业务涉及所有级别的饭店。

(2)采购档案一定要反映不同情况下的不同价格(不同季节、不同地区的客人、外宾、内宾、散客、加床、陪同床、是否含早餐、早餐价格),以便实施灵活的价格政策。

(3)可以根据企业的实力和发展态势采取灵活的采购策略,大的旅游批发商和入境旅游公司一般提前一年谈价格,房价根据旅游企业的最低预订量而定。如果处于起步阶段,可以有效利用合作伙伴的接待实力;在旺季时,可将部分业务量交由合作伙伴接待,逐步积累企业自身的接待能力。在业务开展初期要注意,将有限的业务量集中放在极少的几家饭店内,这样可以在这些饭店享受到优惠政策。

(五) 定点旅游车队

规模大的旅游接待企业都有自己固定的旅游汽车车队合作伙伴,以保证旺季的供给,同时能拿到优惠合理的价格,对外报价有时列为"汽车超公里费"。随着交通市场的不断完善,超公里费的结算方式被全包付费方式逐渐取代,但是旅游汽车仍然是地接社赚取利润的重要来源。

(1)汽车的超公里费是旅行社企业重要的利润来源之一,超公里费一定要注明哪一条线路及针对不同规模团队的收费标准。

(2)与客户进行确认时,应该明确接待客人的人数,根据人数确定旅游用车的大小,避免因信息失真造成的损失。一旦发生旅游者人数减少而实际费用减少的情况,一定要明确告知车队合作伙伴并要求补偿。

(3)企业内部报价人员一定要熟悉旅游汽车的用车规格和用车价格,以确保报价的准确。

(六) 铁路列车时刻表及价格

(1)目前,中国旅游者的消费能力还处在一个相对较低的水平上。因此旅游企业一定要注意在尽量短的时间内确定自己的票务供给渠道。在全国范围内统一运作的企业,应尽快实施铁路、航空等大交通的统一采购;旅行社则应尽快建立起自己稳定有效的票务供给渠道。

(2)在列车车次较多的旅游城市或大城市,要选定几个时间和价格较为合适的车次,既要保证产品的经济性,还要兼顾一定程度的舒适性。

(3)列车时刻档案表一定要详细准确,一旦铁路部门有什么特殊政策出台,一定要及时更新,以确保交通信息的准确性。

(4)铁路部门逐步实施的路网分开对旅游企业是一个有利的消息。旅行社可以根据消费者目标市场所在区域进行准确的分析,将专列产品作为企业的主打产品之一。

(5)若客户需要代订车票,应执行市场统一的标准和政策,收取相应数额的订票费。如果是 VIP 客户,可以考虑免收订票费,但是客户等级的确定应该由总经理负责。

(6)大交通信息是产品设计的基石,旅游企业从业人员应该熟练掌握。旅行社的专线观光产品经理(某产品区域销售经理)要将相关知识牢记在心,以熟练的报价技巧和准确的知识,让合作伙伴认识到服务队伍整体的高素质。旅游企业可以将包含铁路列车时刻表在内的旅游要素知识列入考核内容,实行每月定时考核,并将考核结果与当月工资挂钩。

(七)航空时刻表及价格

(1)旅行社的产品经理(或某旅游产品的区域销售经理),一定要熟练掌握该地区到目的地之间所有的航班信息。对每条航线应该掌握航行地点、航班号、机型、航空公司、起飞地、起飞时间、到达地、到达时间、经停、餐食、班期、有效期等信息。

(2)鉴于目前我国的航空业正处于调整阶段,不断有新的航空政策出台,旅行社一定要及时掌握有关航班调整、政策调整等信息,以确保产品操作手册信息的有效性。

(3)旅行社可以将航空时刻表作为重要考核内容之一,将每月的考核结果与该员工本月的收入挂钩。

(4)旅行社负责人或批发商,应该将相关的重点线路航空公司的公关采购作为工作重点,建立稳定的机票供给渠道,以确保公司可以获得优惠、稳定的机票供应。

三、国内常规旅游产品范例

(一)标准国内旅游产品线路组成

1. 提炼产品特色

每个观光旅游产品都有自己行程安排的特色,其中包含各旅游服务要素的特色和旅行社组合的特色,以及安排的导游服务人员的能力等,这些都可以提炼为产品的特色。如果该产品还有为特殊人群单独设计的服务细节,也可以构成产品的特色。

2. 介绍产品行程

目前,国内旅游产品的行程介绍过于单调,很少能给旅游者以美的感受。地接社的产品行程未向组团社的销售人员展示清楚产品的主要特点,无法使组团社的销售人员清楚地向旅游者描述出他们未来可以获得的旅游感受。同样,组团社印制的产品行程介绍,未能较好地贯彻"无形产品有形化"的基本设计原则,旅游者得不到其想要的旅游信息,也就不能有效地激发起旅游动机,从而失去了宣传促销的作用。因此目前的产品行程介绍亟待改善,地接社应该从组团社销售人员和游客的需求出发,进行产品的精细化包装,这样才会取得更好的市场效果。

3. 说明服务标准

国内目前的服务标准介绍比较含糊,由于目前国内旅游要素供给的市场化程度不高,因而地接社提供的接待产品根本没有落实到相应的饭店、餐厅上,都是根据游客的需求临时安排。所以,质量难以控制,尤其是旅游旺季的时候,服务标准就变得没有实际意义。服务标准的清晰化,有利于厘清组团社、批发商、地接社、旅游各要素供应单位的责任,对于旅游企业的质量控制具有很大的积极作用。

(二)标准国内旅游产品经典案例

"魅丽"云南、精致之滇顶级体验六日游

行程主题:
春城自由行—探秘恐龙谷—丽江印象—楚雄彝风—歌舞云南—海鸥之恋
行程特色:
- 这是体验云南魅力的经典线路。
- 让人感叹不已的奇山异水——玉龙雪山、苍山洱海、路南石林、观音峡。
- 让人流连忘返的名城古镇——丽江、大理、束河古镇、彝人古镇。
- 让人回味悠长的美味名吃——大理砂锅鱼、马帮菜、长街宴、食尚轩纳西

大餐。
- 让人无限向往的歌舞表演——欢快奔放的阿细跳月、优美高雅的孔雀展翅、调情逗趣的男女对歌。

这就是精致之滇,恭候品鉴!

具体行程:

第一天　春城自由行　出发地——昆明

乘班机飞往春城——昆明,鲜花接机。入住酒店,自由活动(早上抵昆明的客人,稍作休整之后,可以自行到南屏步行街逛逛,顺便品尝昆明当地小吃)。

早餐:×　　　　　中餐:×　　　　　晚餐:×

宾馆:★★★★威龙酒店或同级

第二天　探秘恐龙谷　昆明—恐龙谷—大理古城—丽江(束河古镇)

早餐后,乘车赴"神秘、真实、震撼"的侏罗纪兵马俑——禄丰世界恐龙谷。游大理(行车4.5小时),远观金庸先生《天龙八部》中的点苍山,游览大理古城(文献名邦)、漫步于中外驰名的"洋人街",体会独特的异国风情。午餐后乘车赴丽江,抵达丽江赴著名农家食府——食尚轩品鉴四大碗、八大盘的纳西风味大餐。晚餐后,赠送游览丽江古城的"孪生姐妹"——束河茶马古镇(游览约1小时)。

早餐:酒店标餐　　　中餐:大理砂锅鱼(云南知名风味餐)

晚餐:食尚轩(纳西风味大餐)

宾馆:★★★★★丽江国际大酒店(纳西民族文化主题、玉龙雪山主题)或同级

第三天　丽江印象　玉龙雪山—丽江古城(大研古镇、四方街)

早餐后,前往具有"东方瑞士"之称的玉龙雪山风景区(门票每人190元,约1.5小时,不含排队和上索道时间),乘云杉坪索道上雪山,游"高原牧场"——甘海子、白水河、东巴圣地玉水寨(游览约40分钟)。然后游览多种民族文化与神奇自然和谐相生的东巴谷(游览约40分钟)。午餐在清雅别致的"马帮菜"食府享用马帮菜。游览大研古镇、四方街,在世界文化遗产丽江古城中寻味(约2小时),晚餐可自费品尝丽江特色王府宴等各色风味小吃。晚上可自行前往丽江古城酒吧一条街,深度感受浓郁的酒吧文化和古城的宁静与优雅。

早餐:酒店标餐　　　中餐:马帮菜(马帮文化主题)

晚餐:丽江特色王府宴

宾馆:★★★★★丽江国际大酒店(纳西民族文化主题、玉龙雪山主题)或同级

第四天　楚雄彝风　丽江—观音峡—彝人古镇（长街宴）

早餐后告别丽江,赠送游览丽江钥匙——观音峡(门票每人80元)。开启丽江之门,感受原汁原味的丽江,收获久远的纯净与美好。返大理(行车时间约2.5小时),去彝乡楚雄(行车2.5小时),晚上赴彝人部落做客。参与我们为您预订的"天天长街宴,夜夜火把节"特色彝族节日活动节目,享用彝族同胞摆起的千人长街宴,和彝族姑娘、小伙们共同欢歌起舞,今夜您就是彝家人。

早餐:酒店标餐　　　　　中餐:高标标餐

晚餐:长街宴(彝族风情＋学跳左脚舞)

宾馆:★★★★欧西尼亚大酒店(新开业商务酒店)或同级

第五天　歌舞云南　石林—七彩云南—梦云南歌舞秀

早餐后,乘车赴距昆明80公里的天下第一奇观——石林(门票140元/人,行车2小时)、游览大小石林(2小时),观赏多姿多彩的喀斯特地貌,体味彝族撒尼人的独特风情;游览七彩云南,品云南高原的茶艺,聆听茶马古道的历史。晚上赠送千万元打造的民族百老汇—梦云南歌舞秀(门票价值180元/人)。

早餐:酒店标餐　　　　　中餐:石林宜良烤鸭(百年历史风味)

晚餐:梦云南(大型歌舞宴)

宾馆:★★★★威龙酒店或同级

第六天　海鸥之恋　昆明——家

早餐后乘车赴滇池大坝,与从西伯利亚远道而来的白色天使——红嘴鸥嬉戏,将热情和面包抛向这些小精灵,感受人与自然的和谐之美(30分钟)。然后,漫步鲜花市场,可自行选购鲜花送亲朋好友。中餐赴昆明某著名品牌餐饮的旗舰店品尝正宗的云南过桥米线。用完中餐后,乘班机返回温暖的家。把春城的真诚和美丽带给您的亲朋好友,愿您长忆"魅丽"云南!

早餐:酒店标餐　　　中餐:云南过桥米线(景观主题)　　　晚餐:×

服务标准:

①住宿标准:昆明、楚雄、西双版纳住以四星级标准建造的酒店,丽江住五星级酒店,参团时如遇单人房间,住宿差价的解决办法为:补缴房差600元/人,四星级酒店无法加床。云南酒店空调定时开放,具体时间视气候而定,请特别注意。

②餐饮标准:正餐十菜一汤、十人一桌,如不足十人,按实际餐标安排。早餐为酒店内含,若不占床,则须补早餐费230元/人。

③交通工具:全程当地空调旅游车。

④导游标准:昆明导游全程陪同,另加丽江导游当地服务。

⑤此团为全程无购物团。七彩云南、花市为行程内规定景点，不计入购物店中。

报价不含：

玉龙雪山云杉坪索道和景区交通，丽江古城维护费，彝人部落长街宴。

案例剖析：

"魅丽"云南是云南新东方旅行社注册的一个产品品牌。新东方在专家的指导下，对企业进行了战略定位——云南第一旅游运营商。同时，对企业的产品体系进行了梳理，对产品营销策略进行了调整，从而取得了较好的经营业绩。新东方准确地对产品的特色进行了定位，同时，用简洁的语言提炼了每一天的主题，让旅游者一目了然。另外，对产品要素的特色进行了深入的提炼和总结，在产品中突出了特色餐厅和主题酒店带给游客的美妙体验，可以称得上是国内常规纯玩团产品的经典范例。

第五节 旅行社出境游产品设计与操作

公民自费出境旅游是我国国民经济发展和对外开放政策的具体体现。自1983年11月，广东作为试点率先开放本省居民赴香港特区探亲开始，我国出境游市场不断发展壮大。2012年，中国出境旅游人次数达到了8318.27万人次。这个数量已经是美国出境市场的1.2倍，以及日本出境市场的3.5倍。但目前，这一市场中的产品研发尚不能与市场需求增长的速度相匹配。

一、出境游产品设计的现状与发展趋势

（一）出境游产品设计的现状与问题分析

1. 产品以团队观光为主，其他产品形式有待于进一步丰富

中国的国际旅行社设计的出境观光旅游产品，大部分都是以团队形式为主。团队旅游通常具有销售价格比较合理、参团后省心省事等好处。但是也存在着产品设计不精细、对地接社考察不仔细、接待质量不到位等方面的问题。在实际操作中，由于一些旅行社在团队旅游线路设计上追求从众效果，对旅游者的个性化心理存在较多压抑。除此之外，团队旅游中领队、导游等的服务不称职等因素，也使得传统的团队旅游显得"弊大于益"。由于出境游的服务质量问题涉及国外的接待社，因而出现旅游纠纷时，解决的难度也比较大。目前，市场上已经出现了一部分小包价的旅游产品，一部分旅游企业已经认识到了为中国出境旅游者提供单项服务的重要性，开始设立自己的商务旅游服务中心和国外订房中心，为出境旅游者提

供小包价和单项委托预订服务。

2. 产品以多目的地连线产品为主,一地主题性产品已走向大众

由于中国出境旅游开放时间较短,因而,目前的出境旅游产品设计以多目的地的连线观光产品为主。这种产品在有限的时间里安排了较大量的参观景点,"欧洲八国十五日精华游"等产品就是这类产品的典型代表。它可以让旅游者在尽量短的时间里,游览和感受更多国家和地区的特色景区和历史文化。这种产品由于行程非常紧凑,非常适合于第一次出国旅游的游客,充分满足旅游者"到此一游"的基本愿望。但是这种走马观花式的旅游留给旅游者的印象不深刻,真正用来游览的时间很少,所到之处皆是匆匆照相留念,然后急行军般赶往下一个景点。目前,市场上也已经出现所谓"一地深度游产品",即安排旅游者到一个国家或地区旅游,行程设计相对宽松,可以有较多的时间用来游览。这种产品已经受到了市场的追捧,将成为出境游观光产品的主流产品之一。

3. 产品设计细节考虑不够,产品包装没有实现人性化,有待于进一步提升

目前,国内的出境旅游观光产品设计,都是参考了我国台湾和香港地区旅行社的经验,行程的安排只是以地接社提供的行程为基本依据,并没有进行产品推广前的实地考察,便拿到市场上去销售,产品设计没有考虑到内地游客的特殊需求,服务细节考虑不周,领队对产品细节也没有系统地掌握。同时,中国出境观光旅游产品还存在着产品包装不规范和缺乏人性化的问题。一些出境游广告在广告语的运用、广告图案及版式、版面选择与刊登频度等方面存在纰漏和错误,使广告效用达不到预期。不仅弱化了线路产品的影响力,影响了游客的正确选择,也必然会影响到旅行社的形象,使旅游者对旅行社的经营水平产生怀疑。面对激烈的市场竞争,出境游旅行社只有苦练内功,在广告设计上下大功夫,才能赢得消费者的青睐,在市场竞争中赢得主动。

(二)出境观光旅游产品发展趋势分析

1. 根据细分旅游市场需求和旅游目的地特点进行精细包装,提供个性化观光产品

目前,很多经营出境游的中国旅行社,已经开始针对细分市场的需求,结合旅游目的地旅游资源的特点,对产品进行主题化的包装,受到了旅游市场的欢迎。这也反映了出境观光旅游产品设计的一种发展趋势。

作为较早开放的旅游目的地,新马泰市场没有因为后来出境游目的地国家进一步开放而降温,反而因旅行社的精心设计而更加火爆。有的旅行社就另辟蹊径,设计出更独特、更新颖的线路,使得新马泰旅游的玩法月月有新意、季季玩不同,吸引了游客的兴趣。例如,广东中旅推出了"蜜月情侣浪漫之旅",以泰国普吉岛等地的浪漫景致为卖点,加上赠送心形蛋糕、颁发纪念证书等策略吸引新婚夫妇。广东青旅则强化了泰国普吉岛的休闲性,特意安排游客在普吉岛住两晚,充分领略普吉岛迷人的海岛风情。

　　旅行社还根据游客多元化需求,推出反季节之旅,为冬季出游提供了多种选择。目前,许多广州人已经选择了澳洲作为春节出境旅游的目的地。春节期间羊城气候已近寒冬,而澳大利亚、新西兰是正处于春夏换季时期的旅游佳地,去遥远的南半球过一个暖洋洋的春节,这种"反季节"旅游别有一番情趣。广之旅"澳洲旅游专家"特别推荐的"澳洲旷野寄情自驾车十日行",首次将自驾车、自驾船的项目带入行程,赋予了澳大利亚旅游以新的内涵。

　　2. 根据游客个性化需求,提供主题鲜明的出境游产品

　　在常规线路渐渐失掉吸引力后,旅行社开始为游客提供更加个性化和专业化的品质服务,为游客提供刺激感官的环境差异。例如,针对青少年修学方面的"英语夏令营"产品,产品设计中包括了全英语的教学环境、与当地青少年的交流、全程外教、丰富的课程安排、参观国外名校、领略异域风土人情等,受到了旅游市场的欢迎,成为中国出境旅游产品中的一个亮点。

　　同时,行程较短、停留(游览)时间较长的深度旅游线路已逐渐成为不少旅行社的主打产品。在欧洲旅游线路中,一国游、两国游、北欧游等精品线路,比例占到了半数以上,线路组合丰富。中旅主打的欧洲旅游线路,包括罗马、庞贝古城的意大利西西里岛,土耳其一地之"四海漫游",西班牙、葡萄牙阳光行,浪漫巴黎3+2自由行,北欧四国览胜等;非洲部分除南非外,新推出了肯尼亚、塞舌尔十日游,津巴布韦、赞比亚八日游;亚洲部分则推出了漫步花城、镰仓、邂逅"伊豆舞女"的日本关东新经典五日游,泰国苏梅岛休闲六日游等;南美则推出古巴加勒比海风情游。

　　国旅、中旅、青旅联手推出了"阳光昆士兰——无与伦比的假期",包括入住黄金海岸的超五星级"范思哲酒店",乘坐舒适的"太阳恋人号"游轮游览世界自然遗产——大堡礁,在海豚岛度假,尽享喂食野生海豚的乐趣等,而且每位参团客人还将获赠一份由昆士兰旅游局准备的精美礼品。港中旅将一向捆绑销售的越南和柬埔寨线分拆销售,首先推出柬一地六日团,报价和越柬两地线路持平。华远国旅翔龙万里行联合瑞士旅游局,推出翻越阿尔卑斯山自驾车九日游,行程达1400余公里,游客在梦幻般的经历中可以得到奢华的体验。奥地利旅游局推出了巴登高尔夫之旅、奥地利浪漫之旅和奥地利世界文化遗产之旅等线路以吸引游客。

　　3. 小包价旅游产品受到高层次游客的追捧

　　目前,我国的出境旅游基于政策的要求,尚无法将国际旅游市场中流行的FIT(散客与家庭旅游)形式全面推开。随着国家旅游政策的进一步松动和出境旅游模式的全面成熟,中国的出境旅游在组团形式上必然会朝着与世界同步的趋势发展。而小包价旅游的适时出现,则充分表明了这一趋势。参加小包价旅游的团队客人在日程安排、游览选择上有很多的自主性。旅行社代为安排的,通常仅包括往返机票、饭店房间、接送服务等项目。而在目的地城市中的景点游览、观看当地演出、品尝当地风味等活动,则以自助形式或零星委托形式选择进行。目前,小包价旅游产品受到许多有经验的、高层次旅游者的追捧。

例如,某旅行社的"巴黎七日游"行程,是以3天团队旅行加2天自由行的形式来进行的。旅行社提供的《旅游随身贴士》中,将许多自选项目推荐给游客,如卢瓦尔河谷、奥赛博物馆、塞纳河游船、巴黎红磨坊表演、枫丹白露宫等。另一家旅行社的"自由巴黎我做主"的行程,则是除去安排第一天游览巴黎标志性建筑罗浮宫、埃菲尔铁塔、凯旋门、香榭丽舍大街和协和广场之外,其余时间均以自由支配的形式进行。

小包价旅游的进一步完善,需要旅行社在与之相配套的服务上提供更多的信息和选择,让旅游者在享受自主旅游的同时,乐意以愉快的心情选择旅行社为其推荐的其他服务。在小包价旅游的基本服务上,旅行社应向参加小包价旅游的客人提供目的地的免费地图、地铁图、旅游手册等,同时一定不能忘记为他们提供一些必要的电话号码。比如,当地的报警电话、中国使馆的电话、当地接待旅行社的电话等。

二、出境观光旅游产品推荐模板

目前,国内的旅游企业在对出境游产品进行包装的时候,没有考虑到游客旅游知识的有限,也没有充分考虑到如何使旅游产品达到"无形产品有形化"的包装效果。这样的产品模板不但不利于游客了解产品的特点,影响产品销售,同时对销售人员的销售工作也起不到应有的帮助作用。借鉴美国旅游企业对出境旅游产品包装设计的模板,可以为我国旅行社出境旅游产品设计提供参考。

产品名称:欧洲六国九日特惠游

游览国家和城市:畅游六个国家、八个城市

意大利——米兰

瑞士——琉森

德国——法兰克福、海德堡、科隆

荷兰——阿姆斯特丹

比利时——布鲁塞尔

法国——巴黎

行程特点:

①意大利米兰,国际时装中心,搜购各类名牌服饰。

②瑞士被誉为人间仙境,是欧洲旅游首选国家。

③乘新式吊车登上铁力士雪山,并于山顶餐厅享用午餐。
④欣赏哥特式及文艺复兴式的建筑风格,游德国海德堡(少数能保留传统之城镇),感受典雅之情。
⑤品尝德国地道的卤猪手餐。
⑥在郁金香王国荷兰参观传统鞋展厂、钻石打磨厂。
⑦包阿姆斯特丹玻璃纤维船,漫游运河网,尽览两岸风光。
⑧参观被法国大文豪雨果先生称赞为全欧洲最美丽之"大广场"及"撒尿小童"之铜像。
⑨法国"花都",游埃菲尔铁塔、凯旋门、香榭丽舍大道等。安排巴黎连续住宿两天,有充裕的时间购物及探亲。

具体行程:

第一天　原居地—米兰

是日,由原居地出发,飞往意大利时装中心——米兰。

第二天　米兰市内观光及自由购物

早餐于飞机上,抵达米兰后,开始游览市内名胜。米兰市始建于公元前4世纪,虽在第二次世界大战期间受到损毁,但仍保存了很多古迹,如米兰大教堂、著名歌剧院、达文西雕像及埃曼奴拱廊等。米兰各类名牌时装数不胜数,不愧为国际时装中心。导游将安排充裕时间购物,游客必定满载而归。午餐自助,晚餐中式餐馆。住宿 Holiday Inn 或同级饭店。

第三天　米兰—琉森—铁力士大雪山

早餐于饭店餐厅,餐后取道全欧洲最长之圣戈达隧道,前往人间仙境,以湖光山色、明媚风光享誉全球之瑞士著名度假胜地——琉森,抵达后乘游览车前往英高柏,专乘新型吊车登上铁力士大雪山,这里终年积雪,为当地最著名之滑雪胜地,附近山峦起伏,气势万千,团友可玩雪为乐,亦可游览山上冰洞。午餐于山顶餐厅,下午游览琉森市内名胜,于14世纪建造的卡贝尔桥,小桥湖畔美景,令人陶醉。其后参观由丹麦雕刻家汤华生刻在岩壁上的"濒临死亡的狮子"纪念碑,此乃为纪念英勇的瑞士军人舍身守护路易十六而建造。游后自由活动,团友可于市内自由选购著名瑞士钟表及朱古力。晚餐于饭店餐厅,住宿 Hotel Schiller 或同级饭店。

第四天　琉森—海德堡—法兰克福

早餐于饭店餐厅,餐后前往位于里卡河畔著名之"大学城"海德堡,此乃德国境内少数保留完整的传统城镇,环境清幽、人杰地灵。市内之旧桥建筑优雅,哥特式及文艺复兴式建筑比比皆是,矗立于半山之海德古堡,更显典雅之情。午餐于中式餐馆,之后驱车前往德国工商业重要城市——法兰克福,抵达后参观市政府广场及歌德故居。晚餐品尝德国著名卤猪手餐,住宿 Hotel Astron 或同级饭店。

第五天　法兰克福—科隆—阿姆斯特丹

　　早餐于饭店餐厅,随后启程向德国进发,前往莱茵河流域最重要之名城——科隆,亦是著名之4711古龙香水之发源地;抵达后参观德国境内最高的哥特式建筑——科隆主教堂高耸入云的尖塔、古雅精致的雕像与绘画,虔诚之心油然而生。午餐于中式餐馆,餐后前往"郁金香王国"荷兰,傍晚时分抵达其首都——阿姆斯特丹。晚餐于中式餐馆,餐后游览繁华热闹、游人如织的红灯区。住宿Golden Tulip Hotel或同级饭店。

第六天　阿姆斯特丹—布鲁塞尔

　　早餐于饭店餐厅,餐后前往参观荷兰之传统鞋展厂,并欣赏室内景色,风车众多,郁金香遍地,秀丽美景,令人神往。之后乘坐玻璃纤维船畅游阿姆斯特丹市内大小运河,沿河两岸风光明媚,优美景色映入眼帘。阿姆斯特丹素有"钻石之都"美誉,参观钻石工厂增长见闻之余,团友或可满载而归。午餐于当地餐厅,餐后前往西欧小国比利时,抵达首都布鲁塞尔,随即前往曾被法国大文豪雨果先生誉为全欧洲最美丽之"大广场",于此一睹全世界人民宠爱的"撒尿小童"。晚餐于中式餐馆,住宿Tulip Inn Boulevard Hotel或同级饭店。

第七天　布鲁塞尔—巴黎—圣母院

　　早餐于饭店餐厅,餐后驱车南下,前往法国首都——巴黎。巴黎位于塞纳河两岸,是法国的商业与文化中心,市内到处都是古雅的建筑,街头的露天咖啡座,洋溢着浪漫气息。抵达后,午餐于中式餐馆,餐后随即游览这个迷人的"花都"。首先前往历史悠久之"圣母院",欣赏以彩色玻璃砌成的玫瑰花窗及其哥特式飞梁设计之雄伟外形。之后抵达协和广场,此乃当时法国大革命,无数皇室及贵族断头之地,令人感到一阵腥风血雨;游览埃菲尔铁塔、壮观恢宏之凯旋门及充满现代气息的香榭丽舍大道等,令人叹为观止。晚餐于中式餐馆,餐后可由领队代为安排自费节目,登上巴黎铁塔第二层,俯瞰整个巴黎的夜色,亦可乘坐游船畅游塞纳河,欣赏两岸的名胜古迹,体味浪漫的气氛。住宿Hotel Mercure或同级饭店。

第八天　巴黎一日自由活动

　　早餐于饭店餐厅,餐后自由活动,团友可前往探亲或漫步于妍媚的花都街头,选购时装及礼品,亦可由领队代为安排自费节目,前往参观著名之罗浮宫博物馆或凡尔赛宫。罗浮宫建于1214年,迄今已有800年的历史,加上华人著名建筑师贝聿铭设计的玻璃金字塔入口,可谓古今设计之精妙集于一身,馆内《蒙娜丽莎的微笑》及《维纳斯女神》画像均为惊世之作,其他收藏之古埃及、巴比伦等文物数不胜数,油画之质和量更是世界之最。凡尔赛宫原是狩猎之行宫,后被太阳王路易十四改建,成为世界文明之宫殿。宫殿面积庞大,非一般皇宫可媲美,无论是御花园或宫廷,均是名师设计,可谓巧夺天工。是日,午餐、晚餐自备,晚上可由领队代为安排自费节目,前往巴黎著名夜总会,欣赏精彩之歌舞表演。住宿 Hotel Mercure 或同级饭店。

第九天　巴黎—原居地

早餐于饭店餐厅,餐后乘专车前往机场返回原居地,倘若团友需要继续在巴黎停留或有其他行程安排,旅行社可代为预订各地不同等级之饭店。

第六节　旅行社产品品牌化管理

一、旅行社产品品牌概述

目前,国内部分旅行社企业如国旅、中旅、广之旅、春秋国旅等,已经逐渐树立起自己的企业品牌,但其各自的产品品牌并不突出,因此加强产品品牌建设无疑是规避产品同质化,实现产品差异化的有效途径。

(一)旅行社产品品牌的内涵

1. 品牌

品牌俗称牌子,是制造商或者经销商加在商品上的标志。根据美国市场营销协会(AMA)定义委员会的定义,品牌是一个名称、名词、符号、象征、设计或其组合,用以识别一个或一群出售者之商品或劳务,使之与其他竞争者相区别。

2. 旅行社品牌

即旅行社为了便于人们识别旅行社本身或其旅行社产品,区别于其他竞争对手所使用的一种具有显著特征的标记。旅行社品牌的外形要素通常包括旅行社名称、标志和商标,而品牌的内涵要素则包括旅行社的经营理念、经营方针、经营方式、服务理念、服务特色、服务质量等多个方面。

3. 旅行社产品品牌

旅行社产品品牌是指用来识别某一旅行社产品的名称、符号或设计,或是它们的组合,其基本功能是要使自己的产品有别于竞争者。相对于一般的企业,旅行社更应该重视产品的品牌塑造,以便在业内和旅游者心目中取得良好的信誉。

4. 旅行社产品品牌化

旅行社产品品牌化,就是旅行社以品牌商标、品牌导游、品牌服务的创立、保护和发展为中心目标,以提高旅行社市场竞争力和经济效益为主要目的而进行的,具有较长时间和较大空间跨度的,系统周密的谋划设计及其实施过程。

(二)旅行社产品品牌的功能

1. 识别功能

通过识别品牌,旅游者可以将不同的旅行社产品很快地区别开来,从而减少做出旅游决策所花费的时间和精力。

2. 增值功能

品牌的终极形态是无形资产,其本身就可以作为商品被买卖。且在旅行社品牌的不断发展与延伸过程中,产品品牌自身也会不断地升值。

3. 保护功能

一是旅行社通过品牌对产品的保护,产品一旦有了自身的品牌,就会受到该品牌的保护;二是品牌对消费者的保护,如果产品质量有问题,消费者就可以追究品牌经营者的责任。

4. 促销功能

一是旅游者可以根据旅行社品牌选择产品,认牌消费;二是促使旅行社更加关心品牌的声誉,加强质量管理,使品牌经营走上良性循环的轨道。

(三)旅行社建设产品品牌的重要意义

1. 旅行社产品品牌是旅行社重要的无形资产

旅行社产品品牌承担着旅行社资本的角色,起着保值增值的作用。旅行社产品品牌是旅行社最重要的无形资产之一。例如,美国运通公司84%的价值来自于知识产权、社会信誉和商标。旅行社产品的优质品牌可以为其提供特许经营、输出管理铺平道路。旅游代理商更愿意为具有较高知名度、较好声誉的旅游经营商代理产品。

2. 旅行社产品品牌是旅行社产品差异化的有力手段

旅行社提供自己独特的服务项目和产品,可以提高旅行社产品的差异化程度,能使自己的产品从众多的旅行社产品中脱颖而出。再加上优质的服务,就可以逐步在消费者心目中树立起自己的产品品牌形象,用质量和品牌取胜。旅行社一旦拥有强势的产品品牌,旅游者对产品的认知度会大大提高,旅行社因而获得了独特的销售点,赢得市场竞争的机会就会增加。

3. 旅行社产品品牌可以提升旅游者对旅行社产品的忠诚度

我国的旅行社业早已步入买方市场,旅游者的选择范围很大,但同时也使旅游者更难做出购买决策。而品牌可以减小旅游者的购买风险。对旅游者来说,购买强势旅行社的品牌产品,就意味着放心和舒心,购买遗憾和风险大大减少。优秀的旅行社产品品牌会产生亲和力,使旅游者一闻其名就可以联想到其提供的优质服务,并对旅行社产生长期的信任。

4. 旅行社产品品牌能够提高旅行社产品的附加值,给旅行社带来较高的利润

旅行社产品品牌能够提高旅行社产品的附加值,主要表现在以下两个方面:首先,旅游者购买著名品牌能够带来心理和情感上的满足。知名旅行社的品牌产品,即使价格稍微高于同类产品,旅游者也乐于购买。其次,品牌就是市场。随着旅游产品的日益丰富和旅行社业买方市场的形成,旅游市场向高价值品牌集中的速度也在加快。旅行社拥有知名品牌产品,就能增强对市场的感召力,获得较高的市场占有率。

二、旅行社产品品牌的建设步骤

旅行社产品是旅行社为旅游者提供的有偿旅游服务,其销售先于生产,而且不容易用产品自身的量化特征来表示其品质优劣。因此,旅游者更看重并借助旅行社品牌来进行旅游产品的购买选择与决策。真正的旅行社品牌首先是某种标志、符号,然后才是旅游者使用产品的体验和感受,同时它还代表着产品或服务的品质和特色,体现着旅行社企业独有的宗旨和文化,任何环节出现问题都会影响旅行社品牌的整体形象。为此,旅行社应着力创建产品品牌核心价值,注重产品品牌的建设,让消费者明确、清晰地识别并理解旅行社产品品牌所代表的消费效用与企业个性,在此基础上形成好感、满意乃至忠诚。

由于旅行社的产品具有无形性的特点,因此旅行社的产品品牌建设显得尤为重要。旅行社产品品牌建设可以划分为品牌塑造、品牌包装、品牌传播、品牌管理四个步骤,如图3-4所示。

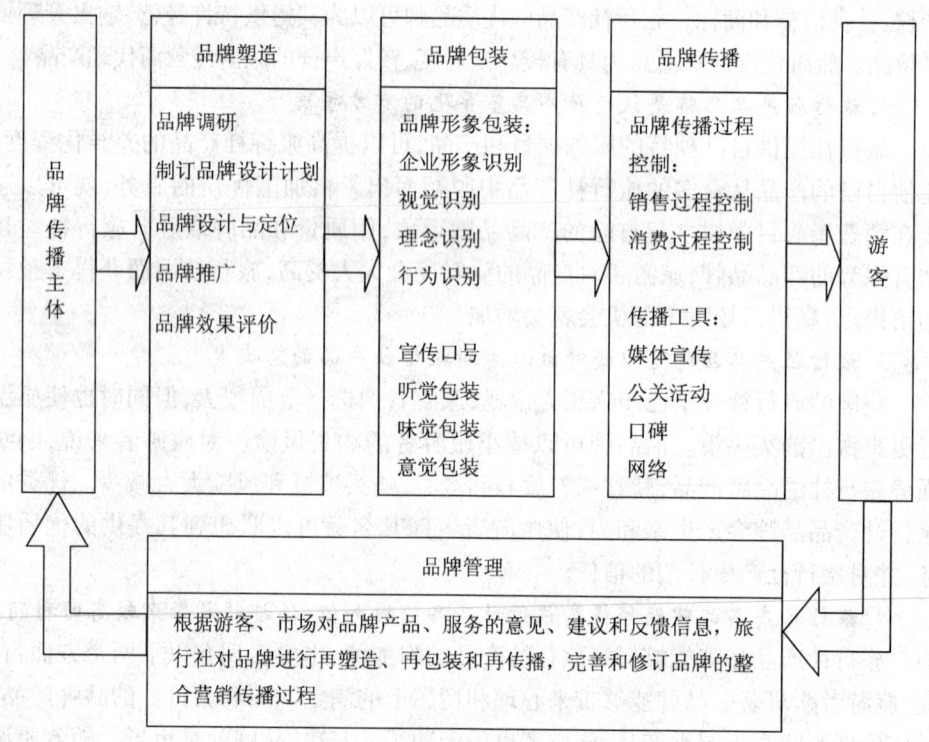

图3-4 旅行社产品品牌建设步骤

三、旅行社产品品牌化管理

（一）旅行社产品品牌管理路径

1. 培育品牌形象

旅行社在管理产品品牌时，首先应注重培育企业的品牌形象和产品的品牌形象，主要包括：①提升品牌的含金量。旅行社应重视品牌形象的建设，培育旅游者所信任和欢迎的企业品牌和产品品牌，提升旅行社及其产品品牌的含金量。②实施品牌形象战略。旅行社要将形象战略作为企业发展的一个重要战略，努力培育独特的品牌形象，以区别于其他旅行社及其产品。③全面整合企业行为。旅行社应对企业行为进行整合，全面提高企业的运行质量，提高产品的附加值和市场竞争力，树立良好的品牌形象，以吸引更多的客户。

2. 提供优质服务

这是使顾客形成品牌信任的根本。品牌是诚信的载体，旅行社只有提供给旅游者高质量的服务才能得到旅游者的认可，建立对品牌的信赖感和满意度，从而建立良好的品牌服务形象，进而形成良好的品牌口碑。因此，旅行社必须加强旅游者与旅行社接触全过程（旅游前、旅游中和旅游后）的每项服务，建立全程服务质量保证体系，培育和强化顾客的品牌忠诚度。在旅行社全程服务质量保证体系中，旅行社一定要以顾客为中心，诚实守信，真诚地对待游客。

3. 精心设计旅行社产品品牌名称

准确的品牌定位需要通过品牌名称来体现。品牌名称在很大程度上影响着旅游者对旅行社产品的认知和联想，一个好的品牌名称是旅行社产品被消费者选择、购买以实现最终销售的前提。因此，旅行社要在设计伊始就为产品确定一个有利于传达产品内容和品牌定位方向、对旅游者具有吸引力并有利于传播的名称，并表达出产品的核心价值和独特个性。一般情况下，可以采用企业品牌加产品品牌的命名方式，如"春秋旅行社老年夕阳红之旅"，使消费者在对旅行社品牌留下深刻印象的同时，获得对旅游产品品牌的明确认知。

4. 创新营销手段

为了维护产品品牌，旅行社必须创新品牌传播方式，整合多种品牌传播手段，从整体上塑造产品品牌形象，避免单纯依赖某一营销手段而陷入恶性价格战和收效甚微的广告战。例如中青旅控股股份有限公司与统一企业合作，中青旅为"统一"绿茶的促销活动提供旅游名额，统一企业在其绿茶促销装上标注中青旅的LOGO，并在开展促销活动的五省市投放市场。中青旅与"统一"的合作，起到了非常好的借势的效果，对中青旅的品牌推广起到了非常理想的作用，达到了双赢的目的。

5. 对客户关系进行持续有效的管理

这是获得客户品牌忠诚的基础。为客户建立个人档案，记录其购买习惯、旅游偏好以及其他信息，不仅有利于旅行社提供和开发有针对性的产品与服务，而且能够加强客户与品牌的亲密感。另外由于旅行社产品生产系统本身的相对弹性和非物质化特征，使旅游者还可以亲自加入到品牌产品的开发和设计中来。此外，旅行社还可以通过电子邮件、游客论坛等形式建立与游客的互动沟通，根据会员的要求，免费为其设计旅游线路和活动，从而提高顾客对旅行社产品品牌的信任度与忠诚度。

（二）旅行社产品品牌保护

受传统的水平分工体制以及惯性思维的影响，我国旅行社的品牌名称普遍缺乏个性，众多的旅行社都在其名称中加入了"中国""国际"等称谓。游客不知道名字中包含"国旅""中旅"的旅行社与"国旅总社""中旅总社"有否亲缘关系。这在事实上造成了旅行社名称的混乱以及对中旅和国旅等知名品牌的侵权。我国旅行社在市场经济环境中要有强烈的品牌自我保护意识，依法注册并依法保护旅行社的品牌。

我国法律中对商业方法、技巧，尤其是针对服务行业独特性的保护尚属空白，这使得旅行社新开发的旅游线路或者旅游操作方式很容易被其他旅行社复制，开发者尝试性的收益很容易被其他旅行社分享。搭便车行为泛滥导致新产品开发的积极性受到削弱，所有旅行社聚焦于传统线路大打价格战，使旅游产品同质化加剧，特色更加不明显。

旅行社必须学会运用法律的、行政的、舆论的手段有效地保护企业品牌。我国的一些旅行社已开始意识到品牌保护的重要性，针对只有企业名称没有特色产品品牌效应的现状，一些旅行社纷纷采取了注册产品商标的方式保护品牌。例如，中青旅在2001年注册了小太阳的图形商标，并作为其旅游产品终端"中青旅连锁"的标志图形，又根据其业务情况，申请了"快乐老人""东方学子""同心之旅"等特色产品的商标注册。

目前以《商标法》来保护旅游产品的独特性，虽然有不可避免的漏洞，但也是现有法律体系下唯一可采取的方法。

【阅读】

泰国"海底婚礼"线路产品的策划

几年前，一个"海底婚礼"的出境游产品曾享誉京城。由于该产品创意新、把握准、适销对路，一经推出就引起了"满堂彩"。产品与北京电视台的王牌节目《今晚我们相识》联手，创造了新婚旅游的一页辉煌的历史。时至今日，尚没有其他新婚旅游产品在影响力方面更胜一筹。许多当年参加过"海底婚礼"的旅游者,对当年的情景依旧记忆犹新。

"海底婚礼"产品的酝酿推出,是从一个真实有效的市场需求调查开始的。据国家有关部门的统计,每年全国的结婚登记人数为700余万对。从北京婚姻登记处公布的材料看,北京作为中国最大的城市之一,一年的结婚人数约为8万对。有了对新婚人数的理性分析,就可以对新婚旅游市场的容量进行一个估测,以避免多重产品的同时投放,分散市场,冲击有效旅游者的确定选择。

出国度蜜月虽然是许多年轻人的心愿,但在目的地的选择上却会有很大的盲目性,旅行社如果考虑将泰国作为蜜月旅游目的地,就要首先对泰国线路的优势有一个足够的认识。

①价格较低:适合新人收入不高的状况。
②线路成熟:多年开展的泰国旅游,使泰国对中国旅游者的特点很熟悉。
③安全:中国旅游者在泰国无安全担忧。
④文化背景差异不大。
⑤泰国人友善礼貌。

旅行社在对市场进行了细致的调查分析之后,确定了海底婚礼"浪漫、新奇、温馨、热烈"的主题。然后,就是处处围绕着主题来做文章,不放过每一个细小的环节。

"海底婚礼"广告语的基本思路是新婚旅游的目的地主要由女性来确定。女性喜欢浪漫,而浪漫情调最直接的体现是色彩。于是,"海底婚礼"产品的广告语就句句带有色彩,如"绿色的海水,银色的沙滩,成千上万条五颜六色的彩纹鱼都是你的伴郎和伴娘……",看似不起眼的色彩元素,为产品的成功起到了推动作用。

在广告的色彩及字体选择上也有许多具体要求,如在画面风格上,要紧扣"浪漫、新奇、温馨、热烈"的主题,不使用传统婚礼的大面积红色来着意表现热闹,而以碧绿、清新的颜色突出浪漫情调;在色彩上,要求产品名称不用大红色,避免流于民间婚礼的一般形式,而是要接近于朝霞的颜色,给人一种青春的美感,产生时尚的联想;对产品名称的字体,则要求圆润、富有美感,如琥珀体、幼圆体等,而不是选择那种带棱带角的字体。

事先拟定的"海底婚礼"产品操作程序,是确保这项产品能够丝丝入扣、完美准确地实施的关键,这份程序文件对产品的具体实施过程和细节都进行了周密的考虑,包括出发前的说明会、领队选派、下榻酒店、用餐标准、婚宴安排、海底婚礼仪式、礼品准备等具体细节,都分项细致列出,从而保证了该团的品质和各项工作到位,起到有章可循的作用。例如,在对旅游者参与部分的特殊要求中规定:"海底婚礼是一个特殊、难忘的旅游结婚形式,只有有了客人的参与,才会让客人真正感到终生难忘。由于海底婚礼主要仪式的举行是在水下,情侣之间的讲话是听不到的,因此,要求新人要事先准备好届时用何种方式表达爱慕。可以是准备在水中展示写好的字幅、互赠信物或交换婚戒等其他不怕水的礼物,抑或是在水中展示人体造型等富有特色的形式。"

为避免参加者因为陌生而对"海底婚礼"产生恐惧,旅行社对旅游者的介绍也十分详细。到水下的时候,要带一种专用的头盔,由潜水员负责指导,在听取了水下注意事项介绍后,新人就可以尝试着由船尾通向海底的铁锚慢慢走入海底了。新人们在海底漫步,身旁跟随着一串不停向上涌动的气泡。远远望去,似乎是新人在相互倾诉着衷肠。

为体现产品"浪漫、新奇、温馨、热烈"的主题,"海底婚礼"产品在许多地方都有精心设计。在异国他乡,新人也许会对泰国传统的酸辣餐食不习惯,主办者为新人安排的中、西式早餐及中式自助午、晚餐会最大限度地营造一种"到家了"的感觉。而为新婚团特意精心设计制作的"新婚礼宴",也为这项特别的活动添上了浓浓的一笔重彩。

"海底婚礼"举行的当晚,在泰国芭提雅饭店,在格调高雅、温馨的氛围里,瓦格纳的"婚礼进行曲"奏响了,一对对身着中式、西式婚纱的新人的出现,把这在异国他乡举办的特殊婚宴装点得分外妖娆……

(资料来源:陈春梅.旅行社经营管理.天津:天津大学出版社,2010.)

第四章 旅行社市场营销管理

本章导读

本章首先介绍了旅行社目标市场的细分和定位,详细阐述了旅行社产品的价格管理与销售渠道管理策略,并对促销管理进行分析。通过本章学习,能初步具备旅行社产品价格制定与产品营销能力。

第一节 旅行社市场细分与市场定位

一、旅行社市场细分

1956年,美国市场学家温德尔·史密斯(Wendell R. Smith)提出了"市场细分"的概念。哈佛大学的泰德·李维特(Ted Levitt)1960年在《营销近视病》一书中指出:"根本没有所谓的成长行业,只有顾客的需要(Needs),而顾客的需要随时可能改变。"自此,营销界开始了对顾客的精细研究。

(一)旅行社市场细分的含义

市场细分是指通过市场调研,依据顾客的需要和欲望、购买行为和购买习惯等方面的差异,把全部顾客划分为若干个顾客群体的分类过程。市场细分,又叫市场分割、市场区分、市场区划等。旅行社市场细分是指旅行社根据某些标准对潜在或现实的顾客进行分类的过程。这些顾客可以是旅游者,也可以是在旅行社购买产品和服务的其他顾客,如预订房间、机票、门票、出租车的顾客。

这里的市场都是指顾客的集合或整体,因而顾客是细分的对象。由于顾客的需求总是存在差异,因而市场本身是可以细分的。同时,市场细分的结果是形成若干个细分市场,每个细分市场代表着一个顾客群体或一类顾客,他们具有相似的需求特征。因此,市场细分不是简单地将一个整体客源市场进行划分,而是市场划分与市场重组的统一。

市场细分的本质是对不同顾客按需求特征的差异性与相似性进行分类,使得同一细分市场内部,顾客的需求特征相对一致;而在不同的细分市场之间,顾客的需求特征截然不同。细分市场反映了"有所不为才能有所为"的经营思想,企业自身的资源和能力是有限的,利用优势在某一个或几个细分市场展开竞争是明智的做法。

(二)旅行社市场细分的标准

旅游需求的差异性是旅行社市场细分的基础。然而,旅游需求的差异性按什么依据或标准去细分,却没有统一的规定。各个不同的旅行社可以根据企业的具体情况,以及经营的市场范围来确定细分的标准。市场细分的标准很多,一般来说分为四类:地理因素、人口统计因素、心理因素、行为因素。

1.地理因素

根据客源市场所在的地理位置、自然环境等来细分市场,这是一种传统而简单的市场细分方法。具体说来,可以根据国家、地区、城市、地形、气候等标准来进行细分,将客源市场分为不同的地理区域。该方法考虑到了地理环境、气候条件、社会风俗、传统习惯等对客源市场的影响,同一地域或相似地理环境中的旅游者具有相似的需求。在实际应用中,仅用地理因素来细分市场太笼统,即使在同一城市中,旅游者的需求差异仍然很大。因此,在运用地理因素细分市场时,往往与其他因素相结合。例如,对于中国的旅行社来说,可以进行如表4-1所示的市场细分。

表4-1 中国旅行社业的市场细分(根据地理因素)

整体划分	细分市场	对应的旅游形式
国内市场	东北、华北、西北、华东、华中、华南市场	国内游、出境游
国际市场	欧洲、北美、东亚及太平洋、南美、南亚、中东、非洲市场	入境游

2.人口统计因素

具体说来,可以根据性别、年龄、职业、收入、教育程度、家庭类型、家庭生命周期、国籍、民族、宗教等标准来进行细分。由于人口统计因素与需求特征有密切联系,而且比地理因素更具体、查找更便利,因而人口统计因素是区分旅游者需求的最常用的细分因素(见表4-2)。

例如,在近几年的黄金周中,家庭旅游者成为旅游市场上的主角,包括自助游、自驾车旅游、奖励旅游、探亲旅游等形式。目前,旅行社已开始将家庭旅游者视为一种有特定需要的人群,并为他们单独组团。不但会为家庭团队专门设计旅游线路,更会按他们的要求增加特色性的内容,考虑到家庭成员中老人和儿童的特殊需求。

表4-2　旅行社业的市场细分(根据人口统计因素)

人口统计因素	细分市场	对应的旅游形式
性别	男性、女性	探险旅游、购物旅游
年龄	青少年市场、成人市场、老年市场	修学旅游、观光旅游、度假旅游
职业	工人、农民、教师、公务员	观光旅游、学习进修、公务出差
收入	低档、中档、高档	经济型团队、标准型团队、豪华型团队

3. 心理因素

具体来说,可以按照旅游者的个性、生活方式、社会阶层、价值观、旅游动机等心理特征来细分市场。心理因素十分复杂,而且不容易掌握旅游者的真实的心理特征,因而实际操作起来难度较大。心理细分的概念有些已经国际化了,其中最著名的心理细分系统就是VALS(values & life style system)。VALS,即价值观和生活方式系统,于1978年创立,现在被广泛认同和引用。它是一种观察理解人们生存状态的方式,通过人的态度、需求、欲望、信仰和人口统计学特征来观察并综合描述人们。

例如,根据生活方式,旅游者可以分为传统型、时尚型、奢侈型、社交型等群体。旅行社可以为传统型旅游者提供观光线路产品,为时尚型旅游者提供美食游、购物游、探险游等产品,为奢侈型旅游者提供豪华游轮度假、定制旅游产品,为社交型旅游者提供节庆旅游、体育赛事旅游等。

4. 行为因素

具体来说,可以按照旅游者选择旅游产品的时机、出游频率、旅游方式、追求的利益、对旅行社的忠诚度等因素来细分市场。

根据选择旅游产品的时机,通常可以划分为率先尝试者、大众旅游者和潜在旅游者。一般而言,实力雄厚、市场占有率较高的旅行社企业,特别注意吸引潜在旅游者,通过促销手段及价格策略,把潜在旅游者变为初次旅游者,进而再变为忠诚顾客。

就出游频率来说,可以选定一个时间段来测量出游次数,例如,一年1次,一年2次,一年3次,一年3次以上。出游频率是一个容易使用的市场细分标准。目前,从国内市场来看,一年出游3次以上旅游者的比例较小,但其旅游消费的能力较强。

根据旅游方式,可以分为旅行社组织的、单位组织的、自发组织的团队旅游者,自助旅游者,独自旅游者等。

根据追求的利益,可以分为价格敏感型、质量敏感型。追求的利益是指旅游者在购买旅游产品过程中对产品不同效用的重视程度。对于价格敏感型的旅游者,旅行社在报价时往往只提供最基本的服务项目,这样的报价看起来更合理。

根据对旅行社的忠诚度,可以分为专一忠诚者、多企业忠诚者、变换型忠诚者、非忠诚者(见表4-3)。专一忠诚者,指始终信赖并选择同一家旅行社的旅游者。多企业忠诚者,指同时信赖几家旅行社,交替选择它们的产品的旅游者。变换型忠诚者不固定信赖并选择某一家或几家旅行社,对一家旅行社的忠诚只持续一段时间,一段时间选择A旅行社,一段时间倾向于B旅行社。非忠诚者对任何一家旅行社都没有固定的偏好,购买行为常带有很大的随意性,不固定选择任何一家旅行社。这种划分方式有利于旅行社集中精力服务于那些有价值的旅游者,这些旅游者能给企业带来更多的利润。

表4-3 旅行社业的市场细分(根据旅游者忠诚度)

旅游者类型	购买行为特征	营销策略
专一忠诚者	A、A、A、A	俱乐部制,会员制
多企业忠诚者	A、B、C、B、A、C	努力成为旅游者的第一选择
变换型忠诚者	A、A、B、B、C、C	努力分析旅游者品牌忠诚转移的原因,以调整营销组合
非忠诚者	A、D、C、E、B	强有力的促销手段

注:A、B、C、D、E等字母表示不同的旅行社,它们的组合表示旅游者的一系列选择和购买行为。

以上简单介绍了市场细分的几种重要依据或标准,但并非每种依据或标准都能有效地细分市场,在实际应用中往往是各种因素的组合。例如,在实际工作中,如果试图以一个因素(如职业)来细分市场,效果往往并不理想,因而常用年龄、性别、收入、职业、教育程度等组合因素来细分市场。当然,并非各种组合在营销上都有意义。总之,市场细分是一种对旅游者需求的研究。对于旅行社来说,能够首先发现新的划分旅游者的依据,就可能获得更丰厚的回报。

表4-4 旅行社业市场细分的依据

细分依据		学科基础
地理因素	地理环境、气候条件、社会风俗、传统习惯	地理学
人口统计因素	性别、年龄、职业、收入、教育程度、家庭类型、家庭生命周期、国籍、民族、宗教	人口统计学
心理因素	个性、生活方式、社会阶层、价值观等	心理学
行为因素	选择旅游产品的时机、出游频率、旅游方式、追求的利益、对旅行社的忠诚度	行为科学

(三) 旅行社市场细分的步骤

1. 确定企业的市场范围

旅行社应明确自己的市场范围,并以此作为制定市场开拓战略的依据。旅行社的业务可以分为入境游、出境游、国内游三部分,可以据此进行市场选择。例如,大型旅行社可以确定,入境游针对的客源市场——法国、德国、日本、韩国、俄罗斯等,出境游针对的客源市场——北京、上海、广州的城市居民,国内游针对的客源市场——珠江三角洲、长江三角洲等区域的城镇居民。

2. 确定市场细分的标准与方法

根据细分因素的组合,运用合适的细分方法,对企业的市场范围进行划分,划分为若干个有意义的细分市场。市场细分的方法主要有单一因素法、综合因素法、系列因素法。单一因素法指根据某一个重要因素进行划分,如根据年龄划分。综合因素法指根据几个因素进行划分,如根据年龄、职业、地区等因素进行综合划分——北京地区35岁以下的经理人员。系列因素法指选择几种因素,按照重要程度、由粗到细进行划分,例如,先按性别划分,再按年龄划分,最后按收入划分。

3. 分析和统计旅游者的需求

通过各种市场调查方法,对于细分市场的需求进行分析和统计、归纳总结,发现共同的、重要的和规模较大的需求。在调查过程中,可以采用问卷调查、电话调查、面谈、专家意见法等方法。另外,可以利用互联网营销和数据库技术,更好地发现并满足旅游者需求。

4. 根据需求情况制定营销策略

调查、分析、评估各细分市场,最终确定可进入的细分市场,并制定相应的营销策略。

(四) 旅行社市场细分的要求

从市场营销的角度看,市场细分是一个发现市场机会和寻找目标市场的过程,但并非所有的细分市场都有意义,所选择的细分市场必须满足一些要求。

1. 可衡量性

指细分的标准是可以衡量的,各个细分市场的经济规模和潜力也是可以衡量的。如果细分标准很难衡量的话,就无法细分市场。例如,将细分标准确定为喜欢时尚旅游的人,就很难准确细分市场,人们对"时尚旅游"的理解是不同的。同时,细分市场必须能够用旅游人数、出游比率、旅游频率、消费总额、人均消费额、消费增长率等指标衡量,旅行社据此才可以设计产品、确定价格、开展促销等活动。

2. 可进入性

也称可实现性,指旅行社所选定的细分市场必须与自身资源和能力相匹配,旅行社有优势进入并占领这一市场。可进入性具体表现在企业信息进入、产品进入和竞争进入。例如,对中国旅行社来说,一般最多只有三大市场——入境游、出境游、国内游,不会涉及美国或日本等国家居民的国内旅游、出境游,这些旅行社的信息或产品对客源市场需求来说不具适用性,因而不具有可进入性。通过适当的营销渠道,产品信息可以传达到细分市场,产品可以进入所选中的细分市场,并使有兴趣的旅游者购买到产品。

3. 可赢利性

也称规模性,指旅行社细分的市场必须达到足够的经济规模,以使企业赢得长期稳定的利润。旅行社本身就是营利性企业,这就要求细分市场应有足够的需求量和一定的发展潜力,否则即使对部分旅游者很重要,也不一定有旅行社愿意为之提供产品和服务。如果旅行社的细分市场已处于成熟阶段,不具有长期发展的潜力,旅行社经营的风险将会随着时间的推移而增加,这不利于旅行社的长期发展。市场规模过小,则不利于旅行社发挥企业资源优势,不利于扩大经营规模,因而必须在市场细分的收益与成本之间做出权衡。只有当某些客源市场达到规模经济的要求时,旅行社才会考虑这部分市场,相应的产品价格才会容易被大众接受。例如,当出境旅游人数足够多时,旅行社就会有专门的部门和人员负责这项业务,出境游价格也会相应降低。

4. 差异性

也称可区分性,指旅行社的细分市场之间必须有足够的差异性,每个细分市场对不同的营销组合策略有不同的反应,否则就说明市场的细分不充分或不正确。例如,如果将北京和天津划分为两个客源市场,那么他们的需求特征就应该有足够的差异性,否则就不需要划分了。

需要注意的是,真正的市场细分不是以分割为目的,而是以发现"市场空缺"为目的。如果不理解市场细分的这一实质,那么很容易陷入为细分而细分的陷阱,这样只会徒增旅行社产品和服务种类,成本增加而经营效率降低。

(五) 旅行社市场细分的作用

目前,旅游需求日趋个性化和多元化,旅行社要为全部旅游者提供产品与服务是不可能的,因而市场细分是旅行社经营管理的一项重要内容。

1. 有利于发现市场机会和开拓新市场

通过市场细分,旅行社可以对每一个细分市场的经济规模、增长潜力、竞争状况等进行分析和对比,从而找到适合本企业的市场机会,使企业及时做出决策和市场开拓计划,以更好地适应市场的需要。一般来说,发现一个有价值的新市场,比进入一个竞争激烈的现有市场更可能获得成功。如果旅行社能很好地满足新市场的旅游需求,就可能取得优势地位。

2. 有利于制定和调整市场营销策略

细分市场往往很具体，旅游需求比较一致并容易衡量，旅行社可以根据自己的经营战略、方针、资源和能力，确定本企业的服务对象。在各个细分市场上，旅行社更容易搜集旅游者的信息，一旦旅游需求发生变化，企业可迅速改变产品、价格、渠道、促销等营销策略，调整相应对策，以提高企业的应变能力和竞争力。

3. 有利于集中资源投入细分市场

任何一个企业的资源都是有限的，通过选择适合自己的细分市场，企业可以集中人、财、物等资源，去取得局部市场上的优势。这样，旅行社就能充分满足客源市场的特定需求，使得本企业在某一个或几个市场上获得最大限度的市场占有率。

4. 有利于提高企业绩效

如果能够成功地发现一个新市场，将资源投入目标市场，并制定出有效的市场营销策略，旅行社就能以较小的代价，取得较高的收益，从而取得良好的经营业绩。

二、旅行社目标市场的选择

（一）旅行社目标市场的含义

目标市场是指在市场细分的基础上，旅行社确定的要进入的细分市场。目标市场是旅行社为之服务的最佳细分市场，也是旅行社认为有可能取得成功的一个或几个细分市场。目标市场的选择是旅行社的一项重要决策，它是在市场细分基础上进行的，同时又是市场细分的目的。

（二）旅行社目标市场的竞争环境

当一个旅行社考虑进入一个目标市场时，它必须考虑来自于行业内外的竞争者的威胁以及相互的竞争关系，这很大程度上决定了一个目标市场的吸引力。

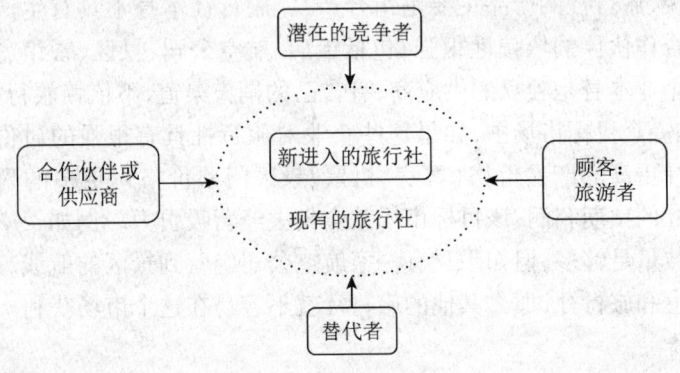

图4-1　旅行社目标市场的竞争环境

1. 现有竞争者

到2012年年末,全国纳入统计范围的旅行社共有24 944家。具体到某一大城市或发达地区,在出境游、入境游、国内游等细分市场上,旅行社的竞争程度可能更激烈。一般来讲,主要竞争对手是那些以接近的价格,向相同的旅游者提供相似产品的旅行社。此外,旅行社还要评估主要竞争对手的优势与劣势,包括市场知名度、产品与服务质量、销售网络以及市场占有率等。

当某一市场中已经存在的竞争者数量足够多时,每个旅行社分得的平均利润就会很少;新进入的旅行社的利润可能低于平均水平,甚至亏损;原有的竞争者还可能形成进入市场的壁垒,使新进入的旅行社必须拥有足够的资金、销售网络、品牌影响力等,才可能生存下来。因此,旅行社要想进入这个目标市场并生存下来,就要在产品创新、销售渠道、价格策略、售后服务等方面更有竞争力。当供过于求过于明显时,该目标市场就会失去吸引力,因而选择竞争者较少的细分市场可能更有利。

2. 潜在竞争者

现有的竞争者是显而易见的,并可以通过统计资料了解准确情况,但潜在竞争者的情况往往不容易发现。如果一个目标市场看起来是有利可图的,那么它可能会吸引多个旅行社同时或先后进入,从而使目标市场无利可图。因此,这里涉及一个"博弈"的问题,在进入目标市场前,必须考虑目标市场上潜在竞争者进入的难易程度,考虑可能的竞争者情况,尤其是直接的、势均力敌的竞争者。如果一个市场进入的壁垒太低、退出的成本也很低,那么竞争者就容易进出市场,市场的秩序也可能出现混乱,一些企业可能只想短期获利而不做长期打算。例如,国内的一些小型旅行社,只经营国内游的几条线路,甚至只是一日游,只负责接待旅游者,因而投资很少,可以轻易地开业或停业。

3. 合作伙伴或供应商

一般来说,旅行社的产品主要是组合产品,旅行社本身不具有生产功能,因而对供应商或合作伙伴的依赖性很强,包括饭店、航空公司、景区、餐馆、交通运输公司等。这些企业本身是独立的供应商,有自己的销售渠道,不依赖旅行社的分销功能。因此,在一个目标市场中,如果这些企业对旅行社具有很强的讨价还价能力,就会给旅行社更高的产品价格(客房、机票、景区门票价格),更多的附加条件,就会减少旅行社的预期利润,该目标市场就会失去经营吸引力。例如,一个著名风景区每年游客数量足够多,但如果只有一家航空公司经营到景区的航线,风景区有自己的销售渠道和旅行社,那么其他的旅行社就不容易在这个市场获利。

4. 替代者

一般来说,现有和潜在的竞争者、合作伙伴或供应商不会对整个旅行社业产生严重冲击。真正的威胁往往来自行业外部,他们拥有新思维、新方法、新策略,会对整个行业产生颠覆性的影响。目前,比较大的威胁来自于新兴的信息技术产业,他们的进入改变了传统旅行社的经营模式,使一大批中小旅行社失去生存空间。例如,以携程网、艺龙网为代表的信息技术企业,已经取代了传统旅行社的很多职能——信息咨询、机票预订、酒店预订、旅行线路预订等,因而人们开始思考传统旅行社存在的必要性。

5. 顾客——旅游者

旅行社的服务对象主要是旅游者,他们的表现同样影响市场的吸引力,包括旅游者的旅游经验、议价能力、质量标准、维权意识、维权成本。例如,在某个市场中,如果旅游需求一方——一个集团客户占据优势地位,就可以要求旅行社在价格、优惠条件、付款方式等方面做出让步。

除了市场中的竞争环境以外,在选择目标市场时,还要考虑市场规模和发展潜力,要考虑目标市场与旅行社自身的资源、能力、战略是否匹配。

(三)旅行社选择目标市场的模式

M1	M2	M3
M4	M5	M6
M7	M8	M9

注:M1~M9 代表各个细分市场,它们组合在一起代表全部顾客。

图 4-2 细分市场示意图

1. 密集单一化

指旅行社选择一个细分市场集中营销(如图 4-2 中的任一细分市场),提供这个市场需要的一种或几种产品。该模式最简单,适合于那些资金、人员等有限的小型旅行社,有利于他们集中力量进行业务经营。例如,很多大城市的小旅行社,专门针对外地旅游者,提供"一日游"服务项目,操作起来比较简单,对旅行社的要求不高。

2. 产品专门化

指旅行社集中提供一种产品,并向各类顾客销售。如果旅行社在某种产品上有足够优势和利润,可以考虑这种模式,但由于对单一产品的依赖,其风险相对较大。例如,有的旅行社全权代理到某一景区的旅游线路和门票销售,本地和外地的旅游者都需要通过该旅行社达到景区,这就是产品的专门化。在边境地区,有的旅行社专门经营出境或入境一日游,也是如此。

3. 市场专门化

指旅行社专门为某个顾客群提供产品和服务。一般来说,这样的细分市场应有足够的消费能力和市场规模,旅行社愿意为其提供全面服务。例如,有的旅行社专门针对商务旅行市场,可以为大型企业或公司提供全面的差旅服务,包括进行差旅费用预算、制订差旅计划、实施奖励旅游、安排包机、安排会议等。

4. 有选择的专门化

指旅行社选择若干个细分市场(如图4-2中的几个细分市场),分别提供不同的产品和服务。一般来说,密集单一化、产品专门化、市场专门化的风险都较大,不利于旅行社分散风险,也不利于旅行社扩大规模。通过多选择几个细分市场,旅行社可以在多个细分市场进行经营,通过比较和分析,更好地调配企业资源,集中力量于最有利可图的市场,并不断做出调整。

5. 完全市场覆盖

指旅行社为市场上全部顾客提供产品和服务。一般来说,这只是理论上的假设,实际操作中很难实现。大型旅行社只能在某个市场中接近这一状态,完全覆盖往往没有实际意义,对旅行社的资金、技术、人员等要求也过高。

旅行社目标市场选择,关键在于发现每个细分市场的开发潜力。目标市场的选择不是一个静态过程,而是一个动态过程。客源市场、市场结构以及经营目标的变化,都会影响旅行社目标市场的吸引力。因此,旅行社有必要定期地对目标市场进行科学评估,并适时选择新的目标市场。

(四)旅行社目标市场的营销策略

根据各个细分市场的独特性和自身的经营目标,旅行社有三种目标市场营销策略可供选择(见图4-3)。

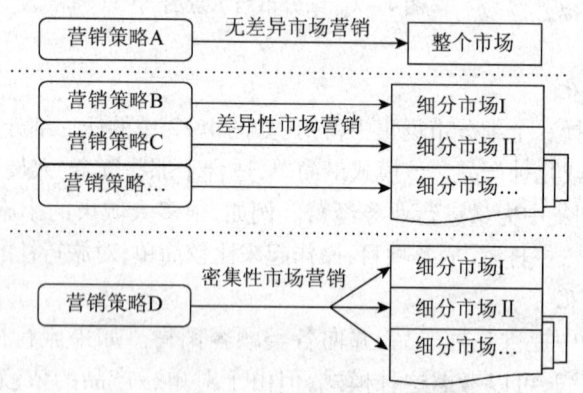

图4-3 旅行社目标市场的营销策略

1. 无差异市场营销策略

指旅行社针对市场中的全部顾客,只推出一类产品,同时只运用一种市场营销组合。如果认为整个市场的需求是无差异的,或是各个细分市场之间差异足够小时，旅行社就可以采用无差异市场营销战略。采用无差异策略时，旅行社将整个市场看作一个整体，市场营销重点在于顾客需求的"共性"而非"差异性"，旅行社的产品和市场营销计划都是以吸引广大顾客为目的，因而这种策略是将整个市场作为目标市场。

在很多行业中，无差异市场营销是企业的一个重要策略。当只考虑市场的共同需求时，旅行社的产品和服务对象就变得十分广泛，不局限于特定的顾客群体。因此，这种策略的优点是可以降低企业的经营成本，包括市场调研、产品开发、广告、售后服务等成本。但这种策略类似于"大锅饭"，不能使顾客的个性化需求得到满足，因而只适合于标准化的产品和服务。当多数旅行社都实行无差异策略时，市场竞争就会变得十分激烈，低价竞争就可能出现，这会迫使一部分旅行社走专业化的道路，满足个性化需求或为较小的细分市场服务。

例如，在我国改革开放初期到20世纪90年代中期，国内的很多中小旅行社采用了无差异市场营销策略，提供单一的旅游线路产品，采用团队包价旅游的形式，将多个城市和景区组成旅游线路，针对的市场主要是大众旅游市场。

2. 差异性市场营销策略

指旅行社选择多个细分市场，根据各个细分市场的特点，制定不同的营销策略。该策略的优点是能针对多个市场进行专门的营销，更有利于满足顾客的需要，使企业在多个细分市场上获得竞争优势。同时，由于多个细分市场不容易同时出现问题因而能使企业减少经营的风险。该策略的缺点是对企业要求较高，面向多个细分市场取得成功并不容易；营销费用会相应增加，也需要更多营销人员。

例如，中旅、中青旅、春秋国旅等大型旅行社，都是同时在入境游、出境游、国内游这三大市场开展业务，这就避免了局部市场波动造成的影响。

3. 密集性市场营销策略

指旅行社集中资源和能力进入一个或少数几个有利的细分市场，并制定相应的营销策略。实行无差异营销策略时，一个旅行社的资源分散在整个市场中，反而使这个旅行社的经营过于泛泛，而不够专业。当实行集中营销策略时，旅行社可以集中全部力量，专注于某一个或少数几个细分市场，这样有可能提高在该市场的竞争力，进而获得足够的利润。该策略适合于中小旅行社，通过专业化和特色化经营，他们能够与大型旅行社在一个或几个细分市场上展开竞争。然而，由于目标市场范围较小，旅行社对目标市场的依赖过多，该策略的风险较大。一旦市场不景气，旅行社受到的影响就很大，会造成利润减少，甚至出现亏损。

例如，2003年，由于SARS（非典）的影响，以接待入境客源为主的旅行社，受某一个或几个客源国的影响很大，整个经营受到严重影响。目前市场中的合资旅行社，很多选择了商务旅游这一市场，专门针对公司、企业、团体客户提供差旅管理和服务。

三、旅行社市场定位

(一) 旅行社市场定位的含义

1969年,两位美国年轻人艾·里斯和杰克·屈特(A. Rise & J. Trout)提出定位论(Positioning),给营销界带来了一种新的思维。1979年,他们出版专著《定位:攻心之战》。定位论强调同质化、相似化日益严重,因而需要创造心理差异、个性差异;主张从传播对象(顾客)角度出发,由外向内,使产品在传播对象心目中占据一个有利位置。而要由外向内,就需要研究、了解顾客的想法,通过调研寻找到一个独特的市场位置。1996年,屈特(J·Trout)等又出版了《新定位论》一书,提出了顾客的五种"心"思(思考模式),并重点研究了"再定位"(Repositioning),实现了超越性创新。

旅行社的市场定位(Marketing Positioning)指旅行社在目标顾客心目中确立自己的形象和地位。市场定位是以了解和分析顾客的需求心理为中心和出发点的,通过各种媒体传播给顾客,其目的是让旅行社的产品或服务走进顾客的心中,设定旅行社独特的、与竞争者有显著差异的形象特征,引发顾客的共鸣,留下印象并形成记忆。因此,定位不在产品本身,而在顾客心中。定位可以分为产品定位和企业定位。通过定位,一是把本企业与竞争者区别开来,树立独特的形象;二是打好"攻心"战,使顾客在选择旅行社时,能把本企业作为第一选择。

(二) 旅行社市场定位的步骤

1. 分析竞争对手的市场定位

在进行市场定位时,要做到知己知彼。首先,要了解直接和间接竞争对手的市场情况,包括他们的主要顾客群体、市场占有率、销售额、利润率、市场控制率、品牌影响力、品牌美誉度、战略目标等。其次,要了解竞争者的资源和能力,包括营销能力、资金实力、人力资源等。这个过程要求有详细的市场调研,有些数据不容易获得,因而存在一定的难度。在此基础上,才能准确地知道某一细分市场是否有进入的可能和价值,并确定相应的竞争策略。

2. 分析本企业的竞争优势

竞争对手的定位只是本企业竞争环境的一部分,市场定位的基础是本企业的竞争优势,即本企业的资源和能力转化为利润的能力。这一理念反映了企业的社会分工问题,每个企业只做自己擅长的市场,就有可能实现效率和效益的最大化。一般来说,旅行社的优势可以体现在三个方面:规模优势、专业化优势、特色化优势。大型旅行社由于规模足够大,能够实现规模经济,因而某些产品的成本可以降得很低;中型旅行社可以专注于某几个市场,着重突出专业化的产品和服务;小型旅行社经营灵活多变,市场反应灵敏,可以实现特色化经营。

3. 确定本企业的市场定位

在确定了竞争对手的市场定位后,旅行社面临两种选择:进入一个竞争不充分或空白的细分市场,或是进入一个竞争激烈的细分市场。第一种选择,旅行社可以确立在细分市场中的领先地位,在顾客心目中树立龙头企业的印象。但这种选择会有很大的风险,需要先进入的旅行社做出大量的培育市场的工作,而后进入的旅行社则可以"搭便车"。第二种选择,细分市场已经相对成熟,后进入的旅行社必须替代现有的旅行社,进入顾客的备选范围。但顾客本身具有消费的习惯和惰性,不容易改变,在顾客心目中确立地位的难度较大。

4. 有效传播定位信息

一方面,通过旅游专业媒体和大众媒体,进行有效的宣传和推广。另一方面,旅行社在日常经营中,可以通过价格、产品、渠道等策略传播定位,使顾客了解本企业的服务对象和特色。

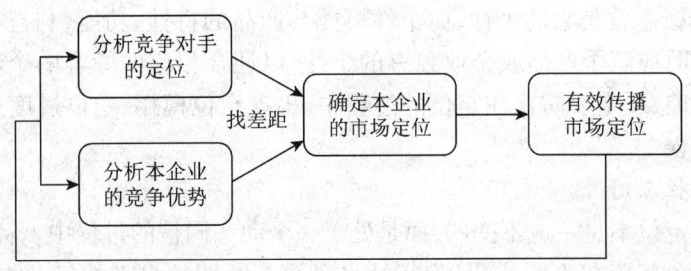

图 4-4 旅行社市场定位的步骤示意图

(三) 旅行社市场定位的原则

1. 旅游者导向原则

成功的定位取决于两个方面:一是旅行社将定位信息有效地传递给顾客;二是定位信息被顾客所接受和正确理解。从一定意义上说,市场定位不仅是企业的定位,也是顾客对企业和产品的定位。企业的定位是有组织有计划的活动,顾客的定位则存在大量主观理解的成分。这两种定位如果一致,旅行社的定位就成功了。因此,这一原则是市场定位成功与否的关键。

在当今这样一个信息大爆炸的时代,能被顾客注意到的信息是很少的,过多的信息甚至造成顾客无所适从。由于人的记忆能力有限,市场定位要为顾客提供新的记忆点和兴奋点,满足顾客潜意识里的认同感,唤醒内在的需求。

2. 差异化原则

从记忆的规律来看,有特点的事物更容易被记忆。因此,定位时必须做到差异化,以便顾客进行区分。市场定位就是通过各种媒体和渠道传达特定信息,使差异性清楚地呈现在顾客面前。如果定位所体现的差异性和顾客的需要相吻合,旅行社的产品或品牌就能留驻顾客心中。

旅行社一旦选定了目标市场,就要在目标市场上为其产品确定一个适当的市场位置和特殊印象。但在营销实际中,经常会发现这样一种情况,即在同一市场上出现许多相同的产品,这些产品往往很难给顾客留下深刻的印象。因此,企业要使产品获得稳定的业绩,就应使其与众不同、创出特色,从而获得竞争优势。

差异性有以下几个方面的内容:产品差异化,服务差异化,人员差异化,环境差异化,品牌差异化,价格差异化,售后服务差异化等。

3. 个性化原则

在企业经营中,经常出现这样的情况,即面对相同或类似的产品时,顾客倾向于选择 A 企业,而不选择 B 企业,这是因为企业定位时传播的信息恰恰符合了顾客的个性。产品与产品之间的差别,是可以通过调整不断缩小的。但产品和企业的个性往往是无形的,能够感知到,不容易模仿。因此,可以说定位实际是在"推销概念",这个概念就是它的个性,而个性可能与产品的特性、功能、利益等没有直接关系。定位时应赋予产品或企业独有的个性,以迎合相应的顾客的个性。但无论采取什么策略,一定要防止在定位的过程中,出现定位模糊、定位过度或定位不当等致命的错误。

4. 灵活性原则

指的是定位不是一成不变的,而是处于一个动态调整的过程中。社会环境、经济环境和竞争环境在不断变化,旅行社也必须不断调整自己的经营方式、管理模式、服务项目、技术应用等,这些内容都会在定位策略中体现出来。因此,定位是对环境变化的反应和调整。

(四)旅行社市场定位的策略

1. 正面竞争

指直接与竞争对手展开竞争,从竞争对手那里抢夺市场。这是一种"硬碰硬"的策略,适合于那些实力强大并有志于成为行业领袖的旅行社。尤其是当原有的领先企业出现衰退迹象时,通过直接打击竞争对手,能够更快地实现战略目标。该策略的好处是市场比较成熟,旅行社只需要改进产品和服务,顾客也更希望从企业竞争中获得利益。这也是一种危险的策略,会遭到对手的阻击,竞争对手可能为了保住市场而牺牲短期利益,竞争会很激烈。但不少企业认为,这是一种更能激励自身奋发上进的定位尝试,一旦成功就会取得巨大的市场优势。当然,如果竞争者之间能够实现共赢和共同发展,可能是一个理想的结果。在其他行业里,这种策略的案例并不少见,如可口可乐和百事可乐、肯德基与麦当劳等。

2. 市场补缺

指通过选择空白市场或现有市场的一部分实现市场补缺,满足细分市场的个性化或特殊需求。这是一种避开强有力的竞争对手的策略,在实际操作中,可以选择完全避开或部分避开。

通常来说,市场补缺可以应用于所有市场。这要求旅行社有足够的创新能力和市场洞察力,在产品设计、服务方式、营销手段等方面实现差异化。由于差异化的出现,导致企业之间缺乏可比性,避免了惨烈的价格竞争,避开了直接竞争形成的经营压力,使企业更容易吸引目标市场注意力,达到占有目标市场的目的。

采用该策略时,前提是市场的标准化产品和服务已经足够多,旅游者已经开始厌倦标准化的内容,需求特征开始出现转型;旅行社具有足够的能力阻止竞争者的进入,以获得足够的创新收益;旅行社愿意做市场培育的工作,有足够的资金做市场的宣传和推广工作。当然,旅行社一旦市场定位成功,便可以成为该市场上的主导型企业。

例如:简单划分,旅行社有两部分客源市场——高端旅游市场和大众观光旅游市场。目前,国内的大多数旅行社往往只注重后者而忽视前者,导致线路雷同、服务相似、低价竞争。如果更多的旅行社能定位在高端的出境旅游和入境旅游市场,就可以避免价格竞争,开发深度旅游产品,提升服务质量。

3. 重新定位

指由于企业经营不成功或产品销售情况不好,对旅行社企业或产品进行二次定位。当出现以下情况时,就需要考虑重新定位了,如:企业经营出现困境,市场需求出现变化,竞争环境出现变化。因此,重新定位可能是被动选择,也可以是主动改变。

总之,在定位时,既可以选择与竞争对手相同的定位——针锋相对,也可以避其锋芒——另辟蹊径,还可以寻找那些被人遗忘的缝隙市场——填补空缺。

第二节　旅行社价格管理

一、旅行社产品价格的构成和类型

价格是任何产品的重要组成部分,旅行社产品也不例外,旅行社企业开发出的各类产品都将以一定的价格推向市场进行销售。价格竞争是目前旅行社行业中最为广泛使用的竞争手段之一。

(一)价格构成

旅行社具有很强的中介功能,反映在价格方面就是"代收代付",即收入中有很大部分是要交给其他旅游或非旅游企业的。尽管现金流很大,但大部分要及时转交给其他企业,因而旅行社的实际收入相对较少。在实际操作中,由于旅行社与其他企业有价格协议,获得的单项产品(机票、客房、景区门票等)价格较低,而名义上的单项产品价格较高,因而旅行社企业外部人员和旅游者很难判断,哪部分是代收的,哪部分是旅行社的收入。

旅行社的产品价格 = 代收费用 + 旅行社收入
$$= 代收费用 + 成本 + 费用 + 税金 + 利润$$

(二) 价格类型

1. 综合价格与单项价格

综合价格是针对包价旅游而言的,指价格中包括旅游全程的全部或部分费用。单项价格是针对自助旅游或某些散客而言的,指的是包价旅游中某一项产品或服务的价格。

综合价格 = 交通费用 + 住宿费用 + 用餐费用 + 景区门票 + 旅行社收入
$$= \sum 单项价格(单项产品价格之和) + 旅行社收入$$

2. 基本价格与非基本价格

基本价格指旅游活动中必不可少的产品价格,这些价格具有一定的刚性,如客源地到目的地的交通费用、住宿费用等。非基本价格指旅游活动中可以选择的产品价格,这些费用具有一定的弹性,如娱乐费用、购物费用、用餐费用、市内交通费用等。

基本价格 = 住宿费用 + 客源地到目的地的交通费用 + 旅行社收入
非基本价格 = 娱乐费用 + 购物费用 + 用餐费用 + 市内交通费用 + 旅行社收入

3. 批发价格与零售价格

批发价格指的是组团社给予代理社或其他组团社的优惠价格,这时代理社或其他组团社以更高的价格招徕旅游者,之后将旅游者转交给组团社,获取差价;批发价格也包括旅行社给予重要客户或大量预订客户的优惠价格。零售价格指的是旅行社给予一般旅游者的旅游产品价格。

批发价:组团社—代理社/或其他组团社
零售价:旅行社—旅游者

二、旅行社产品价格的影响因素

(一) 产品成本

从经营的角度分析,旅行社的产品成本主要由两部分构成:产品的采购成本和企业自身的经营管理成本。采购成本指的是付给饭店、景区、航空公司等企业的费用,这部分占全部产品价格的比重很大,有时甚至接近产品价格,使旅行社实际收入所剩无几。因此,新旅游法出台前,很多旅行社只能通过增加自费项目、降低接待标准、强迫购物等方式来增加实际收入。旅行社自身的经营管理成本差别很大,大型旅行社的经营费用、管理费用、财务费用、人力成本、房屋租金等所占比重较大,固定成本较高;小型旅行社则经营非常灵活,有时甚至违规经营,固定成本较低。

成本是企业定价的基础,价格一般不会低于成本,但旅行社也会以低于成本的价格进行销售。如果以低于成本的价格销售是为了打击竞争对手,这就构成了低价倾销,这一目的在国内旅行社业中表现得并不明显。过去,市场中出现的惊人低价往往是多个企业同时的行为,这实际上反映了旅游者或旅游产品消费者的不成熟和不理性,从而导致了企业信用的缺失。例如,出境旅游产品中的"泰国游"就是这方面的典型例子,很多旅行社的报价非常低,远远低于最基本的交通和住宿费用之和,甚至出现"零团费"或"负团费"的情况,只能通过旅游者的购物来弥补旅行社的成本。新旅游法的出台对这种恶性畸形的竞争进行了遏制,对于规范旅游市场秩序可谓一记重拳。

(二) 营销组合策略

营销组合策略包括产品、价格、渠道和促销这四种策略,价格只是组合策略之一,因而与其他几个策略相互影响。例如,新产品与老产品,直接与间接营销渠道,会采取不同的价格策略。旅游者对价格策略的反应最敏感、效果最明显,因而在短期内容易达到营销目标。在一个较长的经营期内,通过对产品的开发与设计、合作伙伴的选择、促销方式的调整等,旅行社价格也会相应调整。

(三) 市场需求

一般来说,当市场需求旺盛时,旅行社可以适当提高价格;当市场不景气时,旅行社可以适当降价。旅游市场的季节性非常明显,在旺季时,市场需求旺盛,饭店、景区、航空公司等企业的价格提高,旅行社的产品价格也相应提高;在淡季时,市场不景气,各单项产品的价格都有所下降,旅行社的产品价格也相应降低。例如,国内的"黄金周"、暑假、寒假是主要的几个旅游旺季,旅游者需要提前较长时间预订,而且价格较高;而其余的大部分时间,旅游者可以享受淡季的优惠价格,尤其是机票的打折优惠。

(四) 市场竞争环境

从国内的情况来分析,入境旅游市场由若干家大型旅行社控制,每家旅行社有自己的主要入境客源和合作伙伴,市场基本处于寡头垄断的状况。出境旅游市场方面,目前国内具有出境游组团资格的旅行社达到了几百家,基本处于垄断竞争的阶段。在国内游市场方面,竞争更加充分,尤其是成熟的旅游线路和"一日游"等成熟产品。一般来说,市场竞争越充分,产品价格就越接近于平均成本,每个旅行社的价格控制力就越弱。

(五) 政策和法律法规

首先,要看旅游行政管理等部门对旅游市场的管理效果,能否建立良好的市场秩序、规范市场行为，尤其是对非法旅行社、违规经营、超范围经营、旅游欺诈等行为的整顿效果。

其次是相关部门对价格的直接干预。例如，为了迎接世博会，昆明兴建了很多星级饭店，世博会后饭店业经营十分惨淡，低价竞争严重。当地的旅游行政管理部门联合工商、物价、地税等部门，出台了对昆明地区饭店实行最高限价和最低保护价的指导性规定。同时要求旅行社积极配合，不得恶意降低住房定价，不得低于最低限价与饭店签署订房合同。

最后是出台的相关政策，例如，旅行社注册的规定，建立分社的规定，外资旅行社的规定，旅行社的业务范围，等等，这些会影响旅行社的竞争环境。

（六）汇率与通货膨胀

汇率是两种货币之间的比价，即一种货币用另一种货币所表示的价格。汇率变动对国际旅游影响很大，因而深受旅游企业的关心。当一国的货币升值时，该国出境旅游的成本会降低，因而会促进该国出境旅游的发展；同时，由于入境旅游成本增加，对该国的入境旅游会产生抑制作用。因而，汇率变动是一把双刃剑，对经营业务不同的旅行社影响不同。例如，2007年开始，人民币对美元的比价一路走高，目前达到接近1:6.1，这将进一步促进中国出境旅游的发展。

通货膨胀是指流通中的货币供应量超过了货币需求量而引起的货币贬值。通货膨胀可能是结构性的，也可能是全面性的。由于旅行社产品涉及的内容十分广泛，因而很容易受到通货膨胀的影响而使价格升高。例如，2008年国内的粮食、猪肉等产品价格的上涨，就引起了餐饮价格的上涨，旅行社的接待报价就要提高。

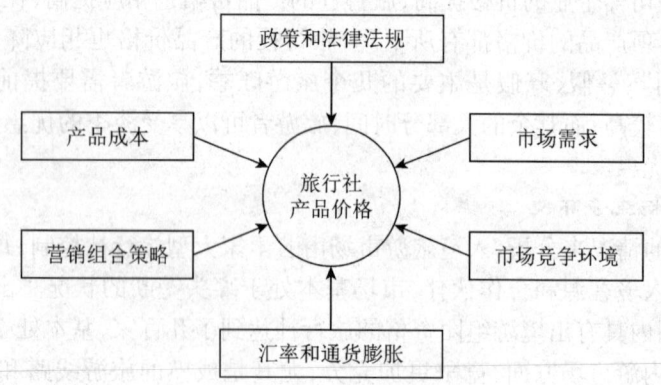

图4-5 旅行社产品价格的影响因素

三、旅行社定价目标

(一) 利润最大化

一般指的是通过高价格、高利润率来获得较高的回报。这是一种股东利益最大化的定价目标,也是以财务指标为中心的定价目标。这种定价目标适用于以下几种情况:一是某些特殊的旅行社产品,如太空旅游;二是某些专营的旅游线路;三是旅行社的产品季节性很强,例如,北方地区的漂流项目,持续的时间只有短短三个月左右,因而回收投资的压力很大。

(二) 扩大市场占有率

一般指的是通过低价策略来扩大市场占有率,但扩大市场占有率只是实现最终目标的途径。从企业经营的角度来分析,市场占有率的高低决定了企业的生存和发展状况。市场占有率高的企业,往往获得了相对更多的利润,经营成本更低,在市场中影响力和知名度更大,拥有更多的顾客,这比一时的高利润更有吸引力。

(三) 应对竞争者

指的是定价目标指向直接竞争对手,比竞争对手提供更有利的价格或提高性价比。该目标反映了旅行社之间"针锋相对"的竞争策略,在一个只有几个主要竞争者的市场中,或在一个增长有限的市场中,该定价目标较为常见。对于一个旅行社来说,只要打败竞争对手,就可以占领对手的市场,并获得竞争优势,这比单纯扩大市场占有率意义更大。例如,在同一个城市中,在同一个业务市场中,总是几家主要的旅行社在竞争,这种定价目标就很有用。

(四) 维持企业生存

指的是以保本或低于全部成本的价格来定价。该目标往往应用于特殊的经营环境或特殊时期,旅行社打算熬过困难期并继续经营。例如,旅行社刚开始营业时,可能处于亏损,为了吸引旅游者,可以采取该定价目标。该目标只是一个阶段性的目标,等到市场状况好转或企业摆脱危机时,就需要重新调整定价目标。

四、旅行社定价方法

定价方法实际是解决"以什么价格出售"的问题,主要包括三类方法:成本导向、需求导向、竞争导向。

(一) 成本导向定价方法

该类方法着重考虑了旅行社的经营成本,即以旅行社的固定成本、变动成本、费用等为基础制定价格。但该方法的最大缺陷是忽略了市场因素,没有考虑供求关系、顾客需求及市场竞争状况,因而是一种比较僵化的定价方法。从形式上分析,这种方法很容易计算,但具体到某一种产品,其成本则不容易测算。

1. 盈亏平衡定价法

又称为保本点定价法,可以作为旅行社各项定价方案比较和选择的依据。该方法指的是产品价格与单位产品成本相等,这时假设产品成本以及销售量不变。该方法适用于维持企业生存的定价目标,或适用于一些新产品。

产品价格 = 单位产品成本

2. 成本加成定价法

指的是在单位产品成本的基础上附加一定的加成部分,这部分作为产品的利润。该方法十分简单,易于理解,难点在于加成率的确定。

产品价格 = 单位产品成本 × (1 + 加成率)

3. 目标利润定价法

也称为目标收益定价法,它是以旅行社所期望达到的一定利润目标为基础,以收回投资为目标的一种定价方法。该方法实际上是从结果进行计算的方法,根据设定的预期利润和预期销售额,计算出相应的价格。在设定预期利润时,可以考虑几个参照指标,预期利润至少不低于资金的银行利息,也不低于在其他行业的投资回报。预期销售量很难预测,只能根据历史统计数据和影响因素进行分析。

$$产品价格 = \frac{成本 + 费用 + 税金 + 预期利润}{预期销售量}$$

(二) 需求导向定价方法

指的是以市场需求为出发点,根据旅游者对旅行社产品及其价格认同的程度,来确定产品价格。该方法没有以成本为定价的基础,而是以旅游者的价值判断为依据,这种判断的主观性和随意性很强,因而很难具体操作。但该方法至少有助于旅行社了解旅游者的想法和报价,有利于旅行社之间的横向比较。

旅游者对价格公平性的重视和看法已经引起企业的极大关注。很多旅游者清楚,在某一特定情况下,旅行社的产品价格范围应该是多少。如果旅行社提高价格而没有令人信服的理由,旅游者会认为不公平。一些旅行社为此采取了一些策略,例如,采取包价或组合产品形式,旅游者很难计算出某一单项产品的真正价格;或者提高门市价格,再给予旅游者优惠。

管理学大师德鲁克(Drucker,1993)在其《商业失败五宗罪》一文中提到,以成本为导向来制定价格是企业经营失败的五宗罪之一。他认为确保生产商赚钱并不是顾客的责任,企业应首先研究顾客愿意为一个产品或服务支付的价格,然后根据该价格设计出可以盈利的产品和服务,这样企业才能真正获得竞争优势。

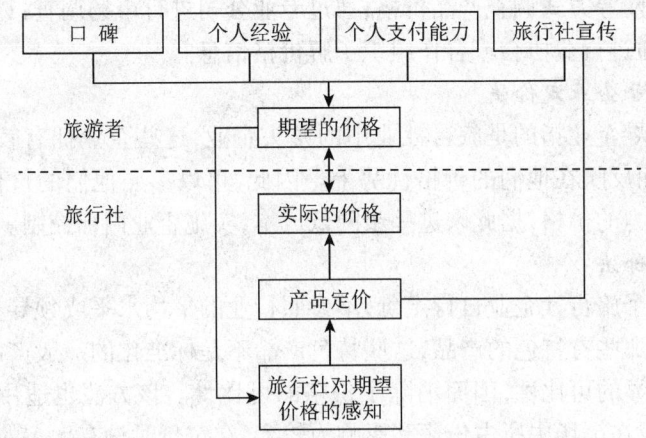

图4-6 期望价格与实际价格示意图

1. 标杆定价法

以竞争对手相同产品的价格或市场中优质产品的价格水平为基准——标杆,对产品价值进行评定,从而决定该产品价格。该方法首先确定标杆,然后选择几个因素进行分析,且对这几个因素分配权重,之后与标杆对比,从而得出该产品价格。

例如:产品价格 = 竞争对手产品价格(1600元) + 品牌影响力(100元) + 预订便利性(-50元) + 服务主动性(50元) + 售后服务(-50元) + …… = 1650元

2. 直觉评定法

邀请旅游者、公司客户、其他旅行社、旅游关联企业等,根据各自的口碑、个人经验、支付能力与意愿等进行"报价",给出各自认为的合适价格。在此基础上,旅行社进行综合分析和对比,确定出一个合适的旅游者满意的价格范围。

3. 差别定价法

根据旅游者支付能力、意愿、判断标准的不同,对同一产品根据不同的旅游者制定不同的价格,该方法的实质是价格歧视。例如,对于散客和团队客人,本地旅游者和外地旅游者,国内旅游者和境外旅游者,可以制定不同的价格。

(三)竞争导向定价法

1. 市场法/随行就市法

该方法指的是旅行社根据市场上同类同档次产品的平均价格来进行定价。该方法简单易行,适合于那些成熟的、标准化的产品,能够进行直接的比较,旅游者也容易识别。当一个新旅行社进入市场时,如果产品没有特殊性,往往采用该方法定价。

一般来说,旅行社管理者可以从以下渠道获得行业的价格信息:通过人员访问、电话、互联网等方式调查产品价格;通过专业公司进行市场调查;订阅行业发展报告或年鉴;通过行业协会或合作组织了解价格信息。

2. 追随领导企业定价法

这里的领导企业指的是旅行社业中的龙头企业,这些企业拥有较大的经营和管理优势,进而反映在他们的价格优势上。因此,可以参照他们的价格,制定出在市场上有竞争力的价格,据此来进一步降低成本,实施企业内部控制。

3. 独立定价法

指的是一个旅行社企业自行定价,不参照行业的平均水平或领导企业的情况。该方法适用于那些有特色的产品,这些特色产品不是标准化的一般产品,与一般产品之间没有明显的可比性,因而消除了价格的可比性。该方法也适用于行业领导企业,这些企业在市场中所占份额和影响力较大,在定价时没有太多的束缚。

五、旅行社定价策略

(一)新产品定价策略

1. 撇脂定价策略

指的是一种高价策略,通过较高的价格和利润,迅速地收回投资。这里的撇脂是一种比喻的说法,牛奶煮过以后,会在表面形成一层膜——牛奶中的油脂,撇脂就是指从牛奶中撇出油脂。普通百姓认为这层油脂是牛奶中的精华(事实上并非如此),撇脂定价是指通过高价获取市场中利润最丰厚的部分。对于全新产品、需求价格弹性小的产品、流行产品、未来市场形势难以预测的产品等,可以采用撇脂定价策略。另外,当企业资金压力比较大时,急于收回投资时,该策略也容易被采用。由于价格较高,因而选择该产品的旅游者数量相对较少,这些旅游者支付能力较强,勇于尝试新产品。该策略针对的不是大众旅游者,实际上是旅行社通过价格策略来选择潜在的旅游者。例如,国内的出境旅游产品,无论是最初的"新马泰"旅游,还是后来的日本、韩国、新西兰、澳大利亚,直到近几年的欧洲游、南美游、非洲游,最初的时候都是采用高价策略,率先面向大城市中的高收入人群,然后逐渐普及到中等收入人群、机关团体、企事业单位等。

2. 渗透定价策略

与撇脂定价策略正好相反,该策略是一种低价策略,产品通过较低的价格进入市场,以占领市场、薄利多销为目的。该策略针对的是大众旅游者,适合于标准化的、成熟的大众旅游产品。由于产品本身没有特点,价格可比性很强,新进入市场的旅行社要想使产品被接受,只能从其他旅行社那里争夺客源。例如,目前比较成熟的旅游线路产品、城市观光一日游、市郊滑雪一日游、"农家乐"等,都普遍采用该策略。

(二)心理定价策略

1. 整数定价策略

该策略指的是选择一个合适的整数作为价格的最后一位数字。分为两种情况:第一种情况是降低心理上的价格感觉,例如,将一日游价格定为99元,而不是100元,这样旅游者在心理上会认为这是100元以内,相对比较便宜。第二种情况是考虑到人们的习惯和禁忌,选择一个吉祥数字来结尾,如88元、168元、2888元、9998元等。

2. 声望定价策略

该策略针对的是高端客源市场,采用的是"优质优价"的策略。在鱼龙混杂的旅游市场中,旅游者很难区分产品的质量,通过价格来传递产品质量的信号是一种有效的方法。采用该策略时,要把产品分成几个档次,每档定一个价格,比较高档的采用该策略。使用该策略的前提是:旅行社要有足够的品牌知名度和美誉度,口碑较好;旅游者比较成熟,认可"优质优价"的市场法则,不强求"物美价廉",不单纯依靠价格选择产品;政府部门有足够的市场监管力度,减少欺诈行为。例如,在同一条旅游线路中,旅行社会推出几个不同档次的组合产品,一般通俗地称为经济团、标准团、豪华团等。

3. 组合定价策略

该策略利用旅游者求廉价的心理,使某一项或几项单项产品的价格看起来较低,而通过其他项目来获利。该策略与超市的经营策略十分相似,超市每天都在促销,商品价格看起来很低,实际上是给顾客造成了错觉,真正低价的只是很少一部分商品,有的商品价格甚至偏高,超市的优势在于它的"一站式"购物的便利性。因此,在使用该策略时,旅行社可以突出宣传在景区门票、机票、客房价格等方面给旅游者带来的优惠,强调旅行社给旅游者提供的服务和便利性。

(三)折扣定价策略

1. 现金折扣策略

指的是旅行社对那些以现金作为支付方式的顾客给予价格优惠。这种优惠一般不针对普通的散客,尽管他们一般都是付现金。这种优惠主要针对企事业单位、机关团体等客户,这些客户消费能力强,但往往采用支票等付款方式,付款周期长,付款程序复杂,不利于旅行社的资金周转。为了不失去这部分客户,同时避免资金周转的不利影响,避免坏账、呆账的发生,旅行社往往给予他们折扣优惠,具体的折扣条件、折扣率等可以协商确定。例如,"3/15,n/45"表示在15日内付清费用,给予3%的价格折扣,最长付款期限是45日。

2. 数量折扣策略

指的是根据预订数量的多少,给予相应的价格优惠,目的是鼓励大量的预订。该策略适用于团体预订,以及企事业单位、机关团体等客户。团体预订一般享受的是非累计折扣,只要一次预订数量足够多,就享受优惠。旅行社的固定客户享受的是累计折扣,按一定时期内的累计预订数量给予优惠。该策略的优点是减少了旅行社的业务次数,降低了营销费用,使旅行社的服务对象更集中,使旅行社的经营成本更低。

3. 季节折扣策略

指的是旅行社在淡季时推出折扣价格。在淡季时,景区、航空公司、饭店等企业的价格都有所下降,旅行社的产品价格也会降低,这其中也可能包括旅行社自身利润的降低。该策略有利于旅行社在淡季时吸引客源,扩大企业的影响力。

4. 同业折扣策略

指的是旅行社之间相互给予的优惠。旅行社业务比较复杂,主要通过层层的"委托—代理"机制来完成。例如,一家组团社委托几家旅行社(代理社)招徕旅游者,并给予他们优惠的价格,这几家旅行社可以向旅游者提供更高的报价,两个价格之差就是代理社的获利。

表4-5 旅行社产品定价策略

分类	具体策略	主要内容
新产品定价策略	1. 撇脂定价策略	高价策略,适用于全新产品、需求价格弹性小的产品、流行产品、市场形势难以预测的产品。
	2. 渗透定价策略	低价入市,扩大市场占有率,扩大产品销售。
心理定价策略	1. 整数定价策略	降低心理上的价格感觉,或追求吉利。
	2. 声望定价策略	针对高端客源市场,采用的是"优质优价"的策略。
	3. 组合定价策略	突出"一站式"旅游预订的便利性。
折扣定价策略	1. 现金折扣策略	规定付款期,提前付款给予一定比例折扣。
	2. 数量折扣策略	规定一定消费额,一次性达到或累计达到给予折扣。
	3. 季节折扣策略	淡季打折,一般以淡季价格出现。
	4. 同业折扣策略	旅行社之间相互给予优惠。

六、旅行社收益管理

对于旅行社的经营者来说,企业的每一种产品都涉及哪种价格才是最有利可图的、如何定价才能有效阻止竞争对手进入等问题。如果时间足够多,旅行社企业可以不断地尝试不同定价方法,但在现实中却并不可行。因而,决策的好坏往往直接影响旅行社的最终收益。有的旅行社经营者凭借个人的经验,或者直接模仿竞争对手,所做的决策常带有盲目性,缺乏科学依据。因此,收益管理变得十分迫切。

(一)收益管理的含义

收益管理是一种科学管理方法,它在准确地预测未来顾客需求和产品供给趋势的情况下,以持续增长企业经济收益为目标,合理制定最佳产品价格,并动态地调控产品供给。简单地说,收益管理是一种指导企业如何在合适的时间,以合适的价格,把合适的产品,卖给合适的顾客的科学管理方法。收益管理综合运用了微观经济学、企业管理、数理统计、数学优化等知识,在具体应用时,旅行社可以通过收益管理系统来达到目的。

(二)收益管理系统的产生

收益管理系统,又称产出管理系统(Yield Management System),是根据收益管理原理设计开发的一种计算机辅助决策管理系统。它是泛指一类管理系统,各大企业有自己的收益管理系统,各专业公司也开发出了不同版本和品牌的收益管理系统。

20世纪70年代末,美国航空客运市场的管制解除,收益管理系统由此产生。在客运管制解除之前,美国政府严格控制航空客运市场的营运。航空公司不得随意开辟新的航线,也不能任意变动票价。解禁导致了航空公司之间的激烈竞争。为了摆脱困境,1985年,美洲航空公司(American Airlines)首先开发使用了第一个收益管理系统。通过使用该系统,该公司能够对当时混乱的航空客运市场进行准确地把握,并制定出合理的应对策略。该公司很快赢回了其原有的市场占有率,并扭亏为赢。如今,收益管理系统已成为欧美各大航空公司不可或缺的决策管理工具。继航空客运业之后,饭店业是最先成功开发和使用收益管理系统的行业。目前,饭店的经营管理者们随时通过计算机系统查询预订及客房分配情况,并做出各种不同的决策。

(三)收益管理系统的功能

各公司开发的收益管理系统尽管各有差异,但均具有两大共同功能。

1. 需求预测功能

在分析以往的经营数据和当前预订情况的基础上,准确地预测未来旅游者需求及本企业产品供给的情况,使得经营者对今后的市场变化有较为清晰的认识。

2. 优化控制功能

即制定最佳价格并推荐最佳产品分配的方案,以供经营者们决策参考。这些方案的制订,是以持续增长旅行社收益为目标,以旅游者需求与产品供给的预测为依据,并且考虑了竞争对手的情况,通过建立和分析复杂的数学模型而实现的。

该系统的开发使用,不仅能帮助经营管理者们迅速、准确地决策,同时也使旅行社的总收益获得极大地提高。

第三节 旅行社销售渠道管理

按照传统的市场营销组合理论,销售渠道是一个重要的策略。当旅行社的产品设计完毕,价格已经确定,销售渠道就决定了顾客能否接触到这些产品和相关信息。

一、旅行社销售渠道的类型

简单地说,销售渠道指的是旅行社和顾客之间的若干中间商的集合。通过这些中间商,旅行社的产品到达顾客触手可及的范围,从而达到销售的目的。按照是否有中间商存在,可以分为直接销售渠道和间接销售渠道。

(一)直接销售渠道

又称为零环节销售渠道,指的是旅行社将自己的产品直接销售给顾客,不经过任何中间环节。从形式上看,直接销售渠道是最简单的,但对旅行社的销售能力和方式提出了更高的要求。因此,旅行社一般会通过自建网站、电子商务、预订电话、销售人员、设立分社、设立门市店等方式,与旅游者建立联系,方便旅游者的预订。

例如,中国国际旅行社(国旅)总社是中国最大的旅行社集团企业之一,中国企业500强之一,在美国、日本、澳大利亚、德国等国家和地区设立了14家境外子公司,在国内有全资、控股子公司和联号经营企业150多家。国旅总社作为股东之一组建了全国首家专门服务于旅游业的网络公司——华夏旅游网络公司,同时建立了国内首家旅游专业网站——华夏旅游网,突破了旅游业传统的经营模式和手段,从而达到降低成本,让利于顾客的目的。

1. 直接销售渠道的优点

第一,与顾客直接沟通。旅行社能及时了解顾客信息,并做出及时调整,顾客也能及时了解旅行社的情况,从而有助于双方的信任,达成交易。

第二,管理简单,控制力强。由于整个销售环节都是在一个旅行社企业内部,因而协调起来更容易,不会出现违约、欺诈等问题。同时,企业对于销售环节可以实施全面控制,保证了销售政策和价格的一致性。

第三,利润没有流失。如果旅行社委托其他企业进行销售,必然在价格方面做出让步,或是给予一定的佣金。而由旅行社自行销售,整个利润都留在了旅行社内部。

2. 直接销售渠道的缺点

直接销售渠道对一个旅行社的销售能力要求很高,要求旅行社在网站、预订系统、销售人员、销售网点等方面进行投资,从而使旅行社的经营"战线"过长,不利于发挥自身的优势。另外,直接销售渠道的市场覆盖面小,不利于在较大的市场范围里销售。

(二)间接销售渠道

指的是旅行社将自己的产品通过中间商销售给顾客,该旅行社与中间商之间建立委托—代理关系。这些中间商的构成十分复杂,中间商之间还有委托—代理关系,因而间接销售渠道中包括一个到几个中间环节。

1. 间接销售渠道的优点

利用中间商进行销售,市场覆盖面广,不需要设立分社或门市店;中间商更加专业,了解客源市场的情况,能够在不熟悉的客源市场顺利销售;旅行社能集中力量做最擅长的业务。

2. 间接销售渠道的缺点

由于被中间商分走一部分利润,因而可能导致最终价格提高,不利于产品销售;中间商可能出现违约情况,不容易管理和控制。

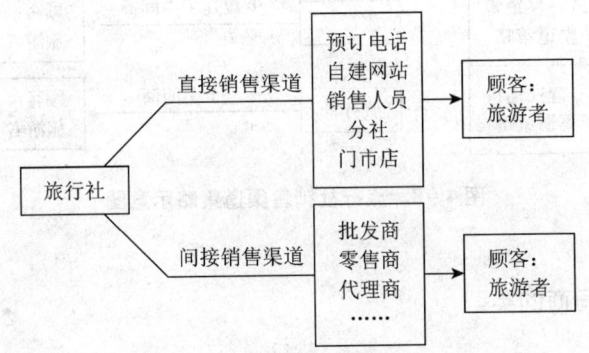

图4-7 旅行社销售渠道示意图

二、旅行社销售渠道的策略

(一)广泛性销售渠道策略

指的是旅行社在同一客源市场中同时选择多家中间商进行销售。这种策略的中间商数量最多,属于粗放型的销售策略。一般来说,当旅行社的产品标准化程度较高时,旅行社的产品有一定的垄断性时,可以采用该策略。该策略的优点是提高了顾客购买的便利程度,有利于扩大销售量。缺点是管理难度较大,不容易与中间商建立密切的合作关系,而中间商之间还存在竞争关系。

(二)选择性销售渠道策略

指的是旅行社在同一客源市场中同时选择少数几家中间商进行销售。经过最初的了解,旅行社对中间商的能力、信誉、态度等方面情况都比较清楚,双方可以进行互相选择,从而建立更密切的合作关系。以国内的情况为例,原有的国旅、中旅、青旅、海外等旅行社,各自形成了全国性的经营网络——国旅系统、中旅系统等,在每个系统内,同一品牌的旅行社形成了互为代理的销售关系,但他们也可以选择其他品牌的旅行社代理销售产品。

(三) 专营性销售渠道策略

又称为独家销售策略,指的是旅行社在同一客源市场中、同一时期内只选择一家中间商进行销售。在该策略中,旅行社与中间商建立了最密切的合作关系,双方风险共担、利益共享,可以说是"同舟共济"。一般来说,旅行社会要求中间商只代理它的产品,中间商在该客源市场中也是唯一的销售代表,双方做到了一对一。

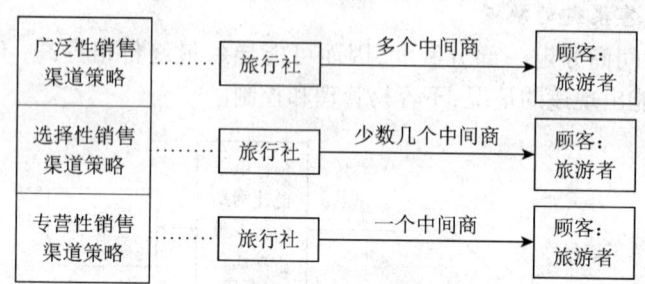

图4-8　旅行社销售渠道策略示意图

三、旅游中间商的类型

(一) 旅游批发商

指的是专门从事旅游产品批发的业务,并通过零售商进行销售的旅行社企业。这类旅行社往往规模较大,实力雄厚,拥有资金、客源、销售网络、产品等方面的优势,在某一个或几个市场中具有一定程度的垄断性。

例如,美国运通公司就是一个全球化经营的旅游批发商,其业务遍布欧洲、北美、拉丁美洲和亚洲,在全球130多个国家拥有1700个旅行服务网点。在20世纪90年代末,运通公司收购了在法国拥有最大销售网络的哈瓦斯旅行社,2003年成功收购了美国的罗森·布鲁斯公司,成为世界旅游业的超级航母,建立起更加庞大的网络体系,形成了核心主业和旅行社业双赢的局面。

(二) 旅游零售商

指的是直接面向顾客进行销售的旅行社。这类旅行社在市场中占大多数,它们可以完全独立经营自己的产品,经营业务非常简单,如只经营"一日游"。另外,它们也可以代理批发商的产品,作为批发商的销售网点,获得相应的佣金。

(三) 国内组团社

根据业务范围,国内的旅行社可以分为组团社和地接社。组团社既可能直接向旅游者销售产品,也可能通过其他旅行社销售产品,因而具有了旅游批发商和零售商的双重职能。

(四) 专业分销平台

指的是GDS(全球分销系统)、DMS(目的地营销系统)、旅游电子商务平台等,这些都是与信息技术密切相关的,本书的第九章将有详细介绍。

除此以外,还包括传统的旅行社联合营销组织、松散的旅行社联盟等。例如,2000年5月,由北京和平国旅倡议,联合各地20余家旅行社组建了"中国和平国际旅游联盟",各企业以资产为纽带建立合作关系,形成和平国旅跨地区的营销网络。

(五) 其他中间商

除了以上的中间商,饭店、景区、航空公司等传统的旅游企业,以及会议组织者、会展公司等,也可以作为中间商代理销售旅行社产品。

四、旅游中间商的选择标准

从另一个角度来看,中间商也是旅行社的合作伙伴。由于中间商直接与顾客接触,因此旅行社的经营能否取得成功,就跟中间商的表现息息相关。旅行社可以从多个方面对中间商进行评价,据此得出选择的依据。

(一) 品牌与声誉

旅行社的业务涉及多次的委托—代理关系,企业之间的欺诈和违约行为并不少见,因而中间商的企业品牌和声誉显得十分重要。拥有知名品牌和良好声誉的企业,欺诈和违约的可能性更小,不容易拖欠费用,对旅游者的接待质量更有保证,更容易建立长期的合作关系。例如,中旅(集团)公司中旅总社现拥有"中旅—CTS""中国旅行社""中旅会奖""中旅出境""中旅国际"等十多个注册商标,通过提升品牌形象,逐步推广品牌连锁经营。

(二) 销售能力

选择中间商的目的是完成销售目标,尤其当旅行社实施选择性和专营性销售策略时,中间商的销售能力就十分重要。一般来说,中间商的销售能力依托于其销售网点、预订系统、资金投入、业务人员、品牌影响力等条件,有时中间商的业务拓展能力和业务关系也至关重要,这些是衡量销售能力的重要指标。例如,香港中旅(集团)有限公司是香港最大的旅游集团,在香港、澳门设有43家分社,并在北美、欧洲、亚洲和大洋洲等12个国家和地区设有20家海外分社;集团在内地拥有北京港中旅国际旅行社、招商旅游总公司等28家全资、控股旅行社,建立了以北京为中心、辐射内地主要省市的旅游网络;形成了以香港为基地,香港、内地、海外互动的销售网络。

(三)合作诚意

合作诚意指的是中间商在合作中表现出的态度和倾向。在合作过程中,即使合同内容再详细,也不可能把所有事项都包括在内。旅行社业务内容的复杂性和琐碎性,要求合作企业之间要有诚意,并有"共赢"的观念,出现问题后能够积极解决。

(四)互补性与依赖程度

互补性指的是旅行社选择的中间商应具有本企业不具有的某些优势,从而实现优势互补。这些优势中最重要的是中间商的销售能力、业务拓展能力、品牌影响力、资金实力等。如果双方在业务方面不仅优势互补,而且相互依赖,这样就有利于建立更加紧密的业务合作伙伴关系。

(五)赢利能力

赢利能力指的是中间商能给旅行社带来利润的能力。有的中间商销售能力很强,品牌和声誉都很好,但对旅行社来说,他们可能太强了,以至于要求旅行社给予更多的优惠条件和更低的报价。这样,旅行社可能销售量很大,但利润太低,利润的大部分反而被中间商获得。因此,这样的中间商不适宜作为合作伙伴,它们更可能成为直接的竞争对手。

五、旅游中间商的管理

(一)合同管理

以往旅行社之间的合作关系非常松散,组团社与地接社之间的合作,往往依靠私人关系、口头协议等方式来完成。采用这种模式,变数太多,不利于约束双方的权利、义务和责任。因此,对于中间商的管理必须依靠合同来作为基础。合同中应体现业务的基本信息,并对变更的信息及时补充。这样能够保证双方的利益,避免人为操作造成的管理疏漏。

(二)战略联盟

战略联盟适合于大型旅行社或旅游批发商,一般是以某一个大型旅行社为核心,组建松散的战略联盟,以达到联合营销的目的。在战略联盟的内部有相应的章程和规定,会对中间商有明确的约束。为了维护共同的利益,中间商之间也会约束和监督。

例如,2002年4月3日,中青旅联盟成立,设立了相应的组织机构。该联盟是以中青旅控股股份有限公司为要约人,以境内外旅行社、酒店、景区景点、邮轮公司等相关旅游服务商为应约人,本着资源共享、功能互补、平等互惠、诚信合作的原则共同组建的战略合作联盟,目前有成员60家。联盟的主要功能是协调和组织成员之间的广泛合作,加强成员间的信息沟通与交流,整合联盟内的各项资源并优化配置,提高采供能力,共同研发新产品,逐步形成国际化的旅行社经营网络。

(三)中间商评估

对中间商的评估涉及的内容很多,评估往往分阶段进行,至少每个季度评估一次。评估的结果作为选择中间商的重要依据,也是对中间商进行激励的重要依据。进行评估时,可以品牌和声誉、销售能力、合作诚意、互补性、依赖程度、赢利能力等指标作为依据。

(四)中间商激励

对中间商的监督和约束有时会比较困难,旅行社有时通过激励的方法引导中间商。这种激励一般以销售额等具体指标为依据,激励的方法很多,包括给予优惠的价格、更多的佣金、资金支持、更多的权限、广告支持、组织中间商考察等。这样有利于提高中间商的销售积极性,也有利于发现优秀的中间商。

第四节　旅行社促销管理

一、旅行社促销的含义

(一)概念

旅行社促销指的是旅行社通过广告、公共关系、销售促进、人员推销等方式向顾客或中间商传递信息,从而实现旅行社产品的销售。

毫无疑问,旅行社促销的最终对象主要是潜在的旅游者,即吸引旅游者选择旅行社的产品。但鉴于中间商的重要作用,大量的促销活动也是针对中间商的,其实质是对中间商的激励,即通过中间商间接完成销售活动。

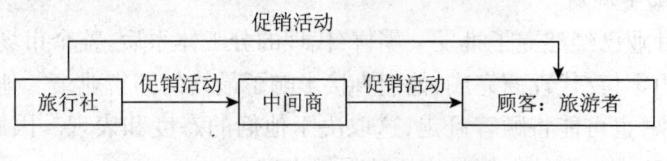

图4-9　旅行社促销示意图

(二)类型

根据促销的内容,旅行社促销可以分为两类:产品促销和企业形象促销。

1. 产品促销

在实际的促销活动中,产品促销所占比重较大,适合于所有的旅行社。它容易被理解和接受,效果最明显,着重于向潜在旅游者传递产品的信息、产品的价值和产品所带来的满足感。

2. 企业形象促销

相对而言,企业形象促销所占比重小,适合于大型旅行社。它不容易被大众关注,促销效果短期内不明显,着重于向潜在旅游者传递企业的实力、信誉、品牌、文化等信息。

另外,也可以分为旅行社的单独促销和联合促销。单独促销指的是一个旅行社的促销。联合促销指的是多个旅行社的统一促销活动,一般是由同一地区的旅行社组织起来联合行动,有时也会有当地的旅游行政管理部门的参与和支持。

表4-6 旅行社促销的类型

适用对象	促销类型	促销重点与效果
全部旅行社	产品促销	传递产品信息,见效快
大型旅行社	企业形象促销	传递企业信息,见效慢

二、旅行社促销的目标

(一) 影响顾客决策

旅行社产品促销的实质是通过提供可选择的产品,达到影响顾客决策的目的。产品促销的过程,就是使产品进入顾客的选择范围,并尽量成为第一选择。一般来说,人的记忆能力有限,只有最熟悉的几个产品才能进入选择范围,因而产品促销的目的是进入前三名。在此基础上,使产品表现出顾客最关注的特点和价值,超过与之竞争的产品。

(二) 激励中间商

当旅行社业已经建立了批发—零售/代理的分工体系后,整个市场中大部分的终端销售要由零售/代理商完成,他们直接影响了最终的销售业绩。他们既可能将顾客吸引过来,也可能将顾客赶走,这取决于他们的态度和表现。因此,对于有些旅行社来说,对中间商的促销是主要的促销内容。

(三) 提高企业品牌影响力

当旅行社的规模足够大、实力足够强时,旅行社就会加强企业形象的促销,着力宣传以扩大其品牌的知名度和美誉度。从成效方面来看,产品促销目的性太强,效果持续时间不长;而企业形象促销,影响力是无形的,效果持续时间更长。只要旅游者对企业产生了信赖,就更容易选择企业的产品。

（四）宣传推广旅游目的地

这一目标的实现难度较大，需要的时间较长，往往是由目的地多家旅行社和旅游行政管理部门联合行动。目前，各类旅游企业已经普遍认识到，只有把旅游者吸引到目的地，旅游企业才能赢利。因此，旅行社也愿意通过促销提升旅游目的地的吸引力。

三、旅行社的促销策略

旅行社的促销策略主要有四类：广告、公共关系、销售促进、人员推销。

（一）旅行社广告

1. 媒体的种类

媒体主要分为三大类：第一类，传统媒体，包括报纸、杂志、广播电台、电视；第二类，新兴的网络，包括互联网、局域网等；第三类，专业促销媒体，包括户外广告牌（包括灯箱、霓虹灯等）、POP广告（销售点广告）、印刷品（包括宣传单、宣传册、邮寄广告）、交通工具（包括车身、船身、机身广告等）。

表4-7 媒体的类型

具体种类	媒体类型
传统媒体	报纸、杂志、广播电台、电视
社会化媒体	社交网站、论坛、微博、微信、点评网站、实时聊天工具等
专业促销媒体	户外广告牌、POP广告、印刷品、交通工具

2. 主要广告媒体的特点

广告媒体的种类很多，各自的优缺点明显，旅行社需要根据促销的目标和自身的情况，进行分析和选择。

表4-8 主要广告媒体的优点和缺点

	优点	缺点
报纸	时效性强；覆盖面广；可以多人、反复阅读；可信度高；信息丰富	内容不够生动；缺乏互动性；年轻人缺乏阅读习惯
杂志	读者群稳定而明确；可以多次反复阅读；印刷质量好	内容不够生动；缺乏互动性；出版周期长；传播范围有限

续表

	优点	缺点
广播电台	听众群稳定而明确； 信息传播及时、迅速； 可以反复播出； 有一定的互动性；	听众不容易完整记忆； 信息无法保存； 听众被动接受信息
电视	受欢迎和关注程度高； 视听效果好； 时效性强；覆盖面广； 可以反复播出	信息无法保存； 听众被动接受信息； 广告费用和制作成本高； 缺乏互动性
互联网	信息量丰富； 即时性交互式沟通； 信息易于保存和传播； 视听效果好	覆盖范围和对象有限； 关注程度低； 广告费用较高

3. 广告媒体的选择

在选择时，一般应考虑以下几个因素：第一，媒体的受众对象。旅行社的广告对象比较集中，不是全部的大众，这不同于日用品、食品、药品等产品广告。一般来说，旅行社倾向于选择专业的媒体进行广告宣传，如专业的旅游报纸、旅游杂志、电视/电台的旅游节目或旅游频道、旅游网站、机场和车站等处的户外广告等，这样才能保证受众对象的集中性。第二，媒体的影响力。目前，在国内已经形成了一批有影响力的旅游媒体，分为全国性、地区性、城市性的旅游媒体，它们有各自的擅长领域，能够帮助旅行社实现促销的目标。如果旅行社想开拓海外的入境旅游市场，那还需要选择在当地有影响力的媒体。第三，广告的成本和费用。国内的旅行社大多规模较小，资金实力有限，无力进行长期的昂贵的广告宣传，因而可以选择适合自身条件的广告媒体和形式。第四，媒体的组合。媒体的种类很多，价格标准也很复杂，旅行社可以根据产品的情况，选择一种或几种媒体，达到比较充分的市场覆盖。一般来说，旅行社的经营有自己的规律，需要在旅游者预订之前，进行有效的广告选择。总的来说，不管如何选择媒体，都要以促销的目标为依据。

(二)公共关系

旅行社公共关系指的是改善企业经营的外部和内部环境，以促进产品销售的活动过程。

1. 公共关系的对象

旅游者：旅游者是旅行社的利润来源，是公共关系的重要对象。旅行社市场中如果存在着一些乱象和问题,潜在的旅游者会对旅行社缺乏足够的信心和信赖,对于旅游活动的质量经常持有怀疑态度。尤其是一些有不愉快旅游经历的旅游者,更会对旅行社形成刻板印象。因此,对旅游者的公共关系重点在于以下几个方面:重塑旅游者的信心,强调诚信经营,使旅游者了解旅行社的业务流程,强化服务意识,等等。

新闻媒体:每到旅游旺季和"黄金周"期间,旅行社都会成为新闻媒体关注的焦点。新闻媒体往往站在旅游者的角度,关注的内容多数是旅行社的违规经营、欺诈行为、违约行为、赔偿问题等,负面新闻较多。因此,对新闻媒体公共关系的重点在于以下几个方面:强化媒体的中立立场,增加正面报道,深入发掘行业问题的根源,等等。

公众:对公众的公关活动主要是为了培养潜在的旅游者,建立良好的公众舆论氛围。一方面,旅行社的社会形象欠佳,普通公众认为旅游业就是旅行社,旅行社就是导游,导游就是带团,带团就是宰客,形成了刻板印象。另一方面,公众没有认识到旅行社的积极作用、对社会的贡献、旅行社员工的艰辛等。因此,对公众公共关系的重点在于以下几个方面:强调旅行社的社会贡献,强调旅行社的社会责任感、旅行社员工的奉献,等等。

政府部门:对政府的公关活动主要是为了增加政府部门对旅行社的了解,取得政府相关部门的支持,同时也为了获得公务旅行、会议等方面的收入。在众多行业中,旅行社业的影响力太小,没有得到足够的支持和优惠的待遇。另外,政府的公务旅行、会议等消费,传统上是政府部门内部接待完成的,大中型旅行社可以在这块市场有所作为,为他们提供更完善更专业的服务项目。因此,对政府部门公共关系的重点在于以下几个方面:宣传行业的特点、作用和社会贡献,宣传服务的专业性和完善性,宣传行业的发展前景,等等。

旅行社员工:员工是唯一的内部公关对象,但也是至关重要的。从整个行业来看,旅行社业整体素质不高,大量的中小旅行社管理不完善,经营不正规,还不是真正意义上的现代企业。在内部管理方面,用工不够正规,员工合法待遇得不到保障,如没有劳动合同,员工薪水偏低,"五险一金"得不到落实,等等。因此,对企业员工公共关系的重点在于以下几个方面:加强人力资源管理,规范和守法经营,合理的薪酬福利制度,等等。

2. 公共关系的形式

新闻发布会:指的是通过新闻媒体发布有关产品、企业等方面的信息,向社会进行积极的宣传和报道。这种活动既可以促销产品,又可以提升企业的品牌影响力,而且可信度较高。目前,这种形式用得较多,旅行社往往会在客源所在的城市和地区,选择知名的媒体进行宣传活动。

专题研讨和学术活动:旅行社可以单独或联合组织这样的活动,主题可以是行业的热点问题。通过这些活动,一方面可以获得专家和学者的意见和建议,对产品和企业营销方面做出改进;另一方面,使专家和学者了解了企业和产品的情况,进而通过他们扩大影响力。专家和学者都是旅游业界的权威或知名人士,他们的观点和言论能够影响普通的公众,比旅行社自我宣传效果更好。

出版物:指的是各种平面或视听出版物,包括企业内部报纸和期刊、海报、宣传手册、研究报告、统计报告、光盘等。这些出版物能够增进外部对旅行社的了解,也可以扩大在行业中的影响力,同时可以作为馈赠的礼物使用。

展览会:指的是各类旅游交易博览会或展销会等。这些活动既是促销的良机,又是同业之间合作的机会,有助于旅行社找到合作伙伴,扩大在同业中的影响力。

公益事业和社区活动:公益事业指的是旅行社在教育、医疗、扶贫、养老等方面的活动,社区活动指的是旅行社积极参与所在社区的各项活动。这些不一定需要旅行社出资赞助,重要的是旅行社的积极参与,体现出企业的社会责任感。

3. 公共关系的作用

归纳起来,公共关系对旅行社的作用体现在四个方面:有助于促销旅行社产品;有助于与顾客、社区、员工建立良好的关系;有助于增加旅行社的知名度和美誉度;有助于旅行社处理投诉与危机事件。

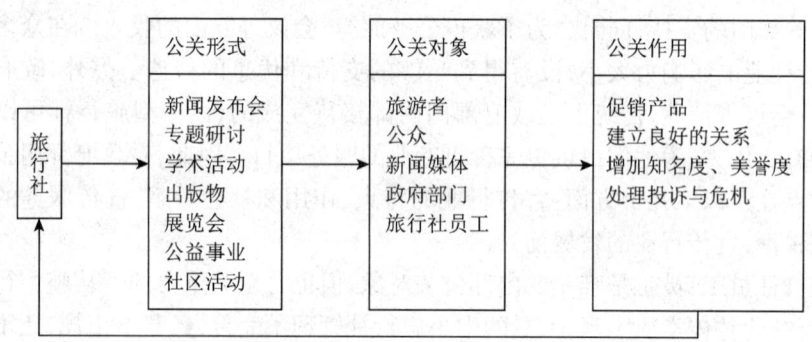

图4-10 旅行社公共关系示意图

(三)销售促进

也称为营业推广,指的是旅行社通过各种促销手段实现短期促销目的的活动过程。销售促进的特点是运用灵活,效果明显,可以在短期内实现销售目标。但促销吸引来的顾客可能多数是价格敏感型的,不是旅行社的忠诚顾客,也不利于旅行社的品牌培育,有可能会对长期利益造成影响。从促销对象来分析,销售促进分为以下三类。

1. 针对旅游者的销售促进

该策略类似于超市的促销策略,即通过各种附加利益刺激顾客的购买。具体方法包括提供赠品、优惠券或代金券、价格折扣、旅游保险、服务承诺、忠诚顾客计划等。

赠品可以是帽子、手提包、洗漱用品、地图、纪念品、电源转换器、旅游小药盒、手电筒等,应首先保证质量,尽量选择在旅行过程中使用频率较高的用品。赠品上标注企业 LOGO 或更多产品及企业信息,这样既方便了旅游者,也是对旅行社的宣传。

有的旅行社会为旅游者提供额外的保险,这对旅游者意义更大。例如,有的旅行社推出"参加旅游线路赠送旅游意外险"的活动,其中:参加短线的旅游者每人最多可获保 10 万元的旅游意外险和 5000 元的旅游医疗费;选择长线的旅游者,每位在短线的基础上另加 30 万元的航空意外险。

服务承诺,指旅行社向顾客做出的能够提供高质量服务的口头或书面的说明。服务承诺是向顾客做出保证,鼓励他们尝试或建立对旅行社的信心,同时也保证了顾客讨回公道的权利。有的旅行社承诺如果实际产品与广告宣传不符,就会赔偿旅游者。

忠诚顾客计划主要针对的是旅行社的常客,他们可以享受更完善的服务,更优惠的价格,以及更尊贵的体验。

2. 针对中间商的销售促进

具体方法包括参观考察、价格折扣、广告支持、资金支持、销售竞赛等。参观考察指的是组织中间商进行实地的了解和体验,使他们对旅行社的实力和产品更加了解、更有信心,从而达成合作,进而促销产品。广告支持指的是旅行社在客源地进行一定的广告投放,使潜在的旅游者了解企业和产品信息。资金支持指的是有时需要给中间商一定的贷款或专项资金帮助,用于启动相关的促销活动。销售竞赛指的是给中间商设定销售指标,对优秀的中间商给予奖励。

3. 针对销售人员的销售促进

具体方法包括团队奖励、个人奖励、销售竞赛等。旅行社目前对销售人员的依赖较大,销售人员掌握着客源,因而一旦销售人员离职甚至可能导致旅行社无法经营。对于销售人员的激励,应该着重培育销售人员对旅行社的忠诚,建立销售人员与旅行社共赢的机制,建立完善的薪酬和福利制度。

表 4-9 旅行社销售促进的对象与方法

销售促进的对象	销售促进的具体方法
旅游者	赠品、优惠券或代金券、价格折扣、旅游保险、服务承诺、忠诚顾客计划等
中间商	参观考察、价格折扣、广告支持、资金支持、销售竞赛等
销售人员	团队奖励、个人奖励、销售竞赛等

(四)人员推销

人员推销是指通过销售人员与顾客、中间商等销售对象进行面对面的沟通,以达到宣传和促销产品的目的。这是一种常见而简单的促销方式,也是国内旅行社应用最广的一种促销方式,尤其适用于资金不充裕的中小型旅行社。

1. 人员推销的形式

上门推销:指的是销售人员携带相关的产品资料到顾客所在地进行销售。该方式的优点是节省了顾客的时间和精力,对顾客来说很方便。缺点是顾客有时难以对销售人员进行判断和识别,可能存在欺诈的情况。

柜台推销:指的是销售人员在旅行社的销售点等待上门的顾客进行销售。该方式是最简单的一种人员推销,很多顾客仍习惯这种方式,喜欢自己上门选择旅行社产品,认为该方式更可信,产品选择范围更广。

会展推销:指的是销售人员利用各种会议、展览的时机进行销售。该方式主要是针对旅行社的合作伙伴和中间商,销售对象比较集中,成交的机会较大。

2. 人员推销的特点

具有交互性:即销售人员与顾客能够即时地双向沟通。促销的其余三种方式——广告、公关、销售促进,在交互性方面都无法与人员推销相比。心理学的研究表明,人的眼神和动作等身体语言会传递各种隐含的真实信息,这些信息只有面对面时才能感觉到。因此,销售人员可以随时观察顾客的表情和反应,为顾客解答疑问;顾客可以随时提问,了解各项细节,这样更有利于达成交易。

具有灵活性:旅行社的产品是相对标准化、固定的,而顾客的需求是个性化的、灵活的。一般来说,顾客都会有特殊的需求,这些需求直接影响最终的旅游决策。例如,一个三口之家外出旅行,可能最关注是否有孩子感兴趣的项目和活动,旅行社是否考虑了孩子的特点,而这些往往是产品广告或说明中没有的。销售人员可以随时调整销售的方式和重点,甚至对产品本身进行调整和重新设计,从而解决顾客的担忧。

具有针对性:在销售人员拜访顾客之前,一般会对顾客有一定的了解和选择,针对性很强,目标很明确,因而成功率较高。尤其当推销对象是重要的公司和团体客户时,销售人员更是必不可少的。

具有情感沟通性:一般来说,在直接面对销售人员和仅仅面对产品广告时,顾客会表现出不同的反应。直接面对销售人员时,顾客不容易直接拒绝,至少会抽出时间给予一些关注。如果双方能够达成一致和默契,就可能建立顾客的忠诚,甚至建立友谊关系。

3. 人员推销的策略

尝试性策略:一般适用于不熟悉的销售对象。由于不了解顾客的需求和偏好,只能向顾客依次推荐若干个产品,通过不断尝试和比较,判断出顾客的需求特征。

目标性策略:一般适用于顾客需求特征比较明显的情况。向顾客推荐一系列满足其需求的产品,从而保证至少有一种或几种产品适合目标顾客。

启发性策略:一般适用于顾客需求特征不显著的情况。这时顾客往往旅行经验不足,不了解自己的需求。销售人员通过各种讲解、事例、图片、实物等方式,来刺激旅游需求,从而完成销售过程。

4. 销售人员的素质

职业态度:指的是销售人员对于自己的职业、旅行社业、产品和服务的理解和观点。职业态度反映了销售人员的敬业精神和责任感。优秀的销售人员应该不以产品销售为目的,而以满足顾客需求为目的;应该不以一次性销售为目的,而以建立长久的业务关系和顾客忠诚为目的。

业务知识:销售人员应了解旅行社的产品特色、价格、服务项目等基本内容,了解销售的环节和重点,了解顾客的心理,了解竞争对手的情况,等等。

个人素质:指的是个人仪容仪表、个人修养、语言表达能力、判断能力、解决问题的能力、创新能力等。旅行社的产品和服务是关键,但销售人员的个人素质直接影响了销售的过程和结果,顾客可能因为对销售人员的不满意而放弃购买,也可能因为对销售人员的好感而选择购买。

【阅读】

上海职工国际旅行社优质服务承诺书

上海职工国际旅行社有限公司于1987年11月7日经批准成立,旅行社经营许可证号L-SH-GJ00008,本社主要经营国内旅游、入境旅游、出境旅游。

上海职工国际旅行社有限公司积极响应国家旅游局和上海市旅游事业管理委员会倡议的"诚信旅游"理念,为树立上海旅游行业良好形象,加快推进上海旅游诚信建议的各项工作,保证旅游消费者的合法权益,体现旅游产品线路和价格组成的透明度,提高游客的满意度,创造诚信经营氛围,让旅游者明白、放心消费,现向上海市旅游事业管理委员会和旅游消费者郑重作出以下承诺:

一、接受各级旅游行政管理部门的监督。依法经营旅游业务,做诚信守法的旅游单位。

二、广告宣传做到各要素用语正确,旅游线路的安排规范,无虚假、模糊、欺骗客人的内容。

三、主动与旅游客人签订出境旅游、国内旅游的合同。合同内容详细,活动安排透明(含价格、线路、日程安排、自选旅游项目应注意的问题、旅游购物的次数、用车和住店标准、用餐标准、保险费用的承担等),使客人明白消费。

四、围绕提高服务质量、提高公司信誉加强对导游、领队人员的培训和管理。导游、领队必须按旅游合同中的约定内容和标准做好接待服务工作,不得擅自增加或减少活动项目,不得擅自降低服务标准,如有发生作解聘处理。

五、选择有资质的旅游合作对象(车队、餐厅、饭店、景点、商场、娱乐场所、其他景观游览单位),在明确各自职能、权利和义务的基础上以合同约定形式建立双方合作关系,保护旅游客人的权益。

六、对各下属营业部门进行管理,务必使其做到"四个统一"。

七、做好旅游售后(活动后)服务工作,按有关规定受理旅客投诉,确属本公司责任的应进行违约责任赔偿,如不属本公司责任的,也应执行赔偿的规定。让旅游者感到本公司是一家负责任的旅游企业。

特此承诺。

承诺方:上海市职工国际旅行社有限公司(公章)
法人代表(总经理)签名:×××
2006年5月22日
见证方:上海市旅游事业管理委员会
负责人签名:
  年 月 日

第五章 旅行社接待业务管理

本章导读

本章在介绍旅行社接待业务的性质与作用的基础上,详细阐述了旅行社采购业务与计调业务的具体操作程序,以及旅行社接待过程管理与服务质量管理的具体内容。通过本章的学习,能够具备良好的接待管理能力。

第一节 旅行社接待业务的性质与作用

旅行社接待业务是指旅行社为已经预订了旅行社产品的旅游者,在其到达本地后提供的旅游安排,即为旅游者落实在本地的食、住、行、游、购、娱等消费活动。旅行社接待业务是旅行社经营管理工作中的一个重要环节,是旅行社产品的直接生产过程,也是旅行社产品的价值实现过程,其接待水平直接反映了旅行社的管理水平。

一、旅行社接待业务的性质

旅行社的接待人员主要有两类——旅行社门市接待人员和导游,旅行社接待业务主要是通过导游接待服务来完成的。导游接待服务起着承上启下、沟通协调的作用,没有导游接待服务,旅游者的旅游活动就无法实现。旅游者也往往通过导游接待服务来鉴定旅游产品的质量。所以,旅行社接待业务的质量优劣不仅影响到旅行社产品质量和企业整体经济效益,而且会影响到旅行社在国内及国际上的声誉和形象,最终也将影响到旅游目的地旅游业的客源市场。

旅行社接待业务的性质主要包括以下几方面:

第一,综合性。旅游产品具有很强的综合性,包括了餐饮、住宿、交通、游览、购物和娱乐等服务内容,旅游接待的过程实际上就是以上各项服务得以实现的过程。

第二,经济性。旅行社接待业务是通过接待人员向旅游者提供服务而创造特殊使用价值的劳动。这种服务包括协调、组织、迎送、翻译、讲解、生活照料等多种形式,这些服务通过交换而具有交换价值,在市场上即表现为价格。这就是旅行社接待业务的经济属性。

第三,文化性。作为旅行社接待业务中心环节的导游接待服务是传播文化的重要渠道,起着沟通和传播文明的重要作用。旅游者来自不同的国家和地区,属于不同的民族,代表着不同的文化,在与旅游目的地的社会和文化的接触中,旅游者渴望了解异域文化、感受异域生活。导游人员的讲解,可以帮助旅游者更好地实现对旅游目的地文化的理解和感悟,弥合文化差异。

第四,规范性。旅游产品主要表现为旅游服务,具有无形性的特点。旅游者购买旅游产品时,是无法触摸或者以数量衡量的,产品只是旅游者心中的一种感受。同时,由于旅游产品是先购买后消费,因此为了保证旅行社的产品质量,旅行社接待业务必须要按照质量标准与接待程序来执行,使提供的服务与事先的承诺保持一致。

第五,原则性。旅行社在提供接待服务时必须遵守两个原则:第一,必须坚持四项基本原则,严格按照党和国家的方针政策做好接待工作;第二,切实遵守外事纪律和旅游工作的各项规章制度及有关工作细则。在接待过程中,无论是导游讲解还是旅游宣传,都要做到积极主动、因势利导、实事求是、内外有别、有的放矢、生动自然、不卑不亢、求同存异。

二、旅行社接待业务的作用

(一) 生产作用

旅行社产品的生产表现为提供旅游服务,因此其直接的生产过程就是旅行社的接待过程。旅行社之前所进行的市场调研、收集信息、编制旅游线路等工作,都只是旅游产品生产的前期准备工作。旅游产品的生产必须以旅游者的到来为前提,只有当旅游者接受旅游服务时,旅游产品的服务要素才发挥作用,旅游者才真正享受到旅游产品的使用价值,而旅游产品的价值也才能在旅游者的消费过程中得以实现。

(二) 促销作用

第一,促销旅行社产品,扩大客源。客源是旅行社乃至整个旅游业生存、发展的基础。为了吸引客源,支持本地旅游业的发展,许多国家和政府都不惜投入大量的人力、财力、物力在国内外进行大规模的广告宣传和促销活动。虽然这种方法可以在宣传初期有效地促进旅游者对旅游企业的认知,吸引旅游者购买产品,但若想使旅游者成为旅游企业的忠诚顾客,仅凭广告宣传是远远不够的。更有效的方式是带给旅游者良好的切身感受和他们的"口头宣传",即旅游者在旅行游览过程中,切身感受到了接待服务人员提供的优质服务,并在回去后向亲朋好友讲述自己的旅游经历和体验,这比任何广告都更可靠和令人信服。因此,优质的接待服务在促销旅游产品、扩大客源方面起着重要作用。

第二,促销旅游商品,推动创收。在旅游的食、住、行、游、购、娱这六大要素中,购物是一个非常重要的环节。旅游商品的开发与生产是旅游业发展的重要组成部分,而对其的促销则成为增加旅游经济收入的重要手段。接待人员,尤其是导游在旅游购物方面的介绍宣传,无疑可以起到良好的促销作用,提升旅游购物促销效果,促进地方经济发展。

(三)代表作用

旅游团队接待工作的顺利完成,要依靠旅行社和旅游协作企业的通力合作,还要依靠接待人员的细致工作。接待人员的接待质量代表着旅行社的整体形象,包括管理水平、员工整体素质、服务意识和接待技能等。对旅游者来说,旅行社接待服务质量高,旅行社的形象就好;接待服务质量差,就会破坏旅行社的整体形象,从而影响旅行社的客源。

(四)纽带作用

旅行社接待人员始终处于旅行社工作的最前线。他们一方面对旅游接待单位的供给与服务质量情况有比较全面而真实的了解,可以为旅行社选择合作伙伴、制定战略决策提供第一手资料;另一方面在与旅游者的交往过程中,会听到来自旅游者的建议和意见,接待人员要把这些意见和建议反映给旅行社的决策层和管理层,作为其制定决策的参考。

第二节 旅行社服务采购管理

一、旅行社服务采购的内涵

旅行社向旅游者提供的产品,形态丰富,涵盖了旅游活动中的食、住、行、游、购、娱等要素。无论是哪一种形态的旅游产品,无论是单项旅游服务还是团体包价旅游,都要求旅行社要将餐饮、住宿、交通运输等许多旅行社并不直接经营的服务项目包括其中,这也就产生了旅行社服务采购行为。

旅行社服务采购是指旅行社为组合旅游产品而以一定的价格向其他旅游企业及与旅游业相关的其他行业和部门购买相关服务项目的行为。旅行社所购买的并非具体的商品或实物,而是某种设施或服务在特定时间内的使用权,是旅行社产品的必要组成部分。

二、旅行社服务采购的原则

旅行社服务采购过程中需要遵循以下两点原则:

第一,保证供应。由于旅行社产品中的大部分项目是由其他旅游服务供应企业提供的,因此旅行社能否满足旅游者的要求,在很大程度上取决于能否采购到所需要的服务项目,特别是在某些客流量大幅增加的特殊时期,更是如此。旅行社在采购过程中要遵循保证供应这一首要原则,即保证提供旅游者所需要的各种旅游服务,这也是其进行采购的根本任务。同时,旅行社不仅要保证所采购的服务项目在数量上可以满足旅游者需求,还要保证服务项目全都具备产品所规定的质量。不然,会招致旅游者的不满和投诉。可见,旅行社的采购工作关乎旅行社的声誉、生存与发展。

第二,降低成本。旅行社产品成本的高低主要取决于采购价格。在行业市场价格战激烈的情况下,如果旅行社的采购价格低于其他社,就能够争取到更多的客源,获得更多的利润。降低旅行社产品的采购成本,需要考虑到两个重要的影响因素:一个是其他旅游服务供应企业产品价格的调整,比如景点门票、交通票价、客房房价的上浮或下调;另一个是旅行社产品的销售时间与旅游者成行时间之间的时间差。因为旅行社产品是旅游者事先预约购买的,价格是提前定好的,到旅游者成行的这一段时间内,有可能会遇到价格的调整。如果是价格上涨,旅行社就会处于两难境地:随之涨价,会引发旅游者不满而丢掉客源;自己承担,又会降低利润甚至亏本。

三、旅行社服务采购的方式

(一)集中采购

集中采购是指旅行社以最大的采购量去争取最优惠价格的一种采购方法。集中采购的方法主要有两种:一种是旅行社可以将本社各部门的采购活动集中起来,统一对外采购;另一种是旅行社将其各个时期,如一个月、半年或者一年内所需的旅游服务项目集中起来,精心挑选出一个或少数几个旅游服务供应企业,用最大的购买量来获得其最优惠的价格和供应条件。集中采购的优点是通过扩大采购量,减少采购批次,让卖方"薄利多销",从而降低采购价格和采购成本。缺点是采购量较大,预订量往往可能超过实际使用量而造成退订损失,所以需要认真做好采购预测和适时的调整。

(二)分散采购

分散采购分为近期分散采购和多部门分散采购两种形式。近期分散采购是指在旅游市场出现供过于求的情况时,旅行社可以采用"一团一购"的方式,在旅游者即将抵达目的地时,利用旅游服务供应企业无法在短期内通过其他渠道获得大量的购买者,而又迫切需要将大量既不能储存、又不能转移的旅游服务产品出售的处境,尽量压低采购价格。多部门分散采购即旅行社设法从许多同类型旅游服务供应企业获得所需的旅游服务的一种采购方法。当旅游市场因旅游旺季的到来而出现供不应求的情况时,旅行社无法从一家或少数几家固定的旅游服务供应企业那里获得大量的所需服务时,就需要采购人员广开渠道,设法从其他旅游服务供应企业那里获得足够的产品和服务供给。

(三)建立采购协作网络

旅行社采购协作网络是指旅行社与其他旅游服务供应企业的互利合作关系网络。旅行社通过与其他旅游服务供应企业洽谈合作内容与合作方式,签订有关合同或协议,明确双方权利义务及违约责任,从而保证旅行社所需旅游服务的供给。

旅行社建立采购协作网络的原因有以下几点:第一,旅行社产品的综合性。旅游产品往往包含餐饮、住宿、交通等服务项目,这些服务项目多数都不是由旅行社自行生产的,因此,旅行社必须与相关的旅游服务供应企业协作,才能顺利地组合自己的旅游产品并销售。第二,旅游活动的季节性。在旅游旺季,旅游服务项目的供应全面紧张,如果这时旅行社是临时联络旅游服务供应企业,很难获得其所需的服务项目,而采购协作网络的存在将增强旅行社获得紧缺服务的能力。在旅游淡季,采购协作网络也可以使旅行社更容易获得较优惠的价格。第三,旅行社经营的便捷性。一方面,采购协作网络可以使旅行社以较低的价格获得高质量的服务,增强了旅行社的竞争力;另一方面,采购协作网络也使旅行社与其他旅游服务供应企业在长期协作关系中相互信任,加强了旅行社交易的安全性。

旅行社建立采购协作网络应遵循下列原则:第一,广泛覆盖原则。旅行社的采购协作网络应该覆盖旅行社需要采购的一切服务领域,如餐饮、住宿、交通、景区景点等,还要在同一服务领域内尽可能多地与不同规模和档次的旅游服务供应企业建立协作关系,以保证在各种情况下均有较大选择余地和以合理价格进行采购。第二,互惠互利原则。这是旅行社与旅游服务供应企业之间的合作基石。只有合作双方都能够获得合理利益,合作关系才有可能长久。第三,诚实守信原则。在合作过程中,旅行社应严格按合同的约定履行合同,出现违约时应及时主动地承担责任,同时要自觉遵守商业道德,做到以诚相待。

四、旅行社服务采购的类别与方法

(一)餐饮服务采购

餐饮服务采购是指旅行社为满足旅游者在旅游过程中的餐饮需要而进行的采购业务。餐饮服务是旅游活动中必不可少的一部分,对于旅游者而言,用餐不仅仅是满足果腹的需要,更是一种旅游中的享受。因此,在采购餐饮服务时,采购人员要综合考虑餐馆的卫生条件、餐馆的地理位置、旅游者的饮食习惯、旅游团队的等级与餐标、餐饮产品的风味特色、餐饮产品的价格等情况,选择合适的餐馆。

定点采购是旅行社在采购餐饮服务时常用的方法。所谓定点采购,是指旅行社在对餐饮企业进行综合考察和筛选后,选出一个或多个餐馆作为旅行社的定点餐馆,双方长期合作。在合作前,旅行社一般要与定点餐馆进行协商,就不同等级的用餐标准、价格、退订细则和办法、折扣、详细菜单等方面达成协议,双方按协议自觉履行义务。

(二)住宿服务采购

住宿服务是旅行社产品的重要组成部分,并在一定程度上成为评价一个国家旅游业接待能力的重要标志。旅行社如果不能按照旅游者的要求安排住宿,或者安排的住宿服务不符合客人的要求,将直接影响到接待服务的质量。因此,旅行社都非常重视对住宿服务的采购。

旅行社住宿服务采购业务的主要内容一般包括以下四个方面:

第一,选择住宿服务企业。旅游市场上可以提供住宿服务的企业有很多,如宾馆、饭店、旅馆、招待所、度假村等。各个企业的基础条件、服务特色都不尽相同,旅行社采购人员可以从坐落地点、经营方向、设施设备、服务项目、停车场等方面进行全面考察,根据企业的综合服务条件,权衡利弊,选择适合自己需要的企业作为合作伙伴。

第二,选择预订方式。旅行社选定住宿服务企业后,就应该进行预订。通常旅行社所选择的住宿服务企业是饭店。主要的预订方式有组团旅行社预订、饭店预订中心预订、饭店销售代表预订和地接旅行社预订四种。

组团旅行社预订是指组团旅行社通过信函、传真等方式直接向有关饭店提出预订要求,又称直接预订。这种方式的优点是无中间环节,降低了采购成本;能够直接掌握饭店的客房情况,比较有把握保证供应;能够与饭店建立起较为密切的合作关系,有利于采购业务的进一步开展。这种方式的缺点是旅行社必须与要预订的饭店逐一打交道,在联系饭店、寄送预订申请、确认住房人数及名单、付房费等方面会花费大量的时间和精力。外地的饭店可能会因为不了解组团旅行社而在交纳租房预订金、付款期限、客房保留截止日期等方面不给予优惠或优惠很少。

饭店预订中心预订的方式只适用于连锁饭店。如果旅行社选择的住宿服务企业是连锁饭店集团所属的饭店,就可以通过该饭店集团的预订中心预订所需客房。这种方式的优点是旅行社可获得该饭店的可靠信息,可以比较方便地得到所需客房且价格比较优惠。而缺点就是旅行社的选择范围只能局限于连锁饭店集团内,失去了其他选择机会。在预订被确认后,旅行社仍要自行与饭店联系,办理相关订房手续。

饭店销售代表预订的方式可以使旅行社省去很多麻烦。但也有其局限性,就是饭店销售代表可能同时为多家饭店提供服务,难以对每一家饭店都熟悉。而且饭店销售代表主要经营散客业务，对旅行社的团队订房程序不很熟悉，有时不能胜任团体客房预订的任务。

地接旅行社预订的方式是许多组团旅行社在预订目的地住宿服务时会选择的方式。这种方式的优点是地接旅行社与当地许多饭店建立了良好的合作关系，客房比较能保证；地接旅行社也比较了解当地旅游住宿企业的综合服务情况，能根据旅游者的不同特点和要求，安排合适的饭店；地接旅行社还能较容易地掌握当地旅游住宿的供求情况，及时告知组团旅行社，避免其不必要的损失。而且，在住宿服务极端紧缺的某些情况下，组团旅行社也只有通过地接旅行社才能预订到该地区的客房。这一方式的缺点是地接旅行社可能会把饭店因旅行社的批量采购所给予的折扣截留一部分作为代订饭店的报酬；有的地接旅行社也可能为了得到更多的折扣，而设法让组团旅行社接受一家并不合适的饭店。

综上可以看出，每种预订方式都是优缺点并存的，所以旅行社的住宿服务采购人员应事先全面了解情况，然后做出恰当的决策。

第三，确定客房租住价格。价格是旅行社在采购住宿服务时要考虑的重要因素。饭店客房租住的价格种类很多，如门市价、团队价、协商价，等等。采购人员应熟悉这些价格，并根据旅游者的要求、旅行社同饭店的合作关系、当地住宿服务市场的供给情况、旅行社提出预订的日期和旅游者入住的日期、入住天数等与饭店进行谈判，以便获得最优惠的价格。

第四，办理住宿服务预订手续。旅行社在选定了饭店以后，就应该办理相关预订手续。主要包括提出预订申请和交纳预定金。旅行社的采购人员要通过自己选择的预订方式提出预订申请，提供旅行社名称、团号、用房数量及类型、入住时间、退房时间、结算方式、旅游者在住宿方面的特殊要求等信息。如果饭店接受预订，就会向旅行社发出确认函。饭店通常会要求旅行社在收到确认函后的一定时间内向饭店交纳预订金，以确保饭店在规定期间内为旅行社保留其所预订的客房。每个饭店都有关于预订金交纳时间、交纳比例、取消预订退款比例等事项的规定，旅行社采购人员应事先了解这些规定。旅游者在预订时间到达饭店后，即可凭旅行社转交的饭店确认函在饭店前厅接待处办理入住手续。

（三）交通服务采购

交通服务承担着解决旅游者空间位移的重要任务。根据交通工具的不同，交通服务主要分为航空交通服务、铁路交通服务、公路交通服务和水运交通服务四种。旅行社采购人员在采购交通服务时，需要综合考虑其安全性、舒适性、经济性、便捷性等各方面因素。

1. 航空交通服务

在远程旅游活动中，航空交通服务是经常被选用的方式。旅行社采购航空交通服务主要是采购定期航班服务。但在某些情况下,比如旅游旺季里正常航班班次不足,某"双飞"产品的参团人数接近飞机的座位数,接待贵宾团、会议团等特殊团队,目的地较远又交通不便,而旅游者数量达到一定规模且有时间方面的要求,旅行社在接待过程中发生纠纷,耽误了行程等,旅行社都会采购旅游包机服务以有效地快速运送和疏散旅游者。航空交通的优点是快速省时,安全舒适。缺点是费用高,易受天气影响,运输覆盖面小而难以做到点对点运输。

旅行社采购人员在采购定期航班服务时,应事先了解旅游者和航空公司的相关信息,之后填写"飞机票预订单"并将预订单按航空公司规定的日期送到航空公司售票处。预订机票后,需要在规定时间内持乘机人的有效身份证件或持旅行社出具的标有乘机人身份证号码或护照号码的乘机人名单,以现金或支票的形式购票。拿到机票后,采购人员必须认真核对机票上的乘机人姓名、航班、起飞时间、票价金额、前往目的地等内容是否准确无误,如有错误应及时纠正。采购人员还要按照我国民航部门的规定,及时代旅游者进行机票确认;如遇旅游团人数减少或旅游者取消旅行计划的情况,要及时办理退订与退购手续;如有遗失机票或要求变更机票的情况,采购人员应协助办理相关手续。

如需采购旅游包机服务,旅行社采购人员应与就近的航空公司或旅游包机公司取得联系,告知乘机的人数、日期、目的地等情况,并询问其所能提供的飞机机型、座位数、所需费用、起飞和降落地点等情况。之后向旅行社领导汇报并经批准后,可向航空公司或旅游包机公司提出正式的包机申请,在对方接受后,双方签订包机协议。

2. 铁路交通服务

铁路交通服务是旅行社向旅游者提供的重要的交通服务方式。铁路交通服务采购的内容主要是按照旅游者的需要订购火车票,以保证旅游者的顺利出行。铁路交通的优点是载客多,价格低,污染少,安全系数高,受季节和气候的影响小。缺点是速度较慢,长时间乘坐易使人疲劳。铁路交通的工具可分为普通旅客慢车、普通旅客快车、直通快速旅客列车、直通特快旅客列车、直达特快旅客列车、旅游列车等类型。各类型列车一般都设有硬席座位、软席座位、硬席卧铺和软席卧铺等。

旅行社采购人员在采购铁路交通服务时,应根据旅游者的具体情况和需求向车站售票处提出预订计划,包括火车票的车次、时间、种类、数量、抵达车站的名称等,然后用现金或支票的形式在售票处购票。如旅游团人数减少或旅游者取消旅行计划,采购人员需按照铁路部门的规定办理退票手续;如旅游者不能按票面指定的日期和车次乘车或者在中途站或列车内要求变更线路时,采购人员应协助办理相关手续。

3. 公路交通服务

在航空交通和铁路交通欠发达的内陆地区,公路交通则成为主要的旅游交通形式。公路交通的最大优点是方便。旅游者可以乘汽车去任何已通公路的旅游景点参观游览,而且可以随时下车参观自己想参观的地方,基本上可以做到点对点运输。缺点是乘车过久容易使人疲倦,安全系数相对较低。

旅行社采购人员在采购公路交通服务前,应全面了解本地区能提供公路交通服务的汽车公司的情况,例如公司拥有车辆的数目、车型、性能、驾驶员的技术水平、公司的管理状况、租车的费用,等等。之后综合比较各方面情况,选择最满意的公司作为公路交通服务的长期采购对象,并签订合同协议。旅行社如有用车计划时要提前向汽车公司提出用车要求,告知旅游者的人数、旅游活动日程以便汽车公司选择合适的车型并配备驾驶员等。旅行社采购人员应在用车前2至3天内再次与汽车公司联系,落实车型、驾驶员姓名、联系电话等相关信息,并告知旅行社的接待部门。

4.水运交通服务

水运交通一般包括内河航运、沿海航运和远洋航运等类型,其交通工具主要有普通客轮、豪华客轮、客货混装船和气垫船等,不同的交通工具也分别设有不同等级的舱位。水运交通的优点是客运量大,价格较低,悠闲舒适。缺点是速度较慢。

旅行社采购人员在采购水运交通服务时应根据旅行计划和要求向水运交通服务部门预订船票,并将船票预订单在规定日期内送交船票预订处。在取票时,要认真核对船票的日期、离港时间、航次、航向、船票数量、船票金额等内容以防出错。购票后,如果出现旅行计划取消或乘船人数变动等情况,要及时办理退票或增购手续。

(四)景区(点)服务采购

旅游者在旅游目的地最基本、最重要的活动就是参观游览各景区(点)。旅行社采购人员要熟悉本地区的景区(点),并与其建立长期合作关系。对于一些特殊的参观游览部门,如工厂、民居等则应征得其同意,并取得他们的支持与配合。

旅行社采购人员首先要草拟"景区(点)合作协议书"和"参观游览券"。之后与相关的景区(点)洽谈旅游团的门票记账事宜,对门票单价、大小车辆进园单价、结账期限等内容进行协商,并签订正式的景区(点)合作协议书。还要将签约单位的名称、电话、联系人、带团进门方向、交票张数、进车路线、停车地点等内容整理列表,附带有关规定或说明,打印后分发旅行社接待部并报财务部备案。

(五)购物服务采购

在现代旅游活动中,购物活动已日益成为必不可少的一项内容。如果旅行社能够组织、安排好购物活动,不仅可以满足旅游者的需要,提高他们对接待工作的满意程度,还可以为当地经济的发展做出贡献。

旅行社采购人员在采购购物服务时,应对当地的旅游商品市场、旅游纪念品商店做全面详细的了解,并选择一批信誉好、品种全、价格合理、品质优良的旅游纪念品商店和旅游商品市场作为相对固定的购物点,与其建立相对稳定的合作关系。

(六)娱乐服务采购

娱乐活动,如看杂技、欣赏戏曲、民族歌舞,体验少数民族风情等,不仅可以消除旅游者参观游览的疲劳,而且可以丰富、充实旅游活动,成为文化交流与传播的有效方式。

旅行社采购人员在采购娱乐服务时,要了解旅游者的需求,根据旅游者的不同年龄、性别、文化程度、经济状况安排适当的娱乐项目。同时要遵守国家的法律和规定,不带旅游者去不安全和不健康的场所。

(七)保险服务采购

根据《旅行社条例》及相关法律规定,为减少自然灾害等意外风险给旅游者带来的损害,旅行社在招徕、接待旅游者时,可以提示旅游者购买旅游意外保险。同时也鼓励旅行社依法取得保险代理资格,并接受保险公司的委托,为旅游者提供购买人身意外伤害保险的服务。

旅行社采购人员在采购保险服务时,与合作的保险公司要签订合作协议,以保障各相关方的权益。

(八)旅游接待服务采购

旅游接待服务采购是指组团社向地接社采购接待服务。由于在旅游接待过程中,组团社无法承担全部的接待工作,尤其是在旅游目的地的接待工作,因此,组团社就要选择合适的地接社,向其购买接待服务以完成旅游目的地的团队接待活动。

旅行社采购人员在采购旅游接待服务时,应当根据旅游客源市场的需求及其发展趋势,有针对性地在旅游目的地旅行社中进行比较和挑选,选择一个或数个作为长期的合作伙伴,签订合作协议。选择的标准一般有三个:第一,良好的企业信誉。地接社的接待质量直接影响着组团社的信誉,因此组团社在选择地接社时应首先考虑其信誉度。这方面可以参考旅行社的经营历史资料和公众的评价。第二,较强的接待能力。地接社不仅要承担接待工作,而且要承担组团社委托的大量采购工作。加之旅游服务工作中经常会面对很多复杂情况,如临时增订或退订等,这些都对地接社的接待能力提出了较高的要求。第三,合理的收费标准。地接社的收费标准不能过高,应控制在旅游者和组团社能接受的范围之内。地接社不应以各种借口违反事先达成的协议,擅自提高收费标准或增加收费项目;也不应随意降低接待服务的标准,损害旅游者和组团社的利益。

五、旅行社服务采购的管理

(一)正确处理保证供应与降低成本的关系

保证供应与降低成本是旅行社采购工作的两大原则,若能二者兼顾自然最好,但在实际工作中,当这两者之间产生矛盾时,就要根据旅游市场上旅游服务项目供需情况的变化而灵活处理。在旅游淡旺季,"保证供应"和"降低成本"存在以下关系:在旅游旺季时,某些旅游服务项目经常会出现暂时的短缺,使相关的供应市场暂时变成卖方市场。这时,旅行社采购就要以保证供应作为主要采购策略。甚至在必要时,要不惜牺牲眼前的部分利润,以较高的价格获得迫切需要的旅游服务项目,以便保证旅游合同的实施。而在旅游淡季,当保证供应已经不成问题时,旅行社采购工作的重点就要及时转移到降低成本上,通过淡季的低采购价格降低全年的营业成本,弥补在旺季时为确保旅游服务的供应而付出较高价格所蒙受的损失,从而增加旅行社的经营利润。

(二)正确处理集中采购与分散采购的关系

集中采购与分散采购方式的选择,也要根据旅游市场上旅游服务项目的供需情况而定。一般来说,按照商业惯例,特别是在买方市场条件下,集中采购由于是批量采购而不是零购,其价格应该低于零售价格,而且批发量越大,价格就越低。不过,当旅游服务项目供大于求较为严重的时候,分散采购的方式却可能得到较优惠的价格。这主要是因为集中采购中,远期预订较多,不确定性较大,因此卖方不愿意把价格定得很低。而分散采购却因为是近期采购,预订时旅行社一般已有固定客源,卖方迫于供过于求的压力,常常愿意低价出售。而当市场出现供不应求的状况时,采用分散采购的方式会更容易获得所需服务项目。

(三)正确处理预订与退订的关系

旅行社产品的销售是一种预约性交易,旅行社需要在年底提前制定采购计划,并按照这些计划与相关旅游服务供应企业洽谈次年合作事宜,预订所需的各种旅游服务项目。计划采购量则是旅行社根据前几年的实际客流量以及对次年市场的预测来确定的。但是计划采购量和实际采购量之间总是有差距的,有可能会因为实际采购量不足而需要临时退订,也有可能实际的旅游者人数超过预订数,那么旅行社就需要增订。而旅游服务提供企业对旅行社的这一退一增,都有相关规定和限制。退订有关于时间方面的限制,超过时限后,需要缴纳罚款。退订越晚,罚款额的比例越高。而增订也有数额限制,有时也要多收费用。这就要求双方协商以达成一致的意见。市场的供求状况和旅行社的采购信誉会影响到协商的结果。如果市场供过于求,或者旅行社的计划采购量与实际采购量之间的差距比较小,采购量处于稳定增长的态势,那么卖方会愿意提供较为优惠的条件。

(四)加强对采购合同的管理

合同又称契约,是当事人之间设立、变更、终止某种权利义务关系的协议。签订合同是当事人为避免和正确处理可能发生的纠纷而采取的行为,目的在于保障各方经济利益的实现。

旅游采购不同于有形产品的采购,是一种预约性的批发交易,是一次谈判多次成交的业务,谈判和成交之间既有时间间隔又有数量差距。旅游采购的这种特点,使得旅行社与旅游服务供应企业之间签订合同显得更为必要,以明确交易关系、规范市场主体经济活动、预防纠纷发生、维持经济运行秩序正常。

签订采购合同要考虑以下五个方面的内容:

第一,合同标的。合同标的是指合同双方当事人权利义务指向的事物,即合同的客体。旅游采购合同的标的就是旅行社购买的旅游服务供应企业出售的旅游服务项目,如餐饮、客房、汽车运输等服务。

第二,数量和质量。由于旅游采购合同是预购契约,不可能规定确切的购买数量,而只能由买卖双方商定一个计划采购量,或者是规定一个采购和供应幅度。关于质量则由双方商定一个最低的质量要求。

第三,价格和付款办法。合同中应规定拟采购服务的价格。由于价格常常随采购量的大小而变动,而合同中又没有明确的采购量,因此,可以双方商定一个随采购量变动的定价办法,并规定在合同期内价格可否变动及其条件。在国际旅游交易中,还要规定交易所用的货币,以及在汇率变动时价格的变动办法。此外,还要规定优惠折扣条件、结算方法及付款时间等。

第四,合同期限。是指签订合同后开始和终止买卖行为的时间,一般是一年签一个合同,也有的是每年按淡、旺季签两个合同。

第五,违约责任。违约责任是指当事人不履行或不完全履行合同所列条款时应负的法律责任。按照我国《合同法》规定,违约方要承担支付违约金和赔偿金的义务。

第三节 旅行社计调业务管理

计调是旅行社完成地接,落实发团计划的总调度。旅行社计调是指一个旅行社在接待过程中为旅游团(者)安排各种旅游活动,提供间接服务的工作人员。

计调部门是旅行社的核心部门,控制着旅行社产品的成本和服务质量。传统旅行社的计调部门主要负责计划调度,订车、订房、订票等采购业务及行李的管理。随着旅游业的不断发展和客源市场的不断变化,目前许多旅行社的计调部门已逐渐从传统的后台走到前台,不少旅行社成立了专门的订票中心、订房中心等。

计调业务是旅行社接待业务的重要组成部分,计调业务管理也是旅行社管理职能中的重要组成部分。

一、计调业务的特点与性质

（一）计调业务的特点

计调业务主要有以下几个方面特点：

第一，复杂性。首先，计调业务的采购内容多样，涉及票务、交通、餐饮、住宿、保险，等等。其次，计调业务的程序繁杂，从落实组团社的接待要求到接待工作结束后的结算，方方面面的事宜都需要计调处理。最后，计调业务涉及的关系复杂，与几乎所有的旅游接待部门都有业务上的联系，需要协调处理好与各部门之间的关系。

第二，具体性。计调业务无论是收集关于本地区接待情况的信息向其他旅行社预报，还是接受组团社的业务接待要约制订接待计划，都是非常具体的事务性工作。

第三，多变性。计调业务的多变性，是由旅行社接待计划的多变性决定的。例如，接待计划中旅游团的人数若发生变化，计调就需要重新落实接待工作的各项细节。

第四，灵活性。计调业务的灵活性主要表现在旅游线路变更的灵活性。变更线路主要有以下几种情况：在旅游旺季或特殊时期，如春运期间，因交通票紧张而不得不改变行程安排；为与其他旅行社竞争而选择新的旅游线路；为满足旅游者的需求而调整旅游路线；等等。

（二）计调业务的性质

计调工作的主要内容是为旅行社的业务部门服务，具体包括：为旅行社决策层和管理层提供计划、统计服务；为外联部门提供信息咨询服务；为接待部门提供后勤联络服务；为财务部门提供结算凭证服务；为旅游者提供委托代办服务等。从计调工作的具体内容看，计调工作具有保障供应的内部服务性质。这一性质决定其具有信息、计划、选择、签约、协调、联络、统计和创收八个职能。这些职能也使得计调工作得以具体实施并确保了其业务的服务性。

二、计调业务的工作流程

旅行社计调业务主要体现在对外和对内两个方面。对外合作即旅行社的服务采购业务，上一节中已有详细阐述。这里提到的计调工作流程主要是指旅行社计调部门与其他部门之间的联系与合作，即依据计调部门与其他合作方签订的经济合同所商定的工作程序，对每一个旅游团或旅游者的接待计划给予具体落实的过程。

（一）与外联部门交接

1. 预报

外联部将旅游团或旅游者的初步意向及旅游需求情况预报反馈给计调部，计调部在收到这些计划后,要及时整理、汇总收集到的信息,并对其进行归类分析,编制出适合的旅游线路并向组团社发出报价单。组团社在收到报价单后,向接待社计调部提供预报计划,详细说明团号、人数、时间等相关信息。计调部根据组团社的预报计划编制接待计划。

2. 考察接待设施

计调部根据组团社的预报计划,要先考察协作单位的接待设施并询价,主要包括飞机、火车、轮船票的时间、班次、价格,车队的旅游用车,酒店、餐厅、景点情况等,考察后可与协作单位达成协议。

3. 交接并落实接待计划

计调要将接待计划报送相关领导、财务部门和各有关协议单位,将计划逐一落实。包括以传真方式向协议酒店发送"订房计划单"并要求对方书面确认;以传真方式向协议车队发送"订车计划单"并要求对方书面确认;以传真方式向协议餐厅发送"旅行社团队订餐通知单"并要求对方书面确认;向票务人员下达"订票通知单",并由经手人签字;以传真方式向协议组团社发送"旅行社出团计划单"并要求对方书面确认。

4. 单项预定

如组团旅行社提出了散客委托的服务项目和具体要求,计调应当尽快与相关协议单位联系进行预订与购买。计调接受委托时应记录散客的姓名、性别、国籍(地区)、人数、抵离日期、所乘交通工具抵达时间、要求提供的服务项目和付款方式等。同时要填写任务通知书,一式两份。一份存档备查,一份及时送达有关部门经办人。

如果能够满足散客提出的要求,就及时回复并确认;如果无法满足散客提出的要求,应当在24小时内明确做出不能接受委托的答复。

5. 变更与取消

如果接待计划发生变更,要及时做出"旅行社出团计划更改单",以传真方式发送至协议组团社并要求对方书面确认。同时,在用房方面应及时填写"酒店入住更改单",以传真方式发送至协议酒店并要求对方书面确认,如酒店无法接待则及时通知组团社,经同意后调整至同级酒店;在用车方面要及时填写"团队订车计划更改单",以传真方式发送至协议车队并要求对方书面确认;在就餐方面要及时填写"团队用餐计划更改单",以传真方式发送至协议餐厅并要求对方书面确认;在票务方面要及时发出变更通知,告知票务人员。

如果接待计划取消,则要及时通知各相关部门和协议单位,并要求对方确认。

(二)与导游接待部门交接

计调将旅游团或旅游者对团队导游的具体要求告知导游接待部门,要其选择合适的导游接团。同时制作"导游出团通知书",将团队抵达和离开的准确时间及地点,团队成员的背景资料、宗教信仰、饮食禁忌,与协作单位落实好的接待计划等悉数写明,并将各处签单、领款的款项以及陪同报告书和质量反馈单一并交给选定的导游。同时告知导游在行程结束后要及时凭接待计划、陪同报告书、质量反馈单、原始票据等向计调部门报账。

(三)与财务部门交接

1. 审核

计调要编制团队"预算单",注明现付费用、用途,送财务部经理审核。填写"借款单",与"预算单"一并交部门经理审核签字,之后报总经理审批。

2. 借款与报账

出团前计调可持总经理审批后的"预算单""借款单"与"接待计划"向财务部领取借款。

在团队抵达前,计调应填制团队结算单,经审核后交财务部门加盖公司财务专用章,并传真给组团社,催收款项。

团队行程结束后,计调在详细审核导游填写的陪同报告书的基础上,填制团队费用小结单及决算单,交部门经理审核签字后,交财务部并由财务部经理审核签字,最后经总经理签字后向财务部报账。

3. 统计

团队行程结束后,计调应将涉及该团队的协议单位的相关款项及时登录到团队费用往来明细表中,以便核对。并将包括接待计划在内的各类资料归档存放,建立团队业务档案。同时,团队动态台账、团队核算台账、往来(应收应付)台账、营业额、毛利、人数、天数、到款率等内容的统计,也都是计调业务的常规统计工作。

三、旅行社票务及行李业务管理

(一)旅行社票务管理

旅行社票务管理主要是针对旅行社票务人员采购落实旅游交通票据业务的管理。旅游交通票据的种类较多,这里只介绍有关旅行社航空票务的管理。

旅行社的航空票务工作一般由旅行社具有航空票务代理资格的票务中心负责,如果旅行社未设具有航空票务代理资格的票务中心则由其票务部门承担。旅行社的航空票务工作一般遵循以下程序:

第一,签收订票通知单。订票通知单是业务部门要求购票的凭证,需要详细写明团队名称、航班所属航空公司的名称、票证日期、航班或班次、等级标准、人数、国籍、身份、目的地等主要内容,要写明订票人姓名并经部门经理批准后,将至少一式两份的订票通知单送交票务部门。票务人员签收后,双方各持一份,以备查询。

第二,进行购票登记。票务部门收到其他业务部门的订票通知单后,按其乘机日期在记录本上记录归档,内容在与订票通知单内容保持一致的基础上,可根据票务工作需要,增加其他一些内容,比如说明团队性质、登记的订票计划、是否已向有关航空公司或销售代理提交了订票申请及落实情况如何,等等。

第三,购票。票务人员要依照航空公司的规定,填写购票预订单,通过销售代理进行订座。在规定的出票日期内,按预定计划购票,并仔细核对相关信息,确认无误后,通知有关业务部门取票。

第四,填写购票清单。购得预订机票后,票务人员要填写购票清单,主要内容有团队名称、机票数量、使用日期、目的地、金额等。当把机票交给有关业务部门时,应要求该部门订票人在购票清单上签名并核对清单上的内容是否与实际机票一致。票务人员可用有取票人签名的购票清单向财务部门清账。

第五,机票变更。遇到团队旅游计划有变更时,业务部门应及时将变更情况用通知单形式通知票务部门。变更通知单也应至少一式两份,交票务人员签收后各持一份。收到变更通知后,票务人员应及时在记录本上注明变更内容。如果原先的机票已订座,应及时通知航空公司或销售代理作相应的调整。

如遇到需要包机的情况,票务人员要尽早将旅游计划和订票数量通知航空公司,提出申请,争取航空公司票务部门的协作和支持,保证大型团队的顺利成行。如遇到因种种原因临时产生的团队客源或散客,票务人员也应努力争取票源,利用与航空公司或销售代理的良好协作关系,及时帮助解决。

(二)旅行社行李业务管理

旅行社的行李业务主要包括行李托运、行李交接以及行李差错问题处理几个方面。

1. 行李托运

行李托运分为民航部门行李托运和铁路部门行李托运两类。其中民航部门行李托运又分为国内航线和国际航线的行李托运。旅行社的行李员在为旅游团办理民航部门行李托运手续时要熟悉民航部门对国内航线和国际航线不同舱位托运行李的规定,并严格遵守。行李员在为旅游团办理铁路部门行李托运手续时,要出示旅游团火车票并提出托运行李申请,经同意后将托运的行李交行李托运处人员过磅并按其重量缴纳托费,同时保管好行李托运处人员出具的行李托运票。

2. 行李交接

行李交接包括接受行李和运送行李两方面内容。

旅行社行李员如果是接受乘坐国际航班入境的旅游团的行李时,应等旅游者将其行李领出集中后,与领队、全陪和地陪一起清点行李件数。地陪在行李卡上签字后,由行李员将行李装上行李车,及时送到旅游团入住的饭店。如果是接受乘坐国内航班抵达的旅游团的行李,则要向领队或全陪索要行李卡,并持行李卡到机场行李处领取行李。领出行李后,行李员应对照行李卡认真清点行李。无误后将行李装上行李车,及时送到旅游团入住的饭店。旅行社行李员在将旅游团行李送到饭店后,必须与饭店的行李员办理行李清点和交接手续。

运送行李的程序如下:第一,旅行社行李员到接待部或计调部领取工作任务单。第二,按照任务单上规定的时间准时乘行李车到达旅游团入住的饭店。第三,同饭店的行李员办理行李交接手续,并在行李清点无误后,在行李卡上签名。第四,将行李装上行李车,运往机场(火车站或码头)。第五,如果运送乘坐国内航班旅行的旅游团行李,行李员应在飞机预定起飞时间前一个半小时将行李运到飞机场,办理行李托运手续;如果运送乘坐国际航班旅行的旅游团行李,行李员应在飞机预定起飞时间前两个小时将行李运到飞机场,并协助旅游者办理行李拴牌和过磅事宜。

3. 行李差错问题处理

旅行社的行李员应协助接待旅游团的导游妥善处理旅游接待过程中发生的行李差错问题。这既是提高旅行社接待工作质量的一个重要方面,同时也是行李员义不容辞的责任。行李差错问题主要包括行李丢失、行李漏接或错送和行李破损几种情况。

(1) 行李丢失问题。行李丢失是指旅游团托运的行李在运输途中或交接过程中出现的丢失现象。造成行李丢失的原因主要是:第一,承运旅游团行李的航空公司(铁路、公路、水运等部门)未能将行李及时运到目的地或在途中将行李丢失。第二,旅行社行李员在运送行李时将行李丢失。第三,饭店行李员在把行李送往旅游者房间的途中将行李丢失。

上述三种情况中,较为常见的是第一种情况,第二种和第三种情况极少发生。无论旅游者行李丢失的原因如何,旅行社行李员都应该积极主动协助导游和有关部门进行查找。

(2) 行李漏接或错送问题。

造成旅游团行李漏接或错送的原因是:第一,旅行社行李员因工作疏忽,未能按时接送行李或因未按有关规定进行行李交接而造成行李漏接或错送。第二,由于航班、车次等发生变化造成行李漏接。第三,由于行李车发生意外事故造成行李漏接。

行李漏接或错送会给旅游者的旅游活动造成不便。因此,无论事故是由哪一种原因造成的,旅行社行李员都应该积极设法找回行李,并向旅游者致歉以取得旅游者的谅解。

(3) 行李破损问题。

旅行社行李员在交接行李或运送行李时如果发现破损的行李,应立即设法予以解决。如果由于交通部门或饭店方面在托运或搬运行李的过程中造成行李破损，旅行社行李员应协助旅游者和导游及时同这些部门交涉，要求予以修理或赔偿。如果由于旅行社方面在运送行李时不慎造成行李破损，则应向旅游者道歉并负责修理或赔偿。

第四节 旅行社接待过程管理

一、旅行社团队的分类

团队业务主要指接待部门按照事先商定的行程、线路、接待规格等要求，为旅游者提供食、住、行、游、购、娱等综合性服务，从而使旅游者获得最佳的经历，也使旅行社获得最佳的经济效益和社会效益。

旅行社对旅游团队进行分类，可以使接待部门按照各种团队的特点安排合适的接待人员，更好地完成接待服务工作。

（一）按旅游团队的来源分类

1. 自联团

即旅行社自行招徕组织的旅游团。其中一种情况是，从事海外旅游市场销售和招徕业务的旅行社，通过各种销售渠道将旅游线路出售给海外旅游机构或中间商，并由海外旅游机构、中间商根据与该社签订的旅游合同将旅游者送往中国，交由该社全权安排在中国内地的所有旅游活动和服务接待事宜。

自联团是由旅行社自行招徕的游客组成，交由国外旅行社或国内各地旅行社接待的旅游团队。自联团可以是入境旅游团、出境旅游团和国内旅游团。

2. 横向团

即旅行社接待的由其他旅行社招徕组织的旅游团。其中一种情况是，从事国际旅游业务的旅行社将招徕组织的入境海外旅游团交给另一地方的某家旅行社接待，负责接待的旅行社根据组团社与旅游团签订的旅游合同，组织和安排旅游团在本地区的旅游活动。

横向团是旅行社接待的由国内其他某一家旅行社所组织的国内或海外团队，由本旅行社安排好团队在本地全方位的服务接待工作。横向可以是入境旅游团和国内旅游团。

（二）按旅游团队的规模和接待特点分类

1. 一般团队

一般团队主要指旅游团队人数在20~30人的普通团队，旅游活动项目也仅限于常规的观光和度假旅游活动。旅行社接待的旅游团队绝大部分是一般团队。经过多年的实践,我国旅行社已经形成比较完整的接待一般团队的服务接待程序和规范。

2. 大型团队

大型团队主要指人数规模较大,有时达到几百人甚至上千人的旅游团队。其活动内容相对比较单一,如参加博览会、观摩运动比赛、参与节庆活动或修学旅行等。大型团队由于人数较多,活动时间短,活动内容紧凑,因此要求接待专业化程度较高,需要有关方面的协助和配合。大型团队的组织一般需要一年以上甚至三四年的准备时间。

3. 特殊团队

特殊团队主要是从旅游者参加旅游活动的目的和活动内容方面进行界定的。通常把国际会议团、企业奖励团、友好城市访问团、宗教朝圣团、节庆活动团、残疾人团队以及参加体育、探险、狩猎等专项旅游活动的团队,称作特殊团队。

(三)按旅游团队的消费水平分类

1. 豪华团

团队成员多为高收入阶层人士,讲究物质享受,住宿必须是四星级以上饭店,交通工具要求是最好的,对餐饮标准和服务的要求也很高。参加这种旅游团的旅游者虽然人数不多,但给旅行社带来的经济效益十分可观。

2. 奖励团

这是近年来增长迅速的旅游团队类型,也是各类型组织经常采用的激励员工的手段。因为奖励团的旅游费用由公司或企业提供,所以这类旅游团队对餐饮、住宿、交通和娱乐的要求比较高。奖励团的购物量较大,消费水平也比普通旅游团队要高得多。

3. 标准团

标准团以观赏各地名胜古迹、山川风光为主,旅游者对住宿和餐饮的要求一般不太高,但一定要清洁、卫生、方便和安全,旅游者比较喜欢购买旅游纪念品。标准团是旅行社接待的数量最多的团队类型。

4. 经济团

经济团的成员以低收入的青年人和学生为主体,他们对价格较为敏感,对食、住、行的要求不高。住宿条件只要清洁和有一般的卫生设施即可,有时也可以三四个人合住一间房。

二、旅行社不同接待阶段的管理

旅行社的接待过程一般可以划分为三个阶段,即接待前的准备阶段、接待实施阶段和接待后的总结阶段。在不同的接待阶段,旅行社需要采用不同的方法与手段进行管理。

(一) 准备阶段的管理

在准备阶段,旅行社接待部门所实施的管理主要包括以下三个方面:

第一,安排合适的导游。每一个导游在性别、年龄、学历、专业、性格、语种、经验等方面都是各不相同的,为了使每一个导游都能充分发挥其优势而出色地完成接待任务,旅行社应该根据旅游者的年龄、文化背景、职业和有关要求,选派合适的导游,避免"用人唯亲""用人唯利"。

第二,检查接待计划及其落实情况。接待计划和日程安排是旅游者旅游活动的依据,其质量高低和落实情况,直接影响着旅游者对旅游活动的评价。因此,旅行社管理人员应适时检查或抽查接待计划的制订及其落实情况,以便发现接待计划的不足和接待环节中可能出现的漏洞,特别是对于重点旅游者接待计划和新手拟订的接待计划,更应给予特别的注意,防止出现问题。

第三,必要的提示和指导。旅行社管理人员应全面了解本社导游的工作情况,并在适当的时候,以适当的方式向本社导游,尤其是新导游提供必要的指导和帮助,帮助工作人员迅速提高业务水平,并确保各环节接待工作的落实。

在准备阶段,作为接待服务主要提供者的导游也应该做好上团前的充分准备。不过按照业务范围的不同,领队、全陪和地陪各自的准备工作是不尽相同的。

领队在旅游团出发之前应该认真研究旅游团的情况和旅游接待计划。包括了解旅游团成员的姓名、职业、年龄、性别、联系方式以及旅游团中是否有重要旅游者、需特殊照顾的旅游者和旅游团有无特殊要求;了解旅游团的整个行程安排及团队报价情况。掌握接待社的情况,核对各个接待社的行程安排与计划是否一致,如发现问题或旅游接待计划需要变更时,应及时通知接待方旅行社。领队还要做好必要的物质准备工作,包括准备好随身物品、领队证、必要的费用、已经核对好的各种票据、表格、旅行证件和导游器具以及国外重要联系单位的电话号码和名片等。并且要召集本团队的旅游者开一次出国旅游说明会。在会上,领队要进行自我介绍并代表旅行社向全体旅游者致欢迎辞,说明出境、入境手续与注意事项以及出游目的地的旅游行程,介绍旅游目的地国家或地区的基本情况及风俗习惯,最后讲清注意事项并落实分房、交款、特殊要求等问题。

全陪在接到接待旅游团的任务后,应首先认真研究接待计划,了解所接旅游团的全面计划并注意该团重点游客的情况和该团的特点。熟悉旅游团途经各城市和旅游点的情况。如果是入境旅游团,还需了解客源国的历史、地理、文化、政治、经济及近期重要新闻,了解对外宣传的口径。根据需要,全陪应提前一天与接待社取得联系,互通情况,妥善安排好相关事宜。同时,全陪还需要带好必要的证件,准备好宣传材料、接团计划、日程表、全陪日志等,最后领取拨款结算单、支票、差旅费等。如果是去边境口岸、特区等地,还需要办理有关通行证;如果首站去外地接团,还应提前领取机票或车票,随身携带。

地陪在旅游团抵达之前要认真研究接待计划,详细准确地了解该旅游团的服务项目和要求,以便顺利完成接待任务。要根据游客的特点,安排当地的旅游日程。地陪应在旅游团抵达前一天,与有关部门落实食宿、交通、行李运输等服务的有关事宜。同时,还要根据旅游团的特点和要求,准备好必备物品,例如按照旅游团人数领取导游图、门票结算单、现金,准备好接站牌、导游旗、导游证、胸卡等必备物品。

(二)接待阶段的管理

接待阶段的管理是旅行社管理工作中最困难,也是最薄弱的一个环节,这一阶段的管理重点包括:

第一,制定请示汇报制度。接待工作具有较强的独立性,导游往往要独立处理和解决在接待过程中遇到的问题和事故,旅行社不可能也不应该干涉导游的独立工作。但是,这并不排斥导游在旅游活动过程中就一些重大变化和事故及时请示旅行社相关管理部门,取得必要的指导和帮助。只有这样,才能避免由于个人知识、能力与经验有限而造成处理失误。

第二,建立畅通的信息系统。旅行社需要建立畅通的信息系统,以便及时掌握各旅游团(者)旅游活动的进展情况,并及时采取有效措施,弥补旅游接待过程中发生的服务缺陷,减少不必要的投诉,保持旅行社良好的声誉。

第三,必要的抽查和监督。抽查和监督是直接获取有关接待工作信息的有效途径。通过这一途径,旅行社管理部门可以迅速、直接地了解接待服务质量和旅游者的评价,为旅行社改进服务质量提供有用的资料。

在接待阶段,按照业务范围的不同,导游工作大体包括以下几个方面:

领队在接待阶段的工作可以分为三部分。第一,从旅游客源地到旅游目的地期间的服务。这部分服务的内容主要是办理出入境手续。第二,境外旅游服务。领队在办理好入境手续后,应尽快与当地接待社的全陪与地陪取得联系。在清点团员人数与行李件数后,随全陪和地陪一起安排团队入住饭店的相关事宜。在旅游目的地活动期间,领队应认真监督接待方旅行社按照合同的规定实施接待计划。作为派出方旅行社的代表,当接待方旅行社或某一接待部门不履行合同、旅游者的利益受到损害时,领队应积极与接待方交涉,保护旅游者的合法权益。在游览期间,领队应积极协助全陪与地陪组织、落实好旅游计划和活动日程。在旅游途中,领队应集中保管旅游者的护照、签证以及全团机票和各国入境卡、海关申报卡等。第三,从旅游目的地返回旅游客源地期间的服务。在即将结束旅游目的地活动时,领队应与全陪、地陪一起落实出境票证。临别前,领队应向接待方旅行社的导游致谢、道别，并办理离境手续。回国后，办理入境手续，致欢送辞后结束全部旅游活动。

全陪在接待阶段与游客的第一次接触就是首站（入境站）接团服务。全陪应提前半个小时与地陪一起到接站地点迎接旅游团。当旅游团抵达后，全陪与领队和全体团员见面，向领队做自我介绍、与领队核实人数及行李件数等情况，并协助领队向地陪交接行李。此外，还应代表组团社向旅游团致欢迎辞。进住饭店服务以地陪的服务为主，全陪要积极协助配合。在与领队核对商定日程时，既要尽量满足团内大多数人的要求，又不宜对制定的日程做较大的改动。全陪在各站服务的过程中，应及时向地陪通报旅游团的情况，从而使各站之间能够进行有机的衔接。全陪应该监督各地服务质量，酌情提出改进的意见和建议，保护旅游者的人身与财产安全，对突发事件进行及时有效的处理。在旅途中，特别是两站之间，全陪要做必要的导游讲解，照顾好旅游者的生活。在做长途旅行时，尽可能组织文娱活动以活跃旅途生活，同时保管好行李托运单和机、车、船等单据，抵达下一站时将其交给地陪。在旅游团离开各地之前，全陪应提醒地陪落实交通票据及离站时间，协助地陪清点行李并与领队核对件数，妥善办理离店事宜，与地陪按规定办好财务手续，并妥善保管好财务单据，最后向地陪、司机致谢、道别。如果是末站离站服务，即全陪服务中的最后一个环节，全陪要提醒旅游者带好自己的物品和证件，征求旅游者对整个接待过程的意见和建议，以便将来能够加以改进。并与领队话别，致欢送辞。

地陪在接待阶段要先做好接站工作，应至少提前30分钟到接站地点迎接客人。旅游团所乘的飞机（火车、轮船）抵达后，地陪应在旅游团出站前，持接站牌站在出站口醒目的位置，以便领队、全陪或旅游者寻找。接到团队后，地陪要向领队与全陪做自我介绍，核实人数，集中清点行李后将行李移交给行李员并集合登车。在从机场（车站、码头）到入住饭店的行车途中，地陪首先要致欢迎辞，并做好首次沿途导游，内容包括介绍当地风光、风情以及入住饭店的概况。旅游团抵达饭店后，地陪要协助领队和全陪办理住店登记手续。请领队分发住房卡并记住领队、全陪的房号和电话号码。核对客人行李件数，同时督促饭店行李员把客人的行李送至客人的房间。说明饭店的用餐地点，并安排好叫早服务。在旅游团开始参观游览之前，地陪应与领队、全陪商定本地活动安排。如计划有出入，应及时报告旅行社查明原因，并作相应处理。参观游览服务是地陪工作的中心环节。通常在出发前，地陪要提前10分钟到达出发集合地点，督促司机做好各项准备工作。旅游者上车后地陪应及时清点人数，向旅游者介绍当天重要新闻、天气情况及当日的活动安排。在前往景点的途中，地陪要向旅游者介绍沿途景象以及景点概况，尤其是景点的历史价值和特色。抵达景点时，地陪应告诉客人在该景点的参观停留时间、集合时间和地点以及有关注意事项。抵达景点后,地陪应提供精彩的导游和讲解服务。在旅游团即将结束一天的活动时,地陪应征求客人对当天活动安排的反映,并宣布第二天的活动日程、叫早时间、早餐时间与地点、出发时间及其他有关事项。在旅游团要结束在当地的参观游览活动的前一天,地陪应向有关部门确认交通票据和离站时间。在旅游团离站前,地陪要致欢送辞,并待旅游团所乘交通工具启动后,方可离开。若在离境站,地陪应将旅游者送至海关前与旅游者告别,当旅游者进入海关后地陪方可离开。

(三) 总结阶段的管理

根据旅游者反馈的情况,旅行社管理人员和导游应该认真总结经验教训,进一步提高旅游接待服务质量。这一阶段的管理主要包括:

第一,健全旅行社接待总结制度。总结是接待服务不可缺少的一个环节,也是旅行社提高工作效率和服务质量的必要手段。凡是总结制度健全的旅行社,其服务质量和接待水平就相对较高,反之则较低。因此,旅行社必须健全接待总结制度,不断提高接待服务质量。

第二,抽查陪同日志和接待记录。旅行社通过抽查陪同日志和接待记录,可以了解接待旅游者的情况和相关服务部门协作的情况,从而为旅行社改进产品、提高导游水平和完善协作网络提供必要的依据。

第三,认真审查重大事件报告。通过审查重大事件报告,旅行社可以从中积累经验,及时发现问题并采取补救措施。

第四,处理旅游者的表扬与投诉。表扬是旅游者对接待工作的认可与肯定,旅行社可以通过对优秀员工及其事迹的宣传,树立优秀的榜样,从而起到良好的带动作用。而投诉则是旅游者对服务质量不满意的表现,旅行社要妥善处理,以争取旅游者的理解和谅解。同时也要借机对相关人员进行教育。情节严重的,要按照规定对相关人员做出必要的处罚。

总结阶段,导游应处理好后续工作,并根据旅游者反馈的情况认真总结经验教训,进一步提高旅游接待服务质量。领队、全陪和地陪的具体工作主要有:

领队在送别旅游团后,应立即回到旅行社处理各种遗留事项,并对旅游团接待过程中发生的问题和处理经过进行总结,包括向旅行社结清账目、归还带团时所借的物品、妥善处理旅游者的委托事宜,并协助旅行社处理可能出现的投诉问题、认真填写领队日志。

全陪在旅游团离境后,应协助旅行社管理人员处理好接待过程中出现事故的遗留问题,认真填写全陪日志,将各地的结算单据交回财务部门,及时填写出差报销单,归还带团时所借的物品。

地陪在送走旅游团后,需要及时填写好"拨款结算通知单"和"出差补贴报销单",连同各种单据、接待计划、活动日程表等按有关规定上交,并到财务部门结清账目。要妥善处理旅游团在当地游览期间的遗留问题,按有关规定办理旅游者的委托代办事宜。归还带团时所借的物品。写好陪同小结,实事求是地向旅行社汇报接团情况。若是最后接待站,应协助解决全陪返程的交通票证。

第五节 旅行社接待服务质量管理

旅行社接待服务质量,是指旅行社门市接待人员和导游提供的服务使购买其产品的旅游者在旅游过程中所获得物质方面和精神方面满足的程度。

一、旅行社接待服务质量的重要性

(一)旅行社产品质量的体现

接待服务是旅行社各项工作的中心,直接反映着旅行社产品质量的优劣。旅游者主要从接待部门安排的游览活动、导游的服务态度和接待水准等方面来判断旅行社的服务质量,感受旅行社的社会信誉。尤其是导游,更是在一定意义上成为旅行社的化身。旅游者对导游的综合评价,也就是对旅行社的最终评价。旅行社接待服务是在动态的过程中完成的,涉及方方面面,具有一定的时间跨度和空间跨度,工作难度很大。只有各个部门的积极主动配合,才能高效率、高质量地完成接待服务工作。旅游者衡量旅行社接待服务工作质量的唯一标准,就是旅游活动结束后其所获得的满意程度。

(二)旅行社对外宣传的窗口

通常,旅行社的对外宣传主要是面向海内外旅游企业、中间商、旅游代理商,广大的旅游者是通过向旅游中间商购买了旅游产品才对旅行社有间接的了解。而当旅行社为旅游者提供旅游接待服务时,实际上开启了一扇宣传旅行社社会形象的窗口。旅游者通过旅行社所安排的食、住、行、游、购、娱等活动亲身体验其综合协调能力和企业的整体形象。这比空洞的宣传更有说服力,旅游者们更愿意相信自己的所见所闻。因此,投入巨资进行海内外旅游市场的宣传和推广固然重要,做好实实在在的接待服务工作则是一种更为有效的软广告宣传。

(三)旅行社市场营销的手段

随着旅游市场竞争的日趋激烈,旅行社的销售手段也逐步多样化。但是,任何营销手段都无法代替旅游者对旅游产品和旅行社服务质量的直接认知与感受。对旅行社服务深感满意的游客不仅可能成为旅行社的回头客,还可能充当旅行社的义务推销员。他们的口头宣传,将产生一传十、十传百的几何级市场放大效应,吸引新的游客群体。据有关旅游部门的调查,在影响旅游者购买行为的因素中,约有

60%的被调查者以自己的旅行经验作为选择旅行社的依据。显然,良好的接待服务质量可以成为市场营销的重要手段。

二、旅行社接待服务质量的实现

接待服务质量与有形产品的质量在内涵上是有很大差异的。首先,接待服务的质量要由旅游者来认可,旅游者的评价是判断接待服务质量是否得到实现的标准。其次,接待服务质量比有形产品的质量更难被旅游者所评价,旅游者对接待服务质量的认知取决于他们实际感受到的服务水平与预期服务水平的对比。最后,旅游者对接待服务质量进行评价时,不仅要考虑服务的结果,而且涉及服务的过程,当然,服务质量得以实现的前提是服务人员按照规范提供服务。

(一)预期质量与感知质量

预期质量和感知质量之间的比较结果是旅游者对于旅行社接待服务质量进行评价的依据。旅游者在接受旅行社的接待服务之前,一般通过广告、亲朋的推荐和过去的旅游经历对旅行社的接待服务质量有所预期,这就是预期质量。而旅游者在旅游活动中实际体验到的接待服务质量就是感知质量。当旅游者在旅游过程中感受到的感知质量高于或等于其预期质量时,旅游者就会对接待服务感到满意,认为其质量优秀;而当旅游者在旅游过程中感受到的感知质量低于其预期质量时,旅游者就会对接待服务感到不满意,认为其质量低劣。旅游者对旅行社接待服务质量的预期主要与旅游者的个人需要、旅行社服务的口碑和旅游者过去的旅游经历有关。因此旅行社在向旅游者提供旅游产品时,可以根据对旅游者服务预期的认知来确定接待服务标准并按这一标准提供服务,以尽量使旅游者对接待服务的感知质量与预期质量相吻合。

(二)过程质量与结果质量

旅游者对接待服务质量的感知包括接待服务的过程质量和结果质量两个方面。对于物质产品而言,其生产过程与消费过程是完全分开的,可以通过控制产品的生产过程和对最终产品进行检验等手段来控制产品的质量。消费者对于物质产品质量的认知完全取决于生产的结果,与生产过程无关。但是,旅游接待服务的生产与消费是同时进行的,旅游者也参与到了接待服务的过程中,接待服务的过程与结果是无法截然分开的。在评价旅行社接待服务质量时,旅游者不仅要考虑服务的最终结果,比如是否购买到了计划中的旅游产品、是否按照计划完成了旅游行程等,还要考虑在接受服务过程中感受到的接待服务质量,比如门市接待人员的服务态度和工作效率,导游人员的服务技能和服务热情,等等。旅游者对服务过程质量的认知可能会影响到其对服务结果质量的评价,而且过程质量要比结果质量更重要,它决定着旅游者对旅行社接待服务水平的评价。

(三)服务规范与服务质量

制定接待服务规范是实现接待服务质量的前提。尽管接待服务所具有的无形性的特点使旅行社很难制定明确的服务质量标准,但是旅行社也要尽量制定内容全面、易于操作的接待服务规范,以保证接待服务质量。旅行社通常会针对不同的接待服务岗位制定不同的接待服务标准和规范。

三、旅行社接待服务质量的评价标准

对旅行社接待服务质量进行评价的目的是了解接待服务质量的实现情况,了解旅游者对旅行社提供的接待服务是否满意,从而寻找质量差距,为提高服务质量提供事实依据。

旅游者在评价接待服务质量时主要考虑以下五个标准:

第一,有形性。主要是指接待服务中的有形部分,包括旅行社和相关部门的硬件设施设备、服务设施的外观、宣传品的摆放和员工的仪容仪表等。由于旅行社产品的本质是一种无形的服务,因此,为实现服务所借助的有形因素必然影响到旅游者对接待服务质量的感知,成为其判断的重要因素。

第二,可靠性。是指旅行社能够按时而准确地履行接待服务承诺的能力。由于旅行社的接待服务涉及多个相关部门,具有很高的不确定性,因此旅游者在评价接待服务质量时,较为看重可靠性因素。一旦旅行社在提供接待服务的过程中不能兑现其承诺,就会导致旅游者对接待服务的质量产生不满。

第三,反应性。是指旅行社随时愿意为旅游者提供快捷有效的接待服务。这反映了旅行社具备以服务为导向的经营观念,即将旅游者的利益放在了第一位。接待服务的传递效率可以从一个侧面反映出旅行社的接待服务质量。

第四,保证性。是指旅行社接待人员具有友好的态度和胜任工作的能力,具体包括接待人员完成任务的能力、对旅游者的礼貌和尊敬、与旅游者有效的沟通和关注旅游者最关心的。这些影响到旅游者对旅行社接待服务质量的信心和安全感以及对其的判断。

第五,移情性。是指旅行社的接待人员能够设身处地为旅游者着想和对旅游者给予特别的关注。这要求接待人员具有敏锐的洞察力,并能够发现、理解旅游者的需要,用换位思考来提高接待服务质量。

四、旅行社接待服务质量管理的实施

旅行社接待服务质量管理的具体措施主要包括以下几个方面:

第一,接待服务态度管理。旅行社接待服务质量管理首先应该从端正接待人员,尤其是导游人员的服务态度入手。良好的服务态度能够对旅游者产生强烈的

吸引力,而低劣的服务态度则会对旅游者产生排斥力。旅行社管理者可以通过现场抽查、向旅游者调查等方式考察和了解接待人员的服务态度。对于那些服务态度热情,受到广大旅游者喜爱的接待人员应予以表扬和奖励;对于那些服务态度较差的接待人员,应予以严肃的批评并要求他们立即改正;对于少数服务态度恶劣、屡教不改的接待人员,则应将其撤离接待岗位。

第二,导游讲解水平管理。导游讲解是旅游接待业务的核心,讲解水平的高低直接影响着旅游者对旅行社接待服务质量的评价。旅行社管理者通常采取现场抽查的方式检查导游的讲解水平。旅行社通过对导游讲解水平的监督和管理,可以发现存在的不足并加以纠正,以确保旅游者享受到高质量的旅游接待服务。

第三,接待业务能力管理。旅行社接待人员的业务能力包括独立实施日常旅游接待的能力和处理各种突发事件的能力,这是旅游接待业务顺利完成的重要保证。旅行社管理者应通过日常的观察和定期考核,检验接待人员的业务能力,并做出适当的评价,以便量才使用。给业务能力强的接待人员安排比较重要和比较复杂的接待任务,而将比较容易的接待任务交给那些业务能力相对较弱的接待人员。同时,旅行社管理者还应注意不断对具有不同业务能力的人员进行有针对性的业务培训,使业务能力较强的人得到进一步的提高,并使那些业务能力相对较弱的人经过一段时间的培训和锻炼,逐步胜任更加复杂和重要的接待任务。

五、旅游投诉的处理

旅游投诉是旅游者的基本权利之一,也是其用以表达不满的常见形式。投诉最多的问题往往是接待服务质量最薄弱的环节。因此,旅行社要重视旅游投诉并妥善处理旅游投诉,从而及时发现并弥补旅游接待服务中的缺陷。

(一)旅游投诉的概念与分类

旅游投诉是指旅游者、海外旅行商、国内旅游经营者为维护自身和他人的旅游合法权益,对损害其合法权益的旅游经营者和有关服务单位,以书面或口头形式向旅游行政管理部门提出投诉,请求处理的行为。

这里所说的旅游投诉,限指旅游者为维护自身合法权益,对损害其合法权益的有关服务单位或有关接待人员以书面或口头形式向其接待人员或旅行社提出投诉,请求处理的行为。之所以要对旅游投诉的范围加以限制,是因为在实际的接待服务过程中,经常有旅游者因对诸如餐饮、饭店住宿和交通服务等项目不满而向导游人员或旅行社提出的投诉,同时,还经常遇到旅游者因对导游服务不满而向旅行社提出的投诉,这两种类型的投诉,都应由导游人员或旅行社有关部门直接进行处理,而一旦旅游者投诉的指向是旅行社本身,这种投诉则应向旅游行政管理部门提出,其处理也应由旅游行政管理部门做出。

依据投诉主体的不同,旅游投诉可以分为旅游者投诉、海外旅行商投诉、国内旅行社投诉、其他旅游经营者投诉和旅游服务人员投诉;依据投诉客体的不同,旅游投诉可以分为直接投诉(被侵害方直接向侵害方提出投诉)、间接投诉(被侵害方向侵害方的上级单位或主管领导提出投诉)和行政投诉(被侵害方向旅游行政主管部门提出投诉);依据投诉方式的不同,旅游投诉可以分为书面投诉和口头投诉。

(二)旅游投诉产生的原因

在旅游接待过程中产生投诉的原因是多种多样的,但主要可归纳为以下两个方面:

第一,接待人员的主观原因。主要表现为接待人员对客人不尊重、不热情、讲解水平低、态度生硬,或工作不负责任,不能及时满足客人合理要求等。

第二,接待条件等客观原因。主要表现为住宿条件不理想、某些项目收费不合理、旅游过程中某些设施条件与合同规定不相符,等等。

(三)旅游投诉的处理

旅游者提出投诉的心理活动很复杂,但大致可以归纳为三种心理需求:一是要求尊重,二是要求补偿,三是需要发泄。所以在处理旅游者投诉时,要认真研究其投诉原因和投诉要求,并配合有关部门尽快地合情、合理、合法地处理旅游者的投诉。具体的处理程序如下:

第一,高度重视。旅游者提出投诉时,无论问题大小,都应予以足够的重视。因为在旅游者看来,投诉无小事。

第二,认真倾听。如果旅游者是直接口头投诉,接待人员一定要耐心倾听,不要立即辩解,更不要马上否定或顶撞。即使旅游者的态度不好,也要让其把话说完,必要时还要适当引导其把内心的怨气发泄出来。倾听时,要对旅游者表示安慰和同情,同时努力抓住其投诉的核心问题引导旅游者申诉得更具体一些。还可以把投诉的内容简要重复,看看自己的理解是否准确。

第三,调查了解。接到旅游者的投诉后,接待人员应当认真调查,客观分析,查明真相,力求做出正确的判断。如果旅游者提出了正式的书面投诉,接待人员应立即向旅行社汇报,尽快将投诉书转交到有关单位或部门。

第四,迅速答复。针对旅游者投诉的问题,接待人员要迅速做出答复并及时采取相应的措施。若无法当场答复,则应向旅游者明确答复时间,不可拖延。重要的投诉应把调查情况及处理经过及时向旅游者说明,并提出今后改进的方法。

第五,详细记录。对所发生的重大旅游投诉的处理过程,应作好记录,形成书面总结,以备必要时核查,也有助于旅行社积累经验。

第六,积极改进。旅游者的投诉指出了旅游接待服务过程中的薄弱环节,旅行社应对旅游者投诉的问题进行积极改进。

【阅读】

瑞祥旅行社的质量经营之道

我国北方某市的瑞祥旅行社是一家专门经营国内旅游业务的旅行社。该旅行社的张总经理及旅行社的其他负责人十分注重企业在当地旅游市场上的形象。他们认识到，旅行社的生命在于其在旅游市场上的口碑，而良好的口碑是靠高质量的旅游产品和服务逐步培育出来的。为此，他们为旅行社制定了质量制度，从产品设计、促销宣传、接待服务、旅游采购等四个方面制定了具体的质量标准。

在产品设计方面，旅行社坚持进行市场调查，搜集各种信息和资料，了解目标市场的购买目的、购买组织、购买方式、购买时机和购买习惯，注重调查旅游市场上竞争对手的动向和旅游者需求的变化。在此基础上，有的放矢地开发为目标市场所欢迎的优质旅游产品。例如，该旅行社2002年针对当时旅游市场上存在着对朝圣与观光相结合的旅游产品的需求，而一些旅行社提供的此类产品质量低劣，旅游过程中景点游览时间少而购物时间过多、过滥，既无法满足旅游者需要，又容易导致旅游者不满和投诉的现实，开发出"五台山朝圣观光三日游"线路。该线路中安排了较多的寺庙游览和朝圣活动，并请有经验的僧人讲解，使游客在观赏佛教建筑艺术的同时，能够较多地了解佛教文化知识，满足了游客的需要。该线路推出后，几年来始终获得朝圣旅游者的喜爱，成为该旅行社的重要产品。

在促销宣传方面，该旅行社的经营者意识到实际产品与旅游者所预期产品之间的差距往往会造成旅游者对于旅行社服务质量的不满。因此，在促销活动中，注重实事求是，从不进行夸大宣传，如实地向旅游者介绍本企业的产品和服务质量，尽量减少旅游者期望的服务与感受的服务之间的差距。旅行社在促销过程中只向游客许诺能够达到的服务标准和能够提供的服务项目。凡是旅行社通过努力仍不能做到的事，在促销中决不做空头许诺。这样，旅行社在随后的旅游接待中很少发生游客对产品质量的投诉。

在旅游接待方面，瑞祥旅行社的经营者充分认识到导游员素质和工作热情与旅游接待服务质量有着直接的关系，而导游员的素质和工作热情在很大程度上取决于旅行社的用人制度和对员工的关心程度。因此，该旅行社没有采取一些旅行社所惯用的压低导游员工资、让导游员出资"买团"或交纳"人头费"的做法。相反，采取公开招聘的方式雇用导游员。旅行社规定，凡新招聘的导游员，必须持有经考试合格后由旅游行政管理部门颁发的导游员资格证书；导游员在接待中不得以任何借口擅自改变旅游计划或旅游活动日程；导游员不得安排、带领或诱导游客到不法商店购物和索要回扣。导游员一经被发现有违规行为，将立即被解聘并且将终身不再聘用。为了鼓励导游员遵守旅行社的规定，自觉为旅游者提供优质服务，旅行社提高导游员的工资和出团补助，其标准高于同类旅行社导游员的工资和出团费水平两至三成。另外,张总经理及旅行社的其他负责人经常找导游员谈话,倾听他们在一线接待中所遇到的困难和问题,并及时帮助解决。旅行社的领导还主动帮助导游员解决家庭生活中的困难,使他们在工作中免除后顾之忧。瑞祥旅行社的导游员在接待工作中热情为游客服务,赢得了游客的好评。

在旅游服务采购方面,瑞祥旅行社十分重视所采购的服务项目质量,注重建立采购协作网络。在采购旅游交通、景点门票、饭店住宿、餐饮等服务项目时,首先对提供相关服务的企业和部门进行调查,了解其产品的质量能否达到国家和行业的标准,相关企业是否遵守采购合同,是否能够足量和准时供给旅行社所采购的服务项目,有无以次充好或擅自改变服务内容、等级、价格等行为。在此基础上,旅行社选择那些实力强、守信用、产品质量符合旅游者需要的企业和部门,通过谈判与它们建立长期的合作关系,形成采购协作网络。瑞祥旅行社本着互惠互利的原则,从不拖欠这些提供服务企业的费用,与当下一些旅行社长期拖欠服务供应方费用的行为形成鲜明对照,赢得了相关旅游企业和部门的好感与信任,瑞祥旅行社也由此获得了可靠的旅游服务供应渠道,充分保证了所组织的旅游活动的正常进行。

瑞祥旅行社坚持质量为本,以诚待人,获得了旅游者的好评,赢得了不少的回头客。

(资料来源:梁智,刘春梅,张杰.旅行社经营管理精选案例解析.北京:旅游教育出版社,2007.)

第六章 旅行社人力资源开发与管理

本章导读

本章介绍了旅行社人力资源开发与管理的基本内容与基本程序,以及旅行社企业文化建设的具体内容。通过本章的学习,能初步具备旅行社人力资源管理的基本能力。

第一节 旅行社人力资源开发与管理概述

一、人力资源的含义和特点

旅行社企业是一种智力密集型企业,合理配置与管理人力资源,为旅行社培养各种人才,为旅行社的发展积累经营管理经验,有效地招聘与培训员工,科学系统地对员工进行考评,最大限度地调动员工的创造性和积极性,创建自己独具特色的企业文化,进而创造旅行社在激烈市场竞争中的人力资源优势,是旅行社竞争能力的体现。

(一)人力资源的含义

人力资源的含义包括人的智力和体力,是指能够推动整个经济和社会发展,具有劳动能力的人口的总和。具有劳动能力的人,不是泛指一切具有一定的脑力和体力的人,而是指能独立参加社会劳动、推动整个经济和社会发展的人。所以,人力资源既包括劳动年龄内具有劳动能力的人口,也包括劳动年龄外参加社会劳动的人口。

(二)人力资源的特点

人力资源具有不同于其他资源的特性,主要表现在以下几个方面。

1. 能动性

人具有协调、综合、判断和想象能力,是活的、能动性的资源。所谓能动性,是指人力资源在经济活动中起着主导作用,具有主观能动性。一切经济活动都首先是人的活动,由人的活动才引发、控制、带动了其他资源的活动。另外,在经济活动中人力资源是唯一起创造作用的因素。

2. 生产性和消费性

人力资源的生产性强调其首先是物质财富的创造者,而且是有条件的创造。比如,人力资源必须与物质资源等非人力资源结合,有足够的活动空间与时间,有相应的活动条件才能创造财富。而人力资源的消费性则强调人力资源的保持与维持需要消费一定量的物质财富,并且是无条件的消费。

3. 受激励性

人力资源的潜力必须通过激励才能得到充分发挥,因而具有受激励性特征。

二、人力资源开发与管理的基本内容

影响旅行社人力资源开发与管理和员工、企业绩效的因素很多,将与此有关的重要因素和人力资源开发与管理的基本内容,合成为人力资源开发与管理的模型,这一模型主要包括四个组成部分:企业的外部环境、内部环境、人力资源开发与管理活动和人力资源管理的结果。

(一) 人力资源开发与管理的外部环境

1. 政府需要、社会期望和社团期望

这主要涉及国家及政府有关劳动人事的法律、法规和政策,以及社会和团体对企业的要求、期望和看法。这些都会影响旅行社的战略目标和人力资源的开发与管理。

2. 经济形势

不断变化的外部经济条件不仅直接影响旅行社的运行,而且也影响旅行社人力资源的开发与管理。经济繁荣时,旅行社的市场空间相对较大,对人力资源的需求增加,劳动力市场竞争激烈,员工的收入水平也会随之提高;而经济萧条时,市场疲软,产品滞销,旅行社开工不足,裁员或降薪是企业通常要考虑的措施。

3. 劳动力市场的状况

劳动力市场的供求状况、劳动力结构的变化以及劳动者对工作和薪金的期望,都可能对旅行社人力资源的开发与管理提出严峻的挑战。

(二) 人力资源开发与管理的内部环境

1. 企业的目标和战略

旅行社的目标和战略,是旅行社内部环境中最重要的因素。它决定旅行社怎样去要求员工,并在人力资源配置和管理中起着关键作用。

2. 工作性质和工作质量

这对旅行社配备什么类型的员工以及对员工的工资、奖金等收入的高低会产生重要影响。

3. 工作群体

工作群体是指员工在什么样的群体中工作。员工之间的人际关系状况会直接

影响员工的工作效率。

4. 领导者

上级的领导方式和工作方法,会影响员工个人及其所在的工作集体,进而影响人力资源管理的最终结果。

5. 员工

由于受到同事、朋友、家人、学校、工作单位乃至社会环境中其他因素的影响,每一个员工都是具有一定的知识、能力、性格、兴趣、爱好、价值观、生活方式的个体。

(三)人力资源开发与管理活动

1. 人力资源规划

人力资源规划,是为保证旅行社发展目标的实现和各项工作得以顺利进行,对一定时期内的人力资源开发与管理工作所进行的预测、分析和安排。旅行社人力资源规划的作用主要有两个方面:一方面是保证人力资源的管理工作与旅行社战略方向和战略目标相一致;另一方面是保证人力资源管理各个环节的一致性。

2. 用人计划

旅行社必须对其所需招聘的人员的数量、质量和类型做出计划。如果旅行社现有的员工过剩,机构臃肿,便应制订出裁员或减薪计划;如果旅行社员工不足,则需制订招聘计划;如果旅行社员工结构不合理,则需通过人员的培训、流动和调配,调整员工结构,使人员结构趋于合理。

3. 职务分析和工作设计

职务分析和工作设计,是人力资源管理的基础,在组织决策人员选聘、绩效考评、报酬奖励和职务升降等多个方面,都要以此为依据。职务分析,是对各个岗位的任务、责任、性质及工作人员的条件进行分析研究并做出明确规定;工作设计,则是依据职务设计而对工作内容、工作方法、工作职能和工作关系做出规定。

4. 招聘和选择

旅行社招聘是为了补充其所需要的员工,寻找和发现符合工作要求的求职者的过程。选择,则是旅行社挑选最合适的求职者,并录用和安排在一定的工作岗位上的过程。这一环节需要旅行社具有良好的企业文化和工作氛围,并充分考虑未来可能发生的员工流失问题。

5. 培训与开发

旅行社的成长实际上是企业员工个人成长的总和。通过培训,提高和完善员工个人和群体的知识、素养、能力、工作态度和工作绩效,进一步开发员工的潜能。不断向员工提供学习的机会,不仅能提升旅行社自身的经营能力,也是在向未来投资。

6. 绩效评价

绩效评价是旅行社对员工在工作过程中表现出来的业绩(工作的数量、质量和社会效益等)、工作能力、工作态度等进行评价,并用评价结果来判断员工与其岗位的要求是否相称。通过评价员工工作绩效并及时做出反馈,奖优罚劣,进一步提高和改善员工的工作绩效。

7. 工资福利与安全保健

旅行社根据员工工作绩效的大小和优劣,给予员工不同的报酬;根据旅行社的条件和能力,决定员工可以享受的福利待遇。除此以外,为了保障员工的健康,减少污染和杜绝各种接待事故的发生,旅行社必须采取必要的安全和保健措施。

8. 劳资关系

劳资关系是指旅行社的管理者与内部员工,就员工的工资、福利、工作条件以及其他待遇所进行的交涉与协调。

9. 职务晋升

职务晋升是指旅行社从工作绩效突出的员工中,选拔有管理能力和培养潜力,符合旅行社发展要求者,提升到更高层次的工作岗位上去。这不仅有利于满足旅行社发展的需要,更有助于提高员工的满意度,有助于调动员工的工作积极性。

(四)人力资源管理的结果

旅行社人力资源管理的结果和最终目的,是提高员工和企业的工作绩效、经济效益和社会效益,在实现旅行社企业目标的基础上,努力实现员工的目标,满足员工物质和精神的需要。

三、人力资源开发与管理的意义

人力资源开发与管理是涉及旅行社生存与发展的战略性问题。不断提高人力资源开发与管理的水平,不仅是当前增加经济实力、提高市场竞争力的需要,也是旅行社广纳贤才、长期兴旺发达的重要保证,更能促进劳动者充分开发自身潜能,为企业服务。人力资源开发与管理的重大意义在于以下几个方面。

(一)加强人力资源开发与管理是旅行社增强市场竞争力的需要

旅行社业是以提供服务为主的劳动密集型行业,也是智力密集型行业。从旅游线路的设计与开发到市场促销与销售再到导游、翻译和陪同工作,均需要由人去完成。员工的创新策划能力、工作责任心和业务水平,直接关系到旅行社经营管理的水平和服务水平。特别是在知识经济的背景下,人力资源的作用将会更加突出。因此,旅行社市场竞争力的强弱,归根到底取决于员工队伍的素质高低;旅行社之间的企业竞争归根到底是人才的竞争。

(二)加强人力资源开发与管理是旅行社吸引优秀人才的需要

在市场经济条件下,传统的就业观念已经被打破,旅行社与应聘者之间形成了双向选择关系。近年来,旅行社的人才流动、业务骨干"跳槽",甚至是业务骨干的集体"跳槽",已经严重影响了旅行社的业务稳定和企业发展,对旅行社人力资源管理提出了严峻的挑战。尤其是自2003年7月第一家外商独资旅行社——日航旅行社在北京挂牌以来,外资已经陆续进入旅行社竞争市场,并成为内资旅行社的强大竞争对手。这对部分内资旅行社的生存与发展带来一定威胁。这种竞争首先是人才的竞争,内资旅行社要面对外资旅行社对优秀人才和业务骨干的强大吸引力这一威胁。因此,加强旅行社人力资源开发与管理,吸引并留住优秀人才对于保证旅行社的稳定与发展,具有重要意义。

(三)加强人力资源开发与管理是调动员工积极性,充分挖掘员工潜能的需要

旅行社专职从业人员,一般所受教育程度比较高、业务潜力相对比较大。通常具有以下特点:

第一,职务晋升时竞争激烈。旅行社可以提供的晋升岗位有限,而有业务能力可供进一步提升的人才相对较多。这必然导致部分员工在争取晋升机会方面展开激烈竞争。

第二,员工的民主管理意识较强。

第三,员工对自己的职业和生活满意度给予更多关心。

以上特点要求旅行社制定有效的人力资源管理政策,实行公开、公正的人才选择机制;注意倾听员工意见和建议;发动员工参与企业管理,赋予员工适当的责任;最大限度地调动员工的工作积极性;充分挖掘员工的业务潜力,为员工创造更多的自我发展机会。

第二节 旅行社人力资源开发与管理实务

与任何组织的人力资源开发与管理一样,旅行社的人力资源开发与管理也包含具体的理论与实务,它们的有机结合,构成了旅行社企业人力资源开发与管理的科学体系。

一、旅行社人力资源配置

(一)旅行社员工招聘

招聘是人力资源管理中非常重要的环节之一,是与潜在员工建立关系的第一步,并与旅行社其他各项人力资源管理活动密切相关。因此,旅行社只有设计有效的、良好的招聘环节及计划,才能真正找到符合旅行社发展需要的高素质人才。无论规模大小,旅行社企业都必须在招聘员工之前制定明确的招聘政策,明确需要招聘的人员数量,雇用方式,被招聘人员需要具备的知识、技能和经历等。

旅行社的招聘计划,应该从人力资源规划开始,经过8个环节完成企业招聘,

招聘程序包括:人力资源规划—企业当前招聘需求调查—各部门经理通过报告通知人力资源部门职位空缺情况—人力资源招聘人员和经理审阅职务和资格要求—检查内部来源情况(提升、职务委派等)—发现可以雇用的外部人员—选拔过程—后续措施和评价及时反馈给人力资源部门。

国内大型旅行社人员选拔录用程序涉及应聘接待、事前谈话和兴趣甄别、招聘测试、选拔面试、背景考察、决定是否录用、签订劳动合同等环节。鉴于旅行社企业的规模和管理规范程度的差异,企业选拔录用程序也有很大区别。一般情况下,中小型旅行社的选拔录用程序简单明了,容易操作,大型旅行社关键岗位的选拔录用程序较为复杂。某大型旅行社人员选拔录用程序见下图。

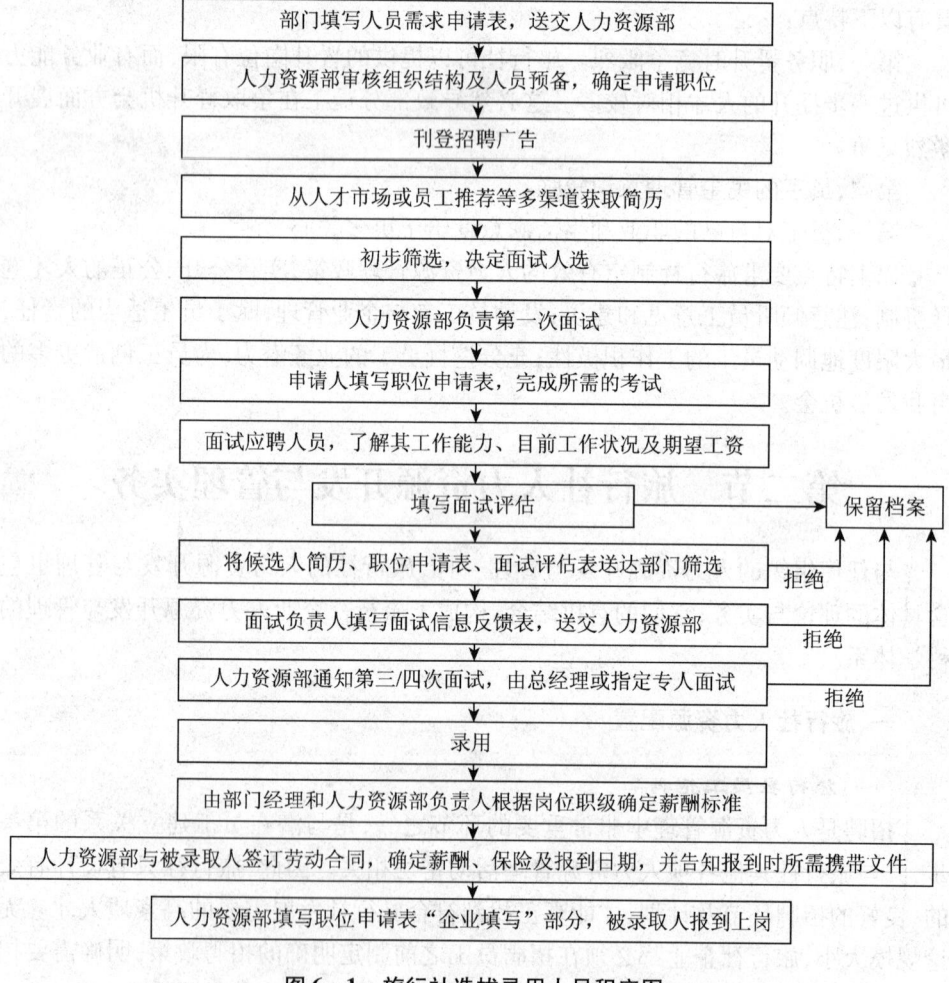

图6-1 旅行社选拔录用人员程序图

资料来源:张道顺:旅游产品设计与操作手册.北京:旅游教育出版社,2010.

(二)旅行社员工培训

一家旅行社的成长,实际上是组成它的员工个人成长的总和。一个不断向员工提供学习机会的旅行社,在不断提升自身发展现状的同时,也是在向未来投资。对旅行社企业来讲,员工"跳槽"的可能性越小,企业为该员工培训所作的投入回报率就越高。旅行社企业对员工进行培训的目的在于克服员工的低效率。一般说来,有效的培训所产生的生产性收益,要大于培训所花费的成本。目前,国内大多数旅行社企业尚未形成自己的培训体系,旅行社员工的成长还依赖于原始的"学徒"模式。旅行社行业内频繁的人才流动,已经成为一些企业不愿意建立培训体系的理由,这是人力资源开发的误区。完善的培训体系,可以帮助员工迅速提高操作技能、丰富旅游行业知识。高效率的员工可以提高企业的经济效益,企业效益的提升又可以为员工带来更好的福利,员工对企业的忠诚度也就相应提高。

1. 培训的内容

旅行社员工的培训内容包括员工工作态度培训、工作技能培训、工作所需相关知识培训三个方面,可以概括为"ASK",即态度(Attitude)、技巧(Skill)、知识(Knowledge)。

(1)思想素质和职业道德培训。鉴于旅行社日常业务的分散性和独立性强的特点,旅行社员工如果缺乏过硬的思想素质和较高的职业道德水准是很难适应工作的。近年来旅行社行业内部出现的"穷庙富和尚"的怪象正是部分从业者极端个人主义的后果。很多旅行社越来越重视对员工敬业精神和职业道德的教育。通过这方面的培训,可以使员工了解企业的经营目标和经营理念,帮助员工树立主人翁意识、职业的自豪感和荣誉感,进一步强化员工的团队精神和合作意识,使其自觉做好本职工作,积极维护企业形象。

(2)技能培训。技能培训是迅速提升员工工作能力的手段之一。主要包括为旅游者服务的技巧培训(如翻译、导游、接待客户等)、开发市场的技巧培训(如与客户谈判签约、客户售后服务等)、处理旅游投诉的技巧培训、应付突发事件的能力和技巧培训,以及中层管理干部的管理技能培训等。技能培训可以通过在企业内部建立老带新的"导师"制度来完成。还要建立和拓展员工工作经验交流的渠道,如"网上论坛""经验交流会"等。

(3)知识培训。旅行社是知识密集型企业,为旅游者提供旅游接待服务的过程需要专业知识作为支撑。知识培训的内容,主要包括政治、经济、社会、文化、自然、科技、历史、地理、民俗等方面。此外,还要让员工了解国内外旅行社行业发展的最新趋势和竞争动态,增强员工的危机意识和爱岗意识。更要让员工了解本企业的战略发展规划、企业的发展方向和目标,进一步提升员工的主人翁意识。

2. 培训类型

旅行社的培训类型有很多种,一般包括岗前培训、岗位认证培训、专题培训、脱产培训等。

(1) 岗前培训。岗前培训的主要对象是新招聘的员工,有计划地向新员工介绍他们的工作、同事以及企业的各种情况。岗前培训的主要内容包括企业介绍、敬业精神、服务观念、业务操作规范、旅游业务知识、导游知识、旅行社各种规章制度等。岗前培训有助于新员工了解他们所处的工作环境,以使他们的工作表现尽早符合标准。

(2) 岗位认证培训。我国对旅行社从业人员实行持证上岗的认证制度,导游员必须取得国家统一颁发的"导游资格证"才能上岗,旅行社经理人员必须接受相关专业培训,参加国家统一组织的考试,并取得相应的资格证书。岗位认证培训的对象是具有一定业务知识和操作实践经验的在职员工,岗位认证培训可以提高员工的业务素质和工作能力。

(3) 专题培训。专题培训主要是强调应用性和迫切性,如某些旅游培训中心和咨询机构推出的"旅行社总经理培训班""旅行社部门经理培训班""导游培训班"等,通过聘请行业专家进行有关领导艺术、管理技巧、导游知识等方面的有针对性的培训。

(4) 脱产培训。脱产培训是指旅行社的员工离开工作岗位到有关院校或者培训机构接受比较系统的专业教育。学习的内容包括语言、政策法规、旅行社业务知识、导游知识、管理知识、旅游经济学、旅游心理学、旅游市场营销等知识。脱产培训的特点在于知识比较系统、全面,对于文化层次较低或者希望提高自己学历的旅行社员工比较适合。

二、旅行社人力资源管理

(一) 旅行社经理人员的管理

1. 旅行社经理人员的概念

旅行社经理人员是指旅行社经营管理人员,属于职业经理人范畴。旅行社经理人员可以分为高级职业经理人和职业经理人。旅行社高级职业经理人是指具有较高理论知识和实践能力,以自己的管理才能为投资者服务,能在企业股东的授权下从事高层次战略管理和企业整体运作的经营管理人员。主要包括旅行社总经理、副总经理,以及旅行社企业的总监级管理人员。旅行社职业经理人是指具有一定理论知识和实践能力,以自己的管理才能协助高级职业经理人为企业股东资产的保值、增值服务,能够从事旅行社某一部门或某一职能管理工作的经营管理人员。主要包括旅行社部门经理、副经理、经理助理,以及大型旅行社主管级管理人员。

我国旅行社经理人大体分为四种:第一种是改革开放前就从事旅行社业务的

工作人员,目前面临年龄偏大、知识老化的问题。第二种是国有旅行社的经营管理人员,他们是我国旅行社行业的中坚力量,但由于受经营体制问题的困扰,他们的工作热情和经营管理能力未能得到最大限度的发挥。第三种是旅游高等院校和培训机构培养出来的经营管理人员,他们有朝气、有热情,具有较强的学习能力,但经营管理的实践经验不足。第四种是中小旅行社作为投资主体同时兼任经营管理人员的投资人,他们是国内旅行社行业最具活力的力量,基本上都是国家放开旅行社业审批之后投资开办旅行社的,因此大多没有相应的旅游专业知识和经营管理知识,只是凭借其他行业的管理经验来管理旅行社企业。

2. 对旅行社经理人的管理原则

(1)认真挑选,大胆使用。目前,国内旅行社经理人市场鱼龙混杂,缺乏经理管理水平高、职业道德水准高的经营管理人才。因此,在聘用旅行社职业经理人时,应该制定明确的考核目标和监控体系,根据企业规模、目前效益、发展目标等认真挑选合适的经营人来管理企业。对于选定的人员应给予充分信任,赋予与其职务相应的职权,支持他们开展工作。这样才能建立一支强有力的职业经理人队伍,企业才能发展壮大。

(2)集权与分权相得益彰。对旅行社职业经理人的管理,表现在企业的具体管理实践中就是集分权的设计。作为授权者,一定要清楚什么权力可以放,放的程度,放权后是否有相应的监控手段,没有监控手段的放权只能导致绝对权力的出现,最终导致企业管理的失控。这又涉及旅行社企业董事会、总经理、中级管理人员之间层层授权及监控的问题。一般情况下,董事会对企业聘请的总经理的管理,主要表现在"预算管理、年度经营指标管理",由总经理制定企业的财务预算和经营指标及年度经营计划,董事会对财务预算、经营指标进行定期考核,以此来决定总经理及其他高级管理人员的去留。总经理对中层管理人员的管理,主要体现在业务经营管理权限的授权与监控上。大量的经营实践证明,职责明确、大胆放权、合理监控既有利于下属独立自主地开展业务经营活动,又有利于企业高层管理者将主要精力放在全局性的重大决策上。

(3)以职定人、用人所长。国内旅行社行业大多根据经营管理者的经验,来判断企业的人力资源建设是否能够满足企业经营发展需要,没有进行完善的职务分析,也没有相应的人才储备开发计划。因此,旅行社行业需要在专业咨询机构的帮助下,根据各企业的具体情况和发展目标进行认真的职务分析,以确定合适的职务晋升体系和职位数量,按照"职务说明"选择合适的人才,充分发挥其特长。这是旅行社经理人管理必须遵循的一项基本原则。

(4)合理激励、赏罚分明。没有一套合理的激励体系,就不能有效调动旅行社经理人的工作积极性;没有奖罚体系,便不能对有过失者给予合适的惩罚,达不到

"惩前毖后"的目的。因此,旅行社企业应该保证目标先行、实事求是、坚决贯彻,把合理激励、奖罚分明的原则落到实处。具体来讲,要做到:第一,无论是奖励还是惩罚,都要对照事前确定的目标和计划;第二,奖罚的依据是具体的事实,依据不能是抽象的、含混不清的;第三,制定奖惩制度应该充分调研,一旦确定,就必须坚决贯彻,不能与下属争利。

3. 平衡计分卡在旅行社经理人管理中的应用

(1)以财务数据为主体的管理考核体系的弱点。目前,国内旅行社行业对于旅行社经理人的管理和绩效考评,主要体现在企业财务指标和企业年度运营计划上,而对非财务指标没有给予充分的重视,企业的财务指标没有具体的落实措施,对财务型指标实现与否的原因分析不彻底。因此,以财务指标为主体的管理考核体系,对企业的健康发展有一些不利的影响,主要体现在:

①以收益为基础的财务数字,仅能衡量过去决策的结果,无法评估未来的绩效表现,容易误导旅行社企业的未来发展方向。

②当以财务指标作为企业绩效评估的唯一指标时,容易使旅行社经理人过分注重短期财务结果。在相当程度上,也使得经营者变得急功近利,对操纵报表上的数字具有强烈动机,而不愿意就企业长期战略目标进行合理投资。

③由于不重视非财务指标(如服务质量和人力资源建设)的评估,致使企业竞争力下降,原本可喜的财务数字有可能逐渐恶化。

④片面的指标收集,难以推动整体效益的改善,不利于企业核心竞争力的建设。

(2)平衡计分卡简介。平衡计分卡是哈佛大学财会学教授罗伯特·卡普兰与复兴方案公司总裁戴维·诺顿,在积累了大量实践经验的基础上,建立的一套革命性管理系统。平衡计分卡包含财务、客户、内部运营和学习成长四个层面的考核指标(见图6-2)。

①财务性指标。财务性指标,是一般企业常用于绩效评估的传统指标。财务性指标可以显示出旅行社企业战略的实施和执行过程,是否正在为最终经营结果(如利润)的改善作出贡献。但是,并非所有的长期策略都能很快产生短期的财务盈利。非财务性绩效指标(如服务质量、服务效率、旅游产品研发能力等)的改善和提高,是实现目的的手段,而非目的本身。但财务指标衡量的主要内容,却是旅游业务增长、业务收入的结构、降低成本率、资产的利用和投资战略等。

②客户指标。平衡计分卡要求旅行社企业将使命和策略诠释为具体的与客户相关的目标和要点。企业应该以目标顾客和目标市场为方向,关注于是否满足了核心顾客的需求,而不是满足所有客户的偏好。客户最关心的不外乎是服务效率、服务质量和服务价格三个方面。企业必须为这三个方面树立清晰的目标,然后将

这些目标细化为具体的指标。客户指标衡量的主要内容,包括旅游市场份额、同业及团体老客户挽留率、新客户获得率、顾客满意度、从客户处获得的利润率等。

③内部营运指标。建立平衡计分卡的顺序,通常是首先制定财务和客户层面的目标和指标,然后才制定企业内部流程层面的目标和指标。这个顺序使旅行社企业能够抓住重点,专心衡量那些与股东和客户目标息息相关的流程。内部营运绩效考核,应该以对客户满意度和实现财务目标影响最大的业务流程为核心。内部营运指标,既包括短期的现有业务的改善,又涉及长远的产品和服务的革新。内部营运指标涉及企业的新产品研发、旅游服务过程、售后服务过程等。

④学习和成长指标。学习和成长的目标为其他三个方面的目标提供了基础架构,是驱使计分卡上述三个方面获得卓越成果的动力。面对激烈的旅游市场竞争,旅行社目前的技术和能力,无法确保其实现未来的业务目标。削减对企业学习和成长能力的投资,虽然能在短期内增加财务收入,但是由此造成的不利影响将在未来给旅行社的发展带来沉重打击。学习和成长指标涉及员工的能力、信息系统的能力、激励、授权与相互配合等。

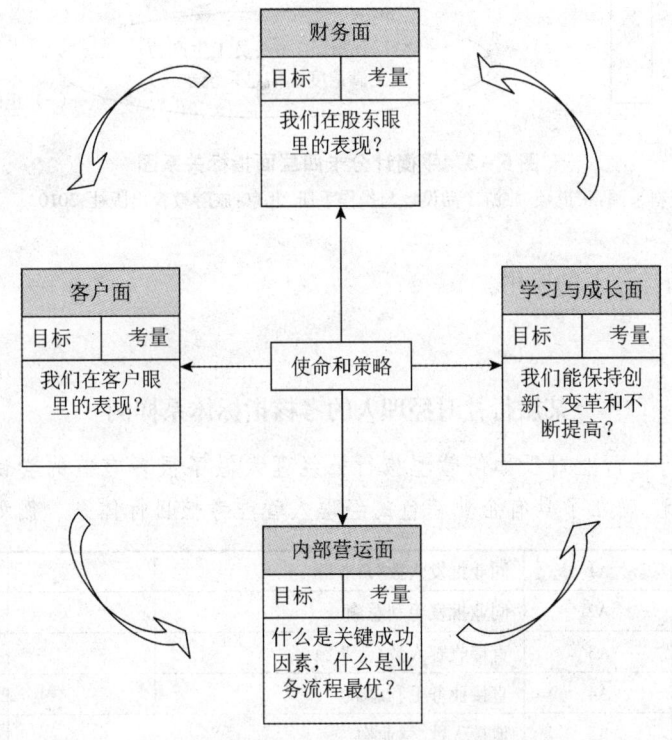

图6-2 平衡计分卡示意图

资料来源:张道顺.旅游产品设计与操作手册.北京:旅游教育出版社,2010.

总之，基于平衡计分卡的企业发展过程特别强调描述策略背后的因果关系，借助客户层面、内部营运层面、学习与成长层面评估指标的完成，而达到最终的财务目标(见图6-3)。

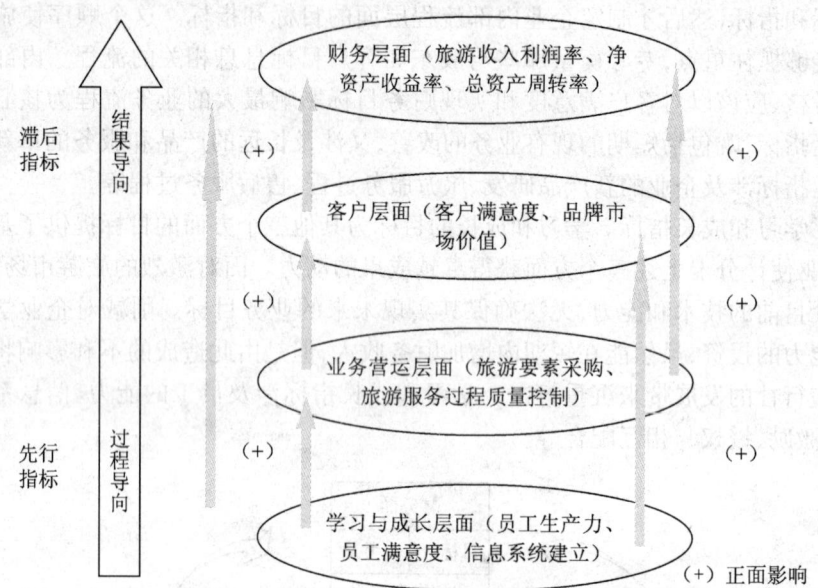

图6-3　平衡计分卡四层面指标关系图

资料来源：张道顺.旅游产品设计与操作手册.北京：旅游教育出版社，2010.

(3)平衡计分卡的应用。

【阅读】

某旅行社对经理人的考核指标体系样例

国内旅行社行业对于如何管理旅行社经理人做了很多有益的尝试，许多企业根据自身情况，确立了具有企业特色的经理人管理考核目标体系。例如：

业绩指标	A1	同业批发人数/营业额		
	A2	同业批发毛利总额		
	A3	直接收客人数/营业额		
	A4	直接业务毛利总额		
	A5	地接人数/营业额		
	A6	地接业务毛利总额		
	A7	实现利润总额		

续表

费用指标	B1	人员工资		
	B2	通信费		
	B3	房租及水电费		
	B4	差旅费		
	B5	市场营销费		
	B6	公关招待费		
	B7	办公费用		
	B8	其他费用		
	B9	费用总额		
客户指标	C1	客户满意度		
	C2	客户投诉率/解决率		
	C3	有无重大服务质量事故		
市场营销指标	D1	广告费用		
	D2	企业客户拜访数量		
	D3	电话拜访总数		
分销网络建设指标	E1	分销商数量		
	E2	VIP分销商数量		
	E3	地理分布		
旅游专线批发指标	F1	旅游专线数量		
	F2	批发人数/销售额		
	F3	专线毛利总额		
专题旅游产品指标	G1	专题旅游产品数量		
	G2	收客人数/营业额		
	G3	专题旅游毛利总额		
学习与成长指标	H1	员工数量及素质		
	H2	员工能力结构		
	H3	培训科目、时数、人员		
	H4	信息系统应用情况		

资料来源：张道顺. 现代旅行社管理手册. 旅游教育出版社，2010.

(二)旅行社导游人员的管理

在旅行社接待旅游者完成旅游服务过程中,导游人员是接待工作的主体。在旅游活动中,导游人员处于中心地位。一名好的导游员可以为旅游者带来愉快的旅游体验。反之,则是不成功的旅游。导游人员的管理,根据管理的主体不同,可以分为外部管理和内部管理。

1. 外部管理

外部管理主要有旅游行政主管机关管理、导游服务公司管理、社会舆论监督三种方式。

(1)旅游行政主管机关管理。旅游行政主管机关对导游人员的管理,主要体现在制定导游人员管理的有关法规、政策,可以依据法律法规对违法的导游员进行处罚。其管理制度有:导游人员资格考试制度、导游人员登记考核制度、导游人员计分管理制度、导游人员年度审核制度等。

(2)导游服务公司管理。近几年来,我国导游职业出现自由化趋势,即旅行社不再长期聘用专职导游,而是与导游人员建立松散的业务联系,根据业务需要临时聘请导游人员。在这种趋势下,导游服务公司便应运而生,专门负责向旅行社提供导游服务。对于未被旅行社聘请的导游人员的管理自然落在了导游服务公司的肩上。

(3)社会舆论监督。目前,社会舆论监督已经成为导游人员管理的一种重要手段,违法导游的种种不法伎俩屡屡见诸报端,提高了旅游者的防范意识和维权意识。但社会舆论、新闻媒体也应该对那些操作规范、不辞辛苦、认真为旅游者服务的优秀导游人员的事迹予以褒扬和报道,以达到"奖优罚劣"的目的,以社会舆论的强大力量来约束广大导游人员遵守操作规范,监督其行为,提高导游服务质量,而不是一味地揭露导游队伍中少数不法人员的不良行为,导致社会对导游人员产生片面看法和歧视性倾向。

2. 内部管理

所谓内部管理,主要是指旅行社自身对导游人员的管理。内部管理主要包括以下几个方面。

(1)严把招聘关,建立一支素质高、服务质量过硬的导游队伍。为了保证服务质量,旅行社需要建立一支稳定的导游队伍,应该根据服务规范的要求选聘优秀的导游人员,而不是简单地看重年龄、身高、容貌等外在条件,应该重视导游人员的服务意识、服务态度、敬业精神,选拔那些愿意通过不断学习提高自己的服务技能、以服务质量获得旅游者和企业认可、愿意为企业长期服务的优秀导游人员加入企业的导游队伍。

(2)加强培训,不断提高导游人员的服务能力和服务意识。旅行社应该制定明确的培训政策,建立鼓励员工积极参与培训的机制,让员工了解培训的意义,鼓励导游人员积极参加培训和自我学习,从而尽快提高自身素质和服务技能,为保证企业的旅游服务质量打下坚实的基础。培训的内容,通常包括职业道德的培训、导游相关知识的培训、旅游服务技能的培训等。培训的方式,包括岗前培训、岗上培训、业务集训、脱产深造等。

(3)科学考评,建立完善的导游服务质量评定体系。企业对导游队伍的管理,关键在于是否拥有一套完善的服务质量评定体系。由于导游工作的实践性强,因而考评不应该是考试,而应该将笔试、口试和服务实践中旅游者的评价结合起来,旅游者的评价是评定导游员服务质量的实践标准。同时,由于旅游业是一个知识密集型行业,因此要强调考评的周期性,以确保导游人员知识结构和服务技能的更新。

(4)待遇保证,建立合理的导游人员激励机制。目前,中国导游员队伍面临的最大问题就是没有可靠的待遇保证。建立一套合理的激励机制,对于导游人员队伍素质的提高和稳定具有重要作用。激励机制主要包括以下三个方面。

①情感激励。"没有满意的员工,就没有满意的游客",导游人员作为旅行社接待服务的一线员工,应该得到更多的重视。只有给予导游人员适当的尊重,才能充分调动其工作的积极性和创造性。

②薪金激励。《旅游法》实施前,导游员的收入主要包括基本工资、带团津贴及回扣佣金。《旅游法》实施后,国内大部分地区的导游薪酬模式由"回扣"为主转向以"导游服务费"为主。旅行社可以根据本地区旅游业发展状况与企业实际,制订提升一线导游员收入的激励计划。例如,实行导游员等级薪金制度;或在导游员基本工资和服务费的基础上,依据客人评议表和客户回访的反馈情况,给予导游员相应的奖励费。

③事业激励。对导游人员的激励,除情感激励和薪金激励之外,还应该有事业激励。根据导游人员的不同特点安排不同的旅游团,充分发挥其长处;从导游队伍中选拔部分有领导能力的人员进入企业的管理层,满足员工的成就感。另外,还可以实行企业内部的轮岗制度,根据个人的意愿,选择一部分导游人员从事计调和外联工作,使其工作内容丰富化。这样,既可以有效防止人才流失,更有助于导游员队伍通过合理渠道吐故纳新、保持活力。

(5)合同管理。遵照《旅游法》的相关规定,对导游人员实行合同管理,以合同方式保证其依法为客人提供导游服务。这样可以促使导游人员增强责任心和使命感,更好地为旅游者服务。合同管理也是提高导游服务质量的重要措施之一。

(三)旅行社计调人员的管理

1. 旅行社计调业务的定义和计调人员的分类

旅行社计调业务有广义和狭义之分。从广义上讲,计调业务既包括计调部门为业务决策而进行的信息提供、调查研究、统计分析、计划编制等参谋性工作,又包括为实现计划目标而进行的统筹安排、协调联络、组织落实、业务签约、监督检查等业务性工作。从狭义上讲,计调业务主要指在接待工作中,旅行社为旅游团安排各种旅游活动所提供的间接服务,包括安排食、住、行、游、购、娱等事宜,选择旅游合作伙伴和导游,编制和下发旅游接待计划、旅游预算单等,以及为确保这些服务而与其他旅游企业、有关行业和部门建立合作关系等。

目前,中国旅行社业通常采用广义的计调业务,并根据业务类型,把计调人员分为组团计调、地接计调、同业批发计调等。还可以根据客源市场,分为国内游计调、出境游计调、入境游计调等。

2. 对计调人员的素质要求

(1) 具有高度的责任心和严谨的工作作风,以及认真负责、吃苦耐劳的工作态度。

(2) 认真研究业务,熟悉旅行社各方面的业务基础知识,有很强的信息观念和竞争意识,可以及时掌握旅游要素市场的最新动态。

(3) 工作中遇到重大问题一定要及时向领导请示汇报,批准后再进行处理,切忌擅自决定。

(4) 有较强的交际能力,与旅游要素及协作部门保持良好关系,广交朋友,注意维护企业声誉。

(5) 严格遵守财务制度和合作单位的各项规定,自觉维护企业利益,不利用职务之便谋取个人私利。

3. 对计调人员的管理

目前的旅行社行业还没有形成统一的计调工作模式。业内各旅行社企业根据自身业务制定了不同的模式,常用的模式有两种:一种是流程制。即将旅游要素的预订工作分开,订房、订车、订票、安排导游分别由不同的计调人员负责。多数接待量较大的旅行社采用这种模式。另一种是个人负责制。一个计调人员从接受业务委托到各项要素的确认,再到结算收款,一直跟踪到底。中、小型旅行社往往采取这种计调工作模式。上述两种计调模式都有一定的缺点,流程制强调了专业化,但容易出现协调上的问题,尤其是在产品价格缺乏竞争力的时候,就很难分清是哪个计调的责任,而且每个环节都不能产生一人掌控的局面,否则会出现管理失控和利润黑洞。个人负责制便于考核,但是不能保证较高的工作效率,而且全部信息由一个计调人员掌握,这也是导致能力强的计调人员跳槽的诱因。

对于计调人员的管理,业内各大旅行社根据自己的业务情况进行了探索。有的旅行社强化了统一采购,但由于旅游业务的不确定性,对计调人员的管理还不能从根本上解决问题。也有的旅行社根据自身的业务状况制定了不同的考核指标,有的重点强调要素采购环节,有的则把收款、售后服务等工作也列入对计调的考核指标。

三、旅行社的薪酬管理

薪酬管理是旅行社人力资源管理的重要组成部分,它是旅行社员工最为普遍关注的内容,直接关系到旅行社人力资源管理的成效,甚至会对旅行社的整体绩效产生影响。

(一) 薪酬体系设计需要遵循的基本原则

薪酬作为分配价值的形式之一,设计时应当遵循按劳分配、效率优先、兼顾公平及可持续发展的原则。

1. 内部公平性

按照承担的责任大小、需要的知识能力的高低,以及工作性质要求的不同,在薪资上合理体现不同层级、不同职系、不同岗位在企业中的价值差异。

2. 外部竞争性

保持企业在行业中薪资福利的竞争性,能够吸引优秀的人才加盟。

3. 与绩效的相关性

薪酬必须与企业、团队和个人的绩效完成情况密切相关。不同的绩效考评结果应当在薪酬中准确地体现,以实现员工的自我公平,从而最终保证企业整体绩效目标的实现。

4. 激励性

薪酬以增强工资的激励性为导向,通过动态工资和奖金等激励性工资单元的设计,激发员工工作的积极性。

5. 可承受性

确定薪酬的水平必须考虑旅行社实际的支付能力,薪酬水平须与旅行社企业的经济效益和承受能力保持一致。在旅行社企业中,人力成本的增长幅度应低于总利润的增长幅度,同时应低于劳动生产率的增长速度。旅行社通过适当地增加工资成本可以激励员工创造更多的经济增加值,从而保障出资者的利益,实现可持续发展。

6. 合法性

薪酬体系的设计应当在国家和地区相关的劳动法律、法规允许的范围内进行。

7. 可操作性

薪酬管理制度和薪酬结构设计应当尽量浅显易懂,以使得员工能够理解设计的初衷,从而按照旅行社的引导规范自己的行为,达到更好的工作效果。只有制度流程简洁明了,操作性才会更强,也更有利于迅速推广,同时也更便于管理。

8. 灵活性

旅行社在不同的发展阶段和外界环境发生变化的情况下,应当及时对薪酬管理体系进行调整,以适应环境的变化和旅行社发展的要求,这就要求薪酬管理体系具有一定的灵活性。

9. 适应性

薪酬管理体系应当能够体现旅行社企业自身的业务特点和性质以及所处区域、行业的特点,并能够满足这些因素的要求。

(二)旅行社薪酬体系建立的依据

"业绩薪酬观"在我国旅行社行业内部已经深入人心,不同岗位的业绩薪酬可以得到不同的体现。如外联人员的薪酬,一般直接与业绩挂钩;计调人员的薪酬则相对稳定。建立旅行社的薪酬体系一般遵循以下依据。

1. 绩效考评

旅行社都有自己的绩效考评体系。员工绩效成了确定薪酬的基本依据。在绩效考评方面,对后勤工作人员,一般考评出勤率及为一线员工服务的及时率、满意度等;对计调人员则着重考评采购能力的强弱、预订旅游要素完成的数量,以及有无工作过失等;对外联人员,一般都直接与外联人数、毛利额等财务指标直接挂钩。

2. 职位的相对价值

旅行社不同类型的岗位具有不同的价值,依照每一职位对旅行社的相对重要程度,以及工作性质、工作环境,是否需要特殊技能或经验、是否承担履行责任的风险等,评价职位的排序。我国旅行社行业尚未形成统一的职位相对价值评定标准,各旅行社都是根据本企业的情况,确定企业的职位系统和价值系统。

3. 劳动力市场的供求状况

在市场经济条件下,劳动力市场的供求状况直接影响人们对薪酬水平的期望值。例如,随着我国出境旅游管制的放开,可以经营出境游的旅行社剧增到600多家,导致一段时间出现了"出境旅游人才争夺战"。再如,我国旅行社行业缺乏业务能力强的销售人员和操作熟练的计调人员。因此,这一类业务熟练的员工可以得到较高的薪酬。

4. 其他行业的薪酬水平和社会居民整体生活水平

旅行社在确定薪酬制度的时候,还应参考其他行业,尤其是服务行业的薪酬水平,以及社会居民的整体生活水平。保证使企业的薪酬体系具有一定的竞争力,才能吸引更多、更好的人才加入企业,保持企业员工队伍的稳定性。

5. 旅行社企业的效益状况

旅行社的效益状况将直接影响到企业的薪酬水平。一个亏损的旅行社很难支付给员工优厚的薪金与报酬,尤其是那些非固定收入,如奖金、福利等。

(三)旅行社薪酬体系的构成

1. 工资

工资是劳动报酬的基本形式。旅行社根据按劳分配的原则,通过一定的工资制度来支付员工的工资。常见的工资制度,有等级工资制、浮动工资制、承包工资制、结构工资制、岗位技能工资制等。上述工资制度在我国旅行社企业中都有不同程度的体现。国有旅行社企业实行等级工资制的较多,民营旅行社企业多实行浮动工资制和承包工资制。

2. 奖金

奖金是对超额劳动所支付的报酬。它和工资相比具有灵活性和针对性特点。我国旅行社企业发放奖金一般采取与企业利润和员工贡献紧密挂钩的做法,同时结合一定的精神激励,来保证员工队伍的稳定和团结。

3. 津贴

津贴也是工资的一种必要补充形式。它是为了补偿员工额外和特殊的劳动消耗,以及为了保证员工工资水平不受特殊条件影响而支付给职工的劳动报酬。目前,津贴的项目和种类因各旅行社的劳动条件和生产性质不同而存在差异。

4. 福利

职工福利是通过劳动保险和生活福利两种形式来实现的。

5. 社会保障

我国现行社会保障制度的内容,有养老、失业、医疗、工伤、救灾扶贫、福利救济、为残疾人和无生活自理能力者提供物质帮助等。但社会保障的主体,是养老、失业和医疗。旅行社行业普遍实行的"三险一金"中的"三险",就是指上述三项保障;"一金"是指"住房公积金"。

【阅读】

某旅行社工资管理制度薪酬管理规定

第一章 总则

第一条 为建立科学、完善、有竞争力的分配机制,依据《中华人民共和国劳动法》和其他有关法律法规,结合公司具体情况,特制定本规定。

第二条 薪酬管理的基本原则:

(1)坚持基本保障、按效分配、按岗取酬的原则。

(2)优化薪酬结构,实行公平、透明、灵活的分配办法。

(3)强化分配制度的激励、约束功能,体现员工个人价值,增强岗位责任意识,建立可调控、有竞争力的分配机制。

(4)完善以业绩考核员工、以制度约束员工、以企业文化凝聚员工的现代管理体系。

第三条 本规定适用于公司在册员工。

第二章 薪酬构成及标准

第四条 公司实行薪酬宽带制,薪酬收入由基本工资、岗位工资、考核工资构成。

薪酬收入计算:工资收入=基本工资+岗位工资+考核工资。

第五条 基本工资是公司支付给员工的在岗工作、生活保障的基本报酬。基本工资由基础工资、工龄及其他工资、全勤工资构成。其计算公式为:基本工资=基础工资+工龄及其他工资+全勤工资。

基本工资标准按岗位职级设立8级,由高至低依次为:1级,董事长、总经理;2级,副总经理;3级,部门经理;4级,部门副经理;5级,业务主管;6级,业务员;7级,待岗人员;8级,实习生。其中,2级、3级由高至低各分为A、B、C三档;4级分A、B、C、D四档;5级分A、B、C、D、E五档;6级分A、B、C、D、E、F、G、H八档。全勤工资为200元;工龄及其他工资为100元。

第六条 岗位工资同基本工资职级划分,设立8级。其中2级、3级由高至低各分A、B、C三档;4级分A、B、C、D四档;5级分A、B、C、D、E五档;6级分A、B、C、D、E、F、G、H八档。

第七条 考核工资是公司对各员工工资标准按月度考核体系评分后,给予员工的奖励性工资。计算公式为:考核工资=考核工资标准×考评分的百分比。

第八条 基本工资最低标准高于××市当年公布的最低工资标准。在本工资制度执行期内,如果××市调整最低工资标准,且该标准高于我公司最低工资标准时,则予以相应调整。

第九条 待岗、休产假超过三个月的员工工资,按待岗工资标准执行。

第三章 薪酬的发放及审批

第十条 薪酬的发放实行下发制,由公司按月存入员工工资卡内。

第十一条 薪酬的具体发放,按《×××旅行社薪酬管理规定实施细则》执行。

第十二条 员工工资收入按国家有关法律法规的规定缴纳个人所得税,由公司代扣代缴。员工工资收入为税后发放。

第十三条 薪酬支付按《×××旅行社薪酬管理规定实施细则》执行。

第十四条 工资发放审批人为旅行社总经理。

第四章 薪酬管理

第十五条 公司严格控制各部门管理人员职数和岗位工资总额。

第十六条 人力资源部负责公司工资计划的制订、控制及组织实施。财务部负责部门考核工资的预算和审核。

第十七条 人力资源部负责工资的发放、调整及台账编制等日常管理工作。

第十八条 人力资源部、财务部分别负责员工个人所得税的代扣代缴工作。

第五章 附则

第十九条 本规定自20××年×月×日起执行。

第二十条 本规定由人力资源部负责解释。

资料来源:《现代旅行社管理手册》(第2版),张道顺,旅游教育出版社,2010年。

第三节 旅行社企业文化建设

每一个企业都有自己独特的企业文化,这种文化作为一种无形的力量,影响并规定企业成员的思考方式和行为方式,也是企业员工共享的价值观、信仰、态度和传统。成功的企业,它的企业文化必然具有强大的生命力,并带有鲜明的个性特征。旅行社要想在未来的旅游市场上占有更重要的地位,就必须形成自己的管理机制和内部的企业文化。因此,创造富有活力的企业文化,是旅行社人力资源管理的重要内容之一。

一、旅行社企业文化的内涵

企业文化,是指企业全体员工在长期的生产经营活动中形成并共同遵守的最高目标、价值标准、基本信念及行为规范。它通过一系列惯例、传统、规则、典型事迹和行动表现出来并延续下来。企业文化是一种柔性的东西,像水一样不具有强制性,但具有无形性、约束性、相对稳定性和延续性。从管理的角度来看,企业文化是企业管理的一部分,不能脱离企业的其他管理职能;反过来,其他的管理职能也不能脱离企业文化。从系统的角度来看,企业文化是一项系统工程,包含着对内的企业文化和对外的品牌文化。对内的企业文化偏重于企业内部员工的凝聚力和政治思想工作,对外的品牌文化则偏重于企业的形象宣传。系统工程要求旅行社必须内外兼修、平衡发展。

旅行社的企业文化一般都要经过一个长期的沉淀过程,既体现在精神层面,也体现在管理层面。它是由共同的价值观所产生的,表现为企业形象、品牌、诚信、管理机制、服务质量及员工的凝聚力等,是一种综合文化。如国旅的"CITS"、中旅的"CTS"、中青旅的"CYTS"等中国旅行社行业的三大品牌,便是旅行社企业文化的一部分。

二、旅行社企业文化的构成要素

(一)企业目标

企业目标也称企业经营目标,是指旅行社企业在一定时期内,按照其经营宗旨,考虑旅行社的内外条件和市场可能,沿其经营方向所要预期达到的某种高度和结果。可以分为长期目标和短期目标。目标对员工的行为具有导向和激励的作用。旅行社应该在一定时期内制定明确具体的、对企业发展有重大意义的某项目标,以此来提高员工的信心,激发员工的工作积极性。

(二)企业制度

企业制度是旅行社企业文化的基本要素之一。企业制度不仅包括硬性的或有形的管理制度,如管理体制、组织机构、社规社纪等,还包括员工在实际工作岗位上所形成的思想准则、道德规范、行为方式等软性的或无形的行为模式。企业制度要合理、公正。

(三)企业民主

企业民主也称为企业的民主管理,是旅行社制度的一个方面,包括员工的民主意识、民主权利、民主义务等一系列参与企业经营管理的措施和活动。在推动旅行社管理时,采取民主管理的方式可以让每一位员工提出管理建议,讨论管理中出现的问题。民主管理的根本目的是调动员工的积极性,提高企业整体的工作效率。

(四)企业价值观

企业价值观是指企业在追求经营成功过程中所推崇的基本信念和奉行的目标。当代企业价值观的一个最突出的特征就是以人为中心,以关心人、爱护人的人本主义思想为导向。企业能否给员工提供一个适合个人发展的良好环境,能否给人的发展创造一切可能的条件,是衡量企业优劣的根本标志。

(五)企业精神

企业精神是指企业为谋求生存与发展,为实现自己的价值体系和社会责任而从事经营的过程中,形成的一种人格化的群体心理状态的外化;是经过长期培育形成并为员工所认同的一系列全体是一的信念和座右铭;是旅行社的精神支柱和精神动力。企业精神往往以简洁而富有哲理的语言形式加以概括,通过社歌、社训、社规、社徽等形式表达出来。可以激发员工的积极性,增强企业活力。

(六)企业道德

企业道德是指员工在工作过程中,调整内外关系的特定职业行为规范的总和。

企业道德是以一定的道德规范为标准,来评价旅行社及其员工的各种行为,调整企业与员工、员工与员工以及企业与社会等方面的关系。作为服务型企业,旅行社要注意在员工中提倡职业道德,以维护企业声誉和旅游者的权益。

(七) 企业环境

从广义上来讲,旅行社的企业环境包括竞争对手、顾客、相关单位以及政府的影响等,可以分为政治环境、经济环境、文化环境、工作场所和人的心理环境。旅行社应创造条件改善员工的工作环境和生活环境,以激发员工对企业的忠诚和工作热情。

(八) 企业形象

企业形象是指旅行社及其行为在人们心目中的印象和获得的评价。旅行社形象体现在两个方面:一是无形形象,如旅游者或社会上所形成的关于企业经营能力、服务质量、工作效率等方面的印象;二是有形形象,如企业标志、营业厅环境、员工着装、公关活动等。

三、旅行社企业文化建设的重要性

(一) 协调作用

旅行社企业文化可以协调旅行社与旅游者之间的关系。旅行社企业文化的精神内容,就是要使旅行社自觉地为社会和旅游者服务。即通过企业文化建设,尽可能地了解旅游者、满足旅游者的需求,为其提供满意服务。

旅行社企业文化可以协调行业中各企业间的竞争关系。在市场经济条件下,旅行社之间必然存在激烈的竞争。企业文化的建设与发展,有效地避免了恶性竞争行为。

(二) 凝聚作用

企业文化是一种有效的黏合剂,能增强企业的凝聚力。美国学者凯兹·卡恩认为,将社会系统中个体凝聚起来的主要是一种心理力量,而不是生物力量。旅行社通过企业文化建设,可以使员工对本职工作产生自豪感和使命感,对本企业产生认同感和归属感,将自己的思想、目标和行为融合到企业中,从而产生强大的凝聚力。

(三) 约束作用

企业的规章制度和管理规则是一种刚性的行为控制。旅行社文化尽管也通过一定的物质层面的规章制度体现出来,但企业文化发生作用的主要手段,是通过对企业全体成员的行为形成一种无形的群体压力从而起到规范约束的作用。这种压力包括舆论压力、理智压力和情感压力。企业文化通过这种无形的、非正式的和不成文的行为准则,使旅行社员工按照价值观的指导进行自我管理和控制,在很大程度上弥补了单纯的硬约束带来的不足和偏颇。

(四)激励作用

旅行社加强企业文化建设,不断提高员工的工作积极性,满足员工需要,为员工的个人发展创造和提供条件,对员工的成绩给予充分肯定,公平处理问题,可以激励员工为企业的生存与发展做出自己最大的努力,创造更多的企业成就。

四、旅行社构建企业文化的途径

(一)企业诊断

企业诊断首先要进行企业调研,充分了解本企业现有的文化特征和本企业应该具有的文化。

(二)企业文化提炼

旅行社企业文化提炼,要首先从企业的历史中提炼出企业精神。并在此基础上提出面向旅行社企业未来的文化理念,概括出独具特色的文化。

(三)企业文化推广

旅行社企业文化形成之后,一般可以通过三种形式进行推广:

第一,对旅行社企业全体员工进行企业文化培训。

第二,树立和培养典型人物,以此进一步加强员工对企业文化的理解和记忆。

第三,以企业文化和价值观为导向,制定相应的管理制度。

旅行社企业文化建设的参与者应该是企业所有员工,只有大家共同认可、共同参与的文化才是旅行社真正的文化。只有当全体员工主动接纳企业文化,企业文化的建设才算成功。

第七章 旅行社信息技术管理

本章导读

本章介绍了旅行社信息技术管理的具体内容及其应用,解读了旅行社电子商务,分析了旅行社信息技术的发展与影响。通过本章的学习,可以了解旅行社信息技术的应用,初步掌握旅行社电子商务的操作技能。

第一节 旅行社信息技术概述

古人云,"工欲善其事,必先利其器","运筹帷幄,决胜千里之外"。旅行社企业只有运用信息技术这把"利器",才能"决胜千里之外"。

一、从信息的角度解读旅游业

(一)旅游活动对信息的需求

一般来说,旅游产品具有不可移动、在目的地消费、事前决策、预先销售等特征,而且涉及食、住、行、游、购、娱等多方面的信息。这些因素对旅游活动形成一定的制约,只有靠信息传递才能解决。因此,客源地与目的地之间需要有顺畅的信息通道,旅游活动首先就是对旅游信息的需求。

(二)旅游业对信息的需求

从根本上说,现代旅游业是信息密集型和信息依赖型产业,旅游业务在很大程度上是各种信息的加工,旅游消费建立在信息比较和收集的基础上。

信息已成为旅游业发展的重要生产力,信息技术是旅游业可持续发展的重要支撑力量。离开信息和信息技术的支撑,就无法解决产业链(价值链)中信息多层分流及信息流断裂的问题,现代旅游业就无法生存。

(三)旅游管理对信息的需求

无论是旅游企业管理,还是旅游行政管理,都是建立在信息真实和充分的基础上,都是以信息为基础进行决策和管理。正是由于以上的原因,信息产业与旅游业的结合,被誉为"朝阳产业的结合"。

二、信息和信息技术

(一)信息的概念

信息是客观世界所固有的,人类自古就对其有一定的认识,但从来没有像现代社会这样引发如此广泛、深入、持久的影响。信息既是人们管理的对象,又是各项管理活动的基础。由于信息概念十分广泛,不同学科有不同的解释。

从管理学的角度来理解,信息是对决策有用的各种消息、情报、数据等资料的总称。信息反映了客观事物运动变化的情况,能够被人们所接收和理解。

(二)信息分类

表7-1 信息分类

信息分类角度	信息类型
按照管理的层次	战略信息、战术信息和作业信息
按照应用领域	管理信息、社会信息和科技信息等
按照加工顺序	一次信息、二次信息和三次信息等
按照反映形式	数字信息、文字信息、图像信息和声音信息等

(三)信息的主要属性

1. 客观性/事实性

这是信息的第一属性。事实是信息的核心价值,不符合事实的信息不仅没有价值,而且可能起副作用。信息反映了客观事物运动的状态和方式,但信息不是客观事物本身,它可以脱离其源物质而相对独立存在。

2. 可传递性

信息可以通过多种传输渠道、多种传输方式进行传递。传输渠道可以是报纸、书籍、广播、电话、人与人的交谈,也可以通过计算机网络和卫星等进行传输。

3. 共享性

信息可以为多个信息接收者享用。一般情况下,信息从一个占有者传递给他人后,信息占有者的信息并没有丢失,但可能改变信息的价值。

4. 时效性

指从信息源发送信息,经过接收、加工、传递和利用所经历的时间间隔及其效率。时间间隔越短,使用信息越及时,使用程度越高,则时效性越强。一般来说,随着时间的推移,大多数信息的价值越来越低,只有少数信息随时间的推移而增加价值。

5. 等级性/层次性

对于同一问题,处于不同管理层次,所要求的信息不同。信息具有等级性,它和管理层一样,分为战略层、管理层和操作层。

6. 可存储性

信息可以借助载体存储起来,并通过载体进行传输,为信息在不同场合进行接收、加工、传递和利用提供可能。

7. 价值性

信息是经过加工的、有意义的数据,是一种资源,因而是有价值的。信息又是可以增值的,在积累的基础上,信息的增值可能从量变到质变。简单地计算,信息的价值 = 使用信息获得的收益 - 获取信息的成本。

(四)旅游信息

旅行社涉及的信息最主要的是旅游信息,这些信息涉及旅游业的方方面面。

表7-2 中国旅游业信息分类表

主 表		
LE1 旅游资源—— 11 自然景观资源 12 人文景观资源 13 社会旅游资源	LE2 旅游产品—— 21 旅游景区(景点) 22 旅游线路 23 旅游项目 24 旅游节庆	LE3 旅游统计—— 31 中国旅业统计 32 外国旅业统计 33 世界旅业统计
LE4 旅游文娱—— 41 文娱场所 42 文艺演出 43 音像录放	LE5 旅游科学研究—— 51 旅游综论 52 旅游经济 53 旅游管理 54 旅游法 55 旅游地理 56 旅游资源 57 旅游规划与开发	LE6 旅游交通—— 61 航空运输 62 铁路运输 63 公路运输 64 水路运输 65 特种方式运输 69 其他
LE7 旅行社—— 71 旅行社组织 72 旅行社接待 73 旅行社产品 74 旅行社价格 75 导游人员 76 领队 79 其他	LE8 旅游饭店—— 81 饭店组织 82 前厅 83 餐饮 84 客房 85 保卫	LE91 旅游商品—— 911 旅游商品生产 912 旅游商品流通 913 旅游商品进货 914 旅游商品库存 915 旅游商品销售 919 其他 LE92 旅游教育——依GB分

资料来源:国家旅游局,http://www.cnta.gov.cn/ziliao/ztjj/flb.asp

(五)信息技术

信息技术主要是指利用计算机和现代通信手段实现信息的获取、传递、存储、处理、显示等功能的相关技术。信息技术主要由传感技术、通信技术、计算机技术和控制技术构成,其中计算机技术和通信技术是信息技术的两大支柱。计算机技术又包括计算机软件技术、硬件技术、网络技术、图形处理技术、计算机知识处理技术等。

三、旅行社管理信息系统

管理、信息与系统三个不同领域的学科结合,产生了一门综合性、系统性、边缘性的学科——管理信息系统(MIS)。它是信息技术发展的结果,信息技术通过管理信息系统得以应用。1961年,J. D. Gallagher 率先提出"MIS"的概念,提出了以计算机为主体、信息处理为中心的系统化了的综合性 MIS 的设想。

管理信息系统是一门新兴学科,它是近年来随着管理科学、信息科学、计算机与通信技术的不断发展和相互联系,逐步形成的一门综合性边缘学科。就管理信息系统的功能而言,它是一个由人、计算机等组成的进行信息的收集、传递、存储、加工、维护和使用的系统。该学科的诞生和发展标志着计算机在管理中的应用达到了一个新的高度,它已成为管理领域内一门极其重要的应用性科学。

旅行社管理信息系统指利用计算机技术和通信技术,对旅行社业务进行管理的人机结合的综合控制系统。

这是计算机管理信息系统在旅行社企业的具体应用,其职能是对旅行社的业务过程实现信息化管理,从而提高旅行社的工作效率,提高服务质量。该系统与一般管理信息系统相似,外观表现为计算机软件和硬件系统,其内涵却是由计算机程序和旅游数据组织而成的旅游信息模型。

该系统的特点包括:①旅游信息量大;②旅游信息时效性强;③互动性和个性化的服务能力强;④信息处理复杂,需要企业内部各部门的通力协作。

四、旅行社信息技术管理的内涵

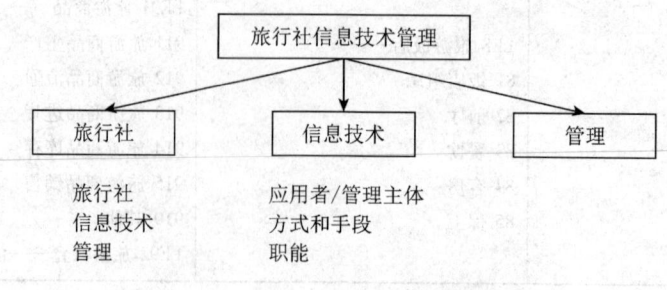

图 7-1 旅行社信息技术管理示意图

首先,这里的旅行社是一个信息技术的应用者,而不是信息技术的研究者和开发者。因此,在信息技术应用方面,旅行社存在一定的滞后性和被动性。

其次,信息技术是旅行社需要掌握的一种新型管理方式和手段,也是对传统手工作业和落后管理模式的替代。因此,信息技术的应用会对旅行社产生根本性的冲击和影响,会提升整个行业的管理水平。

最后,使用信息技术的目的是为了更好地对旅行社进行管理,这种管理既是对信息资源的管理,也是对旅行社人力、物力、财力等资源的管理。因此,信息技术管理是旅行社管理的重要内容。

五、旅行社信息化的背景

(一)传统经营模式的转型

从中国旅行社的经营模式来看,仍有相当一部分企业沿用传统方式,小规模手工式的作坊作业现象还比较严重。经营管理水平低下、信息传递不畅、信息共享水平低,越来越不能满足旅游者的个性化、综合化的需求,与世界范围内旅游业电子化、网络化的发展趋势相悖。

旅游者希望获取全程的综合服务,这给旅行社带来了很大的信息处理量,要求企业内部有很强的信息处理能力,在外部要有很强的信息传递和沟通共享能力。企业需要建立起畅通的内部网络,应用各种数据处理软件把旅游需求信息进行分类处理,这样才能提高运营效率。对于外部来说,企业需要将产业链各方(旅行社、酒店、商场、景区、航空公司等)的信息资源进行有效整合、衔接、共享,及时为旅游者服务,形成规模优势。因此,建立畅通的内部、外部信息网络,提高经营管理水平,合力打造综合化服务,才是提升核心竞争力的关键所在。

(二)旅游者个性化和综合性的服务需求

随着消费个性化时代的到来,旅游者不再满足于组团旅游,个性化、多样化的旅游形式正被广泛接受,旅游者对信息服务的依赖程度越来越高。旅游者需要借助各种媒介(旅游报刊、互联网)了解各地的旅游信息,通过媒介提供的文字、图片、视频等各种综合信息来做决策,设计自己的旅行线路、选择交通工具等。旅游者的一次旅游决策过程,实际上是一个旅游信息的输入、处理、输出、反馈的过程。在旅游决策前,很多旅游者更愿意借助互联网进行信息查询,旅行社的咨询服务功能将被互联网的自动查询功能所替代。消费需求越来越个性化、多样化,对一站式综合的旅游产品需求越来越多,这些都必须有强大的信息咨询平台和传输网络作支撑。

(三)旅行社信息化对"旅游强国"目标的意义

一般来说,在国民经济中所占比重超过5%的产业就是支柱产业。早在2002

年,中国旅游业在GDP中所占的比重就达到了5.44%。中国旅游业正处于由规模到效益、由数量到质量、由粗放到精细、由国内到国际的产业提升阶段。要实现我国旅游业从传统向现代、从粗放向集约的转变,实现由"旅游大国"跨越为"旅游强国"的目标,就必须以先进的信息技术、科学的管理手段、新颖的拓展理念来推动旅游业的健康快速发展,旅行社的信息化是其中的重要环节。

【阅读】

旅行社员工跳槽事件

1995年7月,国内某大型旅行社总社(A社)欧美部的十余名业务骨干,未经批准和办理有关手续,集体跳槽到另一旅行社总社(B社),并将在工作中使用、保管的原任职旅行社客户档案的大部分带走。

B社以这些人为基础组建了欧美二部,致使A社的国外客户在一周时间内纷纷以种种理由取消了原定在8~12月的旅游团队151个,约占同期预订团队总数的三分之二。此举使A社减少计划收入2000多万元,损失利润300多万元。

在旅行社业中,此类集体跳槽事件时有发生,许多旅行社因此受到损失。

第二节 旅行社信息技术的应用

旅行社信息技术应用的内容很多,归纳起来包括几个方面:局域网、广域网、目的地营销系统(DMS)、全球分销系统(GDS)、电子商务等。由于电子商务内容比较多,将在下一节专门介绍。局域网和广域网相当于旅行社自己建立的信息平台;DMS和GDS是专业的独立的商业销售平台,旅行社可以付费使用该平台来销售产品。

一、旅行社管理信息系统(MIS)

(一)系统的组成

(1)计算机硬件、网络通信设备等。
(2)计算机软件:系统软件和应用软件。
(3)数据及其存储介质。
(4)相关人员:系统开发人员,系统管理人员,系统的使用者等。

(二)系统的功能模块

主要包括前台和后台管理系统、办公自动化系统、决策支持系统等。

1. 前台和后台管理系统

它应用最为广泛,具体功能可以囊括以下几个方面。

产品开发——线路产品,度假产品,差旅管理,会议组织等。

采购管理——食、住、行、游、购、娱等单项产品的预订。

销售管理——销售网点管理,代理社管理,网上预订,团体客户管理,散客管理等。

团队管理——组团管理,团队计划,计划实施,签证管理,报表查询。

财务结算——收银管理,团队结算,集中支付,财务分析等。

经理查询——业务信息,财务信息,分析报告,辅助决策等。

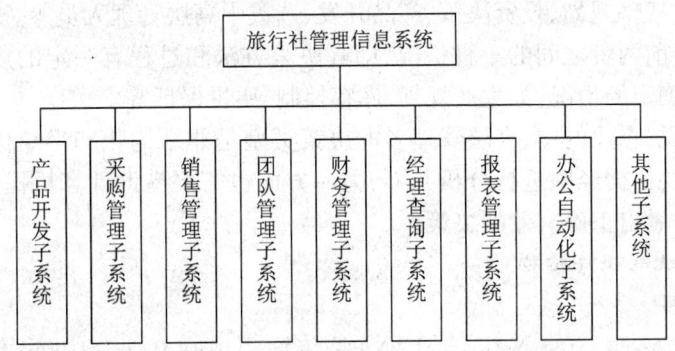

图7-2 系统软件结构示例

2. 办公自动化系统

办公自动化(Office Automation,即 OA)系统,是利用 Internet/Intranet 技术,基于日常的业务内容和流程,使办公工作自动化的一类管理信息系统。

办公自动化是近年来随着计算机科学的发展而提出的新概念,它不是简单指利用新机器、新设备从事办公业务。OA 系统不是像 MS Office 一样的办公软件,而是着眼于工作人员间的协同工作。它改变了过去复杂、低效的手工办公方式,能够充分利用信息,从而提高工作效率和工作质量,为企业的管理和决策提供科学的依据。因此,办公自动化是衡量现代化管理的标准。

OA 系统是企业应用软件体系的重要组成部分。从 C/S 结构到 B/S 结构,从最初桌面办公软件的应用和收发邮件,到目前的公文流转、车辆管理、会议管理、人员管理、网上审批等功能应用,OA 已经是企业日常使用最多、最频繁的一个基本系统。

3. 决策支持系统

决策支持系统(Decision Support System,DSS)是以信息技术为手段,应用管理科学、计算机科学及有关学科的理论和方法,为管理者决策提供帮助的人机交互的信息系统。它为决策者提供分析问题、建立模型、模拟决策过程和方案的环境,帮助决策者提高决策能力和质量。它是管理信息系统(MIS)进一步发展而产生的先进信息管理系统,针对的是半结构化和非结构化的决策问题。

诺贝尔经济学奖获得者 H. A. Simon 将决策问题分为结构化(Structured)、非结构化(Unstructured)和半结构化(Semi-Structured)三类。①结构化决策:指决策方法和过程有固定的规律可循,可以依据一定决策规则或通用模型来描述和求解的决策问题,如核定工资、费用报销、材料采购等具体、重复性的事务处理活动。②非结构化决策:指决策方法和过程没有规律可循,难以用确定的方法和程序表达,即只能根据具体情况和决策者掌握的资料,依靠决策者灵活做出选择的决策问题,如企业的战略规划、投资决策、产品开发、选拔中高层管理人员等。③半结构化决策:指介于前两者之间的一种情况,即其决策方法和过程有一定的规律可循,但又有不完全确定的情况,如生产规划、库存控制、质量保证等。

一般来说,企业的中、高层管理者的决策类型是非结构化和半结构化决策,他们一方面需要根据经验进行分析判断,另一方面也需要借助计算机提供的各种辅助信息,及时做出正确有效的决策。

(三)系统的硬件结构

1. 局域网

局域网(Local Area Network,LAN)是传输距离在 0.1~10km,传送速率在 1Mb/s~10Mb/s 的范围较小的一种网络。局域网是计算机网络发展最快的一个分支,经过 20 世纪 60 年代的技术准备、70 年代的技术开发和 80 年代的商品化阶段,现已在企事业单位的计算机应用中发挥着重要作用,数据速率和带宽也在不断提高。

局域网用于旅行社最基本的内部管理,应该最先完成建设。它不容许外部访问的介入,只能由内部人员使用,保密和安全程度是最高的。旅行社经营的所有信息,诸如财务、营销等数据均在此处存储和处理。

2. 广域网

广域网(Wide Area Network,WAN)是局域网的扩展,数据传输速率一般在 1.2kbps~1.554Mbps,一般由相距较远的局域网经由公共电信网络互连而成,传输距离可遍及全球。例如美国的 ARPANET;综合业务数字网(ISDN)。

广域网主要是面向一些有紧密或松散合作关系的企业,也可以是旅游者(一般表现为旅行社网站),他们可以有权限地访问核心数据库。这种系统的建立可以形象地比喻为在原局域网的防火墙上"打几个洞",使一些合作企业或旅游者也可以进入局域网。

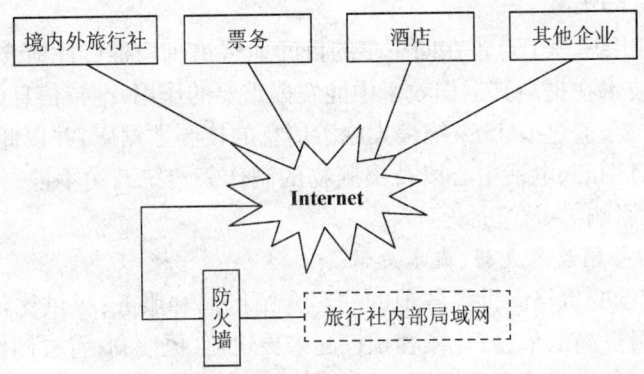

图7-3 旅行社管理信息系统广域网结构示意图

二、目的地营销系统(DMS)

(一)DMS 的概念

DMS(Destination Marketing System)是旅游目的地通过互联网进行网络营销的完整解决方案。它是一个开放式的体系结构,是以互联网为基础平台,结合数据库技术、多媒体技术和网络营销技术,进行旅游宣传促销和服务的综合应用系统。

(二)DMS 的服务对象

涉及国家、省、区域、市、县、景区等范围,包括旅游目的地营销组织(DMO)、旅游企业、旅游者、旅游媒体等。旅游目的地营销组织在国内主要指各级旅游行政主管部门,如旅游局、旅游事业管理委员会等。

(三)DMS 的基本组成

表7-3 DMS 的基本组成

核心部门	主要系统组成
核心服务系统	旅游综合信息数据库,旅游信息服务系统,旅游网站内容管理系统,旅游网络分销系统,旅游业务管理系统等
旅游局客户端	目的地信息审核,目的地信息管理,目的地企业管理,旅游投诉管理,业务管理系统集成,旅游目的地管理,网站管理,统计报告等系统。
旅游企业客户端	企业信息管理,企业信息发布,产品订单管理,旅游投诉处理,统计报告,同业交流等系统。

(四) DMS 的优势

世界旅游组织(WTO)正在向更多的目的地营销机构推广此概念和系统,该组织认为:信息技术在提高其运作效率中能发挥重要的作用,维持信息的最佳质量和完整性十分重要,通过 DMS 系统编集旅游信息的核心数据库,并以此支持网站、信息亭、游客信息中心、电话中心以及出版物的制作等传统营销手段,将对旅游营销方式产生巨大影响。

1. DMS 的营销效果更好、成本更低

以相对较低的价格向世界各地的顾客介绍产品和服务;提供比传统印刷媒体更有深度、质量更高的信息;让顾客预订起来更快捷、更便利;省去制作和发行印刷品的大量费用;可针对客源地运用电子邮件做推广,等等。

2. DMS 的管理功能更完善

旅游目的地营销组织(DMO)、旅游企业、旅游媒体等都可以在这一平台上实现自己的管理功能。

3. DMS 的旅游者服务功能更强大

一个一体化的 DMS 不仅支持目的地营销机构的网站,还可以与传统模式很好地融合,支持传统的营销方式,如设计和生产印刷品、进行邮件和电话营销、给媒体提供数据等。

4. DMS 的电子商务功能更强

DMS 为旅游同业提供了一个方便快捷的网络通信和交易平台。DMS 是采用先进的信息技术进行旅游宣传营销的综合系统,是信息时代旅游宣传营销的新媒体。例如,中国 DMS 总平台的建立,将逐步实现旅游信息的互联互通和资源共享,推进旅游电子商务的发展。

5. 旅行社利用 DMS 开展的业务

(1)市场营销。DMS 提供网络营销咨询、企业注册信息、动态新闻、促销活动、招商项目、企业产品、企业预订中心管理系统、视频、三维实景、贺卡、电子地图、黄页等功能模块,以及企业营销电子杂志订阅发行与管理系统、广告管理系统、电子邮件营销系统、信息检索系统、网上支付系统等。

(2)企业管理。DMS 为企业提供内部管理系统(领导查询系统、信息流转系统、内部权限管理系统)、客户关系管理系统、企业人才管理系统、行政管理接口(公文报送系统、公文接收系统、旅游投诉系统)。

(3)交流。DMS 为企业提供即时通信系统、信息群发系统、站内邮件系统等。

三、全球分销系统(GDS)

(一)GDS 的概念

GDS(Global Distribution System),即全球分销系统,是一套应用于航空运输及整个旅游业的大型计算机信息服务系统。简单地说,GDS 是一个全球性的机票和旅游产品的电子分销平台。

(二)GDS 的现状

在因特网问世之前,GDS 在全球最早通过计算机完成机票和酒店预订业务。GDS 的预订完全是计算机网络化的,但它是在封闭的专线网上,而不是在开放的互联网上运行。因此,要加入 GDS 并访问其中的信息,必须申请专线。

经过一系列的联合与兼并,形成了国际上著名的四大 GDS——Sabre、Amadeus、Galileo、Worldspan。目前,GDS 在发达国家的应用非常普遍,加入 GDS 是旅行社经营的必备条件之一,其重要性如同电话、传真、电脑一样。通过 GDS,遍及全球的旅游销售网点可以及时地从航空公司、饭店、租车公司、旅游公司等企业获取大量的旅游信息,从而为顾客提供线路策划、景点选择、房间预订、机票预订、汽车租赁、游船租赁、网上支付等全方位的服务。

1999 年 6 月,中国的 GDS 项目正式立项,由中国民航信息网络股份有限公司(以下简称"中国航信")具体实施。建成之后,中国 GDS 将成为一个覆盖全国、具有国际竞争力的旅游信息服务系统。

为进一步发展国际机票网上预订业务,国旅总社已与 Galileo 公司结为合作伙伴,该公司将为国旅总社提供面向互联网的航空预订系统接口专用软件,在网上直接进行各大航空预订系统机票的实时查询和预订,这将是国内首家旅行社机票预订系统与航空预订系统的直接互连。

四、主要的旅行社管理软件供应商

旅行社信息化建设中,离不开专业软件公司的技术支持,特别是有品牌、有信誉的软件公司。

表 7-4 中国主要的旅行社软件供应商

软件供应商	主要产品
上海金棕榈	旅行社业务流程管理信息系统 V6.0 旅行社业务流程重组信息管理系统.V5.0 教学版金棕榈旅行社业务流程管理系统(BRP) 旅游业务短信平台 SMS,传真平台 FAXM,供应商互联系统 SPC,团队分销系统 B2B,旅行社呼叫中心 Call Center 系统

续表

软件供应商	主要产品
上海金棕榈	国内游管理系统，出国游、港澳游系统，入境游管理系统 中国公民游网点销售系统，票务管理系统
武汉新干线	综合系列产品：国内游组团版、国内游地接版、国内游综合版、出境游版、入境游版 单项系列产品：客户管理系统、报名管理系统、单项委托系统、线路管理系统、供应商管理系统
南宁美狐	旅行社管理系统，旅行社客户管理系统，旅行社同行交易系统
广州意高	旅行社业务管理系统，旅行社信息门户系统，旅行社在线分销系统，旅行社营销引擎，旅行社客户关系管理系统
深圳天港成	旅行社管理软件，前台收客软件，短信平台，电子商务网站中间件
大连尤里卡	尤里卡旅行社管理软件主要由六部分功能组成，分别是：前台处理模块、线路管理模块、团队计调管理、客户关系管理模块、财务管理模块和系统维护模块
广州广之旅	产品有国内游、出国游、入境游及整合版管理系统

资料来源：各公司网站

【阅读】

广东省中旅业务流程重组

广东中旅是中国旅行社行业中启动信息化工程最早的旅行社之一。多年来不断更新技术，升级软件，2003年起旅行社实现全面信息化。

广东中国旅行社股份有限公司是由广东中旅（集团）有限公司作为主发起人，以下属全资企业广东省中国旅行社、全资子公司——广东中旅（集团）汽车服务公司、全资子公司——广州华侨酒店有限公司的全部资产作为出资额，联合香港中旅国际投资有限公司、澳门中国旅行社有限公司、深圳市中国旅行社有限公司、江门市中国旅行社、南海市中旅国际旅行社有限公司、汕尾市中国旅行社等企业法人单位和一名自然人投资者共同发起，并经广东省政府粤办函〔2001〕305号文批准设立的大型国际旅游企业，主要经营项目有：入境旅游、国内旅游、中国公民自费出境旅游、港澳旅游，商务服务、汽车客运、货运、汽车出租、汽车维修，住宿、餐饮服务等。2002年度再度荣登全国旅行社百强榜第六，广东第一。

在旅游市场竞争日益激烈的今天，广东省中旅走做强做大的发展之路，为实现"品牌化、网络化、规模化和多元化"的现代经营扩展战略，选择"金棕榈"作为信息化系统的供应商，成功打造了一个大型旅游企业的坚实运行平台，成为"国内一流、世界可比"的先进的信息管理系统。

项目实施开始于2003年6月,经过一年多的分阶段、分层次的扎实建设,至2004年4月,在广东省中旅有关人员和金棕榈电脑公司开发人员的共同努力下,完成了既定的工作目标,取得了良好的效果。BPR信息管理系统(包括:采购策划平台、网点销售平台、团控平台、收银结算平台、报表管理、经理查询)、实现了和内部系统互连互通的电子商务网站系统、同步报告系统、客户关系管理系统、单订房系统、中央支付控制管理系统等一系列系统都成功安装并运行。采购策划平台已录入供应商资料648条,供应价格2365条,交通资料189条,交通价格222条,新线路计划1673条和从老系统导入客人参团记录440 190条,有价值客户125 535条;销售平台已新录了客人参团记录108 848条,收款记录66 331条,收款总额达186 432 643.54元;团控平台已新编辑的团计划8545条;收银平台录入电子发票42 499张,新开发票41 431张;形成的报表39个;有19个远程门市,均已开通营运;各类报表统计数据经仔细核对,数据完全一致。

通过广东中旅信息管理系统,广大海内外游客可以便捷上网浏览广东省中国旅行社股份有限公司各类最新的旅游产品,并可以方便地在网上预订所选择的旅游线路、机票和宾馆。相当多的商务游客可以通过CALL CENTER和CRM系统得到最快捷、最优惠的个性化服务,客户忠诚度的提高也使公司留住老客户,赢得了长期稳定的收入。一般大众化的散客可以就近到广东省中国旅行社股份有限公司的营业网点、加盟连锁店了解出游信息,购买各类旅游产品(包括出国出境游、国内游、散客自主游、单项服务等)。广东省中国旅行社股份有限公司的上下游企业(如航空公司、宾馆、景点、地接社等)通过系统构成一个强有力的供应链组织和战略联盟,以低成本和高效率的方式,交换各类业务和市场信息。广东省中国旅行社股份有限公司的业务人员应用强大的BPR系统可以轻松高效地设计编排符合游客需求的旅游产品,编制和控制团队计划,落实订房、订餐、订车、派陪等事务。财务人员应用单团结算系统、柜面收银系统和财务账户系统可以控制现金流量和应收应付账款。公司管理层和决策层通过数据仓库和决策辅助系统及时掌握各类业务信息、财务信息、客户信息、市场动态信息,为作出快速正确的决策奠定基础。

第三节 旅行社电子商务

1993年,电子商务概念引入中国。1996年,中国出现了第一笔网上交易。1998年,以推动国民经济信息化为目标的企业间电子商务示范项目开始启动。自1999年以来,电子商务在中国经历了由概念向实践的转变。从一开始的B2C模式,到1999年的C2C网上拍卖,以及1999年底兴起的B2B模式,电子商务在中国取得了良好的发展成果。

在所有产业中,旅游业被认为是对互联网敏感度最强的产业之一,旅游电子商务的发展速度惊人。由于旅游电子商务本身的优势和特性,它与金融、软件、出版物一起,并称为电子商务的四大应用领域。作为旅游电子商务的重要组成部分,旅行社电子商务的发展前景被广泛看好。

一、电子商务的含义

1997年11月,国际商会在巴黎举行了世界电子商务会议,给出了最权威的概念。电子商务(Electronic Commerce),是指对整个贸易活动实现电子化。从涵盖范围方面可以定义为:交易各方以电子交易方式而不是通过当面交换或直接面谈方式进行的任何形式的商业交易。从技术方面可以定义为:电子商务是一种多技术的集合体,包括交换数据(如电子数据交换、电子邮件)、获得数据(共享数据库、电子公告牌)以及自动捕获数据(条形码)等。

另外,IBM公司、惠普公司等也对电子商务给出了自己的解释。总的来说,可以从狭义和广义两方面来理解电子商务。

(1)狭义的电子商务(E-Commerce,简称EC):即电子交易,主要指网上交易,即以电子交易为手段完成物品和服务的交换。

(2)广义的电子商务(E-Business,简称EB):指利用现代化的信息技术和网络进行的全部商业活动,包括网上交易、网上预订、网上支付、客户服务,以及企业内部及企业之间的协作与协调(如市场调查与分析、客户联系、物资调配等)。这是一种新型的业务开展手段,使得企业、供应商、合作伙伴和客户之间,利用电子业务共享信息。

从目前的应用情况来看,对电子商务的理解,应从"信息技术"和"商务"两个方面考虑。一方面,电子商务涉及各种先进的信息技术,并且这些信息技术在不断更新;另一方面,"商务"包括的范围很广,不局限于交易环节,有时甚至涉及企业内部管理。因此,电子商务一般指的是广义的电子商务,本节也不例外。

二、旅行社电子商务的含义

(一)旅行社电子商务的概念

旅游电子商务是电子商务在旅游业中的应用。世界旅游组织在其出版物《E-Business for Tourism》中指出:"旅游电子商务就是通过先进的信息技术手段改进旅游机构内部和对外的连通性(connectivity),即改进旅游企业之间、旅游企业与上游供应商之间、旅游企业与旅游者之间的交流与交易,改进旅游企业内部业务流程,增进知识共享。"

旅行社电子商务是指以网络为主体,以旅游信息库、网上银行为基础,实现旅行社业务活动各环节的电子化。

(二) 旅行社电子商务的内容

需要注意的是,旅行社电子商务不等于旅行社网站、旅行社网络化经营。

从应用来看,旅行社电子商务包括两方面的内容:一是面向市场,以市场活动为中心,包括促成交易实现的各种商业行为(网上发布线路信息、网上促销产品、市场调研),以及实现交易的电子贸易活动(网上洽谈、顾客咨询、网上交易、网上支付、售后服务等);二是通过信息技术重组和整合旅行社内部的经营管理活动,包括应用计算机管理系统,建设内部网。最终实现对外电子商务和企业内部网的充分对接,极大地提高旅行社的经营效率。

电子商务实际上是企业信息化高级阶段的产物,企业信息化可分为三个阶段:运用计算机进行生产控制、办公自动化阶段;运用内部网、外部网实现信息共享阶段;在内外联网的基础上开展电子商务阶段。

(三) 旅行社电子商务的优势

旅行社电子商务显示和提升了"网络"和"旅游产品"的特性,将两者的优势融合起来,因而优势明显。

1. 旅行社产品的可交易性强

作为服务领域的旅游业较少涉及实物运输,因而旅行社电子商务不用面临目前最复杂、最费力的物流配送问题。旅行社的主要产品——旅游线路、机票、饭店预订,只有纸质机票涉及配送问题。目前,国内各航空公司开始推出电子机票,推行"无票旅行"的概念,进一步减少了机票配送的不利影响。酒店预订完全不涉及物流,顾客预订也不用首先交纳订金。旅行社电子商务预订酒店的盈利是靠酒店返还的佣金,网站与顾客不存在资金往来,因此订房成为最适合网上开展的旅游业务。另外,旅游线路、机票、酒店预订都是标准化程度很高的产品,根据旅行社的宣传和顾客的个人经验就容易做出选择,顾客不需要专门的调查和了解,旅行社不需要销售人员的直接推销,这非常有利于进行网上交易。

2. 旅行社产品交易便捷

随着金融业的加入,通过网上结算方式就可直接付款,免去了顾客携款办理各种手续的麻烦。这种建立在优势互补基础上的新运行机制,对银行、旅行社、旅游者等相关方都有利。电子商务可以实现 24 小时无间隔运作,顾客可随时随地选择和交易,这也增加了旅行社的交易机会。

3. 旅行社产品交易与系统运营的成本低

首先,电子商务能降低营销成本。与传统的销售渠道相比,利用因特网作为广告媒体,进行网上销售活动,费用比传统广告有明显减少。其次,能够降低采购成本。通过因特网的电子商务活动,一方面旅行社可以加强与酒店、景区、航空公司等之间的协作,形成一体化的信息传递和处理系统。另一方面,顾客也可以更经济、更便利地进行信息查询、线路预订等活动。

虽然,整个电子商务系统的软件、硬件的维护需要一定的投资,但与节省的营销、采购等成本相比,这些维护费用是很低的。

(四) 旅行社电子商务的特性

在网站建设、信息安全、认证和支付等方面,旅行社电子商务与一般的电子商务没有太多区别。但旅行社业务的性质和特点,决定了其电子商务的特殊性。

1. 整合性

旅行社产品是一个纷繁复杂、多个部分组成的产品体系。电子商务像一张大网,把众多的旅行社、旅游者、景区、酒店、航空公司等联系在一起,形成一个完整的链条,将原来市场中分散的企业集中起来,提高了资源的利用效率。由此可见,旅游市场的规模将因导入电子商务而扩大。

2. 有形性

旅行社产品具有无形性的特点,旅游者在购买产品之前,无法亲自了解,只能从别人的经历或介绍中寻求了解。随着信息技术的发展,网络旅游提供了大量的旅游信息和虚拟旅行社产品,网络多媒体给旅行社产品提供了逼真的展示机会,让浏览者恍若身临其境。这种全新的旅游体验,使人们足不出户畅游天下的梦想成为现实,并且培养和扩大了潜在的游客群。因此,旅行社电子商务使无形的旅游产品慢慢变得"有形"起来。

3. 服务性

旅行社业是典型的服务业,旅游电子商务也以服务为本。旅行社网站要拥有较高的访问量,产生大量的交易,必须能提供在线交易的平台,提供不同特色、多角度、多侧面、多种类、高质量的服务来吸引各种不同类型的顾客。在国外,像 Expedia、Priceline、Travlocity 等旅游网站,它们以提供大量的旅游信息资源和完善的在线预订,而为广大网民和游客所钟爱。

(五) 旅行社电子商务的功能

1. 广告宣传

凭借旅行社企业的 Web 服务器和顾客的浏览器,可以在因特网上发布各类商业信息。顾客可借助网上检索工具找到旅行社产品信息,而旅行社可利用网上主页和电子邮件等方式在全球范围内作广告宣传。

2. 咨询与洽谈

旅行社可以借助电子邮件(E-mail)、新闻组(News Group)、聊天工具、视频会议等方式来了解市场信息,与其他企业洽谈交易,接受旅游者的咨询,从而解决了异地沟通的障碍。

3. 网上采购与预订

对于企业而言,电子商务能够实现企业间的网上采购,极大地降低采购成本;采购信息采用加密的方式,使商业信息不会泄露。对于旅游者来说,可以实现网上预订,产品更加丰富,预订更加便利。

4. 网上支付与电子账户

旅行社和其他企业之间、旅游者和旅行社之间可采用网上银行作为支付平台,通过信用卡账号进行支付。这将使支付过程更加便利,省去了路途奔波和繁杂手续。只要解决了网上支付的安全性问题,电子商务的应用程度就将会更高。

网上支付必须有电子金融来支持,而电子账户管理是其中基本的组成部分。信用卡号或银行账号都是电子账户的一种标志。其可信度需配以必要技术措施来保证,如数字证书、数字签名、加密等,这些手段提供了电子账户操作的安全性。

5. 意见反馈

通过网页上的"选择""填空"等形式的问卷或调查表,旅行社可以很容易地收集旅游者和合作伙伴的反馈意见,可以很方便地进行统计和分析,而且成本很低。

(六)旅行社电子商务的交易模式

实际上,电子商务是通过计算机网络将买方和卖方的信息、产品和服务联系起来,提高双方交易活动的效率,降低交易成本的一种新型的商业运营模式,也是传统商业运营模式的网络化、电子化、虚拟化。由于交易双方可以是企业(Business)——旅行社,顾客(Customer)——旅游者,也可以是政府部门(Government),因而相应形成了 B2C、B2B、B2G、C2C 等几种模式。

1. B2C 模式

指企业与顾客之间的电子商务(Business to Customer),简称 B2C 或 B to C 模式。这是电子商务的一种基本模式,也就是通常说的电子化商业零售,直接面向顾客销售产品和服务。这里指旅行社通过因特网为顾客提供各种产品和服务,顾客通过网络预订和支付。最具有代表性的 B2C 模式就是通过旅行社网站向旅游者提供产品和服务,这也是 B2C 电子商务的表现形式。当然,也可以利用 GDS、DMS 等销售平台,实现这一目的。

B2C 模式的实质是一种电子化的零售,与传统的旅行社门市店经营相比,只是销售的方式和渠道变化了。这种模式节省了顾客和旅行社企业的时间和空间,提高了交易效率,节省了不必要的开支。从长远来看,该模式将最终在电子商务领域占据重要地位,但由于各种因素的制约,目前以及未来比较长的一段时间内,还只能占比较小的比重。

B2C模式是中国电子商务最先兴起的商业模式，旅游业中有一些比较成功的电子商务网站，例如，携程旅行网、艺龙旅行网、青旅在线等。

【阅读】

九寨沟旅游电子商务网(www.jiuzhai.com)

该网是中国第一家面向游客和旅行社全面开展景区门票、餐饮、酒店、旅游线路等在线预订的电子商务网站。公司创立于2002年初，总部设在成都。由九寨沟风景名胜区管理局投资。公司包括一家网络公司——九寨沟网络旅游公司和一家拥有出入境旅游经营资格的旅行社——九寨沟网络国际旅行社有限责任公司。九寨沟电子商务网拥有良好的政府资源和技术资源，通过在线预订旅游线路、景区酒店、航空机票、景区门票、景区餐厅、旅游保险以及提供行业分类信息服务，为旅行社和酒店、航空公司等旅游行业客户提供网络宣传、网络销售、网络支付、管理信息化等一系列技术解决方案和业务服务。

该网开创了中国景区电子商务的先河，经过积极的探索，在景区电子商务方面已经取得了丰富的行业经验，必将为中国的景区电子商务发展作出不小的贡献。截止到2004年7月1日系统上线整两年，网上交易3.8亿元，无一笔交易差错，97%的旅行社都在网上预订九寨沟的门票和观光车票，占总门票收入的80%，深受旅行社和游客欢迎。该项目被列为IBM iSeries产品部旅游行业重点推荐产品。

2. B2B模式

指企业与企业之间的电子商务(Business to Business)，简称B2B或B to B模式。B2B模式是一种基于因特网或专用网进行的电子商务活动，以企业为交易主体，以银行电子支付和结算为手段。这种模式能为企业的每笔交易寻找最佳的合作伙伴，完成从订购到结算的全部交易行为。这里的B2B模式既指旅行社之间的交易，也指旅行社和酒店、航空公司、景区等企业的交易。

在该模式中，旅行社与其他企业之间的交易规模比较大，而且开展电子商务的条件也比较成熟。由于企业间的商务贸易额是顾客直接购买的10倍，因而电子商务的重心始终在企业间的交易。一些研究公司预计，B2B将以几倍于B2C的速度发展，B2B电子商务将是未来电子商务的主流。因此，B2B电子商务是电子商务四种模式中最值得研究和探讨的，它最具发展潜力。

例如，上海春秋旅行社就通过电脑实时预订系统解决了全国分社的散客运作，显示出准确、迅速、方便的规模化统一操作优势，其后随着网络成员不断增加，形成了一个完善的代理商预订系统，春秋旅行社也由此迈入旅游批发商的行列。其网站春秋旅游网将旅行社的优势产品作为网络营销的主产品，不但得益于春秋旅行社作为旅游批发商在旅游线路价格、类型上的优势，而且利用旅行社规模订房、订票的价格优势带动商务客人的运作,取得了良好的效益。

3. B2G 模式

指企业与政府部门之间的电子商务(Business to Government),简称 B2G 或 B to G 模式。该模式可以用于政府采购、税收、商检和海关等。这里的 B2G 模式指旅行社向政府部门和公务员提供相应的产品和服务。

2005 年 1 月 1 日起实施的《上海市旅游条例》第 21 条规定,国家机关、企业、事业单位和社会团体经审批获准的公务活动,可以委托旅行社安排交通、住宿、餐饮、会务等事项。这意味着,"不能凭旅行社发票报销公务出差费用"这条中国公务差旅制度半个多世纪以来的陈规戒律已开始解冻。第 21 条是在 2004 年 3 月出台的,此后的半年中,北京等城市先后在地方性旅游立法中引入了这一内容。

4. C2C 模式

指顾客与顾客之间的电子商务(Customer to Customer),简称 C2C 或 C to C 模式。这里主要指潜在、现实的旅游者通过因特网与潜在、现实的旅游者进行的相互的个人交易,如个人拍卖等。该模式为个人提供了便利与实惠,成为电子商务迅速普及与发展的重要环节,也是市场经济环境下电子商务模式的有益补充。其本质是网上拍卖,个人将要出售物品的图片和详细资料放在拍卖网站上,供那些想买东西的人挑选。它是一种平民之间的自由贸易,在网上完成了类似跳蚤市场的交易,从而实现了个人之间商品的流通(特别是二手商品)。

(七)旅行社电子商务的盈利模式

所谓盈利模式,是指企业实现盈利和增长的一系列发展战略、依托的资源和经营手段。旅行社电子商务的盈利模式大都体现了网络经济的聚集效应和收益递增的优势,即旅行社以丰富的信息和产品吸引顾客,同时又凭借规模经济、标准化和高销售量从合作伙伴处获得更优惠的价格。

从实际的业务内容来看,目前的旅行社可以分为两个大类:一类是传统旅行社经过信息化过程转变成的新型旅行社,如中青旅;另一类是以信息技术为依托的互联网旅游企业,如携程网、艺龙网。这两类企业的发展历程为我国旅行社电子商务的发展,提供了两种典型的盈利模式。

1. 模式一:携程网"鼠标+水泥"的盈利模式——信息技术与传统旅行社的结合

这类企业中最具代表性的是目前国内最大的综合性旅游网站——携程网。今天能够存活下来的那些旅游网站,不再像当初那样高喊"埋葬传统旅行社"的口号,而是通过与传统旅游业不同程度的结合实现了盈利。

(1)成功借鉴美国的商业模式,准确定位细分市场。

以美国的旅游网站为模板来设计商业模式。它成功地运用了互联网这个 IT 技术,借鉴了 Expedia、Priceline、Travlocity 等旅游网站的经验,全新演绎了旅游服务业这个最传统的商业模式。从某种意义上讲,携程网其实走的是国外旅游网站已经走过的路,只是这种模式在国内比较领先,而携程网与国外旅游网站在商业模式上并无太大的区别。

选择国内利润空间大的旅游细分市场。国内有4000亿元的旅游市场规模,而全国旅行社的总市场占有率仅为5%,占95%的散客市场将是传统渠道留给旅游电子商务公司的极大市场空间。衡量国内旅行服务的各大业务,如酒店预订、机票预订、旅游线路等,只有酒店预订不需要配送、没有库存之忧、便于客人支付。酒店预订竞争的只是信息的传递,这对新生的互联网公司来说做起来比较容易,而且这个行业的利润率在旅游业中较为丰厚。1999年11月,携程网正式开展酒店房间预订业务,房间在线预订系统随后投入使用。可见,从最适合在网上开展的订房业务做起,再到订票,发展成熟后再进行旅游线路等产品的网上经营,这是互联网企业发展旅游电子商务的最佳方式。"酒店+机票+旅游线路"三大模块,为综合性互联网旅游企业提供了一种典型的盈利模式。

向酒店收取佣金的业务模式。这是携程向传统企业靠拢的第一步。与一般旅行社向顾客收费再预付定金的做法相反,携程并不向顾客收费,而是以优惠价为他们介绍酒店,再从酒店那里获得返还的佣金。在市场推广方面,携程同样采取了最直接、最有效的手段——组织专人派发会员卡和会员手册。当携程发展到有了一定知名度的时候,品牌合作成为中期的主要推广方式。携程公司和各大航空公司都建立了合作关系,许多飞机上的航空杂志和小电视上都有携程网的广告。

(2)利用信息技术的优势,探索与传统业务的结合。

与典型门户网站盈利模式不同。作为一个专业性极强的网站,携程网瞄准的是专业的酒店和机票预订等在线旅游产品市场。新浪、搜狐等门户网站都将最基本的盈利点定在了短信、网络广告和网络游戏上。携程网最初的收入主要来自订房业务,而这项业务不需要涉及配送,也不需要网上直接支付。这既不同于B2C、C2C这些需要在线支付手段保障货物发运的模式,也不同于B2B提供一个可信赖的交易平台的模式。

与传统旅游企业相比的优势。携程网通过采用CRM、订单处理、质量分析、呼叫中心等信息系统来完善自身的技术平台。现在的携程网已经全部实现了流程化,但这些流程都必须建立在完善的IT系统基础上,这正是携程区别于传统旅行社的关键所在。携程的优势在于产品的成熟度和丰富度,比纯粹的互联网企业有说服力,又比纯粹的传统旅游企业有竞争力。

选择落地经营是携程保持至今的业务模式。2001年上半年,携程网通过至关重要的两次收购终于完成了"转型",从一个单纯提供信息的互联网企业转变为定位于提供旅行服务的企业。2000年11月,收购当时国内最大的酒店预订中心——

现代运通公司;2002年4月,收购北京最大的商务散客票务中心——北京海岸航空。借助这两次收购,携程网迅速完成了其业务中最主要的酒店和机票网络建设。2004年2月25日,携程网在上海宣布收购上海翠明国际旅行社,并将后者更名为上海携程翠明国际旅行社有限公司,此次合作的上海翠明国际旅行社是国内百强旅行社之一,有出境游经营权。2002年,携程与首旅合作创建如家酒店。

(3)吸纳海外风险投资组建公司,利用海外上市融资获得迅速发展。

1999年10月,携程吸引美国IDG公司第一笔投资;2000年3月,吸引日本软银集团的第二轮融资;2000年11月,收购现代运通公司,成为中国最大的酒店分销商,与此同时引来了美国Carlyle集团的第三笔投资。这三次海外融资共计1800万美元。2003年12月9日,在美国纳斯达克证券市场挂牌交易,募集了7560万美元,成为了自2000年7月以来首个在美国证券市场募股上市的中国网络公司。

(4)组建强大的管理团队。

在携程网最初的管理团队中,拥有计算机硕士学位和Oracle研发背景的CEO梁建章通常被认为是技术专家,而先后曾在纽约花旗银行、雷曼兄弟公司、德意志银行任职的董事长沈南鹏则被认为是资本运作高手,执行副总裁范敏和副总裁王胜利均来自旅游业。携程的6位副总级高层中有3位是IT背景,另外3位则来自传统行业,这实现了管理团队的一种平衡和互补。

2. 模式二:中青旅"水泥+鼠标"的盈利模式——传统旅行社中的新力量

在传统旅行社信息化进程中,中青旅控股公司是少数较成功的企业。与携程网不同的是,尽管也是从最适合网上经营的酒店和机票做起,但"青旅在线"有强大的传统旅游资源为依托,线路预订成为了网站的主营业务和主要利润来源,中青旅众多的线路选择和实惠的价格无疑形成了青旅在线无可比拟的优势,可以为游客提供极具个性化的自选旅游服务。"旅游线路+酒店+机票"的盈利模式为传统旅游企业信息化提供了又一种发展思路。

(1)进行企业战略转型,选择适合自己的盈利模式。

该公司改革传统旅游经营模式,2000年成立了电子商务公司,建设综合性的旅游网站——青旅在线(www.CYTSonline.com),并投巨资用于信息化改造。如今已形成系统的电子商务解决方案:青旅在线网站与青旅控股ERP系统对接,实现信息一体化建设,网站的资讯全面,旅游线路等产品信息由系统智能地反映到网上;网上销售、资讯、网下销售以及内部销售管理紧密结合,B2B、B2C有效结合,同时更突出个性化服务。

中青旅控股公司成立了青旅在线所属的票务中心和酒店预订中心,来统筹标准化程度较高的酒店预订、机票配送等业务。青旅在线又结合自身优势和网络特点,独立开发出"机票+酒店"、旅游自助行线路等适合网上销售的产品。

(2) 依托传统业务优势开展电子商务。

旅行社和青旅在线形成了相互供求关系:旅行社向青旅在线提供旅游线路产品,负责接待青旅在线的游客;中青旅的机票、酒店全部向青旅在线采购。用因特网平台进行网络营销,旅行社则作为"后台",主要从事具体的市场调研、产品研发、接待等环节,由此形成利用旅游网站与旅行社业务互补的旅游经营新格局,并带动传统旅游产业的升级。将传统和现代巧妙地契合在一起,各取所长,互为依托。2002年,凭借强大的传统资源和先进网络技术相结合的优势,中青旅电子商务公司收入1.8亿元。青旅在线所走的路不仅代表着旅游电子商务的发展方向,而且也代表了整个互联网电子商务发展的方向,用传统销售网络的后台支持,建立实物与虚拟、创新与传统相结合的商务网站,是旅行社发展的大趋势。

(3) 组建中外合资公司拓展电子商务。

中青旅控股股份有限公司(CYTS)和美国"胜腾"旅游服务集团(Cendant TDS)合资组建了旅游电子商务公司——中青旅胜腾国际旅游有限公司(CYTS Cendant International Travel Co.,Ltd.),主要从事国际国内度假、酒店、机票等旅行产品的在线分销业务,该公司推出了国内第一家以散客休闲旅游为主要发展方向的旅游品牌——"遨游网"(www.aoyou.com)。

(4) 通过在国内上市、发行股票来筹措资金。

1997年,中青旅控股股份有限公司在上海证券交易所上市,是我国旅行社业首家A股上市公司,也是目前国内唯一的一家上市旅行社,并连续四年入选"中国最具发展潜力上市公司50强"。

(八)旅行社电子商务现状

中国旅游电子商务始于1996年。当年,推出了专业旅游电子商务网站,开展查询旅游信息、预订票务、购买和支付旅游产品等商务活动。20世纪90年代末,国家旅游局着手建设面向国内外市场的"金旅工程",作为国家级的公共商务平台和信息服务平台,开展旅游电子商务的公共服务活动。从2003年开始,国家旅游局全面加大旅游电子商务的建设和推广力度,并以目的地营销系统(DMS)等为突破口,全力推进旅游电子商务网络统一平台的建设和普及。2004年,举办了多届网上旅游博览会,加快"金旅工程"电子商务网络平台的建设步伐。据中国领先的旅游市场研究咨询机构劲旅咨询2014年初发布的《2013年中国在线旅游市场研究报告》显示,中国旅游市场2013年总交易额约为29 475亿元,其中在线旅行市场交易额约为2522亿元,旅游市场在线渗透率为8.6%。另据中国社会科学院旅游研究中心组织专家编写的《2013—2014年中国旅游发展分析与预测》(《旅游绿皮书No.12》)预计,中国在线旅游产品交易额将于2015年达到4000亿元。

1. 旅行社网站建设成效明显

中国旅游网站的建设最早可以追溯到1996年。经过近20年的积累,国内已经有相当一批具有一定资讯服务实力的旅行社网站,提供比较全面的网上资讯服务。但多数只是简单地介绍旅游景点的知识和一些旅游路线,真正实现旅游电子商务的不多。从服务功能看,旅行社网站的功能主要为三类:旅游信息的汇集、传播、检索和导航;旅游产品(服务)的在线销售;个性化定制服务。

2. 大型旅行社/旅行社集团的电子商务优势显现

大型旅行社或旅行社集团成为电子商务的领先应用者和集中受益者。在企业管理方面,现代管理信息系统有效缓解了集团规模扩张带来的机构庞大、管理失效的弊病,有利于培育规模化、扁平化、标准化、程序化的企业管理新格局。在经营方面,时空无限的虚拟信息网络与旅行社集团全国延伸的实体经营网络相互呼应,网站品牌与企业品牌强强联合,构筑了旅行社集团的经营优势,并增强了集团的扩张能力。目前,开展电子商务的旅行社主要是大型旅行社或旅行社集团,中小旅行社对电子商务的应用还很初级,网站的功能过于简单,信息更新不及时,手工作业比重很大,基本还是传统经营模式。

3. 线上线下结合成为趋势

一方面,迫于网上旅游形成的巨大竞争压力,同时被网上旅游迅速创造的财富所吸引,国旅总社、中青旅控股等实力强大的传统旅行社也纷纷进入这一领域,提供网上旅游服务。另一方面,在线旅行社开始挑战传统旅行社,通过"无店铺"的经营方式,已经对传统的旅行社经营模式提出挑战。广州岭南旅行社成为我国第一家网络旅行社,它通过互联网上的操作,实现了旅游线路信息实时报送和更新、后台线路订单查询、订单跟踪、支付结算、监控等业务流程操作。因此,向复合型企业转变是今后旅行社发展的必然趋势,即网络企业+传统旅游企业=复合型旅游企业。可以预见的是,旅行社通过逐步壮大、联合或兼并,经重组后可以成为活力无限的新型企业。

4. 交易方式具有特殊性

顾客的购买更多的是通过电话——呼叫中心而不是在线购买;顾客的支付方式中现金支付仍占较大比例,在线支付还存在很多的障碍。交易方式具有明显的中国特色:酒店预订以电话预订、酒店总台支付为主;机票预订以电话预订、上门收付为主;线路预订也以电话预订、销售网点支付为主。

第四节 旅行社信息技术的发展与影响

一、发达国家旅行社信息技术的发展历程

作为机票的重要分销商,旅行社的信息化与航空业密不可分。1959年,美国航空公司(AA)和IBM公司联合开发了世界第一个计算机订票系统——SABRE，大大提高了预订效率。

1978年，美国出台了《航空管制取消法案》，旅游者购买机票的选择范围扩大，航空公司迫切需要建立一个有效的机票预订和销售系统。20世纪70年代末到80年代初，美国出现很多以航空公司为依托的计算机预订系统，如Apollo，System One。

为了支撑高额投入、扩大市场，计算机预订系统拓展了机票预订以外的业务，利用其强大的数据库和过剩的技术空间向其他旅游部门提供服务，不断扩大影响，逐步成为旅游全行业的GDS(全球分销系统)。各大计算机预订系统都是相对独立的信息数据处理中心，为众多的旅行社、小型航空公司等提供数据信息和预订交易平台，从每笔预订中收取费用。借助计算机与通信技术，酒店、汽车租赁公司、旅行社等企业纷纷加盟GDS，开始普遍使用计算机预订系统，通过GDS平台销售产品，机票、火车票、船票、戏院票、包价旅游、酒店、租车等旅游产品越来越丰富。

20世纪80年代，随着计算机的逐渐普及和局域网等技术的发展，旅行社开始运用计算机软件进行内部管理，并由单机版逐步过渡到局域网、广域网的形式。

1994年底，美国开始出现"电子机票"，实行"无票旅行"方式，这标志着旅游电子商务时代的到来。与此同时，各种计算机预订系统层出不穷并互相联网，形成了立体化、全球性的预订系统。

20世纪90年代初，旅游电子商务开始在欧美发达国家出现，出现了一批探索性的早期旅游网站。旅行社的电子化和网络化成为不可阻挡的趋势，北美、日本和欧洲一些国家的旅行社电子商务网站和在线交易已经形成了可观的规模。20世纪90年代末，大量资金进入旅游电子商务领域，旅游电子商务出现了很多的创新形式，并成为最受关注的电子商务形式之一。2000年以后，在线旅游市场发展迅速，业务量和影响力都大大增加。近几年，旅游电子商务更强调个性化服务，关注顾客体验，努力增加用户黏度，尤其是团购、垂直搜索、移动电子商务发展迅速。

此外，英国、新加坡、西班牙、澳大利亚、芬兰等十多个发达国家和地区，通过DMS(目的地营销系统)和传统营销业务相结合，明显地提高了旅游营销效益。

二、中国旅行社信息技术的发展历程

总体而言，中国旅行社业的信息化建设起步较晚，信息化历程是随着改革开放、旅游业和信息技术的发展而不断发展的，但信息化水平与发达国家相比还有很大差距。

(一)引进时期(1981—1992年)

1981年，国旅总社引进美国PRIME550型超级小型计算机系统，用于旅游团的数据处理、财务管理和数据统计,这是中国旅行社信息化开始的标志。国旅总社、中旅总社先后在全国的国旅系统、中旅系统以行政方式推广计调接待系统的应用。这一时期旅行社的信息化程度非常低,仅仅是一些大型旅行社开始应用专业软件,多数是单机版的软件,只能进行简单的数据处理,功能十分简单,大部分中小旅行社还停留在手工操作的阶段。

(二)起步时期(1992—2000年)

20世纪90年代初,大型旅行社开始全面应用管理软件进行内部管理,管理范围逐步渗透到入境游、出境游、国内游,并进行了局域网建设。例如,国旅总社组建了企业内部局域网,并于1997年率先采用DDN专线方式,将全社内部局域网与国际互联网连接,为全社开通了电子邮件和网络传真服务。

20世纪90年代末,专业软件开发公司推出了比较标准的旅行社管理软件,技术平台升级为WINDOWS版,以C/S结构为主;大中型旅行社应用Internet技术,陆续推出了企业网站;中小型旅行社开始普遍使用电脑,但使用管理软件的比例依旧很低,很多没有自己的网站和独立的域名。软件开发公司适时推出了微机网络版应用软件,用微机替代了小型机,使信息化的资金投入大大降低。

(三)推广应用期(2000年至今)

这一时期的标志是中青旅电子商务有限公司于2000年成立。2000年后,中青旅控股、广东中旅股份公司、中旅总社、上海春秋等大型旅行社,意识到信息技术的影响力,开始转变业务模式,向电子化、网络化旅行社方向发展。旅行社的网站建设更加成熟,功能更强,能够实现在线预订和支付。大型旅行社通过网络信息平台的建设,进一步巩固了竞争优势,加强了对门市店和加盟企业的控制;以信息技术为依托,一部分中小旅行社则成为网络虚拟企业的一部分。旅行社对信息技术的应用,已经升级到决策支持、业务流程重组等层次。

三、中国旅行社信息化存在的问题

目前,中国旅行社的信息化发展滞后于旅游业的整体发展需要,存在的问题包括:旅游信息资源零散、流通不畅,无法共享;信息技术应用程度低;重硬件、轻软件;无法整合客户信息,造成客户流失,出现财务监控的漏洞;对市场相关信息反应迟钝等。

(一)信息技术的应用层次较低

无论是与国际同行业比较,还是与国内其他服务业(例如,银行业、证券业、酒店业和航空业等)比较,旅行社总体的信息技术应用都明显落后。以国内的星级饭店为例,饭店集团普遍建立了中央预订系统(CRS,Central Reservation System)和饭店管理系统(PMS,Property Management System),一些饭店加入了全球分销系统

（GDS，Global Distribution System），小型和低星级饭店至少也有一套管理软件。

旅行社企业普遍购置了电脑、打印机、传真机等设备，但购置专业管理软件的比例还不够高。少数大型旅行社建立了信息管理系统和局域网，电子商务发展较快。一般的旅行社将计算机主要用于内部的文字处理、财务核算、单机数据处理等专项信息的处理，计算机的功能远远没有被开发和利用。大多数小旅行社仍以手工作坊式的运作为主，处在信息化的起步阶段，发展较为迟缓。许多旅行社有互联网独立域名和网站，但网站功能过于简单，没有在线预订和支付的功能。因技术应用的不成体系，旅行社还未形成实时完整的动态数据库，信息资源不能共享且流通性差，导致已集成的信息系统实用性不强。

（二）应用信息技术的动力不足

旅游业是我国改革开放最早的行业之一，但旅行社的对外开放时间则较晚，真正的开放是在加入世贸组织（WTO）之后。因此，长期以来旅行社的竞争主要是内部竞争，受外部的冲击较小；整体经营管理水平不高，大多数旅行社处于低水平竞争的层次；旅行社企业普遍缺乏现代企业制度和法人治理机制，经营管理模式落后，旅行社决策层对信息化的自觉意识不强；近年来旅游业的高速增长和繁荣掩盖了旅行社经营管理深层次的问题。这些问题间接导致了对信息技术的不重视，甚至相当部分旅行社决策者认为，企业业绩不断上升，没有必要信息化。

（三）企业规模偏小阻碍了信息化程度的提高

中国旅行社业普遍存在"散、弱、差、小"的整体格局，与美国、日本、德国等发达国家的大型旅行社相比，规模差别巨大。小型旅行社几乎就是一间门市房、一套桌椅、一部电话、一部传真机、一台电脑、几名工作人员，对于经营没有长期打算，由于资金捉襟见肘，交纳了旅行社质量保证金，信息化建设的资金就没有了保证。

信息化建设前期投入相当大，需要购买必需的计算机及配套软件，需要对员工进行培训；需要对信息系统进行实时维护。目前旅行社的业务中，网上交易额还有限，内部管理方面甚至可以不用专业软件，而旅行社信息化不能给旅行社带来立竿见影的效益，因而很多旅行社对信息化方面的持续投入动力不足。

中小型旅行社，在信息化建设方面，处于观念保守、被动接受的状态，大都不愿花太多人力、物力进行网站、信息系统的建设，不少旅行社在办公、业务交流、内部管理等方面处于手工和半手工作业状态。

（四）信息技术缺陷

旅游信息的采集、管理手段落后，迫切需要用新技术、新手段来代替手工方式；采用外包形式委托软件公司建设信息系统，建成后的技术支持、系统完善、信息更新等跟不上，系统运行效率低、生命周期短。由于高技术介入程度低，产生的直接后果就是内部管理、产品规划与开发、决策的科学化程度低。这导致了基于Web-

GIS、GIS、CAD、RS、GPS、多媒体等技术集成开发的旅行社信息系统成功的案例太少。

(五)信息技术专业人才缺乏

中国旅游业信息技术人才相当缺乏,在旅行社方面更是明显。旅行社员工多数是业务方面的能手,但对先进的信息技术了解较少。此外,软件公司对旅行社复杂的业务流程缺乏深入细致的研究,开发人员大多不了解业务内容,没有相关工作经验,这些都是导致旅行社信息化发展后劲不足的原因。

四、信息技术的影响

(一)对旅行社企业的影响

1. 解决信息不对称问题

信息不对称是指交易过程中,交易双方拥有的信息数量不等,一方比另一方拥有更多的信息。信息不对称的一个直接后果就是产生逆向选择和劣胜优汰现象。这里的交易双方指旅行社和潜在的、实际的旅游者,长期以来双方存在着信息不对称的情况。通过信息技术的应用,旅行社了解了旅游者的需求,旅游者了解了旅行社的服务和产品,双方互相了解,从而促进了旅游业的发展。

2. 有助于产品设计和企业营销

通过企业网站、电子商务、DMS(目的地营销系统)、GDS(全球分销系统)等渠道,旅行社可以有针对性地设计产品,营销范围更广,营销内容更丰富,而且可能成本更低。与借助报纸、期刊、电视、广播等媒体进行营销活动相比,这些渠道营销效果更好。

3. 推进企业管理的现代化与科学化

信息技术在旅行社企业内部管理方面的应用,主要体现在管理信息系统和局域网的应用。对于最终的使用者——旅行社的员工来说,接触的主要是旅行社管理的软件。这些软件根据企业管理的先进理论和方法进行设计,模拟了旅行社的业务流程,能够对旅行社进行全面的管理和控制,甚至对业务流程进行重组。因此,应用这些软件后,旅行社的管理更加正规,也更加现代化和科学化。

4. 推进旅行社的集团化

当旅行社由小变大,由一个旅行社变成一个集团,信息技术就显得愈发重要。旅行社集团的成员企业数量众多,分布的地域和城市众多,业务范围广泛。为了增加集团的控制能力,实现统一的管理,必须依靠信息技术。

除了企业集团以外,近几年出现的组织的虚拟化和网络型企业,都是依托信息技术实现的。从实际的情况看,越是大型的旅行社集团,信息化的程度越高。

(二)对旅游者的影响

除了为旅游者提供及时、实时、精确的信息服务外,旅行社更有可能借助信息技术提供个性化服务。一方面,旅行社的信息数据库中可以记录旅游者的各种信息;另一方面,通过旅行社管理软件、呼叫中心、短信服务中心等信息技术的应用,可以为给旅游者提供个性化服务提供技术支持。例如,根据旅游者的需要,旅行社管理软件可以设计个性化的路线和服务;短信服务中心可以提供定制的旅游信息;呼叫中心可以提供电话咨询服务。

(三)对旅游行政管理的影响

首先,有助于提高行政管理效率,体现在加快信息传递速度,简化行政运作环节,降低行政运作成本。其次,促进旅游行政部门的职能转变,由管理型向服务型转变,实现公开施政,改善服务质量。最后,有助于增加旅游统计的准确性。

综上所述,信息技术对旅游业具有广泛的影响,这种影响可以划分为三个层次:效率、效益和产业创新。第一,通过引入信息技术,加快信息处理速度,提高旅行社企业、旅游行政管理部门的运行效率。由于效率更高,旅行社可以获得产品、服务、价格、市场等方面的优势,旅游行政管理部门则可以更有效、更便利地实施管理。第二,随着效率的提高,旅行社的经营业绩更好,可以提供更多更好的产品和服务;旅游行政管理部门的运行成本更低。第三,旅行社企业、旅游者、旅游行政管理部门对信息技术的持续应用,可以对整个行业产生深远影响,导致行业的变革与创新。

第八章 旅行社财务管理

本章导读

本章介绍了旅行社财务管理的基本内容,阐述了旅行社资产管理、成本费用管理、营业收入与利润管理、旅行社核算管理与财务分析的有关内容。通过本章的学习,可以了解旅行社企业财务管理与财务分析的基本内容与程序,掌握旅游团队核算方法。

第一节 旅行社财务管理概述

作为企业法人,旅行社的各项经营业务的开展都必然围绕盈利这一首要目标。因此,旅行社开展业务必然伴随着资金运动,旅行社的资金运动实质上是以价值形式反映旅行社的经济活动,表现为对生产资料的取得和占用、人力物力的消耗、生产成果的实现和分配。如果一家旅行社企业的经营管理人员在强调产品开发、产品促销、接待服务以及服务采购等业务的重要性的同时,忽视对财务活动的管理和控制,就会在资金管理、成本控制和经营利润等方面蒙受损失,甚至造成"增产不增收"的局面。财务管理在旅行社经营活动中处于重要地位,具有旅行社经营管理中必不可少且无法替代的重要作用。

而旅行社财务管理,就是基于旅行社再生产过程中客观存在的财务活动和财务关系而产生的,是组织旅行社资金运动、处理旅行社同各方面的财务关系的一项经济管理工作。具体地讲,就是旅行社的管理者利用货币形式,通过预测、计划、核算、分析、监督与控制,对旅行社的资金运动和业务收支进行综合管理,实现旅行社利润最大化和所有者权益最大化的目标,使旅行社的财务状况处于最优状态。旅行社的财务管理主要包括筹资管理、投资管理、资产管理、收入管理、成本费用管理和利润分配管理等。它是旅行社货币资金形成、分配和使用过程中的各项管理工作的总称,是旅行社经营管理的重要组成部分,是改善旅行社经营管理水平的重要途径。

一、旅行社财务管理的目标与任务

旅行社财务管理目标又称理财目标,是指旅行社进行财务活动所要达到的根本目的,旅行社经营管理的总目标是提高企业经济效益,即经济效益最大化。通过对旅行社资本、收入等财务指标的分析,可以达到考核旅行社经济效益的目的。

(一)正确处理各方面的经济关系

旅行社经营过程中要处理好三个方面的关系:第一是旅行社与国家的关系,这种关系在财务方面是通过货币形式表现出来的拨款、税收缴款和贷款的关系;旅行社应该按照国家的法律与规定,及时足额向国家缴纳各项税费。第二是旅行社与其他企业之间的关系,主要表现为企业之间的分工协作和相互支持的关系;旅行社应该正确处理企业间的经济往来关系,避免恶意拖欠团款和三角债的发生。第三是旅行社与职工之间的关系,主要表现为旅行社的财务成果与职工的工资、奖金、福利之间的关系;旅行社发给职工的工资与奖金应该同工作业绩和所创造的价值挂钩,达到企业与个人收益的双赢。

(二)实现利润最大化

利润代表了旅行社新创造的剩余价值,它反映了当前经营活动中投入与产出对比的结果,在一定程度上体现了旅行社经济效益的高低。利润是增加旅行社投资收益、提高旅行社劳动报酬的重要来源,也是旅行社补充资本公积、扩大经营规模的主要渠道。因此,必须通过有效的财务管理活动实现旅行社经营利润最大化。

(三)制定正确的投资决策

决策是管理工作的核心。旅行社财务管理的基本职能是财务决策。在复杂多变的市场经济条件下,旅行社必须通过有效的财务管理提高预测市场需求和旅行社环境变化的能力,面对种种不确定的经济因素,及时做出科学有效的决策。

(四)有效提高资金的使用效率

旅行社的财务管理应根据旅游业务和经营发展需要,正确地组织资金供应,有计划地安排好资金的收支,及时满足旅行社经营需要。加强资金管理,压缩各环节的资金占用,加速资金周转,用较少的资金完成较大业务,充分发挥资金的最大使用效率,促进旅行社经营业务的发展。

(五)提高旅行社经济效益

一般情况下,旅行社企业的各项经济活动都会反映在企业的财务收支上。旅行社企业通过检查、分析、评价财务指标的执行情况,发现问题、分析问题、解决问题,并总结经验,才能更好地发挥财务综合管理的作用。通过详细的财务分析,旅行社可以确定在复杂因素中各个具体因素对企业目标实现的影响程度,分清主次,找出原因,为经营管理者提出合理的建议,不断提高企业的经济效益。

二、旅行社财务管理的方法

旅行社企业的市场环境错综复杂，收益和风险共存，因而，要加强财务管理，不仅要遵守国家的财经法规，还应该掌握科学的管理方法。

(一) 重视基础工作

旅行社财务管理的基础工作非常重要，要有健全的原始记录，翔实的核算和统计资料，将这些资料分类整理，登记存档，作为财务预测与分析、制定经营战略的参考依据。

(二) 加强日常管理

旅行社要以计划任务和各项指标为依据，建立日常财务管理制度，进行财务控制，对资金的收支进行核算。运用行政、经济、技术等手段来控制财务活动，以降低成本、增盈减亏，实现财务计划，达到预期财务目标。在执行日常财务管理的过程中，注意严肃性和灵活性相结合，根据客观实际情况的变化实事求是地调整计划。

(三) 建立健全定额管理

建立和健全定额管理是提高旅行社管理水平的一项重要举措。对各业务部门的收入、损耗、分配进行定额管理，可以检验各部门经营活动的成果。制定各部门的定额要考虑激励性和合理性，随着部门业务量的变化和管理水平的提高，定期进行必要的修订。

(四) 实行分析管理

运用经济方法对旅行社财务状况进行分析，如运用增减分析或比率分析法将相互可以对比的数字资料分类整理并进行比较，评价财务活动是否符合计划要求；运用平衡分析法分析各个部门指标之间的相互平衡、相互衔接的关系；运用因素分析法测定财务指标受到多种因素影响变动的程度。

(五) 利用计算机收集处理财务信息

在现代企业财务管理中，计算机是信息采集、信息处理的重要工具，有利于提高财务管理水平。计算机以及网络技术的应用使旅行社财务信息流合理化，为财务数据资料的定性和定量分析奠定了技术基础，促进了旅行社财务管理方法的变革和完善，是旅行社财务管理向现代化发展的重要标志之一。

第二节 旅行社资产管理

资产是指由过去的交易事项形成并由企业拥有或者控制的资源，该资源预期会给企业带来经济效益。旅行社为了维持正常的经营活动，必须拥有一定的资产。资产管理是旅行社企业财务管理的重要内容。同其他企业一样，旅行社的资产是由固定资产、流动资产和其他资产组成的,但各种资产所占比例与其他企业相差比较大。目前,我国旅行社企业资产管理的重点是流动资产和固定资产的管理。

一、旅行社流动资产管理

流动资产是旅行社企业可以在一年以内或超过一年的一个营业周期内变现或转变为其他资产的资产。流动资产是旅行社业务经营活动必不可少的重要条件之一,是旅行社生产经营资产的重要组成部分,尤其在我国,国内旅行社的流动资产在其总资产中所占比例很高,在一定程度上制约着旅行社企业的财务状况。因此,控制流动资产的规模和内部构成比例、加强对应收账款的管理、加速流动资产周转是旅行社财务管理的重要任务。针对旅行社企业的业务特点,其对流动资产的管理主要体现在货币资产、生息资产和债权资产的管理上。

(一)货币资产管理

货币资产是流动性最强的资产,构成旅行社流动资产的重要组成部分,包括现金、银行存款和其他货币资金。

1.现金管理

现金是流动性最强的货币资产,是可立即投入到流通领域的交换媒介。但是现金在使用前不能给旅行社带来任何利润,反而还需要承担一定的筹资成本,即使是将它存入银行所获得的利息也微乎其微。因此,进行现金管理的目的是在保证旅行社正常经营所需现金的同时,设法缩短现金在周转过程中的占用时间,减少实际占用的现金总量,节约使用现金,从中获取充分的收益。现金管理应做到以下几点:

(1)确定旅行社的现金库存限额。

旅行社应根据本企业的日常所需及业务特点来确定适宜的现金数量,既不能在经营中出现现金短缺的现象,也不能造成现金的闲置和浪费。

(2)严格控制现金使用范围。

除以下款项可以使用现金外,旅行社不得随意扩大现金的使用范围:

① 职工工资、各种工资性津贴和奖金;
② 各种劳务报酬、福利费以及国家规定的对个人的其他现金支出;
③ 个人报酬,包括稿费、讲课费及其他专门工作的报酬;
④ 出差人员必须随身携带的差旅费;
⑤ 结算起点以下的零星支出及确需现金支付的其他支出。

(3)严格控制现金支出。

旅行社可以利用商业信用所提供的方便,减少现金的占用时间,从而达到节约现金的目的。同时严格控制现金支出,尽量避免在应付账款到期日之前支付现金,并设法减少不必要的开支或推迟支付的时间。

(4)严格遵守现金收支管理规定。

旅行社应将现金于当日送存开户银行。不准坐支现金,即不得从本企业的现金收入中直接支付。不准用不符合制度的凭证顶替库存现金。不准谎报用途套取现金。不准将旅行社收入的现金以个人名义存储。不准保留账外公款,不得设置"小金库"等。

2. 银行存款管理

银行存款是流动性仅次于现金的货币资产,对其管理不仅要注重安全性,更要注重收益性。因此,加强银行存款管理应该做到:遵守银行结算纪律,恪守商业信用;开设一个基本账户,不允许多头开户;不准出租、出借账户;加强结算票据管理,明确各种票据的购买、保管、使用的程序;不准签发没有资金保证的票据或远期支票,套取银行信用;不准签发、取得和转让没有真实交易和债权与债务的票据,套取银行和他人资金;不准无理拒绝付款,随意占用他人资金。

3. 银行转账结算方式

结算是旅行社企业因劳务供应、组织旅游、资金调拨以及其他货币往来与其他单位、个人、旅游团体之间的货币收付行为,分为现金结算和转账结算。其中转账结算是通过银行将结算款项从付款单位账户划转给收款单位账户的一种结算方式,又称非现金结算。目前,国内转账结算方式主要有8种,即银行汇票、商业汇票、银行本票、支票、汇兑、异地托收承付、委托银行收款和信用卡结算方式。

(1)银行汇票结算方式。银行汇票是汇款人将款项交存当地银行,由银行签发给汇款人持往异地办理转账结算或支取现金的票据。受理银行汇票的企业,应注意审查汇票的有效性。银行汇票和解讫通知必须由收款人同时提交银行,缺少任何一联均无效。

(2)商业汇票结算方式。商业汇票是收款人或付款人签发,由承兑人承兑,并于到期日向收款人支付款项的票据。按汇票承兑人的不同,商业汇票可分为商业承兑汇票和银行承兑汇票两种。商业承兑汇票是由收款人签发,经付款人承兑,或由付款人签发并承兑的票据。付款人应于商业承兑汇票到期之日前将票款足额交存其开户银行,银行在汇票到期日凭票将款项划转给收款人或贴现银行。银行承兑汇票是由收款人或承兑申请人签发,并由承兑申请人向其开户银行申请,经银行审查同意承兑的票据。

(3)银行本票结算方式。银行本票是申请人(付款人)将款项交存银行,由银行签发给其凭以办理转账结算或支取现金的票据。银行本票结算方式适用于同一城市范围内单位、个人、劳务供应和其他结算业务。银行本票分为定额本票和不定额本票两种。

(4)支票结算方式。支票是银行的存款人签发给收款人办理结算或委托开户银行将款项支付给收款人的票据。支票结账方式是企业支取存款和办理同城结算普遍采用的一种方式。支票分为现金支票和转账支票两种。

（5）汇兑结算方式。汇兑是汇款人委托银行将款项汇往外地收款人的结算方式。汇兑分信汇和电汇两种。

（6）委托收款结算方式。委托收款结算方式是收款人委托银行向付款人收取款项的结算方式。该种结算方式分为邮寄和电报划回两种。

（7）异地托收承付结算方式。异地托收承付结算方式是收款单位根据购销双方签订的经济合同发货后，委托其开户银行向异地购货单位承认付款的一种结算方式。

（8）信用卡结算方式。信用卡是由银行或有关机构发行的一种消费信贷凭证。由发行机构签发给信用较好的申请人，持有者可凭卡在约定的银行或机构支取现金、购买商品或支付劳务费用。信用卡具有先消费后付款的特点。

（二）生息资产管理

旅行社生息资产，也称短期有价证券或金融资产，主要包括期限在一年以下（含一年）的国库券、商业票据、银行承兑汇票和可转让定期存单等。为了减少因在企业内保持超出日常开支所需的货币资产而蒙受的利润损失，旅行社应该将其暂时闲置的货币投资于生息资产。生息资产一般具有三个特征：能够在短期内变成现金；能够产生比银行存款多的利息；市场风险小。

正因为生息资产具有以上三个优点，所以常常被看作是"准现金"。但是，生息资产有时会因为货币市场上供求关系的变化而出现价格波动，在个别情况下，某些票据也存在违约风险等情况。

（三）债权资产管理

旅行社的债权资产主要指应收账款。应收账款在旅行社流动资产中占有较大比例。这是因为在目前旅游客源呈买方市场的条件下，多数旅行社难以坚持"先收费，后接团"的原则，导致在接待旅游者的预定计划实现后，接待社只能先期垫付团款，这笔款项在团队接待业务完成后往往不能够立刻以现金的形式收回，而需要经过一系列的结算过程才能最后入账。在此期间，旅行社被占用的资金成为应收账款。大部分旅行社企业都不同程度地被合作社以各种各样的理由拖欠团款。部分旅行社企业为了回收团款，所付出的管理费用甚至比应得的利润还要多。继续采取这种先垫付团款的团队接待方式必然导致盈利虚化、精力分散、资金沉淀等后果，最终使企业陷入难以自拔的"沼泽地"。因此，加强旅行社应收账款的管理，即加强旅行社债权资产的管理对旅行社具有重要意义。加强应收账款的管理应采取以下几个方面的措施。

1. 制定和执行适当的信用政策

旅行社债权资产状况，取决于旅行社制定和执行的信用政策。当信用政策宽松时,旅行社的债权资产和旅游业务量增加,这一方面导致边际利润的增加和市场占有量的扩大,另一方面也容易造成回收应收账款的管理费用及坏账损失的风险增加;当信用政策紧缩时,一方面可以减少回收应收账款的管理费用并降低坏账损失的风险,但另一方面却不利于边际利润的增加和市场占有量的扩大。因此,旅行社应该依据自身所处的市场条件和客户的资信状况,制定并执行适当的信用政策。

(1) 制定信用政策。

旅行社制定信用政策主要是依据不同的客户制定出不同的赊销信用标准、赊销条件以及账款收取的程序。对于新客户,旅行社应该先进行充分的资信调查,了解对方财务状况和信誉,以便决定是否向其提供信用。对于已经同旅行社建立了良好信用关系,并且向旅行社输送了大量旅游者的老客户,只要没有大幅度地增加赊欠的应收账款,旅行社就可以继续提供信用。

(2) 规定赊销条件。

在我国目前的旅游市场条件下,旅行社为了扩大市场份额,吸引更多的客户,进而获得更大的边际利润,一般会为部分客户的旅游者垫付团款,在送走旅游者后再结算。然而,这种赊销信用经常是无担保的,而且多数客户不在旅行社的所在地,当客户无力偿还欠款时,旅行社虽然有权索取欠款,但因没有担保物,使旅行社承担了更大的风险。所以,旅行社在允许客户欠款时,应该规定赊销的条件(例如承诺对方在一定期限内付款可享受现金折扣),赊欠账款的最长期限,不同客户的不同最高赊欠额等,最大限度地降低发生坏账损失的风险。

(3) 制定收取应收账款的程序。

为了减少坏账损失,旅行社应该制定一套收取应收账款的程序。例如,在一笔应收账款刚过偿付期时,立即给客户发函或电话催收欠款。如经过数次催收后客户仍继续拖欠,旅行社可以停止向其提供赊销信用,直至诉诸法律以求解决。催收客户欠款需要支付一定的费用,旅行社要对这种费用的发生规定出适当的标准。当继续催收欠款已经得不偿失时,旅行社应该停止对其催收而将这笔款项报批后作为坏账损失注销。

2. 应收账款的管理方法

(1) 比较应收账款的回收期。

旅行社应该将应收账款的实际回收期与规定的回收期相对比,找出差距,分析问题所在,以便采取相应的纠正措施。两个回收期之间差距的计算公式为:

实际回收期同规定回收期的差距 = 实际回收期 − 规定的回收期

应收账款实际回收期 = 应收账款平均余额/平均日赊销额

平均日赊销额 = 本期赊销总额/本期天数

(2) 分析账龄。

旅行社可以将所有赊销客户所欠的应收账款按照时间长短顺序编制列表。分析拖欠时间超过规定回收期的客户拖欠款项的原因,确定客户的信用程度。旅行社可以根据分析的结果采取相应措施,以避免有可能发生的坏账损失。

(3) 定期检查应收账款的偿付情况。

定期检查的主要内容包括客户对旅行社招徕客源的重要程度及其占本旅行社总接待量的比例,应收账款的支付情况,客户未能及时偿付拖欠款的原因等。通过定期检查,旅行社可以对客户进行信用评价,判断发生坏账的可能性并根据客户的信用程度重新确定对此客户的信用政策。

二、旅行社固定资产管理

旅行社的固定资产是指旅行社拥有的建筑物、机器设备、交通运输、家具设备等劳动资料。由于旅行社属于劳动密集型企业,流动资金所占比重大,固定资金占旅行社资金总额的比重相对较小。加强固定资产的管理应该首先建立健全固定资产管理责任制,根据管用结合的原则,把管理权限下放到各使用部门,使各使用部门的固定资产都有专人负责。财务部门的主要职责是全面掌握固定资产的增减变动情况,正确计提折旧,定期组织财产清查,协助各使用部门建立健全固定资产管理的各项制度。

(一) 固定资产计提折旧

1. 固定资产折旧的计提范围

(1) 计提折旧的固定资产。

计提折旧的固定资产包括房屋和建筑物、正在使用的机器设备和运输车辆、季节性停用或修理的设备、融资租入的设备、以经营租赁方式租出的固定资产等。

(2) 不计提折旧的固定资产。

不计提折旧的固定资产包括房屋和建筑物之外的未使用和不需用的机器设备、以经营租赁方式租入的固定资产、已经提足折旧仍在继续使用的固定资产和未提足折旧提前报废的固定资产、国家规定不准提折旧的其他固定资产(如土地)等。

2. 固定资产计提折旧的方法

旅行社计提固定资产折旧一般使用两种方法,即平均年限法和工作量法。

(1) 平均年限法。

也称直线法。是我国目前最常使用的折旧计提方法,也是一种较为简单的折旧计提方法。通常用于建筑物和贵重办公设备的折旧计提,其计算公式为:

年折旧率 = (1 - 预计净残值率)/固定资产的预计使用年限 × 100%

月折旧率 = 年折旧率/12

月折旧额＝固定资产原值×月折旧率

（2）工作量法。

是一种以固定资产的具体使用时间或使用量为自变量,且与年限无绝对直接依存关系的折旧计提方法。一般适用于汽车等固定资产的折旧计提。其计算公式为：

$$单位工作量折旧额 = \frac{原值 \times (1 - 预计净残值率)}{预计使用年限内可以完成的工作量}$$

（二）固定资产的处理

1. 修理费用的提取

旅行社发生的固定资产修理费用,计入当期成本费用。对于数额较大,发生不均衡的修理费用,可以分期摊入成本费用,也可以根据修理费用分期从成本费用中预提。

2. 固定资产盘盈、盘亏、毁损和报废的处理

对盘盈的固定资产应该按照原始价值扣除估计折旧后的差额计入营业外收入；对于盘亏、损毁的固定资产应该按照原始价值扣除累计折旧、过失人以及保险公司赔款后的差额计入营业外支出。对于出售或清理报废的固定资产,将其变价净收入(变价收入减残料价值和清理费用后的净额)与固定资产净值(原价减累计折旧)的差额,计入营业外收入或营业外支出。

第三节　旅行社成本费用管理

旅行社成本费用是反映旅行社经营管理水平的一项综合指标,旅行社成本费用管理是旅行社财务管理的重要内容。对成本费用进行有效的管理与控制,可以提高旅行社的竞争力,有利于增加盈利,有效抵抗内外压力。

旅行社是旅游线路产品和旅游服务的生产者和销售者,其在加工、包装、组合、销售旅游产品和服务的过程中必然发生一定的劳动耗费,这种劳动耗费主要是人工费用和经营中的物化劳动,在会计上表现为营业成本、营业费用、管理费用和财务费用。

一、旅行社成本费用构成与核算

据有关资料统计,许多旅行社用于支付各种成本与费用的款项占旅行社全部销售收入的80%～90%。因此,必须高度重视旅行社的成本与费用管理。

（一）旅行社成本与费用的构成

1. 旅行社成本

旅行社成本就是营业成本,是指旅行社在组织接待旅游团过程中发生的各项直接支出，它包括房费、餐费、交通费、行李托运费、门票费、文娱费、专业活动费、陪同费、保险费、签证费、机场建设费等。

2. 旅行社费用

费用是企业在获取收入的过程中，对企业所掌握或控制的资产的耗费。

（1）营业费用。营业费用是指旅行社经营部门在营业中发生的各种费用支出，它包括运输费、装卸费、包装费、保管费、水电费、广告费、差旅费、保险费、燃料费、邮电费、物料用品消耗、低值易耗品摊销、经营部门人员工资、服装费、福利费和其他营业费用。

（2）管理费用。管理费用是指旅行社职能管理部门在组织和管理旅行社的活动中发生的各项费用，它包括行政职能管理部门的人员工资、福利费、服务费、办公费、差旅费、物料用品消耗、低值易耗品摊销、燃料费、水电费、保险费、交际应酬费、物品折旧费和其他行政活动费。

（3）财务费用。财务费用是指旅行社为筹集经营所需资金而发生的费用，包括旅行社在经营期间发生的利息净支出、汇兑净损失、金融机构手续费等。

（二）旅行社成本核算办法

1. 单团核算法

单团核算法是以每一个旅游团作为成本核算对象，按照旅游团顺序进行费用的归集和分配的一种核算办法。采用单团核算法，应对不同的支出采用不同的分摊方法。对房费、餐费、车费等直接支出应逐项核对、按团登记；对订票手续费、行李搬运费等按人数分摊；对营业费用、管理费用等间接费用按人天数分摊。单团核算法采用一团一价，有利于旅行社之间的款项结算，能如实、直观、详细地反映某一旅行团的经营成果，有利于旅行社进行正确的财务决策。但单团核算法工作量较大，一般适用于业务量较少的旅行社。

2. 部门核算法

部门核算法是以旅行社内部各直接创利的业务部门作为成本核算对象，按部门归集和分配费用，计算出各部门盈亏的一种核算办法。采用部门核算法有利于提高各部门的工作积极性，增强职工竞争意识，从而提高旅行社经济效益，但不利于单位成本的考核与横向比较，所以在实际工作中，实行部门核算法的旅行社可结合使用单团核算法。

二、旅行社成本费用管理

（一）旅行社成本费用控制

成本费用控制是指旅行社在经营过程中，根据事先制定的成本费用标准，按照一定的原则，采用专门的方法，对日常发生的各项经营活动进行严格管理和监督，把各项成本费用控制在一定范围之内。成本费用控制是旅行社实行成本费用管理的重要步骤之一。旅行社通过对产品设计、产品开发、旅游服务采购、产品销售和旅游接待等方面的成本费用形成过程进行监督和分析,及时纠正所发生的偏差,把经营成本控制在目标决策的范围内,以保证目标成本的实现。

目前,旅行社普遍采用的制定成本费用标准的方法有分解法、定额法和预算法。

1. 分解法

分解法是将目标成本费用和成本费用降低目标,按照成本费用项目进行分解,明确各成本费用项目应达到的目标和减低的幅度。在此基础上,把各成本费用项目指标按部门进行归口分解。各部门将成本费用指标落实到各岗位或个人,对分解指标进行修订。修订后的指标要以实现目标成本费用为标准,进行综合平衡,经过综合平衡以后,即可形成各项成本费用开支的标准。

2. 定额法

定额法是指旅行社首先确定各种经营成本或经营费用的合理定额,以此为依据制定成本费用标准。对于不能直接确定定额的成本费用项目,可以比照本行业平均水平确定成本费用开支标准限额,用以控制盲目的成本费用开支。

3. 预算法

预算法是指旅行社在把经营费用划分为同销售收入成比例增加的变动费用、不成比例增加的固定成本费用与半变动成本费用,以及与销售收入增减无关的固定费用的基础上,按照各部门的业务量分别制定预算,并以此作为费用控制的标准。各部门的业务量不同,其费用预算也不一样。旅行社可以据此对业务量不同的各个部门制定弹性费用预算。

(二)旅行社成本费用日常管理

1. 严格遵守国家规定的成本开支范围及费用开支标准

为了保证旅行社成本费用负担合理及利润核算的准确性,应明确旅行社发生的各项支出,哪些该计入成本,哪些不该计入成本。按照现行财务制度的规定,下列支出不能计入成本费用:为购置和建造固定资产、购入无形资产发生的支出;对外投资支出;被没收财物的损失;支付的各项滞纳金、违约金、赔偿金、罚款以及赞助、捐赠支出;国家规定不得列入成本费用的其他支出。

2. 健全成本管理责任制,实行全员成本管理

旅行社成本与费用的形成与旅行社全体员工有关,因此,旅行社应把降低成本任务的指标和要求在旅行社内部层层下达到部门、科室、员工,实现以部门经理为中心的全员理财,将成本费用管理方面的责、权、利结合起来,使成本费用得到真正的控制。

3. 实行旅游经营业务全过程管理

旅行社成本与费用管理应贯穿于旅行社经营活动的全过程。从产品设计、采购，到团队组织和售后服务等一系列工作，旅行社都要考虑成本与费用的因素，只要一个环节成本与费用的管理不力，所有的努力便前功尽弃。

4. 加强财务审核

接团旅行社财务部门审核成本费用应依据组团社下达的委托书和地陪签字确认凭据与组团社和接团社有关协议价格标准相审核，主要审核旅游者的房费是否与计划过夜数、房价标准相一致；用餐人数、次数、标准是否与委托要求一致；汽车费、专项活动费、旅游景点费等款项是否按委托内容和价格执行；审核其他有无违反财经纪律的情况等。

第四节 旅行社营业收入与利润管理

旅行社是以营利为目的的企业，衡量其经济效益的指标就是收入与利润。通过对收入和利润的管理，可以确定旅行社的规模和经济效益，为其实现最佳经济效益奠定基础。

一、旅行社营业收入的管理

（一）营业收入管理的意义

营业收入是重要的财务指标，它在旅行社财务管理中具有重要的地位。

1. 营业收入是衡量旅行社经营成果的重要标志

旅行社存在的目的在于向旅游消费者提供旅行社产品的同时取得自身的效益。这个目的的实现与否，在营业收入中得到比较集中的体现。营业收入是旅行社经营成果的一种重要表现，在某种程度上体现了社会对旅行社的认可和满意程度。

2. 营业收入是旅行社现金流入量的主要组成部分

旅行社财务安全的主要标志，是旅行社保有适量的现金以备采购产品、支付费用、缴纳税金等，这就要求旅行社有源源不断的现金流入。旅行社只有不断增加客源，减少资金拖欠现象，在其他条件正常的情况下，旅行社的现金流入才会得以保证，旅行社的财务状况才能处于正常。

3. 营业收入是旅行社再生产顺利进行的必要条件

旅行社在经营活动中，为谋取营业收入要投入较大的人、财、物力，这些人、财、物力的消耗或构成营业成本，或形成营业费用，都需要在取得营业收入后才能补偿。因此，对旅行社来说，及时取得营业收入，是保证再生产顺利进行的必要条件。

4. 营业收入是实现旅行社利润的主要源泉

旅行社生产经营活动的最终目的就是要获取利润。旅行社所获取的营业收入在扣除营业成本、费用和其他开支后,剩下的部分就是利润。

(二)旅行社营业收入的分类

根据旅行社业务经营的特点,营业收入分为组团营业收入和接团营业收入两大类。组团收入是指旅行社在接受旅游团或海外旅游预订,制订和下达接待计划,并可提供全程陪同导游服务,组织旅游团境内或出境旅游时,根据国家制定的旅游服务收费标准,向旅游者收取的全部旅游服务费用。接团收入是指在接到组团社的任务通知单后,及时按照任务通知单的具体接待项目要求,对旅游团到本地后的旅游活动、游览项目以及住宿、餐饮、交通工具等进行安排,根据有关收费标准和组团社的"接待任务通知单",在为旅游团提供综合服务和零星服务后,向有关组团社或旅游团收取的综合服务收入和零星服务收入以及劳务收入、地培导游及加项收入、代办票务收入等。

(三)旅行社营业收入的构成

旅行社营业收入是指旅行社在一定时期内,由于向旅游者提供各种产品和服务而获得的全部收入。它是反映旅行社经济效益的基本指标之一,是旅行社利润的主要来源。旅行社的营业收入主要由以下几部分构成。

1. 综合服务费收入

综合服务费收入是指接团旅行社向旅游者收取的,包括包价旅游导游费、餐饮费、市内交通费、全程陪同费、组团费和接团手续费等项费用而形成的收入。

2. 房费收入

房费收入是指旅行社为旅游团代订饭店客房,按照旅游团实际住房的天数和客房等级收取的住宿费用而形成的收入。

3. 城市间交通费收入

城市间交通费收入是指旅游团为从客源地至目的地间和在旅游目的地各城市或地区间乘坐各种交通工具所付出的费用而形成的收入。

4. 专项附加费收入

专项附加费收入是指由旅行社向旅游团收取的汽车超公里费、游江游湖费、特殊游览点门票费、风味餐费、文娱费、专业活动费、保险费、不可预见费等项收入。

5. 单项服务收入

单项服务收入,是指旅行社为散客和为团队旅游者办理委托代办事项所取得的服务收入。如托运费、接送费的收入,或代理、代售航空机票的手续费收入,或为旅游者代办签证收费等收入。

(四)营业收入的日常管理

1. 正确核算营业收入

营业收入核算正确与否直接关系到利润计算的准确性。一般说来,营业收入的确认标准有权责发生制和现金收付制。按照《企业会计准则》的规定,旅行社应采用权责发生制来确认收入。旅行社无论是组团社还是接团社,组织境外旅游者到国内旅游,应于旅游团队离境或离开本地时确认营业收入的实现。旅行社组织国内旅游者到境外旅游,于旅游团队结束旅行返回时确认营业收入的实现。旅行社组织国内旅游者在国内旅游,也应于旅游团旅行结束返回时确认营业收入的实现。

2. 及时办理结算,尽早收回营业款项

旅行社营业收入的取得主要有三种方式:

(1)预收包价旅游费。按照接团旅行社与组团旅行社所签合同,在旅游团游览之前,将全部包价旅游费汇入接团旅行社,接团旅行社再按规定的成本项目予以支付。

(2)预收定金。接团旅行社接到对方组团旅行社派团旅游的通知后,应预先收取部分定金,预先联络交通和住宿事宜,并按规定的项目予以支付。

(3)现收。旅行社组织国内旅游者在国内旅游,或组织国内旅游者赴海外旅游,按照规定的收费标准在游览之前收取现金。

不同的收费方式要采用不同的管理办法,采用预收包价旅游费方式取得营业收入,由于事先已确定了收费标准,当支出因物价上涨而增加时,收费标准一般不得改变;采用预收定金的方式取得营业收入,如果因对方旅行社原因取消派团旅游,接团旅行社则可没收定金;采用现收方式取得营业收入时要严格各收银部的管理,保证现金及时入账。

二、旅行社利润管理

作为以营利为目的的企业,旅行社衡量其经济效益的指标就是利润。

(一)旅行社利润的内容及表现形式

旅行社经营活动成果的最终财务体现即为旅行社利润,它是一定时期内旅行社的收入扣除成本费用等各项支出后的余额,是旅行社经营活动的效率和效益的最终体现。利润不仅是旅行社经营状况的一个基本指标,也是考核、衡量旅行社经营成果和经济效益的最重要指标。其表现形式有:

(1)营业利润。是旅行社的营业收入减去营业成本、期间费用、营业税金及附加后的净额。

(2)投资净收益。是旅行社投资收益减去投资损失后的净额。投资收益主要包括对外投资分得的利润、取得的股利、债券利息、投资到期收回或途中转让所得的款项高于投出资产的账面净值的差额。投资损失包括投资不当而产生的投资亏损额或指投资到期收回或中途转让所得款项低于投出资产账面净额的差额。

(3)营业外收支净额。是旅行社营业外收入减营业外支出后的差额。营业外收入包括固定资产盘盈和变卖的净收益、罚款净收入、确实无法支付而按规定程序批准后转作营业外收入的应付账款、礼品折价和其他收入等。营业外支出包括固定资产盘亏、毁损和报废的净损失,以及非常损失、赔偿费、违约金、罚息、公益性捐赠等。

(4)利润总额。是指旅行社营业利润、投资净收益和营业外收支净额的总和。

(二)旅行社利润分析

利润分析是旅行社根据期初的利润计划,对本期内实现的利润进行评价,包括利润总额分析、利润总额构成因素分析和营业利润分析。

(1)利润总额分析。利润总额分析指运用比较分析法将本期利润总额同上期利润总额或本期计划利润指标进行对比,分析其增减变动情况。常用公式有:

本期利润比上期增长额 = 本期利润总额 - 上期利润总额

利润增长(减少)率 = 利润增长(减少)额/上期利润总额 × 100%

完成计划百分比 = (本期实际利润总额/本期计划利润总额) × 100%

超额或未完成计划百分比 = 完成计划百分比 - 100%

(2)利润总额构成因素分析。通过利润总额构成因素分析可以发现导致本期利润变化的主要因素,分析其原因后采取相应措施。

(3)营业利润分析。一定时期内,在营业收入一定的情况下,影响旅行社营业利润高低的因素是营业成本和期间费用。尽可能降低成本、缩减费用是增加营业利润的有效途径。通过对营业利润的分析,找出其影响因素,采取措施、加强管理,以提高利润水平。

第五节 旅行社核算管理

结算业务是旅行社企业因劳务供应、商品交易、物资调拨、组织旅游以及其他货币往来与其他单位、个人、旅游团体之间发生的货币收付行为,它是在商品、货币和信用的发展中发展起来的。旅行社是为旅游者提供服务的中介机构,在开展旅游服务业务的过程中,必然与提供旅游产品的旅游服务单位、招徕旅游者的客源地旅行社、接待旅游者的目的地旅行社发生结算业务。

一、正常情况下的结算业务

(一)综合服务费结算

综合服务费的结算包括审核结算内容和确定结算方式两方面内容。

1. 审核结算内容

旅行社财务人员对照旅游接待计划和陪同导游员填写的旅游团结算通知单,对需要结算的各项费用进行认真审核。综合服务费一般包括市内交通费、杂费、领队减免费、地方导游费、接待后续费和接待宣传费等。结算方法是:

综合服务费 = 实际接待人数 × 实际接待天数 × 每人每天综合服务价格

根据年龄的不同,对成年人实行 16 免 1 的旅游团综合服务费收费政策;对于 2~12 周岁(不含 12 周岁)的儿童按成年旅游者标准的 50% 收取;对于 2 周岁以下的儿童则在未发生费用的情况下不收取综合服务费。

2. 确定结算方式

我国旅行社曾经采用的结算方式主要有中国国际旅行社的结算标准(即国旅标准)、中国旅行社的结算标准(即中旅标准)和中国青年旅行社的结算标准(即青旅标准)三种。目前绝大多数旅行社采用国旅标准进行旅游团费用结算。

(1)国旅标准是按用餐地点来划分综合服务费结算比例的(见表 8-1)。

表 8-1 国旅综合服务费结算标准

地点	综合服务费(扣除餐费)
用早餐(7 时)地点	33%
用午餐(12 时)地点	34%
用晚餐(18 时)地点	33%

(2)中旅标准是按旅游团抵离时间分段划分综合服务费比例的(见表 8-2)。

表 8-2 中旅综合服务费结算标准

抵达当地时间	综合服务费比例	离开当地时间	综合服务费比例
0:01~9:00	100%	0:01~9:00	20%
9:01~11:00	85%	9:01~11:00	30%
11:01~13:30	70%	11:01~13:30	60%
13:31~17:00	45%	13:31~17:00	80%
17:01~19:30	35%	17:01~24:00	100%
19:31~24:00	15%		

(3)青旅标准是按旅游者停留小时数来划分综合服务费比例的(见表 8-3)。

表 8－3 青旅综合服务费结算标准

停留小时数	综合服务费（扣除餐费）
4 小时以内	按 10 小时结算
4～10 小时	按 15 小时结算
11～18 小时	按 18 小时结算
18 小时以上	按实际停留小时数结算
去外地一日游当天返回驻地的外地接待旅行社	按 16 小时结算

（二）其他旅游费用的结算

1. 房费的结算

房费分自订房房费和代订房房费两种。自订房房费由订房单位或旅游者本人直接向饭店结算；代订房房费由当地接待旅行社结算。结算公式为：

房费＝实用房间数×实际过夜数×房价

在实际经营中，旅行社一般为旅游团安排标准双人房间。有时，旅游团因成团人数或旅游者性别原因可能出现自然单间，由此而产生的房费差额可根据事先达成的协议由组团旅行社或当地接待旅行社承担。

旅行社应按照饭店的规定在旅游团（者）离开本地当天 12 时以前办理退房手续。凡因当地接待旅行社退房延误而造成的房费损失由接待旅行社承担。如果旅游者要求延迟退房，则由旅游者直接向饭店现付房差费用。

2. 正餐费的结算

正餐费的结算有两种形式：一种是将正餐费（午、晚餐）纳入综合服务费一起结算；另一种是将正餐费单列，根据用餐人数、次数和用餐标准结算。餐费的结算公式为：

餐费＝用餐人数×用餐次数×用餐标准

3. 其他费用的结算

如前所述，其他费用是指城市间交通费、门票费和专项附加费。在结算这些费用时，旅行社应根据双方事先达成的协议及有关的旅游服务供应企业和单位的收费标准处理。

二、特殊情况下的结算业务

（一）跨季节的结算

我国旅行社多以每年的 12 月初至次年的 3 月底作为旅游淡季，其余月份作为旺季或平季。旅游者在一地停留的时间恰逢淡旺季交替时，旅行社应按照旅游者在该地实际停留日期的季节价格标准分段结算。

例如：某国际旅行社接待一个美国工业考察团一行14人，该团于2012年3月30日16:30抵达本地，并于4月2日上午10:20乘飞机前往下一站。该旅行社淡季团体包价旅游的综合服务费为每人每天95元，平季和旺季为115元。那么，按照国旅综合服务费结算标准，该国际旅行社应该收取的个人综合服务费 = 95 × (1 + 33%) + 115 × (1 + 33%) = 279.3(元)。

(二) 等级变化的结算

1. 因分团活动造成旅游团等级变化

旅游团在成行后因某种特殊原因要求分团活动，并因此造成原接待等级发生变化时，应按分团后的等级收费或结算。结算的方式有两种：一种是旅游者以支付现金的方式支付分团后费用标准之间的差额；另一种是在征得组团旅行社同意后按新等级标准向组团旅行社结算。

2. 因部分旅游者中途退团造成旅游团等级变化

参加包价旅游团的旅游者在旅行途中因特殊原因退团，造成旅游团因退团后人数不足10人而发生等级变化时，原则上仍按原旅游团的人数和等级标准收费和结算。退团的旅游者离团后的费用由旅游者自理。

(三) 晚餐后抵达或早餐前离开的团队费用结算

包价旅游团队按照国旅标准进行综合服务费结算时，由于是以用餐地点作为划分综合服务费结算比例的，就会出现在当地停留但未用餐时综合服务费结算依据不清的情况。因而，在旅游团晚餐后抵达或早餐前离开时，当地接待社按照人数和费用等级标准向组团旅行社单独结算接送费用。其结算公式为：

接送费 = 人数 × 计价标准

第六节 旅行社财务分析

财务分析是旅行社财务管理不可或缺的重要组成部分，在旅行社财务管理过程中，财务分析既是本经营期间管理的终点，更是下一经营期管理的前奏，在财务管理中起着承上启下的作用。财务分析不仅可以对旅行社企业现有财务状况与经营成果进行有效总结和分析评价，还有利于保证旅行社企业财务预测与经营决策的科学性。

一、旅行社财务报表

(一) 资产负债表

资产负债表是反映企业在某一特定日期财务状况的财务报表。它以"资产 =

负债+所有者权益"的会计恒等式为依据,按照一定的分类标准和次序反映旅行社在某一个时间点上资产、负债和所有者权益的基本状况。

资产负债表包括三大类项目:资产、负债和所有者权益。报表的左方为资产类部分,反映旅行社的资产状况。资产分为流动资产、长期投资、固定资产、无形及递延资产和其他资产五个类型。报表的右上半部分是负债类部分,分为流动负债、长期负债和递延税项三个类型;下半部分是所有者权益部分。负债和所有者权益部分反映了旅行社资金的来源情况(见表8-4)。

表8-4 旅行社资产负债表

填报单位:×××旅行社　　　　　　　　　　　　　　　　　2013年12月31日

流动资产	行次	年初数	年末数	负债及所有者权益	行次	年初数	年末数
流动资产				流动负债			
货币资金	1	201 484.82	491 123.7	应付账款	17	1 000 871.66	839 288.85
应收账款	2	912 128.1	996 921.43	预收账款	18	33 000	
减:坏账准备	3			其他应付款	19	9500.71	70 709.34
应收账款净额	4			应付工资	20	33 720	45 800
其他应收款	5	51 695.8	20 291.7	应付福利费	21	12 843.98	7516.18
存货	6	43 847.3	5709.81	未交税金	22	24 685.19	100 960.46
待摊费用	7	43 333	126 780	未付利润	23		
待处理流动资产净损失	8			流动负债合计	24	1 114 621.54	1 064 274.83
其他流动资产	9			所有者权益			
流动资产合计	10	1 252 489.02	1 640 826.64	实收资本	25	775 000	775 000
固定资产				资本公积	26	44 738.5	44 738.5
固定资产原价	11	264 678	311 372	盈余公积	27	104 104.47	162 821.56
减:累计折旧	12	137 392	172 606	其中:公益金	28		
固定资产净值	13	127 286	138 766	未分配利润	29	941 310.51	1 332 757.75
固定资产合计	14	127 286	138 766	所有者权益合计	30	1 865 153.48	2 315 317.81
其他长期资产	15	1 600 000	1 600 000				
资产总计	16	2 979 775.02	3 379 592.64	负债及所有者权益合计	31	2 979 775.02	3 379 592.64

资产负债表揭示了旅行社资产结构、流动性、资金来源、负债水平、负债结构等方面的状况,反映了旅行社的变现能力、偿债能力和资产管理水平,为旅行社的投资者和管理者提供了重要的决策依据。

(二) 损益表

损益表又称收益表,是反映旅行社在一定期间的经营成果及其分配情况的报表。其基本会计等式为:利润(亏损) = 收入 - 费用(成本)

损益表分为五个部分:营业收入、经营利润、营业利润、利润总额和净利润(见表 8-5)。

表 8-5　损益表

填报单位:×××旅行社　　　　　　　　　　　　　　　　2013 年 12 月

项　目	行次	本月数	本年累计数
一、主营业务收入	1	1 173 370.8	15 911 843
减:主营业务成本	2	1 031 154.4	14 234 952
主营业务税金及附加	3	7893.01	93 067.45
二、主营业务利润	4	134 323.36	1 583 823.6
加:其他业务利润	5		
减:管理费用	6	99 159.37	1 181 445
财务费用	7	100	-4500
三、营业利润	8	36 063.99	406 878.55
加:投资收益	9		
营业外收入	10		25 000
减:营业外支出	11		
加:以前年度损益调整	12		
四、利润总额	13	36 063.99	431 878.55
减:所得税	14	142 519.92	40 431.31
五、净利润	15	-106 455.9	391 447.24

损益表为旅行社的投资者和管理者提供了有关旅行社获利能力、利润变化的原因、企业利润发展趋势等方面的信息,是考核旅行社利润完成情况和经营水平的重要依据。

(三)现金流量表

在旅行社的经营活动中,现金起着非常重要的作用。大量的业务开支都需要使用现金,如果旅行社没有及时获得其经营活动所必需的现金,会给其经营活动带来严重影响。除日常经营活动外,旅行社所从事的投资和筹资活动也影响着旅行社现金流量,从而影响其财务状况。如果旅行社进行投资以后,没有能取得现金回报,就会对其资金的流动性或偿债能力等方面产生不利影响。而通过对旅行社现金流量的分析,可以大致判断其经营周转是否顺畅。

现金流量表(见表8-6)不仅能向旅行社管理者及有关部门提供旅行社在一定会计期间内现金和现金等价物流入和流出的信息,以便使他们了解和评价旅行社获取现金和现金等价物的能力,并以此为依据预测旅行社未来的现金流量,而且更能反映旅行社的经营成果和财务状况,并真实地体现旅行社资产的流动性和旅行社对社会经济环境变动的适应能力,使人们能够对旅行社的整体财务状况做出客观评价。

表8-6 现金流量表

会企03表
编制单位: 年度:
单位:元

项 目	行次	金额
一、经营活动产生的现金流量:		
销售商品、提供劳务收到的现金	1	15 680 941.83
收到的税费返还	3	
收到的其他与经营活动有关的现金	8	
现金流入小计	9	15 680 941.83
购买商品、接受劳务支付的现金	10	14 358 396.32
支付给职工以及为职工支付的现金	12	819 600
支付的各项税费	13	129 859.63
支付的其他与经营活动有关的现金	18	83 447
现金流出小计	20	15 391 302.95
经营活动产生的现金流量净额	21	289 638.88
二、投资活动产生的现金流量:		
收回投资所收到的现金	22	

续表

项　　目	行次	金额
取得投资收益所收到的现金	23	
处置固定资产、无形资产和其他长期资产所收回的现金净额	25	
收到的其他与投资活动有关的现金	28	
现金流入小计	29	
购建固定资产、无形资产和其他长期资产所支付的现金	30	
投资所支付的现金	31	
支付的其他与投资活动有关的现金	35	
现金流出小计	36	
投资活动产生的现金流量净额	37	
三、筹资活动产生的现金流量：		
吸收投资所收到的现金	38	
借款所收到的现金	40	
收到的其他与筹资活动有关的现金	43	
现金流入小计	44	
偿还债务所支付的现金	45	
分配股利、利润或偿付利息所支付的现金	46	
支付的其他与筹资活动有关的现金	52	
现金流出小计	53	
筹资活动产生的现金流量净额	54	
四、汇率变动对现金的影响	55	
五、现金及现金等价物净增加额	56	289 638.88

企业负责人：　　　　　主管会计：　　　　　制表：
报出日期：　　　年　　月　　日

二、旅行社财务分析

(一)财务分析的目的

旅行社财务分析是以财务核算资料为主要依据，运用特定的分析方法，对旅行社财务状况和经营成果进行的定量定性的分析。财务分析的资料主要来源于旅行社各类财务报表。旅行社财务报表反映的是旅行社过去的经营成果和财务状况,但要发现旅行社在经营中存在哪些缺陷以及预测将来向何处发展,就需要借助对财务报表的分析。财务报表分析的目的视使用对象而异,如所有者关心企业获利能力,债权人希望了解企业偿债能力等。简单说来,财务报表分析有以下目的。

1. 了解企业过去经营成果的绩效

报表使用者可以通过旅游企业报表账面上的数据评价企业过去的经营绩效,例如从销售收入金额可以了解企业营销部门的努力程度等。

2. 评价企业目前的财务状况

通过对各项资产价值在资产总额中所占比例、债权债务比例等的分析,报表使用者可判断企业经营管理是否健全,财务状况是否较前期有所改善,在库存物资、旅游商品上占用的资金是否合理等。

3. 预测企业未来的发展趋势

财务报表真正的价值就在于通过报表分析,了解企业未来的盈余、股利与现金流量的风险,以帮助企业管理者规划未来,帮助投资者进行决策。

(二) 主要财务指标分析

一般说来,财务报表分析有三种方法:比率分析、比较分析和趋势分析。

比率分析是用比率来反映同一张财务报表的不同项目之间,或在两张不同的财务报表(如资产负债表和损益表)有关项目之间的相互关系,以分析评价预测企业的获利能力、偿债能力等。

比较分析是将两期以上的报表并列进行比较。在比较分析时,应注意选取指标的可比性。由于企业在不同期间可能采取不同的财务处理方法,对同一指标计算口径不一致,因而导致同一指标含有不可比的因素。在评价可比性较弱的指标时,要注意调整或剔除不可比因素。比较分析只能从整体上说明企业哪些指标增加,哪些指标减少,但不能说明指标增减的原因。此外,也不便在经营规模迥然不同的企业间用这种分析方法进行比较分析。

趋势分析又称百分比分析,是通过各项目相对于基期同类项目百分比变动,来分析各项目上升或下降的趋势。根据所选择的基期变动与否,可分定基趋势分析和环比趋势分析。定基趋势分析,是将基期报表上各项数额的指数均定为100,其他各年度财务报表上的数字也均用指数表示。定基趋势分析的基期是固定的。环比趋势分析,不首先确定固定的基期,而是在以后的一个年度计算各项目对前一年度各项目的百分比,随后类推,形成一连串比值,借以分析企业将来的走向。

旅行社对于主要财务指标的分析,一般可采用比率分析。考核和评价旅游企业财务状况和经营成果的主要财务指标包括流动比率、速动比率、应收账款周转率、存货周转率、资产负债率、销售利润率、总资产利润率等,分别反映与评价旅行社的偿债能力、营运能力和赢利能力。

1. 偿债能力分析

企业经营活动的资金筹集主要有接受投资者投资和负债筹资两大渠道。借入资本区别于自有资本的一个很大的特点就是借入资本到期须还本付息,也就是说,企业在借入资金后,须使资金保值和增值,才能使企业经营活动顺利进行和企业信用不致受损。因此,企业应首先确定偿债能力的"警戒线",当债务超过"警戒线"时,企业应考虑缩小债务规模或改善经营管理;反之,则可以扩大相应的债务规模。企业借入资本包括短期借入资本和长期借入资本,旅行社偿债能力分析包括短期偿债能力分析和长期偿债能力分析。

(1)短期偿债能力指标。短期偿债能力一般是指企业运用各种流动资产偿还各种短期债务的能力。

①流动比率。

流动比率是指流动资产和流动负债的比率,用以评价企业以其流动资产偿还流动负债的能力,其计算公式如下:

$$流动比率 = 流动资产/流动负债$$

一般而言,流动比率越高,说明该企业的短期偿债能力越强,流动负债获得清偿的机会也就越大,对债权人而言,其债权就越安全。通常认为最合适的流动比率应为2,即200%。就旅行社而言,存货比例相对较低,因此,其比率可以略低于2。

②速动比率。

速动比率又称酸性比率,是速动资产与流动负债的比,其计算公式为:

$$速动比率 = 速动资产/流动负债$$

其中,速动资产是指变现能力较强的流动资产,如货币资金、有价证券和应收账款等。一般来说,速动资产就是扣除存货后的流动资产余额。和流动比率一样,速动比率通常也有一个标准。一般认为,正常的速动比率为1,低于1的速动比率被认为是短期偿债能力偏低。

(2)长期偿债能力分析。长期偿债能力分析主要是分析企业偿还长期借款本息的能力和企业资本结构是否合理。

①资产负债率。

资产负债率反映了负债金额在总资产中所占比重,其计算公式为:

$$资产负债率 = 负债总额/资产总额 \times 100\%$$

资产负债率高,说明企业自有资金不足,应变能力差;资产负债率低,则企业自有资金充裕,应变能力强。对资产负债率高低的要求视不同报表使用者而有所差异:就债权人而言,希望企业资产负债率越低越好,说明企业偿债有保证,贷款不会有太大的风险;就所有者而言,在资产报酬率超过借入资本利率时,负债比率越高越好;就经营者而言,必须充分估计预期的利润和增加的风险,在两者之间权衡后做出正确决策。如果企业举债过多,超出债权人的心理承受能力,则认为偿债缺乏保障,风险增大;相反,如果企业举债过少,则又说明企业过于保守,缺乏活力。

②产权比率。

产权比率是负债总额与所有者权益总额之比率。其计算公式为:

$$产权比率 = 负债总额/所有者权益 \times 100\%$$

产权比率与资产负债率具有共同的经济意义,两者可以相互补充。因此,前者在分析时可参照资产负债率的分析。只是产权比率更直接反映了借入资本与自有资本的比例关系。产权比率高,是高风险、高报酬的财务结构;产权比率低,是低风险、低报酬的财务结构。

2. 营运能力分析

营运能力分析用来衡量企业在资产管理方面的效率。通过营运能力分析,旅行社可以从不同角度和环节找出经营管理中存在的问题,使旅行社在保证营运活动连续进行的同时,尽可能少占用经营资金,提高资金的使用效率,增强企业短期偿债能力,促使管理水平的提高。营运能力分析,主要是通过应收账款周转率展开分析。

应收账款在旅行社企业流动资产中占有相当比重。应收账款周转顺利,变现速度快,从而有利于提高企业的偿债能力,体现了企业管理应收账款方面的效率。因此,为评价应收账款周转情况及对企业偿债能力的影响,应对企业应收账款周转率做出全面分析。应收账款周转率是指年度内应收账款转化为现金的次数,它是旅行社赊销收入净额与应收账款平均余额的比率。其计算公式为:

应收账款周转率 = 赊销收入净额/平均应收账款余额

赊销收入净额 = 营业收入 − 现金销售收入

平均应收账款余额 = (期初应收账款余额 + 期末应收账款余额)/2

应收账款的周转率越高,则旅行社在应收账款上冻结的资金越少,坏账的风险就越小,管理效率就越高。

3. 赢利能力分析

追求利润最大化是旅行社经营的主要目的之一。不论是投资人、债权人还是经营者,都非常重视和关心企业的赢利能力。赢利能力高低不仅反映企业管理是否有效,而且还是债权人债权得以如期偿还的保证、投资人分得更多利润的前提。赢利能力分析,主要是通过销售净利率、总资产收益率等比率展开分析的。

(1) 销售净利率。销售净利率是净利与销售收入的百分比,其计算公式为:

销售净利率 = 净利/销售收入 × 100%

该比率反映了每一元销售收入所带来的税后利润的多少。企业实现较高的销售收入,并不一定能带来较高的利润。由于企业经营管理水平落后,成本费用开支大,或由于国家政策导向的改变等原因,利润和销售收入之间并不存在绝对的同等增加或减少的关系,而企业真正关心的却是在实现每一元销售收入的背后能创造多少利润。从销售净利率指标来看,销售净利率与净利成正比关系,与销售收入成反比关系。要使销售净利率不变或有所提高,企业必须在增加销售收入的同时获得更多的净利润。通过分析销售净利率可以促使企业在扩大销售的同时,注意改善经营管理,提高盈利水平。

(2) 总资产收益率。总资产收益率是净利与资产总额的比率,其计算公式为:

总资产收益率 = 净利/资产总额 × 100%

总资产收益率是一个综合指标,表明企业资产利用的综合效果。指标越高,表明管理人员运用资产绩效越大,在节约使用资金和增收节支等方面取得了良好的效果,反之亦然。

第九章 旅行社业发展趋势

本章导读

本章介绍了中外旅行社行业的发展现状与未来发展的主要影响因素,并对中国旅行社行业的发展趋势与战略选择进行了分析。

第一节 中外旅行社业的发展现状

一、中国旅行社业的概况

(一)总体规模

根据《国家旅游局关于 2012 年度全国旅行社统计调查情况的公报》,截至 2012 年底,全国旅行社的总数为 24 944 家,同比增长了 5.29%。东中部 10 个省的旅行社数量均超过 1000 家,其中增幅最大的为重庆;少于 500 家的有 10 个省、自治区、直辖市,其中旅行社数量最少的是兵团 95 家、西藏 99 家、宁夏 101 家;有 4 个省、自治区、直辖市旅行社数量减少,减幅最多的四川减少了 15.1%。

2012 年度旅行社数量排在前十位的地区依次为:江苏(1996)、山东(1963)、浙江(1894)、广东(1512)、河北(1252)、辽宁(1141)、河南(1141)、上海(1090)、湖北(1041)、北京(1021),上述省份旅行社数量占全国旅行社总量的 56.33%。

全国旅行社总资产 839.55 亿元,同比增长 18.05%,其中负债 544.61 亿元,同比增长 17.93%;所有者权益 294.94 亿元,同比增长 18.28%。全国旅行社直接从业人员 318 223 人,同比增长 6.16%,其中大专以上学历 222 760 人,同比增长 11.21%。

(二)经营情况

根据《国家旅游局关于 2012 年度全国旅行社统计调查情况的公报》,2012 年度全国旅行社营业收入 3374.75 亿元,同比增长 17.51%;营业成本 3141.51 亿元,同比增长 18.05%;营业利润 24.58 亿元,同比增长 11.17%;利润总额 31.16 亿元,同比增长44.55%;营业税金及附加14.71亿元,同比增长12.62%;所得税7.16亿元,同比减少6.05%;旅游业务营业收入3096.75亿元,同比增长17.90%;旅游业务利润148.28亿元,同比增长11.82%。

2012年度,全国旅行社国内旅游组织14 368.64万人次、43 423.72万人天,接待16 303.49万人次、38 407.67万人天,分别同比增长4.80%、增长21.11%、减少3.53%、增长14.06%。2012年度,旅行社国内旅游组织人次排名前十位的省份依次为广东、浙江、江苏、上海、山东、四川、湖北、重庆、湖南、福建。2012年度,全国旅行社出境旅游组织2830.57万人次、13 021.61万人天,分别同比增长39.99%、54.91%。2012年度,全国旅行社入境旅游外联1643.64万人次、6882.70万人天,接待2366.61万人次、7771.86万人天,分别同比增长12.97%、11.34%、3.76%、8.46%。

（三）外资旅行社

回顾外资旅行社在中国的历史,先是德国前总理施罗德为中国首家外资控股旅行社——中旅途易旅游有限责任公司隆重剪彩,再是国内首家外商独资旅行社——日航旅行社正式挂牌。目前,国内的外资旅行社已经由加入世贸组织前的9家增至60家,美国、欧洲、日本的主要旅游企业都已经进入国内市场。

2012年度,全国外商投资旅行社旅游业务营业收入32.60亿元,同比增长29.93%,占全国旅行社总量的1.05%;旅游业务利润2.74亿元,同比增长46.52%,占全国旅行社总量的1.85%;实缴税金0.36亿元,同比增长38.46%,占全国旅行社总量的1.65%。

表9-1 外商投资旅行社名单(44家)

序号	许可证编号	旅行社名称	法定代表人	许可经营业务
1	L-SH-WZ00001	日旅国际旅行社有限公司	太田千秋	入境旅游业务 国内旅游业务
2	L-SH-WZ00002	上海锦江国际HRG商务旅行有限公司	宋超麒	入境旅游业务 国内旅游业务
3	L-SH-WZ00003	丽星邮轮旅行社(上海)有限公司	张志德	入境旅游业务 国内旅游业务
4	L-SH-WZ00004	信德国际旅行社(中国)有限公司	何超琼	入境旅游业务 国内旅游业务
5	L-SH-WZ00005	佳天美(上海)国际旅行社有限公司	吉村久夫	入境旅游业务 国内旅游业务

续表

序号	许可证编号	旅行社名称	法定代表人	许可经营业务
6	L-SH-WZ00006	地中海邮轮旅行社(上海)有限公司	何国添	入境旅游业务 国内旅游业务
7	L-SH-WZ00007	秀之旅(上海)国际旅行社有限公司	原弘树	入境旅游业务 国内旅游业务
8	L-SH-WZ00008	上海艾杰飞国际旅行社有限公司	柏木齐	入境旅游业务 国内旅游业务
9	L-BJ-WZ00001	交通公社新纪元国际旅行社有限公司	赵景文	入境旅游业务 国内旅游业务
10	L-BJ-WZ00002	北京加东国际旅行社有限公司	朱淑芳	入境旅游业务 国内旅游业务
11	L-BJ-WZ00003	北京星晨方舟国际旅行社有限公司	陈延	入境旅游业务 国内旅游业务
12	L-BJ-WZ00004	北京首旅雅高旅行社有限公司	陈延	入境旅游业务 国内旅游业务
13	L-BJ-WZ00005	国旅运通旅行社有限公司	顾汉兴	入境旅游业务 国内旅游业务
14	L-BJ-WZ00006	北京福莱森特康辉国际旅行社有限公司	大卫·安德鲁·福莱泽	入境旅游业务 国内旅游业务
15	L-BJ-WZ00007	日航国际旅行社(中国)有限公司	松之野胜彰	入境旅游业务 国内旅游业务
16	L-BJ-WZ00008	中旅途易旅游有限公司	大卫·施莱普	入境旅游业务 国内旅游业务
17	L-BJ-WZ00009	全日空国际旅行社(中国)有限公司	太田耕造	入境旅游业务 国内旅游业务
18	L-BJ-WZ00010	格里菲旅行社(中国)有限公司	孔帝奇	入境旅游业务 国内旅游业务
19	L-BJ-WZ00011	中青旅国际旅游有限公司	丁强	入境旅游业务 国内旅游业务

续表

序号	许可证编号	旅行社名称	法定代表人	许可经营业务
20	L-BJ-WZ00012	近畿国际旅行社(中国)有限公司	乡家达	入境旅游业务 国内旅游业务
21	L-BJ-WZ00013	阪急国际旅行社(中国)有限公司	生井一郎	入境旅游业务 国内旅游业务
22	L-BJ-WZ00014	哈拿多乐旅游(北京)有限公司	李在峰	入境旅游业务 国内旅游业务
23	L-BJ-WZ00015	北京美格兰旅行社有限责任公司	TSAI, ALLAN MO LUN	入境旅游业务 国内旅游业务
24	L-BJ-WZ00016	励驰旅游(北京)有限公司	詹锦鏮	入境旅游业务 国内旅游业务
25	L-BJ-WZ00017	宝捷(北京)旅行社有限公司	朱兆宁	入境旅游业务 国内旅游业务
26	L-BJ-WZ00018	百事活(北京)旅行社有限公司	Jacques Arnoux（夏杰克）	入境旅游业务 国内旅游业务
27	L-BJ-WZ00019	京台旅(北京)旅行社有限公司	李秀璇	入境旅游业务 国内旅游业务
28	L-BJ-WZ00020	北京东方联盟旅行社有限责任公司	卡利亚金·格奥尔吉	入境旅游业务 国内旅游业务
29	L-GD-WZ00001	广州康泰国际旅行社有限公司	郑烘	入境旅游业务 国内旅游业务 港澳旅游业务 （仅限广东省居民）
30	L-GD-WZ00002	广东永安国际旅行社有限公司	陆贵连	入境旅游业务 国内旅游业务 港澳旅游业务 （仅限广东省居民）
31	L-GD-WZ00003	深圳顺风旅行社有限公司	陈展业	入境旅游业务 国内旅游业务
32	L-GD-WZ00004	胜景旅游(广东)有限公司	VERONIQUE DUCASSY	入境旅游业务 国内旅游业务

续表

序号	许可证编号	旅行社名称	法定代表人	许可经营业务
33	L-GD-WZ00005	康泰国际旅行社(深圳)有限公司	黄士心	入境旅游业务 国内旅游业务 港澳旅游业务 (仅限广东省居民)
34	L-GD-WZ00006	翠明假期(广东)旅行社有限公司	周大伟	入境旅游业务 国内旅游业务
35	L-GD-WZ00007	佳天美(广州)国际旅行社有限公司	西口庸(NI-SHIGUHI YO)	入境旅游业务 国内旅游业务
36	L-GD-WZ00008	捷旅假期(广州)有限公司	王丹	入境旅游业务 国内旅游业务
37	L-GD-WZ00009	广州新游力旅行社有限公司	阮文海	入境旅游业务 国内旅游业务
38	L-GD-WZ00010	美丽华旅行社(广州)有限公司	陈若磐	入境旅游业务 国内旅游业务
39	L-GD-WZ00011	广州安旅旅行社有限公司	江百泉	入境旅游业务 国内旅游业务
40	L-TJ-WZ00001	天津天新国际旅游有限公司	张大为	入境旅游业务 国内旅游业务
41	L-YN-WZ00001	云南力天旅游有限公司	颜东	入境旅游业务 国内旅游业务
42	L-HAN-WZ00001	秀之旅(海南)国际旅行社有限公司	平林朗	入境旅游业务 国内旅游业务
43	L-ZJ-WZ00001	宁波万国国际旅行社有限公司	毛配盛	入境旅游业务 国内旅游业务
44	L-HUN-WZ00001	湖南永安国际旅行社有限公司	陈玲	入境旅游业务 国内旅游业务

资料来源:http://www.gov.cn/gzdt/att/att/site1/20100812/001e3741a2cc0dcdf7e602.xls

表9-2 新许可外商投资旅行社名单(12家)

序号	旅行社名称	许可证编号	出资人	法定代表人
1	北京东方联盟旅行社有限责任公司	L-BJ-WZ00020	红龙咨询有限公司	卡利亚金·格奥尔吉
2	北京自由之星旅行社有限公司	L-BJ-WZ00021	谭运海	谭运海
3	北京库尼旅行社有限公司	L-BJ-WZ00022	库尼旅游控股有限公司	杜翡茹
4	北京西中国际旅行社有限公司	L-BJ-WZ00023	北京广土国际旅行社有限公司、西班牙中华国际旅行社有限公司	庄连启
5	北京中荷国际旅行社有限公司	L-BJ-WZ00024	北京申威狮星汽车服务有限公司,Munckhof Asia ltd., Dragon-Dancers ltd.	冯明
6	北京龙腾天下旅行社有限公司	L-BJ-WZ00025	里特维恩斯基·阿里克谢	里特维恩斯基·阿里克谢
7	北京国人假期国际旅行社有限公司	L-BJ-WZ00026	中国假日有限公司	李军
8	北京英特比特旅行社有限公司	L-BJ-WZ00027	英特比特旅行有限公司	马口
9	上海客美德假期旅行社有限公司	L-SH-WZ00009	地中海俱乐部(亚洲)有限公司	高华
10	中南西北旅行社(深圳)有限公司	L-GD-WZ00012	东南西北旅游有限公司	丘沛民
11	青岛瑞麟旅行社有限公司	L-SD-WZ00001	郑厚和	郑厚和
12	大连安心国际旅行社有限公司	L-LN-WZ00001	吉泽秀房	吉泽秀房

资料来源:http://www.ln.gov.cn/zfxx/bwdt/201101/P020110105306801010375.xls

(四)全国百强旅行社

全国百强旅行社主要以国内旅游组织人天、接待人天,入境旅游外联人天、接待人天,旅游业务营业收入,旅游业务毛利润,旅游业务毛利率(前两项之比)、实缴税金(营业税金及附加与所得税之和)八项指标进行排序。因此,规模较大的旅行社,具有国际营销网络的旅行社,以及经过整合或强强联合的旅行社集团,具有明显优势,往往排名靠前。目前的全国双百强旅行社主要集中在经济和旅游业发达的地区,尤其是北京、上海、广州三大中心城市。

表9-3 2013年度全国百强旅行社名单前十名

1	L-SH-CJ00009	上海春秋国际旅行社(集团)有限公司
2	L-GD-CJ00004	广州广之旅国际旅行社股份有限公司
3	L-BJ-CJ00003	中青旅控股股份有限公司
4	L-GD-CJ00002	广东省中国旅行社股份有限公司
5	L-BJ-CJ00071	北京众信国际旅行社股份有限公司
6	L-BJ-CJ00001	中国国际旅行社总社有限公司
7	L-BJ-CJ00051	北京凯撒国际旅行社有限责任公司
8	L-BJ-CJ00127	中青旅国际会议展览有限公司
9	L-SH-CJ00025	上海携程国际旅行社有限公司
10	L-HUB-CJ00019	湖北万达新航线国际旅行社有限责任公司

资料来源:《国家旅游局关于2013年度全国旅行社百强名单的公告》

二、中国旅行社业的特征

(一)数量增长与产业素质提升并举

2002年底,全国共有11 615家旅行社;截至2012年底,全国旅行社的总数为24 944家,数量翻了一番多。旅行社数量增长主要得益于高速增长的旅游市场。当市场高速增长时,数量增长相对明显,质量提升相对弱化。在质量提升方面,大型旅行社做出了榜样。它们在树立民族品牌,建立战略联盟,发展合作伙伴关系,以及兼并、收购、重组等活动等方面积极行动,通过品牌特许经营、互为代理、相互持股等形式,形成强大的营销网络和规模优势。例如,香港中旅收编了招商国旅,并与中旅总社合并;上海锦江国际旅游是在整合了上海国旅国际旅行社、上海锦江旅游和上海华亭海外旅游等多家国际旅行社后组建的。

(二)专业化经营与品牌化经营并存

绝大多数中国旅行社目前处于专业化经营阶段,每个旅行社集中于自己擅长的市场和线路,旅行社的主业收入所占比重很高。但这种高度专业化,将会导致整个产业和企业抵抗市场风险能力的降低。例如,SARS期间,整个行业都受到严重损失。大型旅行社在品牌化经营方面做出了积极探索。例如,国旅总社经营的中国公民旅游以"环球行"为品牌,此举使中国旅游产品第一次有了自己的品牌。国旅总社的入境接待和商务旅行也都将拥有自己的品牌,其入境品牌 LOGO 为 CITS 和蓝色地球组合,其商务旅行品牌 LOGO 则为国旅与运通合二为一的天圆地方标志。至此,国旅总社成为了我国第一家拥有系列旅游产品品牌的企业。国旅总社非常重视旅游产品的开发,按照"开发产品出精品"的经营理念,完善企业产品创新机制。近年来新开发的"丝绸之路""东方快车"等已成为业内享有盛誉的拳头产品,修学游、健身游、长城徒步游等特殊旅游产品适应了不同区域市场、不同客源的需要。

(三) 地域分布和经营收入具有非均衡性

全国一半以上的旅行社集中在沿海经济发达地区、中心城市及旅游资源丰富的地区,如山东、江苏、浙江、辽宁、广东、上海、北京、四川等。同时,这些地区和城市的旅行社主要经营指标排名也相应靠前,包括旅行社收入、旅游利润、实缴税金、外汇结汇、入境外联人天、入境接待人天、国内组织人天、国内接待人天等指标。相对而言,经济欠发达、旅游资源匮乏和交通不便的地区,旅行社的发展也相对落后。

(四) 平均规模小与产业集中度低

2012年,全国旅行社平均营业收入1352.93万元,平均利润12.49万元。除了统计上报的旅行社外,还有大量的未纳入统计范围的旅行社,以及非法经营和变相经营旅行社业务的组织,它们的数量甚至更多。到2012年底,东中部10个省的旅行社数量均超过1000家,江苏和山东均超过1900家;少于500家的有10个省(区、市),其中宁夏、西藏和新疆生产建设兵团均只有100家左右。如此众多的旅行社集中在一些发达地区和城市,可见整个市场的集中度还不够高,依然十分分散。

三、发达国家旅行社业的概况

(一) 普遍采用水平分工与垂直分工体系

在旅游批发商与零售代理商两个层次上,发达国家旅行社业实现了水平分工与垂直分工。在旅游批发商层次上,形成了出境旅游业务、入境旅游业务和国内旅游业务的专业化分工,旅游批发商有各自的经营重点。在旅游目的地,形成了以经营入境旅游接待和国内旅游接待为主的旅游批发商;在旅游客源地,形成了以组织国内旅游和出境旅游为主的旅游批发商。通过业务分工,极大地提高了旅行社专业化经营水平,提高了企业的经营效率。

在零售代理商层次上,形成了专门零售或代理机票、出租车、旅游线路、度假产品的销售网点,每个网点的规模很小,专门负责一项或几项产品的销售业务。旅游批发商与零售代理商之间也有很强的合作关系,旅游批发商主要与零售代理商接触,不直接面向顾客,业务规模较大;零售代理商主要负责最终的销售环节,不涉及产品的开发和组合等业务。分工的深化是经济发展的必然结果,发达国家旅行社业的分工是产业发展的必然结果。

(二)业务范围和收入来源广泛

发达国家旅行社的业务范围既包括个人的休闲和观光旅行,也包括公司的商务旅行和政府机构的公务旅行,而商务旅行和公务旅行所占比重很大。此外,就散客和团体的业务比重而言,散客旅行业务远远超过团体旅行业务,团体旅行业务主要是休闲度假旅游、会议旅游和奖励旅游。

旅行社营业收入主要由各种销售佣金构成。航空公司、出租车公司、饭店等旅游服务供应商,会根据旅行社代理销售其产品的数量,以及双方事先商定的佣金比例,向旅行社支付一定的报酬——佣金。旅行社代理销售的产品项目众多,主要包括机票、租车、房间、游船出租、火车票、船票、景区门票等项目,这些项目构成了其主要的收入来源,其中以航空机票、酒店房间预订代理业务的收入所占比重最大。这种营业收入结构与发达国家的旅游方式密切相关,人们出行以航空和汽车为主要交通工具。

(三)市场集中度高

从旅行社的产业结构来分析,发达国家的旅行社业具有两个明显的特点:其一,旅行社业主要由中、小规模的旅行社构成,大型旅行社数量很少。其二,大型旅行社虽然数量很少,但营业收入和利润所占比重却很高。这说明了经过比较充分的市场竞争,市场中已经出现了一些实力雄厚的旅行社企业,他们对旅行社业产生了重要的影响。

(四)借助先进的信息技术

近年来,信息技术的发展和普及为旅行社创造了良好的条件。信息技术不但可以提高旅行社的工作效率,还有助于提高服务质量和管理水平,并且普通民众对信息技术的接受程度较高。发达国家充分利用其在信息技术方面的优势,将先进技术应用于旅行社的经营,取得了良好的效果。一方面,大型旅行社开发了自己的计算机信息管理系统,实现企业内部管理的信息化,同时利用网站、电子商务等为旅游者提供服务;另一方面,GDS(全球分销系统)、DMS(目的地营销系统)、大型旅游网站等营销平台在发达国家率先出现并被广泛使用,极大地提升了旅行社的信息化程度。

(五)集团化经营

20世纪90年代以来,发达国家旅行社业出现了重大变化,企业之间的并购活动频繁。在欧洲、美国、日本等发达国家,形成了一批实力雄厚、业务广泛的全球性旅行社企业集团,从而导致产业集中度的进一步提高。这些并购活动不仅是旅行社之间的并购,而且涉及各类旅游企业。

表9-4 发达国家旅行社业跨国并购事件一览表

收购时间	采取兼并行为的旅行社	被兼并的旅行社	兼并方式
1993年	美国运通旅行社（American Express）	瑞典奈蔓-舒尔茨旅行社（Nyman & Schults）	收购
1994年	美国/荷兰卡尔逊-韦根利特旅行社（Carlson Wagonlit Travel）	德国莱斯布罗鲁布恩旅行社（Reisebüro Brune）	收购
1995年	美国运通旅行社（American Express）	德国West LB旅行社（Westdeutsche Landesbank）	收购
1995年	美国运通旅行社（American Express）	法国哈瓦斯旅行社在法国的商务旅行部	收购/企业合并
1995年	德国国际旅游联合会（TUI）	荷兰国际旅行社（Holland International）	收购/企业合并
1995年	英国航空旅行社（Airtours）	瑞典北欧休闲集团（Scandinavian Leisure Group）	收购
1996年	英国航空旅行社（Airtours）	丹麦斯拜斯/特杰波格旅行社（Danish Spies/Tjaereborg）	收购
1997年	美国运通旅行社（American Express）	比利时BBL旅行社（BBL Travel）	合资
1997年	英国汤姆逊旅行集团（Thomson Travel Group）	瑞典Fritidsresor旅行社、爱尔兰廉价旅行社（Budget Travel）	收购
1998年	英国航空旅行社（Airtours）	比利时太阳国际旅行社（Sun International）	收购
1998年	英国航空旅行社（Airtours）	德国弗罗施国际旅游集团（Frosch Touristik International）	收购

资料来源：中国旅行社发展现状与发展对策研究课题组.中国旅行社发展现状与发展对策研究.旅游教育出版社,2002.

第二节 旅行社未来发展的主要影响因素

我国旅行社行业的未来走向必然受到各方面的影响,市场环境的改变、技术环境的升级、政府规制的调整等变革因素直接作用于旅行社行业的发展。

一、旅游需求方面的影响因素

(一) 经济发展水平与可自由支配收入

经济发展状况无疑是最重要的影响因素,一方面它直接影响居民的现期收入,另一方面影响居民对未来收入水平的预期,从而影响居民的现期和未来的旅游决策。近年来,中国经济运行状况良好,GDP一直保持高速增长,发达地区和城市的GDP总量和人均量增长更是显著。同时,由于政府大幅增加社会保障支出,提高机关事业单位职工工资和离退休人员养老金水平,以及部分行业工资高企,使城镇居民可支配收入增长较快。

(二) 带薪假期与闲暇时间

旅游消费必须有足够的可自由支配时间,旅游消费可以理解为对可自由支配时间的消费,特别是连续性的可自由支配时间,如带薪假期和国内的"黄金周"。2003年10月13日,世界旅游及旅行理事会(WTTC)向中国政府及国家旅游局呈递了一份研究报告。对于旅游业两大支柱的国内游和出境游,WTTC建议国内游在现有三周假期的基础上,增加两周可由员工和企业在全年任何时候酌情支配的带薪假期。

目前的休假制度还无法满足旅游者的要求,尤其是在职的自费旅游者。他们利用"黄金周"外出旅游面临不少困难,至少7天以上的旅游活动就没法参加。可见,可自由支配时间在很大程度上影响了旅游的空间范围和旅游类型。

2008年1月1日起,修改后的《全国年节及纪念日放假办法》开始施行,"五一"黄金周取消,"十一"和春节的黄金周继续保留,新增清明节、端午节、中秋节各放假1天,从而形成了"两个7天长假、5个3天小长假"的格局。《职工带薪年休假条例》经国务院审议通过,自2008年1月1日起施行。这次调整年节、纪念日假期及落实带薪年休假制,必将对我国旅游业产生直接的、积极的影响,旅行社企业需要在市场层面、产品格局调整等方面适应对休假制度的调整。从长远来看,中国还是有可能取消黄金周假期的,并真正实行带薪假期。带薪假期是居民外出旅游的一个重要条件,《劳动合同法》在2008年开始实施,对于带薪假期政策的真正落实具有一定的促进作用。

（三）旅游产品价格

1. 价格影响目的地的选择

旅游者对旅行社的产品价格比较敏感，从而使不同的旅游目的地之间产生替代关系。以出境游为例，欧洲游、非洲游、南美游、澳大利亚和新西兰游等长线旅游价格都比较高，旅行社的报价基本都在一万元到三万元之间，只有港澳游和日本、韩国、东南亚游等中近程线路价格在一万元以内，因而中近程目的地成为出境旅游的首选。由于很大比例的旅游者是以家庭为单位出境旅游，如果每人次的价格比较高，整个家庭的旅游支出就更高，这会对旅游者的长线出境游产生抑制作用。

2. 价格影响出游时间的选择

旅游活动具有很强的季节性，旅游旺季出现旅游质量下降的同时，价格都普遍上涨，抑制了旅游需求。淡季的旅游价格将是影响旅游决策的重要因素，价格便宜、人少、天气好等因素使得实际旅游质量提高，因此许多旅游者特意选择节后出游。在长线旅游方面，机票价格也是重要因素，未来的价格变化趋势将取决于低成本航空公司的进入、航空公司的价格政策和民航总局的价格管制。

（四）交通运输条件

在目前带薪假期还没有普及的情况下，居民出游的时间过于集中，居民出游的交通条件将是影响旅游决策的重要因素。

出境旅游和国内长线旅游需求取决于机场建设情况。例如，为了满足奥运会期间的运输需要，首都国际机场兴建了新的航站楼、通往市区的公路和地铁等，中国国际航空公司将加强以北京为枢纽的网络建设，外国航空公司也将选择北京作为重要的国内基地。

国内中长距离旅游需求与铁路密切相关，取决于铁路运输速度、购票便利程度和舒适程度等因素；还受到开设专线旅游列车的影响，尤其是开往郊区和临近省区的旅游专列，这将影响居民的旅游流向和对目的地的选择。

公路条件的改善将促进城市周边地区的短距离旅游发展，尤其是旅游巴士和居民自驾车的跨省区旅游。

二、市场竞争方面的影响因素

（一）市场集中度

市场集中度指一个行业中最大的几家企业所占据的市场份额。它取决于几个因素：市场规模的增长与旅行社数量增长的对比关系，销售网点的覆盖率，预订网络，集团化的程度，特定线路的优势地位，企业的扩张动力等。当市场集中度较高时，大型旅行社或旅行社集团在行业中的影响力和控制力较强，这将改变传统的"散、弱、小、差"的局面，有利于行业整体经营水平的提高，有利于行业新秩序的形成。目前,在一些区域性市场中,形成了较高的市场集中度。例如,在北京、上海等城市,出境旅游市场就主要由几家大型旅行社控制;具体到某一条或几条出境线路,情况更是明显。

(二)外资旅行社

加入世贸组织(WTO)后,全国首家外商独资旅行社、首家外商控股旅行社在北京出现。例如,在北京的外商独资旅行社——日航国际旅行社、全日空国际旅行社和英国格里菲旅行社,以及由德国TUI旅游服务集团控股的合资旅行社——中旅途易旅游有限责任公司。以日航旅行社为例,2004年该社组织的日本来华入境旅游者达到4万人次左右,该社在中国有28家指定地接社,在欧洲的地接社也就是这个规模,可见其对中国市场的重视。

外资旅行社的进入,一方面引进了新的经营理念和方法,起到了积极的示范作用,类似于改革开放初期外资饭店的作用;另一方面,国内的旅行社在竞争客源的过程中,将不断提高信息技术水平、产品开发技术水平、市场营销能力等,从而推动行业的整体提升。

根据国家旅游局的规定,自2007年7月1日起,中国已取消对外商投资旅行社设立分支机构的限制,并对外资旅行社的注册资本实行国民待遇。这意味着外资旅行社在注册资本上与国内旅行社享受同等待遇,外资旅行社进入中国市场的准入门槛大幅降低。目前,外资旅行社不能经营出境业务,以经营入境业务和商务旅行为主,还没有全面覆盖到国内的观光、度假等市场。因此,至少在出境市场和国内市场上,国内旅行社还有一定优势,而且国旅、中旅、青旅、康辉等旅行社已经形成了较好的品牌声誉,这样就降低了外资旅行社的市场控制力,增加了外资品牌进入的市场壁垒。

(三)民营旅行社

在对外开放的同时,中国旅行社业也在积极地对内开放,主要标志之一是民营企业的大量进入,尤其是在出境旅游这个管控相对严格的市场。民营旅行社的出现,将会使投资主体更加多元化,市场竞争更加激烈,也会带来新的变革与创新,尤其是民营企业本身的灵活机制和效率优势为旅行社业注入了新鲜与活力。目前,在全国百强旅行社中已经出现了一批优秀的民营旅行社。例如,2014年1月23日,北京众信国际旅行社股份有限公司正式在深圳证券交易所挂牌上市,众信旅游成为A股市场上首家民营旅行社上市公司。作为国内首批从事出境游业务的旅行社,如今众信旅游已发展成为国内领先的出境旅游运营商。众信旅游公司于2007年底通过ISO9001质量管理体系认证,在国家旅游局公布的2011、2012年度"全国百强旅行社"中名列第四,2012年度在国家旅游局公布的"税收十强旅行社"中名列第三,2013年公司获得"北京市5A旅行社"称号。

三、对外开放与国际交流

(一) 出境市场的开放

二十年前,对绝大多数中国人来说,出国旅游只是一个梦想。当时,只有少数有海外关系的公民能够以"探亲"的方式走出国门。1988 年,泰国成为中国公民出境旅游的第一个目的地国家,出境旅游自此起步。

20 世纪 90 年代初,中国政府开始实施逐步放开出境旅游的新政策。仅在 2004 年,中国共与 41 个国家签署了旅游目的地谅解备忘录,另与 4 个国家签署了旅游合作协议;新开放了 38 个国家和地区作为中国公民出境旅游目的地。截至 2011 年,中国已经批准 140 个国家和地区为中国公民出境旅游目的地,其中已实施 111 个。目前,除了亚洲、非洲、南美的一些国家以外,欧洲对中国游客已经整体开放,美国也成为中国公民组团出境旅游目的地国家,基本形成了全面开放的新格局。

正是过去 20 年一步步地放松出境旅游管制,引发了出境旅游需求激增,使中国迅速跻身全球出境旅游消费前十位。2003 年,中国出境旅游人数首次超过日本,达到 2020 万人次,成为亚洲出境人数最多的国家。

出境游下一步需要解决的是使旅游者获得更多的便利条件,这方面旅行社可以发挥更积极的作用。随着大量客源的出境,更多的旅行社可以成为组团社,经营旅游批发业务,这就类似于二十年前的境外旅行社在中国市场的情况。中国的旅行社可以掌握客源优势和利润链中最丰厚的部分,从而获得竞争优势。

(二) 奥运会、世博会等重大活动的影响

奥运会、世博会等将对中国旅游业产生全面的促进作用,中国旅游业将迈上一个更高的发展起点。第一,国内旅游、出境旅游、入境旅游这三大市场将会全面增长。第二,观光、游览、休闲、度假、会展等旅游市场会全面发展。第三,国内和国际的旅游合作将进一步深化。作为世界上最受关注的综合性体育盛会,尽管只有短短的 17 天时间,但 2008 年的北京奥运会是中国从旅游大国走向旅游强国的一道关卡,它对旅游、经济、社会、文化方面的影响作用巨大。2010 年的上海世博会也是一项综合性的国际盛会,历时半年,其旅游活动时间跨度长、主题丰富,产业联动密切,为旅行社提供了创新和发展的空间。这样的重大活动,将是对我国旅行社的接待能力、管理水平、技术水平、服务质量等的全面考验。

(三) 国际旅游合作

近几年,中国加强了与日本、俄罗斯、美国、韩国、印度、欧洲、澳大利亚、非洲、东盟、加勒比地区的旅游交流与合作。2007 年,中国举办了第二届中日韩旅游部长会议、中俄人文合作委员会旅游分委会会议、中美商贸联委会旅游工作组会议。2007 年,组织开展了纪念中日邦交正常化 35 周年中日 3 万人双向旅游交流活动,

召开了首届中美两国省州(31+50)旅游局长合作发展对话会议。2007年,开办了中国驻新德里旅游办事处,进一步加强了与联合国世界旅游组织、亚太旅游协会、南太旅游组织等主要国际旅游组织的合作。另外,在世界旅游组织第17次全体大会上,中文成功列入世界旅游组织官方语言,中国当选为世界旅游组织执委会成员,这也反映了中国旅游业的国际影响力。2010年,中国—东盟自贸区建成以来,商品零关税带动货物贸易、服务贸易和投资便利化发展的同时,必将推进旅游业总体水平的提升和结构优化。

四、旅游产业政策

(一)重要政策文件

从1995年开始,各级旅游主管部门针对旅行社市场出台了一系列以结构调整为导向的法规和行政规章。其中有代表性的事件有:1995年,实行旅行社质量保证金制度,随着质量保证金制度的形成,全国组建了国家、省、市三级旅游质量监督管理所;从1996年开始,对旅游市场进行专项治理,主要内容包括无证无照经营和超范围经营;1996年10月15日,国务院颁布实施《旅行社管理条例》;1996年11月28日,国家旅游局又发布了《旅行社管理条例实施细则》;1999年5月,由国务院制定和发布了《导游人员管理条例》;从2007年2月1日起,全面取消对内资旅行社设立分支机构的限制;自2007年7月1日起,取消对外商投资旅行社设立分支机构的限制,并对外资旅行社的注册资本实行国民待遇。这些政策和法规以建立市场经济体制为基础,着眼于促进产业的发展,肯定了一系列管理手段,规范了相应的程序,为旅行社业的长远健康发展奠定了新的基础。

近几年,为了支持和加快旅游业发展,国务院、国家旅游局、地方政府、地方旅游行政管理部门出台了一系列相关的文件和政策。以下对几个主要文件的政策内容做简要介绍。

《关于加快发展服务业的若干意见》(国发〔2007〕7号):提出服务业是国民经济的重要组成部分,服务业的发展水平是衡量现代社会经济发达程度的重要标志;加快发展服务业,提高服务业在三次产业结构中的比重,尽快使服务业成为国民经济的主导产业;有条件的大中城市形成以服务经济为主的产业结构,服务业增加值增长速度超过国内生产总值和第二产业增长速度;到2020年,基本实现经济结构向以服务经济为主的转变,服务业增加值占国内生产总值的比重超过50%,总体发展水平基本与全面建设小康社会的要求相适应;加大政策扶持力度,推动服务业加快发展;依据国家产业政策完善和细化服务业发展指导目录,从财税、信贷、土地和价格等方面进一步完善促进服务业发展政策体系;进一步推进服务价格体制改革,完善价格政策,对列入国家鼓励类的服务业逐步实现与工业用电、用水、用气、用热基本同价;拓宽投融资渠道,加大对服务业的投入力度。

《旅行社条例》(国务院令第550号):2009年1月21日国务院第47次常务会议通过,自2009年5月1日起施行。《旅行社条例》统一了旅行社从事国内旅游业务和入境旅游业务的准入条件,大幅度降低了旅行社及其分社、服务网点的设立条件,进一步简化了旅行社的许可设立程序,全面下放了设立许可权,并将旅行社分社和服务网点设立由许可登记制改为登记备案制;对旅行社质量保证金制度做出了调整和完善;对旅行社之间的委托行为,做出了责任规定;规定旅行社必须为游客购买旅行社责任险,组织出境游时必须委派领队;删除了关于外商投资旅行社注册资本最低限额、投资者条件的特殊要求,给外资旅行社以国民待遇。

《国务院关于加快发展旅游业的意见》(国发〔2009〕41号):提出旅游业是战略性产业,资源消耗低,带动系数大,就业机会多,综合效益好;把旅游业培育成国民经济的战略性支柱产业和人民群众更加满意的现代服务业;抓紧旅游综合立法,加快制定旅游市场监管、资源保护、从业规范等专项法规,不断完善相关法律法规;深化旅游业改革开放;优化旅游消费环境;加快旅游基础设施建设;推动旅游产品多样化发展;加大政府投入;加大金融支持;完善配套政策和措施。

《中国旅游业"十二五"发展规划纲要》:提出到"十二五"期末,旅游业初步建设成为国民经济的战略性支柱产业和人民群众更加满意的现代服务业,在转方式、扩内需、调结构、保增长、促就业、惠民生等战略中发挥更大功能;旅游业要在农民增收、发展海洋经济、发展服务业、维护港澳长期繁荣稳定等战略中发挥积极作用;明确要求全面发展国内旅游,积极发展入境旅游,有序发展出境旅游;坚持旅游资源保护和开发并重,加强旅游基础设施建设,推进重点旅游区、旅游线路建设;推动旅游业特色化发展和旅游产品多样化发展,全面推动生态旅游,深度开发文化旅游,大力发展红色旅游;完善旅游服务体系,加强行业自律和诚信建设,提高旅游服务质量。

《国民旅游休闲纲要(2013—2020年)》:2013年初出台,由国务院办公厅颁布实施。在这一"旅游新政"的指导下,我国旅游业迎来又一个快速发展时期。《纲要》提出,保障国民旅游休闲时间,落实《职工带薪年休假条例》;改善国民旅游休闲环境;鼓励企业将安排职工旅游休闲作为奖励和福利措施;推进国民旅游休闲基础设施建设;加强国民旅游休闲产品开发与活动组织;完善国民旅游休闲公共服务;提升国民旅游休闲服务质量,制定旅游休闲服务规范和质量标准。

(二)财政支持政策

《国务院关于加快发展旅游业的意见》(国发〔2009〕41号):提出地方各级政府要加大对旅游基础设施建设的投入;各级财政要加大对旅游宣传推广、人才培训、公共服务的支持力度;中央政府投资重点支持中西部地区重点景区、红色旅游、乡村旅游等的基础设施建设;国家旅游发展基金重点用于国家旅游形象宣传、规划编制、人才培训、旅游公共服务体系建设等;安排中央财政促进服务业发展专项资金、扶持中小企业发展专项资金、外贸发展基金以及节能减排专项资金时,要对符合条件的旅游企业给予支持;要把旅游促进就业纳入就业发展规划和职业培训计划,落实好相关扶持政策;完善"家电下乡"政策,支持从事"农家乐"等乡村旅游的农民批量购买家电产品和汽车摩托车。

在地方政策方面,各地陆续出台了相关措施。例如,2010年,《中共甘肃省委甘肃省人民政府关于加快发展旅游业的意见》明确提出,要进一步加大政策支持力度,优化发展环境,并决定:"各级政府要加大对旅游业发展的投入;省级财政设立旅游发展专项资金,2011年至2015年每年安排1亿元,以贷款贴息为主,主要支持旅游景区基础设施建设、旅游宣传推介和重点旅游商品研发;专项资金的使用要严格按程序审批,市州和有关部门提出申请,省旅游局和省财政厅审核,省旅游产业发展领导小组审定;省旅游局和省财政厅要尽快研究制定旅游发展专项资金使用管理办法;市、县要设立旅游发展专项资金,形成政府加大投入的扶持激励机制。"

(三)金融支持政策

《国务院关于加快发展旅游业的意见》(国发〔2009〕41号):提出对符合旅游市场准入条件和信贷原则的旅游企业和旅游项目,要加大多种形式的融资授信支持,合理确定贷款期限和贷款利率;符合条件的旅游企业可享受中小企业贷款优惠政策;对有资源优势和市场潜力但暂时经营困难的旅游企业,金融机构要按规定积极给予信贷支持;进一步完善旅游企业融资担保等信用增强体系,加大各类信用担保机构对旅游企业和旅游项目的担保力度;拓宽旅游企业融资渠道,金融机构对商业性开发景区可以开办依托景区经营权和门票收入等质押贷款业务;鼓励中小旅游企业和乡村旅游经营户以互助联保方式实现小额融资。支持符合条件的旅游企业发行短期融资券、企业债券和中期票据,积极鼓励符合条件的旅游企业在中小企业板和创业板上市融资;鼓励消费金融公司在试点过程中积极提供旅游消费信贷服务;积极推进金融机构和旅游企业开展多种方式的业务合作,探索开发适合旅游消费需要的金融产品,增强银行卡的旅游服务功能。

《关于加快发展服务业的若干意见》(国发〔2007〕7号):提出拓宽投融资渠道,加大对服务业的投入力度;国家财政预算安排资金,重点支持服务业关键领域、薄弱环节发展和提高自主创新能力;积极调整政府投资结构,国家继续安排服务业发展引导资金,逐步扩大规模,引导社会资金加大对服务业的投入;地方政府也要相应安排资金,支持服务业发展;引导和鼓励金融机构对符合国家产业政策的服务企业予以信贷支持,在控制风险的前提下,加快开发适应服务企业需要的金融产品;积极支持符合条件的服务企业进入境内外资本市场融资,通过股票上市、发行企业债券等多渠道筹措资金;鼓励各类创业风险投资机构和信用担保机构对发展前景好、吸纳就业多以及运用新技术、新业态的中小服务企业开展业务。

(四)市场准入与监管政策

《国务院关于加快发展旅游业的意见》(国发〔2009〕41号):提出放宽旅游市场准入,打破行业、地区壁垒,简化审批手续,鼓励社会资本公平参与旅游业发展,鼓励各种所有制企业依法投资旅游产业;推进国有旅游企业改组改制,支持民营和中小旅游企业发展,支持各类企业跨行业、跨地区、跨所有制兼并重组,培育一批具有竞争力的大型旅游企业集团;积极引进外资旅游企业。在试点的基础上,逐步对外商投资旅行社开放经营中国公民出境旅游业务;支持有条件的旅游企业"走出去";加强旅游市场监管和诚信建设;落实地方政府、经营主体、相关部门的监管责任。此外,提出健全旅游监管体系,完善旅游质量监管机构,加强旅游服务质量监督管理和旅游投诉处理;旅游、工商、公安、商务、卫生、质检、价格等部门要加强联合执法,开展打击非法从事旅游经营活动,整治"零负团费"、虚假广告、强迫或变相强迫消费等欺诈行为,维护游客合法权益;加强旅游诚信体系建设,开展诚信旅游创建活动,制定旅游从业人员诚信服务准则,建立旅行社、旅游购物店信用等级制度。

《关于加快发展服务业的若干意见》(国发〔2007〕7号):提出坚定不移地推进服务领域对外开放,着力提高利用外资的质量和水平;按照加入世贸组织服务贸易领域开放的各项承诺,鼓励外商投资服务业;正确处理好服务业开放与培育壮大国内产业的关系,完善服务业吸收外资法律法规,通过引入国外先进经验和完善企业治理结构,培育一批具有国际竞争力的服务企业。

《旅行社条例》(国务院令第550号):指出旅行社分社的设立不受地域限制;分社的经营范围不得超出设立分社的旅行社的经营范围;旅行社设立分社的,应当持旅行社业务经营许可证副本向分社所在地的工商行政管理部门办理设立登记,并自设立登记之日起3个工作日内向分社所在地旅游行政管理部门备案。

2009年,国家旅游局发布的《关于启动外商投资旅行社的设立申请工作的公告》指出,自2009年9月15日起,正式受理外商投资旅行社的设立申请,外商在华投资旅行社的申请注册资本只需不少于30万即可,而此前的注册资本为400万元。

(五)区域发展政策

《国务院关于加快发展旅游业的意见》(国发〔2009〕41号):提出区域旅游协调发展;中西部和边疆民族地区要利用自然、人文旅游资源,培育特色优势产业;东部发达地区、东北等老工业基地要通过经济结构调整,提升旅游发展水平;有序推进香格里拉、丝绸之路、长江三峡、青藏铁路沿线和东北老工业基地、环渤海地区、长江中下游地区、黄河中下游地区、泛珠三角地区、海峡西岸、北部湾地区等区域旅游业发展,完善旅游交通、信息和服务网络;积极推动海南国际旅游岛建设;继续促进内地居民赴香港、澳门旅游;加强海峡两岸旅游交流与合作。

《关于加快发展服务业的若干意见》(国发〔2007〕7号):提出立足于用好现有服务资源,打破行政分割和地区封锁,充分发挥市场机制的作用,鼓励部门之间、地区之间、区域之间开展多种形式的合作,促进服务业资源整合,发挥组合优势,深化分工合作,在更大范围、更广领域、更高层次上实现资源优化配置;防止不切实际攀比,避免盲目投资和重复建设。

《中国旅游业"十二五"发展规划纲要》:提出要加强分类指导,促进区域协调发展;构建特色鲜明、优势互补、充满活力的区域旅游格局;实施分类指导,促进东部地区、中部地区、西部地区和东北地区四大区域协调发展;突出品牌引领,加快建设长江三峡、丝绸之路、青藏铁路沿线等十条国家精品旅游带;深化区域合作,打造长三角、珠三角、环渤海、粤港澳、海峡西岸等五大区域旅游合作示范区;落实海洋战略,加快培育海南岛、北部湾、山东沿海等八大海洋旅游增长极;服务中西部开发,加快培育新疆、西藏、三江源、武陵山等十大新兴旅游目的地;对接城镇化战略,加快整合培育成渝、长株潭城市群、武汉城市圈等八大旅游区。

(六)旅游消费政策

《国务院关于加快发展旅游业的意见》(国发〔2009〕41号):提出优化旅游消费环境;逐步建立以游客评价为主的旅游目的地评价机制;景区门票价格调整要提前半年向社会公布,所有旅游收费均应按规定向社会公示;增加旅游目的地与主要客源地间的航线航班、旅游列车,完善旅客列车车票的预售和异地购票办法;规范引导自发性旅游活动;建立健全旅游信息服务平台,促进旅游信息资源共享。

《关于加快发展服务业的若干意见》(国发〔2007〕7号):提出积极营造有利于扩大服务消费的社会氛围;规范服务市场秩序,建立公开、平等、规范的行业监管制度,坚决查处侵犯知识产权行为,保护自主创新,维护消费者合法权益;落实职工年休假制度,倡导职工利用休假进行健康有益的服务消费;加快信用体系建设,引导城乡居民对信息、旅游、教育、文化等采取灵活多样的信用消费方式,规范发展租赁服务,拓宽消费领域;鼓励有条件的城镇加快户籍管理制度改革,逐步放宽进入城镇就业和定居的条件,增加有效需求。

《中国旅游业"十二五"发展规划纲要》:提出"十二五"时期我国旅游业发展要以改善民生、提升居民生活质量为出发点和落脚点,把旅游业培育成为国民经济的战略性支柱产业和人民群众更加满意的现代服务业;按照"全面发展国内旅游、积极发展入境旅游、有序发展出境旅游"的战略方针,更加重视国内旅游,大力引导和培育旅游需求,千方百计地扩大旅游消费规模,提升游客满意度,统筹协调开发三大市场,形成更加合理的市场格局。

(七) 配套政策和措施

《国务院关于加快发展旅游业的意见》(国发〔2009〕41号):提出落实宾馆饭店与一般工业企业同等的用水、用电、用气价格政策;允许旅行社参与政府采购和服务外包;旅行社按营业收入缴纳的各种收费,计征基数应扣除各类代收服务费;排放污染物达到国家标准或地方标准并已进入城市污水处理管网的旅游企业,缴纳污水处理费后,免征排污费;旅游企业用于宣传促销的费用依法纳入企业经营成本;鼓励银行卡收费对旅行社、景区售票商户参照超市和加油站档次进行计费,进一步研究适当降低对宾馆饭店的收费标准;年度土地供应要适当增加旅游业发展用地;积极支持利用荒地、荒坡、荒滩、垃圾场、废弃矿山、边远海岛和可以开发利用的石漠化土地等开发旅游项目。

《关于加快发展服务业的若干意见》(国发〔2007〕7号):提出加大政策扶持力度,推动服务业加快发展;依据国家产业政策完善和细化服务业发展指导目录,从财税、信贷、土地和价格等方面进一步完善促进服务业发展政策体系;进一步推进服务价格体制改革,完善价格政策,对列入国家鼓励类的服务业逐步实现与工业用电、用水、用气、用热基本同价;调整城市用地结构,合理确定服务业用地的比例,对列入国家鼓励类的服务业在供地安排上给予倾斜;要根据实际情况,对一般性服务行业在注册资本、工商登记等方面降低门槛,对采用连锁经营的服务企业实行企业总部统一办理工商注册登记和经营审批手续。

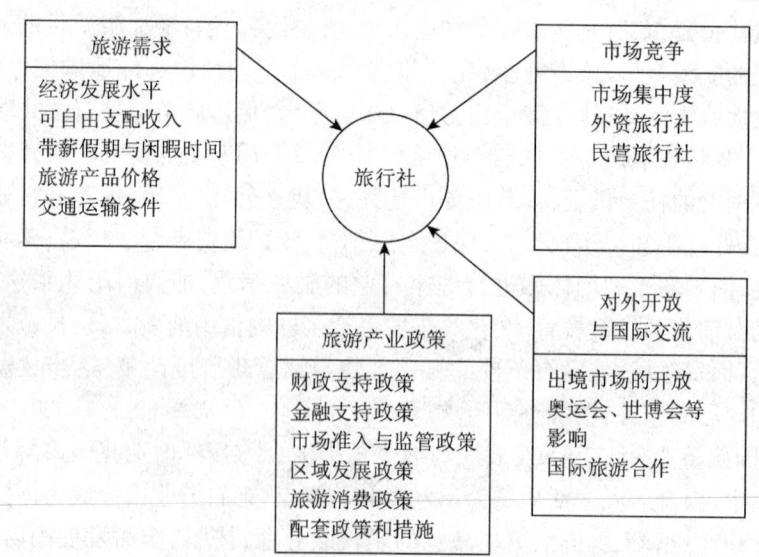

图9-1 旅行社行业未来发展的影响因素示意图

第三节　中国旅行社业发展趋势与战略选择

一、中国旅行社业的发展趋势

(一) 旅行社的水平一体化与纵向一体化经营

水平一体化指通过控股、收购、投资新建等方式形成多个旅行社组成的集团。随着国内若干家大型旅行社改制、重组和在国内扩张的逐步完成，必然加速对客源市场的争夺，小型旅行社将更多地承担代理的职能，若干家大型旅行社承担批发的职能，客源将通过代理最终汇集到大型旅行社手中。因此，国内客源市场的形成将加速国内旅游市场的集中度，客源和利润将向那些拥有完善网络、在旅游线路上具有优势的企业集中。例如，国旅总社、中旅总社、中青旅、广之旅、春秋国旅等一批有实力的旅行社通过并购、特许经营、合同代理、联盟等方式组建旅行社集团，实现跨区域经营。

纵向一体化指按照旅游者需要的全部服务内容，形成旅行社、饭店、景区、交通运输等企业构成的企业集团。纵向一体化对资金和管理能力的要求很高，只适合一部分大型旅行社。但是，一旦成功，将可以获得整个旅游服务过程中的全部利润。例如，春秋国旅投资低成本航空公司，广东中旅曾斥资300多万元一举买断4月30日至10月30日每周二往来广州与银川的航班，民营的天津方舟旅行社买断黄山屯溪老街的景区开发权，等等。

(二) 新旧业态的融合与重组

新型业态指的是以信息技术和网络技术为依托，从事旅行社相关业务的企业，如携程网、艺龙网、去哪儿、到到网等。传统业态指的是传统的旅行社，即通常所说的旅行社。

旅游网站通过与传统旅游业务不同程度的结合实现了盈利。传统旅行社通过信息化来改变经营和管理模式，利用门市网络和互联网，大型旅行社可以达到比较全面的市场覆盖，如中青旅控股的青旅在线。这种产业融合不仅促进了旅游产品的创新，还推动了新型业态的创新。

大型旅行社在将信息技术应用于内部管理的基础上，将其进一步应用于建设外部网络，与住宿、交通、景区等企业建立外部网联系，加强信息沟通、经营合作和战略合作。另外，信息技术还可用于市场信息搜集、促销、分销和对客户资源进行管理，外资旅行社已经开始在这方面重点发展。例如，北京格里菲旅行社(GTA)针对中国游客开发了预订平台——"大章鱼"(www.octopustravel.com)，该系统可实现在线支付和结算，使中国游客(尤其是去欧洲旅游的游客)通过网站就能直接购买观光游览、酒店入住、接送服务等系列产品,游客登录网站后将享受到24小时在线客服和即时的在线预订、确认、付款。

(三)与航空业和金融业的产业融合

1. 包机与低成本航空公司

从国际规律来看,旅行社与航空公司一直是密切相关的两个行业。国内旅行社最初是通过代理销售机票的方式和航空公司联系起来的,后来发展为某些线路上的旅行社包机业务,一些旅行社还专门成立了包机公司。截至2013年,已经有13家外国低成本航空公司进入我国二三线城市,对市场格局影响很大。而真正的融合是旅行社企业投资于航空公司,或通过某种方式建立更密切的联系,国内已有这方面的案例。例如,2005年7月18日,国内首家低成本航空公司——春秋航空从上海虹桥机场起飞;春秋航空的机票价格随市场价格浮动,采用低价折扣策略;2007年11月29日,在上海—济南航线上春秋航空首次推出1元机票,引来济南市物价局15万元的天价罚单,1元机票悄然退出市场。2005年6月10日,民营航空公司——东星航空经民航总局正式批准筹建,公司由东星集团(主营房地产、公路投资、旅游等三大业务领域)属下的三家公司共同投资,注册资本8000万元人民币。东星集团成立于1991年,其旗下的东星国际旅行社是目前中国大型的民营旅游集团,东星国际旅行社与东星航空具有极强的业务纽带关系。

2. 旅游业务与信用卡的结合

近几年,大型旅行社与各大银行等金融机构展开了"绑定式"合作,利用各自的资源优势,实行多种途径和方式的规模扩张和产业融合,以达到双赢的目的——促销旅游产品和信用卡业务。合作的方式之一是信用卡用户的分期付款旅游,银行可以此吸引更多的客户,并通过刺激客户消费收取更多的手续费,旅行社则促进了产品销售,旅游者也减轻了一次性支出负担。这种合作有助于旅游市场战略转型,巩固各自的市场主导地位,越来越多的银行和旅行社开始采用这种合作。例如,国内最大的在线旅游服务商——携程旅行网,与中信银行联手推出"零首付、零利息"的分期付款自由游,推出的线路多达上千条,涉及国内、东南亚及欧洲等地;所有产品都是在度假产品原价的基础上分期付款,游客并不需要支付额外的利息;凡在携程旅行网预订度假产品的中信信用卡持卡人,可以享受6期或12期免息分期付款服务。

3. 旅行支票

旅行支票是一种有价证券、定额支票,通常由银行(或旅行社)为方便旅游者而发行。旅游者可按规定手续,向发行银行(或旅行社)的国内外分支机构、代理行或规定的兑换点,兑取现金或支付费用。旅行支票在发达国家十分普遍,常用的有美国运通(American Express)、托马斯·库克(Thomas Cook)、万事达(Master

Card)、维萨(Visa)等旅行支票,各有不同的币种和固定面值。目前,旅行支票在国内主要由中国银行、工商银行等代售。

旅行支票是安全携带和支付旅行费用的极佳选择,具有如下特点:没有使用期限,在世界各地广泛接收,票面设有防伪技术,遗失或被窃可以挂失等。在国外使用旅行支票时,会因消费地点的不同而收费不同。

以美国运通公司为例,运通信用卡和旅行支票是该公司的主要产品,提供赊账金卡、通用卡、蓝色信用卡等各种金融服务,此外,运通旅行社的业务还包括围绕着信用卡和旅行支票提供延伸产品。由于外出消费的多数是旅行客人,旅行客人的主要消费方式是刷卡消费,旅行和信用卡业务互相联系,带动了运通公司的大发展。

(四)产品的多样化与创新

1. 入境游

2012年,我国入境外国客源市场微幅增长,全年入境外国游客人数2719.16万人次。一方面,要做好传统的观光旅游,开发第一次来华旅游的客源市场;另一方面,要做好产品升级,从观光旅游向度假旅游、商务旅游、修学旅游等方面扩展,提高旅游者的停留天数,增加体验的深度。在地区市场方面,进一步保持对韩国、日本、马来西亚、新加坡、越南、蒙古等亚洲市场的吸引力,着力深化周边国家入境市场。

2. 国内游

2008年1月1日,《全国年节及纪念日放假办法》和《职工带薪年休假条例》开始施行,形成了"两个7天长假、5个3天小长假"的格局,这将对面向国内客人的产品设计产生影响,尤其是短线旅游。"五一"黄金周的取消,将客源挤压至另外两个黄金周,对"十一"和春节黄金周旅游市场起到了极大的推动作用。从2008年元旦出游市场来看,放假3天的大周末已经让旅游市场提前享受到"小黄金周",北京等大城市周边的短途旅游市场需求旺盛。

从近几年国内旅游的出游目的看,度假休闲的比例已经接近30%。从未来的趋势和发达国家旅游需求的演变规律来分析,经过观光旅游一定程度的普及后,旅游者更希望选择合适的海滨、湖滨、山地、温泉等度假地,通过旅游活动达到休息和放松的目的,度假休闲旅游的需求量将继续增加。另外,各种专项旅游产品也会继续发展,如生态旅游、文化旅游、乡村旅游、工业旅游、红色旅游、冰雪旅游、森林旅游、科技旅游、健康旅游等。

3. 出境游

在出境旅游方面,受闲暇时间、收入水平、出境政策和出境旅游发展阶段等因素的限制,目前的旅游产品还是以线路产品为主。国内居民的出境旅游还是处于起步和高速发展阶段,除了东南亚几个发展较早的目的地国家外,大部分国家还是新兴的目的地。例如,韩国、日本、澳大利亚和新西兰是在 1999 年开放的,欧洲游、非洲游在 2004 年才开始出现,美国是 2007 年开放的。因此,目前的出境旅游者还是以观光、体验异域风情为主。度假旅游需要足够的闲暇时间和支付能力,目前能够同时满足这两个条件的旅游者规模还不够大,但度假旅游已经表现出巨大的市场需求,将是今后发展的重点。

因此,在未来几年内,旅行社将对入境旅游产品进行升级,着力发展中国公民的出境观光旅游,专项市场的重点是度假休闲旅游和商务市场,这几个市场都具有规模较大、利润丰厚的特点。

二、中国旅行社业的战略选择

(一) 品牌经营战略

目前,价格等因素的市场影响力还很大,这与旅游者的收入水平、消费经验、消费意识等有很大关系,这也为旅行社进行品牌化经营提供了机遇。在经过价格竞争以后,随着市场的成熟,旅行社的竞争必将升级为品牌的竞争。成功的品牌经营不仅可以建立顾客忠诚,更可以有效地利用品牌在国内和境外进行扩张,从而形成竞争优势。例如,中旅总社已相继完成了对大连、河北、甘肃等地中国旅行社的控股、重组及改制,初步形成了以北京为中心,以资本和品牌为纽带,辐射全国的新型旅行社网络。

旅行社企业可以在两个层面进行品牌经营:公司品牌和产品品牌。旅行社的公司品牌在老百姓中的认知度较高,例如,国旅总社、中旅总社、康辉总社等。因此,着力打造公司的品牌对企业来说更迫切,在此基础上可以推出系列产品品牌。大型旅行社将更重视品牌的建立和维护,未来的出境、入境和国内旅游市场将会形成若干具有号召力的公司品牌,在每个市场内又会形成若干知名产品品牌。品牌战略将成为继客源、资本以外,又一个对外扩张和增强竞争力的关键因素。例如,中旅总社现拥有"中旅——CTS""中国旅行社""中旅会奖""中旅出境""中旅国际"等十多个注册商标,中旅总社将进一步提升品牌形象,逐步推广品牌连锁经营。一些大型旅游企业为了垄断客源,已经开始利用品牌优势在国内和境外进行扩张。

(二) 跨国经营战略

1. 客源规模已经形成

纵观发达国家旅游业的发展历程,大部分都在国内旅游相对成熟的基础上,随着国内旅游者跨国旅游活动的普及,在本国公民比较成熟的出境旅游目的地,开始旅游企业的跨国经营。从近十年出境情况来看,中国公民已经形成了比较成熟的出境旅游目的地,包括最早成熟的香港、澳门、新加坡、马来西亚、泰国、印尼和新兴的韩国、日本、澳大利亚、新西兰。随着更多国家的开放,还会出现一些比较成熟的目的地。从近十年情况看,出境旅游的规模在持续增加,其中经旅行社组织的出境旅游者已经形成较大的规模。2012年,我国公民出境人数达到8318.27万人次,比上年增长18.4%,中国继续成为亚洲最大的出境旅游客源国。其中:因公出境人数612.66万人次,下降0.1%;因私出境人数7705.61万人次,增长20.2%。因此,出境旅游较高的利润水平为企业跨国经营提供了内在动力。

2. 跨国经营的内在需求

随着出境旅游规模的增加,目的地的企业将会更加重视中国公民市场,并参与实际的竞争,这将有可能使出境业务的利润流失到国外。国内的旅行社还需要寻找当地的合作伙伴、签订合约、监督合约的执行,这些工作要花费大量的时间和费用。另外,旅游者开始越来越重视旅游安全,越来越追求出境旅游的质量和满意程度。国内旅行社的跨国经营可以有效地解决以上问题,降低旅游企业经营成本和旅游产品价格,而且他们比当地的旅游企业更了解中国公民的旅游需求。

因此,对国内的旅行社来说,出境旅游的客源基础和自然垄断优势(外资旅行社暂不能经营出境游)已经具备,拥有充足的资本、先进的技术和管理模式的旅行社,将会或独立或联合,沿着中国公民的出境线路进行各种形式的跨国经营。

例如,中国国际旅行社总社是中国最大的旅行社集团企业,中国企业500强之一,在美国、日本、澳大利亚、德国、香港等国家和地区设立了14家境外子公司,在国内有全资、控股子公司和联号经营企业150多家。

以香港中旅为例,1992年11月,由香港中旅集团持有60.8%股份的中旅国际正式在香港主板上市,迈开了集团化经营的第一步,随后上市的公司又通过收购、兼并的手段发行可换股债券和扩股,成功地为企业发展筹集了大量的资金,进一步促进了企业的发展。香港中旅自1985年成立集团至1995年的10年间,在香港及海外10多个国家初步形成了自己的跨国经营网络,设立了十几家海外旅游公司。

(三)并购重组战略

具体说,旅行社要区分企业的优良资产与不良资产,盘活存量资产,优化企业资产结构,降低负债比例;形成自己的核心业务、核心产品,提高专业化管理水平,为打造企业核心竞争力奠定基础,为下属企业中优质资产上市做好准备。

以中旅总社为例,全国共有300多家地方中旅,但绝大多数的地方中旅与中旅总社之间并没有资产关联。中旅总社已相继完成了对大连、河北、甘肃等国内15家地方中国旅行社的控股、重组及改制,初步形成了以北京为中心,以资本为纽带,辐射全国各大区域的新型网络,并成功迈出了向国外经营辐射的第一步,最终将形成"资产组合+业务组合"规模经营的大格局。通过与德国著名旅游集团TUI的联合,最终坚定了各地方中旅被中旅总社控股收购的决心,同时借江苏中旅的并购突破为示范，首次在国内外掀起了旅行社网络和引进客源的入境网络上的大规模并购。

此外，国旅总社与中免集团两家重组后，国旅将形成近40亿的总资产，近70亿的营业额，使得国旅的抗风险能力增强。这也意味着其正在从以前的招徕入境旅游业务为主，向六大业务范围均衡发展，形成旅、工、贸结合的多元发展格局，最终成为"泛旅游"运营商。此外，国旅总社首次涉足出国中介市场，成立了中国国旅出入境服务有限公司，率先挤入了出国中介市场，经营范围包括商务考察、文化交流、学习培训、探亲访友、继承遗产或移民定居。

香港中旅则依靠资本优势，通过并购挺进内地旅游市场。香港中旅希望在内地收购旅行社拓展业务，借助一定亲缘优势率先抢占内地市场，实现国际、香港、内地三地衔接和业务互补。香港中旅在北京、成都、上海、青岛、西安、福建等地，在一年多时间内通过合资、合作、收购和兼并等手段控股了七家内地旅行社，以参与内地旅游市场的整合，加快内地网络发展步伐。香港中旅手中有20多亿港币的现金用于收购内地旅行社，重点将考虑那些客源集中、交通和经济发达的地区，旅行社管理团队的整体水平、资产负债情况都是收购考虑的因素。

美国运通公司的发展战略也可以给我们提供借鉴和启示。美国运通公司是一个实现全球化经营的典型公司，其业务遍布欧洲、美洲、拉丁美洲和亚洲，在全球130多个国家拥有1700个旅行服务网点。其发展过程就是一个通过兼并不断扩张的过程，在20世纪90年代末，运通收购了在法国拥有最大销售网络的哈瓦斯旅行社，2003年成功收购了美国的罗森·布鲁斯公司，成为世界旅游业的超级航母，建立起更加庞大的网络体系，形成了核心主业和旅行社业双赢的局面。

（四）分销网络战略

旅行社的分销网络包括线上和线下两部分，线上主要指通过旅行社自身的网站、在线分销商、社交网站、旅游搜索引擎等方式构建网络分销系统，线下主要指通过门店、代理网点、参股企业、控股企业、联盟企业、合作伙伴等方式构建分销网络。

国旅总社正在加快解决企业联盟松散的问题，从而尽快实现网络化，形成上游和下游的垂直管理。目前，全国共有200余家以"××中国国际旅行社"为名或使用"国旅（CITS）"的品牌及Logo进行市场运作的旅行社。但绝大多数打着"国旅（CITS）"品牌的旅行社与国旅总社只是使用同一品牌的独立法人，他们之间并没有资本纽带来维系，国旅总社计划通过以参股、控股、全资等形式多样的合作方式与各地国旅建立以资本为纽带的合作。收购广东国旅是国旅总社在发展出境游市场上走出的重要一步，之后将在港口城市、重要的旅游城市和省会城市进行并购，逐步建立起国旅集团的网络。国旅总社作为股东之一组建了全国首家专门服务于旅游业的网络公司——华夏旅游网络公司，同时建立了国内首家旅游专业网站，即华夏旅游网,突破了旅游业传统的经营模式和手段,从而达到降低成本,让利于消费者的目的。目前,国旅总社80%的饭店预订和长江游船预订业务均实现了网络化。华夏旅游网后又与李嘉诚先生的和记黄埔、长江实业结为战略同盟,在香港组建一个多语种网站群,使华夏网成为超级门户网站在中国旅游方面唯一的合作伙伴。

(五)企业联盟战略

企业联盟战略不仅针对于同行业的企业,更适用于跨行业的大企业之间进行合作,这种合作能够超越行业内的种种限制,起到"化学反应"的效果。

例如,国旅总社和美国运通公司合资成立了国旅运通旅行社有限公司,这是中国第一家中美合资商务旅行企业,主要为跨国公司、地区性公司以及国内公司提供商业旅行管理服务。之后在上海成立了国旅运通航空服务有限公司。合资公司将融入美国运通的客户系统、供应系统和信息网络系统,同时采用先进的电脑预订系统、电话呼叫系统、后台管理系统。同时,国旅总社与美国运通联合发展了特许经营休闲旅游网络,加盟这个休闲服务网络的旅行社将受惠于两家公司的品牌优势,每年将引进50多万游客到中国国旅。

中旅总社通过战略联盟,拓展入境客源市场。除了在境外对瑞典中国旅行社的整体收购外,中旅总社与德国TUI股份公司合资组建"中旅途易旅游有限责任公司",由TUI公司控股,这也是中国第一家由外方控股的合资旅行社。这次合资的旅行社将成为中旅总社面向欧洲入境观光游和商务游的重要市场平台,着重开发欧洲市场,迅速引进大量欧洲客源,有机会将原来TUI掌握的地中海和夏威夷的客源拉到中国。最终发展成为融入境、出境和国内业务为一体的国际化大型综合旅游运营商。此外,中旅总社与中国农业银行北京市分行签署了全面合作协议,使金融服务扩展到旅游业;与中国国际航空公司签订了关于常客计划的合作协议,希望借此提高管理水平和服务品质;与携程网合作,目的是通过双方的网站互动合作,推动旅游电子商务发展,从而带动拓展各自的利益。

(六)多元化和"泛旅游"经营战略

大型旅行社已经不是纯粹的旅行社企业,主营业务十分丰富。它们正争做"泛旅游"运营商,完善多元化经营格局。

例如,香港中旅进入内地房地产业,开展多元化经营。香港中旅近十几年来在香港、澳门、海外及中国内地购置了20多家酒店,拥有全资或合资的汽车公司、航空公司和游船公司,在深圳特区投资开发了占地5平方公里的华侨城,成功地建立了"锦绣中华""中国民俗文化村"和"世界之窗"3个人造景观,并使之相继在香港和内地上市。香港中旅也把地产作为未来战略发展的重要方向,并已在上海、深圳、广州等重点一线城市完成30亿元的优质土地储备。香港中旅未来的发展规划是做大旅游主体产业,伸展地产、实业两翼,每年完成约15万平方米的地产开发,形成特有的旅游地产开发模式。此外,1990年7月,在中国旅行社总社的基础上组建了中国中旅集团,经过其后几年的调整,以中国中旅(集团)公司为核心企业,建立了全国中旅企业法人联合体,涉及旅行社业、饭店及饭店管理业、汽车租赁业、国内外贸易等多个领域,形成了遍及全国、延伸海外的网络。

附录 A 旅行社条例

第一章 总则

第一条 为了加强对旅行社的管理,保障旅游者和旅行社的合法权益,维护旅游市场秩序,促进旅游业的健康发展,制定本条例。

第二条 本条例适用于中华人民共和国境内旅行社的设立及经营活动。

本条例所称旅行社,是指从事招徕、组织、接待旅游者等活动,为旅游者提供相关旅游服务,开展国内旅游业务、入境旅游业务或者出境旅游业务的企业法人。

第三条 国务院旅游行政主管部门负责全国旅行社的监督管理工作。

县级以上地方人民政府管理旅游工作的部门按照职责负责本行政区域内旅行社的监督管理工作。

县级以上各级人民政府工商、价格、商务、外汇等有关部门,应当按照职责分工,依法对旅行社进行监督管理。

第四条 旅行社在经营活动中应当遵循自愿、平等、公平、诚信的原则,提高服务质量,维护旅游者的合法权益。

第五条 旅行社行业组织应当按照章程为旅行社提供服务,发挥协调和自律作用,引导旅行社合法、公平竞争和诚信经营。

第二章 旅行社的设立

第六条 申请设立旅行社,经营国内旅游业务和入境旅游业务的,应当具备下列条件:

(一)有固定的经营场所;

(二)有必要的营业设施;

(三)有不少于30万元的注册资本。

第七条 申请设立旅行社,经营国内旅游业务和入境旅游业务的,应当向所在地省、自治区、直辖市旅游行政管理部门或者其委托的设区的市级旅游行政管理部门提出申请,并提交符合本条例第六条规定的相关证明文件。受理申请的旅游行政管理部门应当自受理申请之日起20个工作日内作出许可或者不予许可的决定。予以许可的,向申请人颁发旅行社业务经营许可证,申请人持旅行社业务经营许可证向工商行政管理部门办理设立登记；不予许可的，书面通知申请人并说明理由。

第八条　旅行社取得经营许可满两年，且未因侵害旅游者合法权益受到行政机关罚款以上处罚的，可以申请经营出境旅游业务。

第九条　申请经营出境旅游业务的，应当向国务院旅游行政主管部门或者其委托的省、自治区、直辖市旅游行政管理部门提出申请，受理申请的旅游行政管理部门应当自受理申请之日起20个工作日内作出许可或者不予许可的决定。予以许可的，向申请人换发旅行社业务经营许可证，旅行社应当持换发的旅行社业务经营许可证到工商行政管理部门办理变更登记；不予许可的，书面通知申请人并说明理由。

第十条　旅行社设立分社的，应当持旅行社业务经营许可证副本向分社所在地的工商行政管理部门办理设立登记，并自设立登记之日起3个工作日内向分社所在地的旅游行政管理部门备案。

旅行社分社的设立不受地域限制。分社的经营范围不得超出设立分社的旅行社的经营范围。

第十一条　旅行社设立专门招徕旅游者、提供旅游咨询的服务网点（以下简称旅行社服务网点）应当依法向工商行政管理部门办理设立登记手续，并向所在地的旅游行政管理部门备案。

旅行社服务网点应当接受旅行社的统一管理，不得从事招徕、咨询以外的活动。

第十二条　旅行社变更名称、经营场所、法定代表人等登记事项或者终止经营的，应当到工商行政管理部门办理相应的变更登记或者注销登记，并在登记办理完毕之日起10个工作日内，向原许可的旅游行政管理部门备案，换领或者交回旅行社业务经营许可证。

第十三条　旅行社应当自取得旅行社业务经营许可证之日起3个工作日内，在国务院旅游行政主管部门指定的银行开设专门的质量保证金账户，存入质量保证金，或者向作出许可的旅游行政管理部门提交依法取得的担保额度不低于相应质量保证金数额的银行担保。

经营国内旅游业务和入境旅游业务的旅行社，应当存入质量保证金20万元；经营出境旅游业务的旅行社，应当增存质量保证金120万元。

质量保证金的利息属于旅行社所有。

第十四条　旅行社每设立一个经营国内旅游业务和入境旅游业务的分社，应当向其质量保证金账户增存5万元；每设立一个经营出境旅游业务的分社，应当向其质量保证金账户增存30万元。

第十五条　有下列情形之一的，旅游行政管理部门可以使用旅行社的质量保证金：

（一）旅行社违反旅游合同约定，侵害旅游者合法权益，经旅游行政管理部门查证属实的；

（二）旅行社因解散、破产或者其他原因造成旅游者预交旅游费用损失的。

第十六条　人民法院判决、裁定及其他生效法律文书认定旅行社损害旅游者合法权益，旅行社拒绝或者无力赔偿的，人民法院可以从旅行社的质量保证金账户上划拨赔偿款。

第十七条　旅行社自交纳或者补足质量保证金之日起三年内未因侵害旅游者合法权益受到行政机关罚款以上处罚的，旅游行政管理部门应当将旅行社质量保证金的交存数额降低50%，并向社会公告。旅行社可凭省、自治区、直辖市旅游行政管理部门出具的凭证减少其质量保证金。

第十八条　旅行社在旅游行政管理部门使用质量保证金赔偿旅游者的损失，或者依法减少质量保证金后，因侵害旅游者合法权益受到行政机关罚款以上处罚的，应当在收到旅游行政管理部门补交质量保证金的通知之日起5个工作日内补足质量保证金。

第十九条　旅行社不再从事旅游业务的，凭旅游行政管理部门出具的凭证，向银行取回质量保证金。

第二十条　质量保证金存缴、使用的具体管理办法由国务院旅游行政主管部门和国务院财政部门会同有关部门另行制定。

第三章　外商投资旅行社

第二十一条　外商投资旅行社适用本章规定；本章没有规定的，适用本条例其他有关规定。

前款所称外商投资旅行社，包括中外合资经营旅行社、中外合作经营旅行社和外资旅行社。

第二十二条　设立外商投资旅行社，由投资者向国务院旅游行政主管部门提出申请，并提交符合本条例第六条规定条件的相关证明文件。国务院旅游行政主管部门应当自受理申请之日起30个工作日内审查完毕。同意设立的，出具外商投资旅行社业务许可审定意见书；不同意设立的，书面通知申请人并说明理由。

申请人持外商投资旅行社业务许可审定意见书、章程、合资、合作双方签订的合同向国务院商务主管部门提出设立外商投资企业的申请。国务院商务主管部门应当依照有关法律、法规的规定，作出批准或者不予批准的决定。予以批准的，颁发外商投资企业批准证书，并通知申请人向国务院旅游行政主管部门领取旅行社业务经营许可证，申请人持旅行社业务经营许可证和外商投资企业批准证书向工商行政管理部门办理设立登记；不予批准的，书面通知申请人并说明理由。

第二十三条　外商投资旅行社不得经营中国内地居民出国旅游业务以及赴香港特别行政区、澳门特别行政区和台湾地区旅游的业务,但是国务院决定或者我国签署的自由贸易协定和内地与香港、澳门关于建立更紧密经贸关系的安排另有规定的除外。

第四章　旅行社经营

第二十四条　旅行社向旅游者提供的旅游服务信息必须真实可靠,不得作虚假宣传。

第二十五条　经营出境旅游业务的旅行社不得组织旅游者到国务院旅游行政主管部门公布的中国公民出境旅游目的地之外的国家和地区旅游。

第二十六条　旅行社为旅游者安排或者介绍的旅游活动不得含有违反有关法律、法规规定的内容。

第二十七条　旅行社不得以低于旅游成本的报价招徕旅游者。未经旅游者同意,旅行社不得在旅游合同约定之外提供其他有偿服务。

第二十八条　旅行社为旅游者提供服务,应当与旅游者签订旅游合同并载明下列事项:

(一)旅行社的名称及其经营范围、地址、联系电话和旅行社业务经营许可证编号;

(二)旅行社经办人的姓名、联系电话;

(三)签约地点和日期;

(四)旅游行程的出发地、途经地和目的地;

(五)旅游行程中交通、住宿、餐饮服务安排及其标准;

(六)旅行社统一安排的游览项目的具体内容及时间;

(七)旅游者自由活动的时间和次数;

(八)旅游者应当交纳的旅游费用及交纳方式;

(九)旅行社安排的购物次数、停留时间及购物场所的名称;

(十)需要旅游者另行付费的游览项目及价格;

(十一)解除或者变更合同的条件和提前通知的期限;

(十二)违反合同的纠纷解决机制及应当承担的责任;

(十三)旅游服务监督、投诉电话;

(十四)双方协商一致的其他内容。

第二十九条　旅行社在与旅游者签订旅游合同时,应当对旅游合同的具体内容作出真实、准确、完整的说明。

旅行社和旅游者签订的旅游合同约定不明确或者对格式条款的理解发生争议的,应当按照通常理解予以解释;对格式条款有两种以上解释的,应当作出有利于旅游者的解释；格式条款和非格式条款不一致的，应当采用非格式条款。

第三十条　旅行社组织中国内地居民出境旅游的，应当为旅游团队安排领队全程陪同。

第三十一条　旅行社为接待旅游者委派的导游人员或者为组织旅游者出境旅游委派的领队人员，应当持有国家规定的导游证、领队证。

第三十二条　旅行社聘用导游人员、领队人员应当依法签订劳动合同，并向其支付不低于当地最低工资标准的报酬。

第三十三条　旅行社及其委派的导游人员和领队人员不得有下列行为：

（一）拒绝履行旅游合同约定的义务；

（二）非因不可抗力改变旅游合同安排的行程；

（三）欺骗、胁迫旅游者购物或者参加需要另行付费的游览项目。

第三十四条　旅行社不得要求导游人员和领队人员接待不支付接待和服务费用或者支付的费用低于接待和服务成本的旅游团队，不得要求导游人员和领队人员承担接待旅游团队的相关费用。

第三十五条　旅行社违反旅游合同约定，造成旅游者合法权益受到损害的，应当采取必要的补救措施，并及时报告旅游行政管理部门。

第三十六条　旅行社需要对旅游业务作出委托的，应当委托给具有相应资质的旅行社，征得旅游者的同意，并与接受委托的旅行社就接待旅游者的事宜签订委托合同，确定接待旅游者的各项服务安排及其标准，约定双方的权利、义务。

第三十七条　旅行社将旅游业务委托给其他旅行社的，应当向接受委托的旅行社支付不低于接待和服务成本的费用；接受委托的旅行社不得接待不支付或者不足额支付接待和服务费用的旅游团队。

接受委托的旅行社违约，造成旅游者合法权益受到损害的，作出委托的旅行社应当承担相应的赔偿责任。作出委托的旅行社赔偿后，可以向接受委托的旅行社追偿。

接受委托的旅行社故意或者重大过失造成旅游者合法权益损害的，应当承担连带责任。

第三十八条　旅行社应当投保旅行社责任险。旅行社责任险的具体方案由国务院旅游行政主管部门会同国务院保险监督管理机构另行制定。

第三十九条　旅行社对可能危及旅游者人身、财产安全的事项，应当向旅游者作出真实的说明和明确的警示，并采取防止危害发生的必要措施。

发生危及旅游者人身安全的情形的，旅行社及其委派的导游人员、领队人员应当采取必要的处置措施并及时报告旅游行政管理部门；在境外发生的，还应当及时报告中华人民共和国驻该国使领馆、相关驻外机构、当地警方。

第四十条　旅游者在境外滞留不归的,旅行社委派的领队人员应当及时向旅行社和中华人民共和国驻该国使领馆、相关驻外机构报告。旅行社接到报告后应当及时向旅游行政管理部门和公安机关报告,并协助提供非法滞留者的信息。

旅行社接待入境旅游发生旅游者非法滞留我国境内的,应当及时向旅游行政管理部门、公安机关和外事部门报告,并协助提供非法滞留者的信息。

第五章　监督检查

第四十一条　旅游、工商、价格、商务、外汇等有关部门应当依法加强对旅行社的监督管理,发现违法行为,应当及时予以处理。

第四十二条　旅游、工商、价格等行政管理部门应当及时向社会公告监督检查的情况。公告的内容包括旅行社业务经营许可证的颁发、变更、吊销、注销情况,旅行社的违法经营行为以及旅行社的诚信记录、旅游者投诉信息等。

第四十三条　旅行社损害旅游者合法权益的,旅游者可以向旅游行政管理部门、工商行政管理部门、价格主管部门、商务主管部门或者外汇管理部门投诉,接到投诉的部门应当按照其职责权限及时调查处理,并将调查处理的有关情况告知旅游者。

第四十四条　旅行社及其分社应当接受旅游行政管理部门对其旅游合同、服务质量、旅游安全、财务账簿等情况的监督检查,并按照国家有关规定向旅游行政管理部门报送经营和财务信息等统计资料。

第四十五条　旅游、工商、价格、商务、外汇等有关部门工作人员不得接受旅行社的任何馈赠,不得参加由旅行社支付费用的购物活动或者游览项目,不得通过旅行社为自己、亲友或者其他个人、组织牟取私利。

第六章　法律责任

第四十六条　违反本条例的规定,有下列情形之一的,由旅游行政管理部门或者工商行政管理部门责令改正,没收违法所得,违法所得 10 万元以上的,并处违法所得 1 倍以上 5 倍以下的罚款;违法所得不足 10 万元或者没有违法所得的,并处 10 万元以上 50 万元以下的罚款:

(一)未取得相应的旅行社业务经营许可,经营国内旅游业务、入境旅游业务、出境旅游业务的;

(二)分社的经营范围超出设立分社的旅行社的经营范围的;

(三)旅行社服务网点从事招徕、咨询以外的活动的。

第四十七条　旅行社转让、出租、出借旅行社业务经营许可证的,由旅游行政管理部门责令停业整顿 1 个月至 3 个月,并没收违法所得;情节严重的,吊销旅行社业务经营许可证。受让或者租借旅行社业务经营许可证的,由旅游行政管理部门或者工商行政管理部门责令停止非法经营,没收违法所得,并处 10 万元以上 50

万元以下的罚款。

第四十八条　违反本条例的规定,旅行社未在规定期限内向其质量保证金账户存入、增存、补足质量保证金或者提交相应的银行担保的,由旅游行政管理部门责令改正;拒不改正的,吊销旅行社业务经营许可证。

第四十九条　违反本条例的规定,旅行社不投保旅行社责任险的,由旅游行政管理部门责令改正;拒不改正的,吊销旅行社业务经营许可证。

第五十条　违反本条例的规定,旅行社有下列情形之一的,由旅游行政管理部门责令改正;拒不改正的,处1万元以下的罚款:

(一)变更名称、经营场所、法定代表人等登记事项或者终止经营,未在规定期限内向原许可的旅游行政管理部门备案,换领或者交回旅行社业务经营许可证的;

(二)设立分社未在规定期限内向分社所在地旅游行政管理部门备案的;

(三)不按照国家有关规定向旅游行政管理部门报送经营和财务信息等统计资料的。

第五十一条　违反本条例的规定,外商投资旅行社经营中国内地居民出国旅游业务以及赴香港特别行政区、澳门特别行政区和台湾地区旅游业务,或者经营出境旅游业务的旅行社组织旅游者到国务院旅游行政主管部门公布的中国公民出境旅游目的地之外的国家和地区旅游的,由旅游行政管理部门责令改正,没收违法所得,违法所得10万元以上的,并处违法所得1倍以上5倍以下的罚款;违法所得不足10万元或者没有违法所得的,并处10万元以上50万元以下的罚款;情节严重的,吊销旅行社业务经营许可证。

第五十二条　违反本条例的规定,旅行社为旅游者安排或者介绍的旅游活动含有违反有关法律、法规规定的内容的,由旅游行政管理部门责令改正,没收违法所得,并处2万元以上10万元以下的罚款;情节严重的,吊销旅行社业务经营许可证。

第五十三条　违反本条例的规定,旅行社向旅游者提供的旅游服务信息含有虚假内容或者作虚假宣传的,由工商行政管理部门依法给予处罚。

违反本条例的规定,旅行社以低于旅游成本的报价招徕旅游者的,由价格主管部门依法给予处罚。

第五十四条　违反本条例的规定,旅行社未经旅游者同意在旅游合同约定之外提供其他有偿服务的,由旅游行政管理部门责令改正,处1万元以上5万元以下的罚款。

第五十五条　违反本条例的规定,旅行社有下列情形之一的,由旅游行政管理部门责令改正,处2万元以上10万元以下的罚款;情节严重的,责令停业整顿1个月至3个月:

(一)未与旅游者签订旅游合同;
(二)与旅游者签订的旅游合同未载明本条例第二十八条规定的事项;
(三)未取得旅游者同意,将旅游业务委托给其他旅行社;
(四)将旅游业务委托给不具有相应资质的旅行社;
(五)未与接受委托的旅行社就接待旅游者的事宜签订委托合同。

第五十六条　违反本条例的规定,旅行社组织中国内地居民出境旅游,不为旅游团队安排领队全程陪同的,由旅游行政管理部门责令改正,处1万元以上5万元以下的罚款;拒不改正的,责令停业整顿1个月至3个月。

第五十七条　违反本条例的规定,旅行社委派的导游人员和领队人员未持有国家规定的导游证或者领队证的,由旅游行政管理部门责令改正,对旅行社处2万元以上10万元以下的罚款。

第五十八条　违反本条例的规定,旅行社不向其聘用的导游人员、领队人员支付报酬,或者所支付的报酬低于当地最低工资标准的,按照《中华人民共和国劳动合同法》的有关规定处理。

第五十九条　违反本条例的规定,有下列情形之一的,对旅行社,由旅游行政管理部门或者工商行政管理部门责令改正,处10万元以上50万元以下的罚款;对导游人员、领队人员,由旅游行政管理部门责令改正,处1万元以上5万元以下的罚款;情节严重的,吊销旅行社业务经营许可证、导游证或者领队证:
(一)拒不履行旅游合同约定的义务的;
(二)非因不可抗力改变旅游合同安排的行程的;
(三)欺骗、胁迫旅游者购物或者参加需要另行付费的游览项目的。

第六十条　违反本条例的规定,旅行社要求导游人员和领队人员接待不支付接待和服务费用、支付的费用低于接待和服务成本的旅游团队,或者要求导游人员和领队人员承担接待旅游团队的相关费用的,由旅游行政管理部门责令改正,处2万元以上10万元以下的罚款。

第六十一条　旅行社违反旅游合同约定,造成旅游者合法权益受到损害,不采取必要的补救措施的,由旅游行政管理部门或者工商行政管理部门责令改正,处1万元以上5万元以下的罚款;情节严重的,由旅游行政管理部门吊销旅行社业务经营许可证。

第六十二条　违反本条例的规定,有下列情形之一的,由旅游行政管理部门责令改正,停业整顿1个月至3个月;情节严重的,吊销旅行社业务经营许可证:
(一)旅行社不向接受委托的旅行社支付接待和服务费用的;
(二)旅行社向接受委托的旅行社支付的费用低于接待和服务成本的;
(三)接受委托的旅行社接待不支付或者不足额支付接待和服务费用的旅游

团队的。

第六十三条 违反本条例的规定,旅行社及其委派的导游人员、领队人员有下列情形之一的,由旅游行政管理部门责令改正,对旅行社处2万元以上10万元以下的罚款;对导游人员、领队人员处4000元以上2万元以下的罚款;情节严重的,责令旅行社停业整顿1个月至3个月,或者吊销旅行社业务经营许可证、导游证、领队证:

(一)发生危及旅游者人身安全的情形,未采取必要的处置措施并及时报告的;

(二)旅行社组织出境旅游的旅游者非法滞留境外,旅行社未及时报告并协助提供非法滞留者信息的;

(三)旅行社接待入境旅游的旅游者非法滞留境内,旅行社未及时报告并协助提供非法滞留者信息的。

第六十四条 因妨害国(边)境管理受到刑事处罚的,在刑罚执行完毕之日起五年内不得从事旅行社业务经营活动;旅行社被吊销旅行社业务经营许可的,其主要负责人在旅行社业务经营许可被吊销之日起五年内不得担任任何旅行社的主要负责人。

第六十五条 旅行社违反本条例的规定,损害旅游者合法权益的,应当承担相应的民事责任;构成犯罪的,依法追究刑事责任。

第六十六条 违反本条例的规定,旅游行政管理部门或者其他有关部门及其工作人员有下列情形之一的,对直接负责的主管人员和其他直接责任人员依法给予处分:

(一)发现违法行为不及时予以处理的;
(二)未及时公告对旅行社的监督检查情况的;
(三)未及时处理旅游者投诉并将调查处理的有关情况告知旅游者的;
(四)接受旅行社的馈赠的;
(五)参加由旅行社支付费用的购物活动或者游览项目的;
(六)通过旅行社为自己、亲友或者其他个人、组织牟取私利。

第七章 附 则

第六十七条 香港特别行政区、澳门特别行政区和台湾地区的投资者在内地投资设立的旅行社,参照适用本条例。

第六十八条 本条例自2009年5月1日起施行。1996年10月15日国务院发布的《旅行社管理条例》同时废止。

附录 B 旅行社质量保证金暂行规定

第一条 为加强对旅行社服务质量的监督和管理,保护旅游者的合法权益,保证旅行社规范经营,维护我国旅游业的声誉,根据《中华人民共和国消费者权益保护法》《中华人民共和国反不正当竞争法》和《旅行社管理暂行条例》的有关规定,按照旅行社的经营特点,参照国际惯例,经国务院批准,对旅行社实行质量保证金制度。

第二条 本规定所称旅行社质量保证金(以下简称"保证金")是保障旅游者权益的专用款项。当出现以下四种情形而旅行社不承担或无力承担赔偿责任时,以此款项对旅游者进行赔偿:

(1)旅行社因自身过错未达到合同约定的服务质量标准而造成旅游者的经济权益损失;

(2)旅行社的服务未达到国家或行业规定的标准而造成旅游者的经济权益损失;

(3)旅行社破产后造成旅游者预交旅行费损失;

(4)国家旅游局认定的其他情形。

第三条 各类旅行社须向旅游行政管理部门缴纳保证金,数额如下:

(1)经营国际旅游招徕和接待业务的旅行社(含经国家旅游局许可设立的中外合资旅行社)60万元(人民币,下同);

(2)经营国际旅游接待业务的旅行社30万元;

(3)经营国内旅游业务的旅行社10万元;

(4)特许经营出国(出境)旅游业务的旅行社另缴100万元。

第四条 保证金属于缴纳的旅行社所有。旅游行政管理部门按规定比例从其利息中提取管理费。

第五条 保证金的管理实行"统一制度、统一标准、分级管理"的原则。国家旅游局统一制定保证金的制度、标准和具体办法。各级旅游行政管理部门按照规定的权限实施管理。

第六条 各级旅游行政管理部门在规定的权限内,依据有关法规、规章和程政管理部门备案。

第二十条　旅行社应当选择保险业务信誉良好、服务网络面广、无不良经营记录的保险公司投保。

第六章　罚则

第二十一条　旅行社违反本规定第二条规定,未投保旅行社责任保险的,由旅游行政管理部门责令限期改正;逾期不改正的,责令停业整顿15天至30天,可以并处人民币5000元以上2万元以下的罚款;情节严重的,还可以吊销其《旅行社业务经营许可证》。

第二十二条　旅行社投保旅行社责任保险的责任范围,小于本规定第五条规定要求的,或者投保旅行社责任保险的金额低于本规定第十条规定的基本标准的,由旅游行政管理部门责令限期改正,给予警告;逾期不改正的,可处以人民币5000元以上1万元以下的罚款。

第二十三条　旅行社违反本规定第十八条、第十九条规定,拒不接受旅游行政管理部门的管理和监督检查的,由旅游行政管理部门责令限期改正,给予警告;逾期不改正的,责令停业整顿3天至15天,可以并处人民币3000元以上1万元以下的罚款。

第七章　附则

第二十四条　旅游者参加旅行社组织的团队旅游时,可以根据实际需要,从有保险代理人资格的旅行社或直接从保险公司自愿购买旅游者个人保险。旅行社在与旅游者订立旅游合同时,应当推荐旅游者购买相关的旅游者个人保险。

第二十五条　本规定由国家旅游局负责解释。

第二十六条　本规定自2001年9月1日起施行。国家旅游局1997年5月13日发布的《旅行社办理旅游意外保险暂行规定》同时废止。

行程中注意保护自身和随行未成年人的安全,妥善保管所携带的行李、物品。由于旅游者个人过错导致的人身伤亡和财产损失,以及由此导致需支出的各种费用,旅行社不承担赔偿责任。

第八条　旅游者在自行终止旅行社安排的旅游行程后,或在不参加双方约定的活动而自行活动的时间内,发生的人身、财产损害,旅行社不承担赔偿责任。

第三章　保险期限和保险金额

第九条　旅行社责任保险的保险期限为一年。

第十条　旅行社办理旅行社责任保险的保险金额不得低于下列标准:

(一)国内旅游每人责任赔偿限额人民币8万元,入境旅游、出境旅游每人责任赔偿限额人民币16万元;

(二)国内旅行社每次事故和每年累计责任赔偿限额人民币200万元,国际旅行社每次事故和每年累计责任赔偿限额人民币400万元。

第十一条　旅行社组织高风险旅游项目可另行与保险公司协商投保附加保险事宜。

第四章　投保和索赔

第十二条　旅行社投保旅行社责任保险,必须在境内经营责任保险的保险公司投保。

第十三条　旅行社应当按照《中华人民共和国保险法》规定的保险合同内容,与承保保险公司签订书面合同。

第十四条　旅行社投保旅行社责任保险采取按年度投保的方式,按照本规定第十条的规定,向保险公司办理本年度的投保手续。

第十五条　旅行社对保险公司请求赔偿或者给付保险金的权利,自其知道保险事故发生之日起二年不行使而消灭。

第十六条　旅行社投保旅行社责任保险的保险费,不得在销售价格中单独列项。

第十七条　在保险期限内发生保险责任范围内的事故时,旅行社应及时取得事故发生地公安、医疗、承保保险公司或其分、支公司等单位的有效凭证,向承保保险公司办理理赔事宜。

第五章　监督管理

第十八条　县级以上人民政府旅游行政管理部门按照《旅行社管理条例》等有关规定,对旅行社投保旅行社责任保险的情况进行监督检查,并将旅行社责任保险投保和理赔情况纳入旅行社年检范围。

第十九条　旅行社应当妥善保管旅行社责任保险投保和理赔的相关资料,接受旅游行政管理部门的检查;在理赔案件发生后,应及时将理赔情况报当地旅游行

附录C 旅行社投保旅行社责任保险规定

《旅行社投保旅行社责任保险规定》已经2001年4月25日国家旅游局局长办公会议审议通过,现予发布,自2001年9月1日起施行。

第一章 总 则

第一条 为了保障旅游者和旅行社的合法权益,促进旅游业的健康发展,根据《旅行社管理条例》和《中华人民共和国保险法》的有关规定,制定本规定。

第二条 旅行社从事旅游业务经营活动,必须投保旅行社责任保险。

第三条 本规定所称旅行社责任保险,是指旅行社根据保险合同的约定,向保险公司支付保险费,保险公司对旅行社在从事旅游业务经营活动中,致使旅游者人身、财产遭受损害应由旅行社承担的责任,承担赔偿保险金责任的行为。

第四条 在中华人民共和国境内的旅行社,投保旅行社责任保险时,应当遵守本规定。

第二章 旅行社责任保险的投保范围

第五条 旅行社应当对旅行社依法承担的下列责任投保旅行社责任保险:

(一)旅游者人身伤亡赔偿责任;

(二)旅游者因治疗支出的交通、医药费赔偿责任;

(三)旅游者死亡处理和遗体遣返费用赔偿责任;

(四)对旅游者必要的施救费用,包括必要时近亲属探望需支出的合理的交通、食宿费用,随行未成年人的送返费用,旅行社人员和医护人员前往处理的交通、食宿费用,行程延迟需支出的合理费用等赔偿责任;

(五)旅游者行李物品的丢失、损坏或被盗所引起的赔偿责任;

(六)由于旅行社责任争议引起的诉讼费用;

(七)旅行社与保险公司约定的其他赔偿责任。

第六条 旅游者参加旅行社组织的旅游活动,应保证自身身体条件能够完成旅游活动。旅游者在旅游行程中,由自身疾病引起的各种损失或损害,旅行社不承担赔偿责任。

第七条 旅游者参加旅行社组织的旅游活动,应当服从导游或领队的安排,在序,做出支付保证金赔偿的决定。

第七条 保证金须保持满额。支付赔偿后,有关的旅行社必须在规定的期限内补足。

第八条 旅行社终止经营,旅游行政管理部门退还保证金;旅行社破产或解散时,保证金按本规定和其他有关法律规定处置。

第九条 保证金的管理情况应纳入每年的财务检查或审计,并公布结果;上一级旅游行政管理部门定期检查下一级旅游行政管理部门对保证金的收支和管理情况。

第十条 违反本规定的旅行社,旅游行政管理部门给予以下处罚:

(1)警告;

(2)在一定期限内暂停其旅行社业务;

(3)吊销其旅行社业务经营许可证。

第十一条 本规定由国家旅游局解释。实施细则由国家旅游局另行制定。

附录 D 导游人员管理条例

(1999年5月14日国务院第263号令发布,自1999年10月1日起施行)

第一条 为了规范导游活动,保障旅游者和导游人员的合法权益,促进旅游业的健康发展,制定本条例。

第二条 本条例所称导游人员,是指依照本条例的规定取得导游证,接受旅行社委派,为旅游者提供向导、讲解及相关旅游服务的人员。

第三条 国家实行全国统一的导游人员资格考试制度。

具有高级中学、中等专业学校或者以上学历,身体健康,具有适应导游需要的基本知识和语言表达能力的中华人民共和国公民,可以参加导游人员资格考试;经考试合格的,由国务院旅游行政部门或者国务院旅游行政部门委托省、自治区、直辖市人民政府旅游行政部门颁发导游人员资格证书。

第四条 在中华人民共和国境内从事导游活动,必须取得导游证。

取得导游人员资格证书的,经与旅行社订立劳动合同或者在导游服务公司登记,方可持所订立的劳动合同或者登记证明材料,向省、自治区、直辖市人民政府旅游行政部门申请领取导游证。

具有特定语种语言能力的人员,虽未取得导游人员资格证书,旅行社需要聘请临时从事导游活动的,由旅行社向省、自治区、直辖市人民政府旅游行政部门申请领取临时导游证。

导游证和临时导游证的样式规格,由国务院旅游行政部门规定。

第五条 有下列情形之一的,不得颁发导游证:

(一)无民事行为能力或者限制民事行为能力的;

(二)患有传染性疾病的;

(三)受过刑事处罚的,过失犯罪的除外;

(四)被吊销导游证的。

第六条 省、自治区、直辖市人民政府旅游行政部门应当自收到申请领取导游证之日起15日内,颁发导游证;发现有本条例第五条规定情形,不予颁发导游证的,应当书面通知申请人。

第七条　导游人员应当不断提高自身业务素质和职业技能。

国家对导游人员实行等级考核制度。导游人员等级考核标准和考核办法,由国务院旅游行政部门制定。

第八条　导游人员进行导游活动时,应当佩戴导游证。

导游证的有效期限为3年。导游证持有人需要在有效期满后继续从事导游活动的,应当在有效期限届满3个月前,向省、自治区、直辖市人民政府旅游行政部门申请办理换发导游证手续。

临时导游证的有效期限最长不超过3个月,并不得展期。

第九条　导游人员进行导游活动,必须经旅行社委派。

导游人员不得私自承揽或者以其他任何方式直接承揽导游业务,进行导游活动。

第十条　导游人员进行导游活动时,其人格尊严应当受到尊重,其人身安全不受侵犯。

导游人员有权拒绝旅游者提出的侮辱其人格尊严或者违反其职业道德的不合理要求。

第十一条　导游人员进行导游活动时,应当自觉维护国家利益和民族尊严,不得有损害国家利益和民族尊严的言行。

第十二条　导游人员进行导游活动时,应当遵守职业道德,着装整洁,礼貌待人,尊重旅游者的宗教信仰、民族风俗和生活习惯。

导游人员进行导游活动时,应当向旅游者讲解旅游地点的人文和自然情况,介绍风土人情和习俗;但是,不得迎合个别旅游者的低级趣味,在讲解、介绍中掺杂庸俗下流的内容。

第十三条　导游人员应当严格按照旅行社确定的接待计划,安排旅游者的旅行、游览活动,不得擅自增加、减少旅游项目或者中止导游活动。

导游人员在引导旅游者旅行、游览过程中,遇有可能危及旅游者人身安全的紧急情形时,经征得多数旅游者的同意,可以调整或者变更接待计划,但是应当立即报告旅行社。

第十四条　导游人员在引导旅游者旅行、游览过程中,应当就可能发生危及旅游者人身、财物安全的情况,向旅游者作出真实说明和明确警示,并按照旅行社的要求采取防止危害发生的措施。

第十五条　导游人员进行导游活动,不得向旅游者兜售物品或者购买旅游者的物品,不得以明示或者暗示的方式向旅游者索要小费。

第十六条　导游人员进行导游活动,不得欺骗、胁迫旅游者消费或者与经营者串通欺骗、胁迫旅游者消费。

第十七条　旅游者对导游人员违反本条例规定的行为,有权向旅游行政部门投诉。

第十八条　无导游证进行导游活动的,由旅游行政部门责令改正并予以公告,处1000元以上3万元以下的罚款;有违法所得的,并处没收违法所得。

第十九条　导游人员未经旅行社委派,私自承揽或者以其他任何方式直接承揽导游业务,进行导游活动的,由旅游行政部门责令改正,处1000元以上3万元以下的罚款;有违法所得的,并处没收违法所得;情节严重的,由省、自治区、直辖市人民政府旅游行政部门吊销导游证并予以公告。

第二十条　导游人员进行导游活动时,有损害国家利益和民族尊严的言行的,由旅游行政部门责令改正;情节严重的,由省、自治区、直辖市人民政府旅游行政部门吊销导游证并予以公告;对该导游人员所在的旅行社给予警告直至责令停业整顿。

第二十一条　导游人员进行导游活动时未佩戴导游证的,由旅游行政部门责令改正;拒不改正的,处500元以下的罚款。

第二十二条　导游人员有下列情形之一的,由旅游行政部门责令改正,暂扣导游证3至6个月;情节严重的,由省、自治区、直辖市人民政府旅游行政部门吊销导游证并予以公告:

(一)擅自增加或者减少旅游项目的;
(二)擅自变更接待计划的;
(三)擅自中止导游活动的。

第二十三条　导游人员进行导游活动,向旅游者兜售物品或者购买旅游者的物品的,或者以明示或者暗示的方式向旅游者索要小费的,由旅游行政部门责令改正,处1000元以上3万元以下的罚款;有违法所得的,并处没收违法所得;情节严重的,由省、自治区、直辖市人民政府旅游行政部门吊销导游证并予以公告;对委派该导游人员的旅行社给予警告直至责令停业整顿。

第二十四条　导游人员进行导游活动,欺骗、胁迫旅游者消费或者与经营者串通欺骗、胁迫旅游者消费的,由旅游行政部门责令改正,处1000元以上3万元以下的罚款;有违法所得的,并处没收违法所得;情节严重的,由省、自治区、直辖市人民政府旅游行政部门吊销导游证并予以公告;对委派该导游人员的旅行社给予警告直至责令停业整顿;构成犯罪的,依法追究刑事责任。

第二十五条　旅游行政部门工作人员玩忽职守、滥用职权、徇私舞弊,构成犯罪的,依法追究刑事责任;尚不构成犯罪的,依法给予行政处分。

第二十六条　景点景区的导游人员管理办法,由省、自治区、直辖市人民政府参照本条例制定。

第二十七条　本条例自1999年10月1日起施行。1987年11月14日国务院批准、1987年12月1日国家旅游局发布的《导游人员管理暂行规定》同时废止。

参考文献

［1］陈春梅.旅行社经营管理.天津:天津大学出版社,2010.
［2］陈锡畴,胡华.旅行社经营管理.北京:机械工业出版社,2010.
［3］戴斌,杜江,乔花芳.旅行社管理.北京:高等教育出版社,2010.
［4］谷慧敏,秦宇.中国旅游企业年度报告(2010).北京:旅游教育出版社,2010.
［5］纪炳南.旅行社经营管理.北京:清华大学出版社;北京交通大学出版社,2010.
［6］蒋长春.现代旅行社管理.北京:中国林业出版社;北京大学出版社,2009.
［7］蒋小华.旅行社经营管理教程.重庆:重庆大学出版社,2011.
［8］李宏,杜江.旅行社经营与管理(第2版).天津:南开大学出版社,2011.
［9］李幼龙.旅行社业务与管理.北京:中国纺织出版社,2009.
［10］苗雅杰.旅行社经营管理.北京:电子工业出版社,2009.
［11］万剑敏.旅行社产品设计.北京:旅游教育出版社,2008.
［12］姚延波.旅行社经营管理.北京:北京师范大学出版社,2010.
［13］陈小春,马昕.旅行社经营管理.北京:旅游教育出版社,2011.
［14］张红英.旅行社营销.上海:复旦大学出版社,2011.
［15］宁凌,唐楚生.现代企业管理.北京:机械工业出版社,2011.
［16］陈永发.旅行社经营管理.北京:高等教育出版社,2008.
［17］夏林根.旅行社经营管理.福建:福建人民出版社,2002.
［18］梁智,刘春梅,张杰.旅行社经营管理精选案例解析.北京:旅游教育出版社,2007.
［19］梁智.旅行社经营管理(第2版).北京:旅游教育出版社,2009.
［20］张道顺.旅游产品设计与操作手册.北京:旅游教育出版社,2010.
［21］杜江,戴斌.旅行社管理比较研究.北京:旅游教育出版社,2006.
［22］杨晨晖.外联部操作实务.北京:旅游教育出版社,2006.

[23] 刘德光.旅游市场营销学.北京:旅游教育出版社,2006.

[24] [美]科特勒,等.旅游市场营销(第5版).大连:东北财经大学出版社有限责任公司,2011.

[25] [美]科特勒,[美]阿姆斯特朗.市场营销原理(第13版).北京:清华大学出版社,2011.

[26] [美]科特勒,等.市场营销原理(亚洲版第2版).何志毅,赵占波,译.北京:机械工业出版社,2010.

[27] 国家旅游局人事劳动教育司.旅行社经营管理.北京:旅游教育出版社,2006.

[28] 中华人民共和国国家旅游局网站,www.cnta.com

责任编辑：郭珍宏

图书在版编目(CIP)数据

旅行社经营管理／赵阳主编． —— 北京：旅游教育出版社，2014.12
　全国旅游管理专业应用型本科规划教材
　ISBN 978 – 7 – 5637 – 3054 – 4

Ⅰ. ①旅… Ⅱ. ①赵… Ⅲ. ①旅行社—企业经营管理—高等学校—教材 Ⅳ. ①F590.63

中国版本图书馆 CIP 数据核字(2014)第 243818 号

全国旅游管理专业应用型本科规划教材

旅行社经营管理

赵阳　主编

刁志波　汤姿　刘琳　副主编

出版单位	旅游教育出版社
地　　址	北京市朝阳区定福庄南里 1 号
邮　　编	100024
发行电话	(010)65778403 65728372 65767462(传真)
本社网址	www.tepcb.com
E – mail	tepfx@163.com
印刷单位	北京市泰锐印刷有限责任公司
经销单位	新华书店
开　　本	787 毫米×960 毫米　1/16
印　　张	20
字　　数	302 千字
版　　次	2014 年 12 月第 1 版
印　　次	2014 年 12 月第 1 次印刷
定　　价	33.00 元

(图书如有装订差错请与发行部联系)